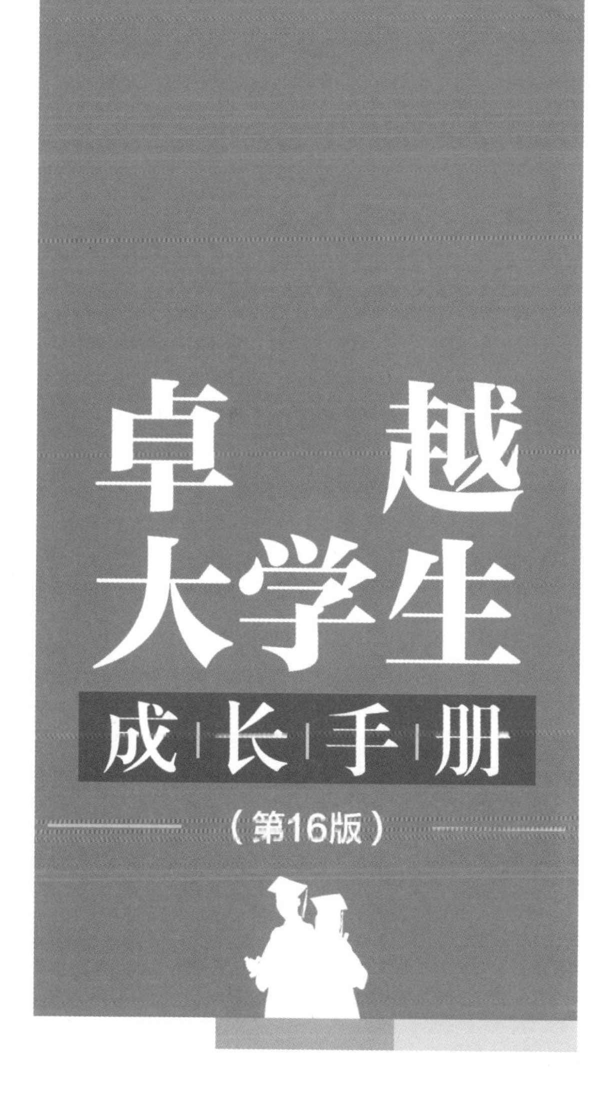

[美] 戴夫·埃利斯 著
(Dave Ellis)
李家华 张茗 译

Becoming a Master Student
(16th Edition)

清华大学出版社
北京

北京市版权局著作权合同登记号　　图字 01-2018-3286 号
Becoming a Master Student 16th Edition
Dave Ellis

978-7-302-62161-4

Cengage Learning Asia Pte. Ltd.
151 Lorong Chuan, #02-08 New Tech Park, Singapore 556741

图书在版编目 (CIP) 数据

卓越大学生成长手册 : 第 16 版 / (美) 戴夫・埃利斯 (Dave Ellis) 著 ; 李家华 , 张茗译 . —北京：清华大学出版社，2023.5
书名原文：Becoming a Master Student 16th Edition
ISBN 978-7-302-62161-4

Ⅰ . ①卓…　Ⅱ . ①戴… ②李… ③张…　Ⅲ . ①大学生－学生生活－手册　Ⅳ . ① G645.5-62

中国版本图书馆 CIP 数据核字 (2022) 第 245952 号

责任编辑：刘志彬
封面设计：汉风唐韵
版式设计：方加青
责任校对：王凤芝
责任印制：杨　艳

出版发行：清华大学出版社
网　　址：http://www.tup.com.cn，http://www.wqbook.com
地　　址：北京清华大学学研大厦 A 座　　邮　　编：100084
社 总 机：010-83470000　　邮　　购：010-62786544
投稿与读者服务：010-62776969，c-service@tup.tsinghua.edu.cn
质 量 反 馈：010-62772015，zhiliang@tup.tsinghua.edu.cn
印 装 者：三河市天利华印刷装订有限公司
经　　销：全国新华书店
开　　本：185mm×260mm　　印　　张：25.25　　字　　数：614 千字
版　　次：2023 年 5 月第 1 版　　印　　次：2023 年 5 月第 1 次印刷
定　　价：69.00 元

产品编号：078428-01

前 言

孩子是最好的学生。他们总能迅速学会复杂的技能，如语言，并且乐在其中。对于年纪较小的孩子而言，学习是一个极其消耗能量的过程，他们做各种实验，有新奇的发现，有时候还会打碎几个盘子。

上学以后，实验和发现不见了，取而代之的是反复的训练和无聊的作业。学习变成了一种负担。

阅读本书，可以彻底改变学习无趣的状况，让你重新找回孩童时学习的感觉——学习是一件充满乐趣的事情。想要成为优秀大学生，关键是激发内心本真的学习潜能，获取知识与技能。

本书将会针对这一目标给出大量的建议。每一章，你都能找到大量辅助练习的窍门、技巧、方法、工具等。

人们有时候会有这样的疑惑——“这么多的方法，我现阶段也不会全部用上，有些我整个学生阶段都用不上，提供如此多的方法是不是没必要呢？”

他们想得没错。而本书的用意就在于此，原因如下。

一个原因是，本书介绍的方法侧重长期的应用。即便是毕业多年，书中的很多方法也还是具有指导意义，能够让你受益终身。

此外，方法是否有用因人而异，对你适用的方法，可能对别人不适用。例如，做笔记的时候，有些同学把信息变成图像记录在大脑中，觉得这种思维导图十分有效；有些同学则觉得这种方法让人思维混乱，不如采用传统的方法，列出大纲。这两种方法在本书中都有更加具体的介绍。此外，书中还提供了其他的方法。阅读过程中，你可以自由地使用这些方法，或者对它们进行整合、修改，你甚至可以创造新的方法。

这也是本书提供这些方法最主要的原因。请认真思考每个段落、每页内容，积极地尝试其中提到的技巧，找到真正适合自己的方法。

纵观所有行业，到达顶尖的人往往都勇于尝试。他们乐于倾听各式各样的想法，即便有些想法听起来很疯狂。面对新观点，他们的第一反应不是“这肯定行不通”。相反，他们会问自己：“这个观点怎样才能奏效？”随后，他们会采取行动，寻找方法。

本书的问世离不开许多人的努力，这些人除了作者，还有编辑、美工、审校、顾问等。另外，小到一句话的评论，大到整个章节的灵感，都离不开上百名师生的积极参与。

然而，本书真正的作者是正在读这本书的你。如果你能考虑书中的建议，你就很有可能产生新想法、表达新观点、做出新尝试。只要你愿意尝试新的学习方法，等待你的是无限的可能。这个过程具有强大的力量，能够带来彻底的改变，比你遇到的任何方法、建议都有用。

想象一下，你可以创造出你梦想的生活。对于这个想法嗤之以鼻的大有人在，不过，希望你能把他们的想法搁置一边。在生活中大胆尝试是一种真正的快乐，且这种快乐是源源不断的。

让我们马上开始吧！

致谢

乔斯·亚当斯（Jose Adames），得克萨斯中央学院
德布·巴特勒（Deb Butler），维多利亚学院
戴尔·哈勒尔森（Dale Haralson），海恩兹社区学院
朱迪·伊森胡德（Judy Isonhood），海恩兹社区学院
温迪·詹森（Wendy Jansen），基利安社区学院
卡米·库尔滕巴赫（Kami Kurtenbach），南达科他州立大学
克丽丝塔·莱布伦（Krista LeBrun），东中部社区学院
斯泰西·马基（Stacey Macchi），西伊利诺伊大学
詹妮·米德尔顿（Jenny Middleton），佛罗里达塞米诺尔州立学院
利安娜·奥尔森（LeAnne Olson），蒙特韦斯特社区技术学院
詹妮弗·珀金斯（Jennifer Perkins），皮埃蒙特中央社区学院
詹森·沃克（Jason Walker），塞伦国际大学

新版本，新内容

目前，已有数百万学生使用《卓越大学生成长手册》中介绍的根本方法和主题，用以指导他们走向成功。自第一版出版以来，许多师生为本书的完善提供了策略、想法和建议。本书经过不断的评估与完善，激励着学生在大学生活中、在今后的人生中，采用、发展、遵循成功必需的方法技巧。本书的第十六版新增了师生们的想法意见。每个篇章中的每个字都经过了评估，确保这些文字对学生有所助益。书中更新了数据，加入了最新的研究，篇幅也有所增删，尽可能把概念和策略清晰明了地传达出来。以下是最新版本的几大变化。

整体变化

根据师生的使用反馈，《卓越大学生成长手册》采用新的章节构架。第十五版中“多样性”与“健康”两个章节的核心内容被整合到其他章节中，不再单独成章。剩下的章节师生使用最多，因而最新版本对其进行了扩充。

“卓越达人记”侧重介绍如何运用具体策略，克服困难，达到目标。

书上的练习更加强调批判性思维，为体现这一点，各个练习有了新的标题。许多新增的“练习：批判性思维”采用量表练习的形式，配有循序渐进的指导，帮助学生培养布鲁姆教育目标分类学中提到的高级思维能力。

章节测验更加注重提高学生的高级思维能力，引导学生掌握文中的核心内容。

每一章开头的“优秀学生导图”新增“抽出一分钟”环节，指导学生完成一分钟以内的活动，以促进他们走向优秀。

具体章节变化

引言：优秀学生

“优秀”的新侧重点：优秀及优秀学生的品质是修订后的章节的核心内容。本章中有关于激励和习惯改变的文段与互动教学，能够帮助学生更好地体验优秀大学生的成长历程，这个过程也就是发现自我、确定目标、采取行动不断循环的过程。

修改文段：“改变习惯的方法”介绍了改变行为的几种策略。

新增练习：“练习：制订计划，改变习惯”引导学生明确新习惯，并为想要养成的新习惯设立奖励措施。

新增边栏：“抽出一分钟”介绍简单易学的案例，帮助学生朝着目标大跨步。

修改日志：“承诺”部分的内容得到扩充。

第 1 章：发掘自己

修改学习方式量表（LSI）：修改后，学生无须移除书页，便可完成评估。

修改文段：“通过感觉学习：VARK 系统”更加具体地介绍读写模式，并提供相关的策略。

新增卓越达人记：约书亚・威廉姆斯（Joshua Williams）为你讲述他如何勇敢迈出第一步，在学生阶段直面无家可归的困境。他没有放弃，最终成功毕业，为学生设立了勤工助学奖学金，担任过青少年犯罪案件管理员，后来继续攻读研究生。

第 2 章：时间

新增文段：“向高等教育过渡”和“成

人学生抽出时间学习”介绍如何通过时间管理在学习、工作和家庭中找到平衡。“抽出时间关注健康”提醒学生在忙碌的生活中不要忘记锻炼身体、合理作息、健康饮食、解压放松。

新增练习：“练习 4：迈出健康第一步”帮助学生评估自己的健康习惯并纠正不良生活习惯。“练习 9：创建自己的任务列表”是一张表格，教给学生使用日常任务清单的基本步骤。

新增卓越达人记：拉米特•塞西（Ramit Sethi）著有《我教你致富》，并创办网络社区，教包括大学生、毕业生在内的各类人群如何进行个人理财及创业。

第 3 章：记忆

修改文段：“25 个记忆窍门”提供更多的建议，帮你更好地使用流行的记忆技巧。

新增边栏：“建立有助于记忆的联系”揭示融入《卓越大学生成长手册》的记忆技巧，教你如何使用类似的技巧。

新增卓越达人记：玛利亚•波波瓦（Maria Popova）把 Brain Pickings 从一个电子邮件新闻简报发展成为全球访问量最大的网站之一，证明了业余项目完全可以发展成一项事业。

第 4 章：阅读

新增文段：“肌肉阅读”教你掌握肌肉阅读的三阶段，提取各种文本的核心内容，读懂报告、邮件、培训材料以及网站。“常见单词组成部分一览表”介绍对于学生有益处的词根与词缀。“快速阅读：学会灵活阅读”引导学生用批判的眼光审视速度技巧，并给出基于研究的策略作为替换。

新增练习：“练习 16：拟订阅读计划”基于“扫除阅读障碍”的表格，具体详细地引导学生估计并计划自己的阅读时间。

第 5 章：笔记

修改文段：“利用‘概念图’，使理论形象具体”扩充了新案例。

第 7 章：思考

新增文段：“六种思维模式”提供了不同的案例，对本书的理论基础布鲁姆教育目标分类学进行诠释。“态度、肯定和想象”教给学生创新的方法，改变个人行为习惯。

新增练习：“练习 23：重新规划你的态度”引导学生创造适合自己的肯定法。

新增边栏：“简单的态度替换”举例说明有效的肯定法。“认知偏见：更多自欺的方法”基于“不要自欺欺人：15 个常犯的逻辑错误”，补充了更多关于逻辑错误的例子。

第 8 章：沟通

新增文段：“与导师沟通”教会学生如何与导师建立长期积极的关系。“基于尊重的课堂交流”强调师生之间相互尊重的好处。“基于尊重的工作交流”教会学生如何培养雇主青睐的职业道德。“跨文化交际”阐释什么是文化能力，教会学生如何在多元文化中脱颖而出。“作为第一代大学生，如何交流”引导刚刚接触高等教育的新手与老师、家人建立良好的关系。此外，“真实的多样性、可贵的多样性”鼓励学生把高等教育阶段当作试验田，学习如何在文化间架起沟通的桥梁。

修改文段：“选择倾听”扩充了新案例。

新增练习：“练习 27：学习不同文化”引导学生批判性地思考自己对来自其他文化的人形成的看法，用不同的方式理解他们对其他文化的观察，并选择新的行为方式，使自己在多元文化中脱颖而出。

第 9 章：理财

新增文段：“未雨绸缪”教会学生合理地进行储蓄、投资、投保、购房、买车、签订合同等。

新增练习：“练习 31：预留存款，支付学费”引导学生做好每个学期的收入支出预算，避免遇到经济问题，中断学业。

新增日志：“反思你的用钱经历”指导学生思考自己的财务困扰，并引导学生预习这一章，寻找可能的解决方法。

第 10 章：下一步

新增文段：“加入多元的职场”帮助进入国际市场的学生轻松成为优秀雇员。“健康工作”强调工作与健康之间有着重要的联系。

新增练习：本章新增四张表格。“练习 33：计划发展新技能”基于“使用可迁移技能助力学习”，引导学生使用其中提到的策略。“练习 35：计划探索你的职业”鼓励学生通过实习、工作及其他经历寻找适合自己的事业。“练习 36：通过做学术计划来坚持”指导学生每学期跟踪自己的学业进展，确保自己能够顺利毕业。“练习 38：你实现目标了吗？”引导学生时常提醒自己定下的长期目标，并评估自己平时的活动是否对长期目标的实现有所帮助。

新增卓越达人记：本 • 巴里（Ben Barry）是脸书最早的通信设计师之一，如今在旧金山拥有自己的工作室。他用亲身经历诠释了面对每天各式各样的琐事，如何坚定地朝目标迈进。

发现／目标陈述

指导方针

发现清单

- 记录你想法、感觉、行为的细节。
- 发现你的想法，观察你的行为，并准确记录。
- 把不适感视作信号。
- 如果感到不适、无聊或是疲惫，表明你接下来做的事可能很有价值。
- 不妄下结论。
- 发现自我时，请保持平静。
- 诚实以待。
- 越接近真相，你的发现清单越有效。

目标清单

- 选择积极的目标。
- 关注你想做的事，而不是你不想做的事。
- 制订易于观察的目标。
- 具体化你的目标。
- 制订小而易于达到的目标。
- 将大目标分解成一个个易于实现的小目标、小任务。
- 制定时间轴。
- 为你要实现的目标规定确切的时间限制。
- 化目标为行动。
- 崭新的生活源于行动。

目 录

引言

优秀学生

第 1 章

发掘自己

第 2 章

时间

第 3 章

记忆

第 4 章

阅读

第 5 章

笔记

第 6 章

考试

第 7 章

思考

第 8 章

沟通

第 9 章

理财

第 10 章

下一步

引言
优秀学生

为什么？

本章内容介绍一些重要策略，帮助你顺利过渡到高等教育，建立终身受用的成功模式。

是什么？

花上几分钟时间，快速浏览本章，找出你认为格外有益的建议。做下笔记，或者在章节中标出你今后想运用的策略。

怎么做？

如果本书的观点能够帮助你在追求目标的路上更为坚定，你会怎样？

- 澎湃动能：发现你的目标
- 改写本书
- 优秀大学生的品质
- 优秀大学生的成长过程——发现
- 优秀大学生的成长过程——目标
- 优秀大学生的成长过程——行动
- 让成长过程流动起来
- 吸取书中的精华
- 动力——我只是没心情
- 改变习惯的方法

抽出一分钟

花上一分钟的时间来想一想，有没有什么未完成的事情或者没有解决的问题一直困扰着你。请把它们全部列下来。给你一些提示：

（1）长期未能解决的问题。

（2）想做却还没开始做的项目。

（3）一直拖着不做的项目。

（4）试图戒掉或者养成的习惯。

保存好这份清单，以便在阅读本章内容的过程中常参考。你写下的每个字都有可能对你至关重要。本章将会教你各种策略，使你找到个人目标，并快速实现目标。

澎湃动能

发现你的目标

想象一个人打算订一张机票外出度假，但却没有明确的目的地。于是，他拿出平板，点开自己最喜欢逛的旅游网站。界面跳出提醒，让他填写有关目的地的具体信息。他把所有待填项都空着了，心想：我一点也不挑剔，只是想出去旅行，电脑上推荐什么，我都接受。

与他不同的是，另一个准备旅行的人订了前往意大利伊斯塔帕的往返机票，靠窗头等舱，一份素餐，3 月 23 日星期六出发，4 月 7 日星期日返回。

现在，请你思考一下，他们两人中谁会度过一个美好的假期？

同样的道理适用于生活的方方面面。明确目标，我们才更有可能达到目标。发现心中所想，我们才更有可能得到心中所想。

外出旅行的例子或许不够具有说服力。但先别急着否定，请你先做一个随意的实验：找三个同学，问问他们期望从学习中得到什么。他们的回答很可能是吞吞吐吐、支支吾吾，或者泛泛而谈。

学习这件事关系学生的前途，但令人惊讶的是，人们投入数载的光阴和巨额的学费，内心对自己要前往的目标却不甚明晰。

想象一下，如果你问一名学生想从学习中收获什么，他的回答是——攻读新闻专业，辅修地球科学和葡萄牙语，以后成为一名记者，报道巴西的环境问题。这种具体的目标一定能够为这名学生指引获得技能和人生意义的途径。

另一个方法是制订长期的目标，既宏大又能够实现的目标。一个 40 岁的成年人可能会定下目标，说自己总有一天会成为职业运动员，但这个目标对他来说基本是无法实现的。不过，如果立志每周打 3 次球，减掉 3 磅肉，这还是比较可行的。后者虽然也是个挑战，但却是能够实现的。

发现你的目标能够帮助你在接受高等教育的过程中获得成功。有很多学生中途辍学，仅仅是因为他们不确定自己想从学校得到什么。有明确的目标指导，你就能够发现学习知识与实现目标之间有怎样的联系。发现的联系越多，你就越会努力学习，最终在生活的各个方面取得自己想要的结果。

改写本书

有些书要精心保管，纤尘不染，这本书则不必如此。

如果你在一本书上写作，就会发生改变。《卓越大学生成长手册》是一本有关学习的书，只要你积极参与其中，学习就能带来收获。你在空白处做笔记时，可以听到自己在和作者谈话。你信手涂鸦、画出重点时，会逐渐看出作者的想法。你还可以和作者争论，提出你自己的理论和解释。通过这些做法，你可以成为这本书的合著者。重写这本书吧，让它成为你的著作。

在阅读本书时，你可以自创一些符号或代码，以便稍后再次查看。你可以在有问题的地方写个“Q”，在重要观点旁边标注感叹号和星号。你还可以圈出生词，查阅字典。

记住，如果这本书中的某一观点对你不起作用，你可以重新编写。改写练习以适应你的需要，通过结合其他几个方法来创建新策略，凭空创造自己的技巧吧！

有些观点，你或许同意，也或许不同意，在边上写下简短的说明，或者画个图示，两者兼有最好。让创造力成为你的向导，希望你玩得开心。

现在开始就改写吧。

练习 1

审视课本

成为一名优秀大学生的第一步，就是即刻开始“审视课本”15分钟。首先，阅读目录，在3分钟内完成。接下来，快速翻看课本中的第一页，浏览标题、看图片，注意表格和图表。

翻看过程中，特别注意你可能会用上的观点。找到这种观点的时候，记住其所在位置和简短描述。你还可以使用便利方式来标记可能有用的页面。（如果你正在阅读《卓越大学生成长手册》的电子版，你可以在设备上标记页面。）

优秀大学生的品质

这本书主要讨论一种无法由他人传授的特质，即如何成为一个真正优秀的大学生。

优秀意味着拥有超越技术层面的技能。对于优秀的人而言，工作是毫不费力的，他们不需要痛苦地挣扎。技艺精湛的工匠能够使工具和自己合二为一。厨艺非凡的厨师能够游刃有余地使用手中的厨具。这些大师关注的不是一件事情包含的细节，而是自己全身心投入工作中。

优秀可以带来创新的成果，比如说一幅精妙绝伦的画或一篇构思精巧的短篇小说。篮球达到优秀的水平就意味着会投出惊艳的压哨球，而音乐家做到极致，就有可能演奏出绝无仅有的音乐，在某一瞬间达到音律的和谐。这种体验我们可以称为“行云流水”或“如入无人之境”。

通常，优秀能够让人感到一种长久的满足、幸福和不朽。优秀的人不会分散注意力，也不再感受到时间的飞驰，工作变成了一种玩耍。只需几个小时耐心的练习，设定明确的目标，获得准确的反馈，优秀的人就能充分掌握一种技能。

同时，优秀的人还懂得何时放手。无须努力、挣扎或担忧，结果水到渠成。工作似乎能够自动推进。优秀的人通过放手，使一切尽在掌握。他懂得不干预，让创造性的过程自然而然地发生。这也是为什么运动员或者表演者完成精彩的表演后，评论员经常会说：“他发挥得很充分，看起来毫不费力。”

同样，优秀的学生能够把学习变得十分容易。他学习的时候看起来似乎不费吹灰之力。他放松随意、乐在其中，又认真机敏、全神贯注。

你可能觉得这种说法并没有道理。实际上，优秀就是毫无道理，它不能靠言语捕捉，也不能由他人传授，唯一的获取途径只有学习和经历。

人天生就是一台学习的机器。你还是一个婴儿的时候，需要学习走路。变成幼童时，需要学习说话。长到 5 岁，你就要掌握在这个世界中茁壮成长所需要的诸多技能。并且，你在学习这些内容的时候，没有接触到任何正规教学、讲课、书本，也没有自发的努力或心生畏惧。你可以重新发掘自己身上的学习本能。这本书的每个章节将会讲述一个你在学习过程中可以采取的步骤。

优秀大学生拥有一些共同的品质。学习态度与核心价值是其中的关键。他们的学习方法和策略也许有所不同，但最终都会超越平凡，达到成功。拥有优秀大学生的品质，会让你独一无二、出类拔萃。

以下列出的就是优秀大学生的一些品质，但请记住，这个列表并不完整，只是给你提供一些大致的方向。在阅读时，记住时时自我审视。如果你已经表现出了某项品质，就在旁边的小框里打钩。如果你很想通过努力具备某一项品质，那么就在旁边的小框里做个其他的记号，比如画上一个感叹号。这并非什么考试，只不过是为你提供机会肯定你已经取得的成果，并开始思考未来的无限可能。

- □ **勤学好问**。优秀大学生对什么都很好奇。他总能提出各式各样的问题，世间最乏味的事情在他那儿也变得有意思了。即便他觉得生物课很无聊，他也会对自己说："每次上这个老师的课都感觉无聊，这是为什么呢？可能是他总让我想起家里那个絮絮叨叨的叔叔吧，叔叔老是没完没了地讲些钓鱼的故事。他好像还真有点像我叔叔。真是太神奇了！原来无聊也可以变得有趣。"然后他就问自己："既然这门课很无聊，我该怎样从中得到价值呢？"于是他找到了答案。
- □ **集中精力**。看到两岁的小孩子玩耍时，你可以注意下他的眼睛。他那一对大眼睛总是炯炯有神，好奇而专注地看着他眼前的事物。优秀大学生也能像小孩那样集中精力。世界对一个小孩来说总是崭新的。优秀大学生能够集中精力，因此，世界对他来说也是崭新的。
- □ **乐于改变**。未知不会让优秀大学生感到恐惧，相反，他喜欢未知，包括对自己的未知。我们对自己都有一些认识，这些认识可能帮助我们，但也可能阻碍我们的学习和成长。为了追求成功，优秀大学生乐于接受新策略和新观点。
- □ **能够整理和分类**。优秀大学生面对大量信息时能够仔细核查信息，发现其中的联系；他们将信息当作玩具般戏耍，根据大小、颜色、功能、适时与否等千百种分类方法整理数据。优秀大学生有勇气设定宏大目标，还能做出细致的计划来实现这些目标。
- □ **掌握一定的技能**。掌握一定的技能是成为优秀大学生的关键。例如，他学数学公式时，会反复钻研，直到把公式深深地印在脑子里。他还善于融会贯通，真正做到举一反三。
- □ **精神愉悦**。优秀大学生常常面带微笑，有时只是不由自主地微笑，因为他对这个世界满怀好奇，觉得能够体验人生就是一种幸福。
- □ **遇事三思**。优秀大学生有看法、有立场，但他能够适时地抛下这些立场。他明白自己应该三思而后行。他可以暂时抑制内心的想法，耐心倾听反对的意见。他不会让自己最初的判断成为学习的阻碍。在讨论中，他不会抱有"要让我相信，你必须证明给我看"的态度，而是反问自己："如果这是真的，那会怎样？"接着他就会去找寻种种可能性。
- □ **充满活力**。优秀大学生步伐轻盈，脚下好像有根弹簧，在课堂上总是积极活跃。他们阅读时很少采用懒散的姿势，而是会端正地坐在椅子的边缘，而娱乐的时候他们也会非常的忘我。优秀大学生意志坚定、坚忍不拔。
- □ **身体强健**。健康的身体对优秀的大学生来说是十分重要的，但这并不是说他就完全不会生病，而是指他重视自己的身体，善待自己的身体。除了身体健康外，他们还非常注意自己的情绪和精神健康。
- □ **正视自己**。优秀大学生敢于评价自己和自己的行为。他们会坦率地说出自己的优势和不足。
- □ **责任心强**。责任和责备是有区别的，优秀大学生对此非常了解。他们愿意对自己生活中的所有事情负责，哪怕是在大多数人都会委罪于人的情况下。比如说，他选了一门大家都觉得很无聊的必修课，他会尽力培养自己对这门课的兴趣。他会用新学到的方法技巧，将这门课和自己的目标及实践联系起来，进而使自己在所有课程中都有突出表现。

- □ **敢于冒险**。优秀大学生常常会尝试自己没把握的事。课堂讨论时，他大胆表达自己的观点，即使会引起哄堂大笑。他会选择难度较大的学期论文题目，也喜欢挑战很有难度的课程。
- □ **积极参与**。优秀大学生绝不是旁观者。他们乐于合作，稳重可靠。对待学校、工作、朋友、家人，都会表现得积极踊跃，敢于许下承诺，且信守承诺。
- □ **博采广览**。优秀大学生总是对周围的一切抱有浓厚的兴趣。课上，他全情投入，积极活跃。课下，他主动深化所学的知识，比如加入学习小组、参加校园活动、加入学生社团或参与团队项目等。通过这些经历，他积累了各个领域的经验，储备了广博的知识，并将其运用到自己的专业当中。
- □ **接受矛盾**。“悖论”一词源自希腊文“paradox”，“para”是“超越”的意思，“doxen”是指“观点”，因此“paradox”的意思就是超越观点，更准确地说，就是看似矛盾或荒唐，其实却有一定道理的观点。例如，优秀大学生会下决心好好理财，实现一定的经济目标，但同时他又能让自己超然于钱财之外，明白个人价值和拥有的财富无关。
- □ **勇敢无畏**。优秀大学生敢于承认并直面自己的恐惧。例如，一次充满挑战的考试在他看来也是一次学会应对焦虑、紧张和压力的机会。他不逃避恐惧，而是坦然地面对。遇到不理解的事物，或是犯了错误，他会大胆承认。面对超出自己能力范围的挑战，他会选择寻求帮助。同样，他也乐于向他人伸出援手。
- □ **自我引导**。优秀大学生的学习动力并不是来自他人的奖励或惩罚，而是来自内心。他对学习的渴望和对目标的追求都是发自内心。他如同明星运动员一样，在比赛中不是要打败别人，而是要实现一次次的自我超越。
- □ **把握当下**。优秀大学生能够真正地把握当下，他对每一分、每一秒都怀有新鲜感，自然而然地去感知世界的神奇。
- □ **正确看待分数**。优秀大学生不会为分数的高低而沾沾自喜或垂头丧气。他明白，分数有时确实很重要，但分数并不是他学习的唯一目的。他不会用得到的分数来衡量自己作为一个人的价值。
- □ **懂得“高科技”**。优秀大学生将“高科技”看作能够用来达到目标的工具。从这个观点出发，电脑就成为辅助其深入学习的工具，能够提高生产力和工作效率。着手完成一项任务时，优秀大学生会迅速选择最先进和最有效的硬件与软件。如果对某项技术比较生疏，他不会慌张忙乱，而是积极地去学习这门新技术，并寻找合适的方法。他也知道什么时候该“下线”，与自己的朋友、家人、同学、导师以及同事充分沟通。
- □ **直觉敏锐**。优秀大学生有一种单凭逻辑无法解释的内心感应。他相信自己的直觉和想法。
- □ **有创造力**。在别人看来毫无价值的细枝末节，优秀大学生却能从中看到创造的机会。他能把各个学科的知识以一种全新的方式整合起来。

他的创造力体现在生活的方方面面。

- ☐ **愿意吃苦**。优秀大学生不会把舒适安逸放在首位。若一个目标的实现必须经历一个艰难的过程，他也乐于接受。他能忍受艰难困苦，毫不惧怕。
- ☐ **乐观向上**。优秀大学生认为所有挫折都是暂时的，挫折之间毫无关联。他明白如何面对身处的状况是自己的选择。
- ☐ **开朗爱笑**。优秀大学生风趣幽默，而且有自嘲的风度。教育是昂贵的投资，必须认真对待，但也没必要因此而不苟言笑。优秀大学生喜欢学习，而最好的态度便是时不时地笑一笑。
- ☐ **求知若渴**。人类对知识有一种与生俱来的渴求。有些人的这种渴求会慢慢消失，但优秀大学生对知识永远是如饥似渴，愿意为了学习而学习。
- ☐ **踏实肯干**。一旦有了目标，优秀大学生就会无怨无悔地付出辛劳和汗水。他们明白天才和创造力是坚持与努力的结果。优秀大学生干起活来会像一个玩得正欢的疯孩子，根本不知疲倦。
- ☐ **谦虚友善**。优秀大学生看重知识的获取，对知识永远充满热情。他们还关心他人，并乐于向他人学习。他们在项目中与他人合作，在团队中茁壮成长。注重营造双赢、合作和关爱的氛围，这种氛围让他们如鱼得水。

练习 2

寻找你内心的优秀学生

本次练习的目的在于向你自己证明你的确是一个优秀的学生。首先回忆一下你之前的经历，你是否曾经学某样东西学得很好，展现了优秀的品质。不要把想法局限于学校。有可能是你某次测试成绩特别优秀、足球比赛时表现得完美无缺、创作了一件令人瞩目的艺术品；也有可能是在一次吉他独奏时获得了满堂喝彩；也有可能是某一次你说出内心深处的话，让人颇为感动；也有可能是某一次你认真倾听了一个痛苦之人的诉说，给予了他安慰和力量。

第一步

请叙述一下你生命中类似经历，注意加上时间、地点、相关人物等细节。讲讲那时发生的事情和你当时的想法与感觉。

第二步

现在，重新看一下“优秀大学生的品质”这一节，看看那些你打了钩的优秀大学生的品质。这也就是你觉得自己具备的优点。举一个简单的例子，说说你是怎样表现其中一项品质的。

第三步

想想优秀大学生还有哪些品质是文中并未提到的。把那些品质列出来，并在每项品质后面用一句话描述一下。

优秀大学生的成长过程

——发现

要变得更加优秀，咬紧牙关、加倍努力是一种办法。不过，我们还有更好的方法，那就是“优秀大学生的成长过程”。通过它，你会在自己身上培养出优秀大学生的品质。

你可以运用“优秀大学生的成长过程”学习各种学科、培养个人习惯、获取新知识。

听上去太神奇了吧？如果你是怀疑论者，那意味着你已经具备了优秀大学生的品质之一——勤学好问。在考虑一个新想法时，还要注意结合另一种品质——遇事三思，不要妄下结论。

先整体了解一下优秀大学生的成长过程。它包括三个阶段：

- 发现：观察自己的想法、感受、行为和当前的处境；
- 目标：选择你想要得到的新成果；
- 行动：根据新目标采取行动。

当你尝试去体验优秀大学生的成长过程时，请记住，我们并不是要你无条件地相信它，而是要你亲身体验，在日常生活中检测它的有效性，然后看着结果慢慢展现在你面前。

纵观本书，你会发现有许多填写日志的地方。建议你完成它们，引导自己经历优秀大学生的成长过程。

其中一些日志叫作“发现陈述”，能帮助你进行“自我定位”——描述自己现在的想法、情绪和行为。利用“发现陈述”描述你的长处，写下你自己希望改变的地方。它将成为一部连续的纪录片，记录你的学习和成长。

有些时候，“发现陈述”捕捉的是某一个让你发出惊叹的时刻——一道闪现的思想灵光。

它或许是解决老问题的新方法，或许是从内心深处涌现的、能够改变人生的一次深

刻洞察。不要让这些宝贵的时刻转瞬即逝，而是用“发现陈述”将它捕获。

为了充分利用“发现陈述”，请务必牢记以下准则。

记录想法、情绪、行为的细节。想法包括内心的声音。我们时常在内心与自己对话。遇到争论不休、没有定论的内心对话时，把内容记录下来。最初你可能不知从何下笔，但要坚持下去，逐渐养成写作的习惯。写作能够开启思想的闸门，让想法如潮水般流动。

想法还包括心理图像。心理图像具备特殊的影响力。想象考试失败的景象，好比在为真正的不及格提前彩排。要移除这种负面影响，一个办法就是把你想到的画面详尽地描述出来。

留意你状态很好的时刻。你可以利用“发现陈述”准确地描述在何时何地你的学习效率达到最高。

此外，观察并如实记录你的情感和行动。如果你没有阅读解剖学课本，而是和关系要好的表姐在网上聊了一个半小时，那么具体地记录下时间、地点、你的感受等细节。

把不适感当作信号。眼前摆着一件棘手的任务时，如一道数学难题，留意你的生理反应。可能是反胃、呼吸加速，或者哈欠连天。不舒服、厌倦、疲惫的感觉都可能是一种积极的信号，提醒你即将展开一项有价值的工作。坚持住！记录下来！告诉自己还可以再坚持一会儿。你将会到达一片新的天地。

不要妄下结论。在加深自我认识的过程中，要温和处之，切莫妄自菲薄。如果你总是用“糟糕”或“愚蠢”来评价自己的行为，那么你的思想会因无法忍受屈辱而停下脚步。为了自己，请善待自己！

坦诚以待。不妄自菲薄会帮助你真实地面对自己。“真实让人自由”能成为千古流传的箴言，必然有其道理。你越接近真实，你的“发现陈述”就越有力量。即使你发现自己在回避事实，也没关系，不要自责。回避本身也是一种存在的事实，把它也记录下来即可。

优秀大学生的成长过程

——目标

本书还有一些叫作“目标陈述”的日志模块，它们是你决心采取行动的承诺。借助“目标陈述”，阐明你将如何改变自己的思考方式和行为方式吧！

在优秀大学生的成长过程中，“目标陈述”与“发现陈述”是紧密相连的。

“发现陈述”促进思考，而“目标陈述”则是在思考的基础上，制订行动计划。

为了提醒你这两者的关联性，书中的许多日志都标注为“发现 / 目标陈述”。

写作可以让你把精力集中在具体的任务上，帮助你明确目标。下面的方法将教你如何撰写对人生起到积极作用的“目标陈述”。

制订能够观测的目标。不要笼统地写“我要更加努力地完成历史作业”，而是要写“我打算复习课堂笔记并进行总结”。这样，在评估自己的进度时，你才能判断目标是否达成。

制订可以实现的小目标。给自己创造成功的机会，制订能够达成的目标。把大目标分解为一个个小而具体、能够迅速完成的任务。譬如，你想生物成绩达到优秀，那么问问自己：“我今天可以做什么？”你或许打算找 3 名同学成立一个学习小组，那就把这个定为目标吧。

提防拖延怠工。一些你有意无意做的事情可能会使目标无法达成，提防它们！你本来计划晚上 9 点开始学习微分方程，可到了晚上 8 点，你却坐下来打算看一场时长两个小时的电影，这时要赶快提醒自己不要拖延怠工了！

尽量避免那些需要依赖他人才能完成的目标。如果你打算让学习小组在周一完成作业，那么其他组员的进度将会影响到你能否成功。不过，你可以写一份有关完成自己那部分作业的“目标陈述”，来帮助小组获得成功！

制定时间表。时间表可以让你集中精力。例如要写一篇论文，你就可以把撰写过程分成一个个小任务，并给每个小任务制定完成时间。例如，你可以写：“我要在周三上午 9 点前确定论文题目。”

如果你打算试用本书中建议的某个技巧，制定时间表会非常有用。实践某个新想法，向来越早越好。计划一下，在 24 小时内练习你刚学到的新方法吧！

要记住，你制定时间表是为了自我提高，而不是为了让自己内疚。况且，如果有突发状况，你可以随时调整时间表。

创建提醒。即使是精心计划的目标，一旦遗忘也只能不了了之。如果你计划在具体的某个时间点或者某一天做某件事，那么可以在日历上注明。其他目标可以放在你的待办列表里。（想要了解更多这方面的工具，可以查看本书“时间”一章。）

犒劳自己。按时完成目标后，不妨庆祝一下。请记住，随着你的目标的实现，有些奖励会如期而至。譬如拿到学位后，你可能会找到一份心仪的工作。

完成小一点的任务后获得的奖赏则更加即时。譬如按时提交论文后，你就可以犒劳自己去看场电影，或是骑车去公园游玩。

无论是哪种情况，只有在奖励面前克制，奖励才能发挥最大作用。譬如，如果不管能不能完成阅读作业，你都准备在周日下午小睡片刻，那这“小睡片刻”就不是一项有效的奖励。

完成任务后，静静坐在那里品味成功的喜悦，同样是对自己的犒劳。成功之所以带来更多的成功，原因之一正是成功的感觉棒极了！

注意

根据本书的“日志”，写“发现陈述”和“目标陈述”，开始“优秀大学生的成长过程”。

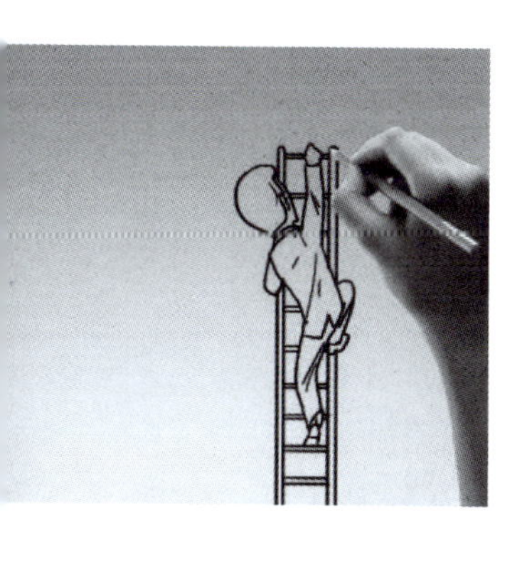

优秀大学生的成长过程

——行动

事情就是这样：生活会随着你的作为而发生变化。当你跳出“纸上文章”，在生活中实践时，你就开始了优秀大学生成长过程的行动阶段。行动能够见证奇迹的发生。

一份流露着真情实感的“发现陈述”让人热泪盈眶。一份仔细规划的“目标陈述”让人充满动力。但是，如果你的行为没有随之改变，发现与目标只能沦作毫无用处的“纸上文章”。

俗语说得好：行平常之事，得平常之果。道理显而易见。要想取得新成绩，必须去尝试新的做法。

成功人士总能得到他们想要的结果。而成功源自脚踏实地和坚持不懈。当你开始行动时，可以参考下面的行动指南，以备不时之需。

当你展开行动时，请敞开大门，欢迎你的老朋友——“不适感”前来拜访。行为的改变可能会让你感觉不舒服。努力与这种讨厌的感觉成为朋友，而不是故态复萌。采取行动的同时，不适的感觉也会消失。

发现积累“跬步”的乐趣。即使简单的行为改变也可以带来相应的效果。如果你觉得自己拖延，那就挑一项和目标相关的具体小任务来尝试改变。找一件你在5分钟内就可以完成的事情，然后立刻开始行动。譬如，访问与你下次的论文主题相关的网站，或者花3分钟预习一项阅读作业。乐积“跬步”，你自然而然就会优雅从容地行动起来。

如果不确定具体该做什么，那就调整你的目标。确保“目标陈述”包含具体的行为。写清楚你将如何去做，做的必须是可以被录像机录下来的肢体行动。让你的四肢和嘴巴都动起来！

遇到困扰时承认事实。如果研究一下人类的行为，就会发现人们总在维持原有行为的同时，期待产生新的结果——之后又搞不清为什么事情没有任何进展。如果你发现类似情况也发生在自己身上，千万别惊讶。坦然承认，回顾你的目标，制订下一步行动。

在书中寻找行动提示。除了日志之外，本书还配有许多练习，这些练习让你按照书中的理念采取具体的行动。要想充分挖掘本书的价值，那就做练习吧！

请记住，这不是一本帮助人们自我完善的书。走进书店，或浏览网上书店，你可能注意到许多书被列入“自我完善”的类别，但本书并不在此列。我们认为，你已经是一名优秀大学生了，而你需要做的只不过是借助一个过程，解锁自己早已拥有的优秀品质。

实际上，这是一本自我尝试的书籍。在尝试的过程中，你会慢慢找到人生的重点，然后做出选择。这本书一点儿也不神秘，更谈不上什么“开创新的时代”。发现最适合自己的行动方法和事情，然后展开行动吧！

让成长过程流动起来

本书第一版的开头有一句让人印象深刻的话——本书毫无价值。许多同学认为这不过是吸引眼球的噱头，其实不然。

也有人认为它在利用人们的“逆反心理”，其实也不对。

这一版和第一版都是如此：如果你仅仅是阅读，这本书便毫无价值。

而一旦你坚持优秀大学生的成长过程——从发现到制定目标再到有所行动，那便会有完全不同的结果。不断体验优秀大学生的成长过程，就可以让它流动起来，保持生机。

优秀大学生的成长过程好比驾驶飞机。很少有飞机严格按照规定的航线飞行。飞行员和自动驾驶仪要不停地观测与修正航向。如此一来，飞机的行进路线来回曲折，呈现出一个“Z”字。飞机几乎总是朝着错误的方向飞行，但在不断的观测和航向修正下，它最终飞抵目的地。

优秀大学生的成长过程与此类似。“发现陈述”正是对自己的不断观察；“目标陈述”是对路线不断进行调整；而展开行动则是朝着既定的方向前进。

此外，偏离航线是正常现象。忘记了某个“发现陈述”或没能完成某个目标时，都不必慌张，你只需进行必要的简单修正就可以了。

聪明地工作和学习，不要白费力气。有时，学习的确需要付出心血，在大学里尤其如此。在成长为优秀大学生的过程中，你可以学会如何付出以获得最大的效益。

接下来这句话也许会让你觉得不可思议，但也可能无法否认：成功与不成功，都

学生成功的秘诀

好吧，不开玩笑了。是时候揭开学生成功的秘诀了。

（此处应有掌声。）

秘诀就是……

……没有秘诀。

成功学生使用的方法广为人知。现在，这本书里数百个方法任你使用。

使用这些方法。修改它们。创造新的方法。通过优秀大学生的成长过程，你将对什么样的方法适用于你了如指掌。

发现、目的以及行动是使方法发挥作用的三个因素。没有发现，没有目的，没有行动，这本书对于你只是一沓沉重又昂贵的废纸而已。

只要你行动起来，本书的知识便是无价的！

花费同样的精力；有时，后者甚至会花掉你更多的精力。无论飞机飞离目的地还是飞向目的地，都会燃烧等量的燃料。保持航向正确，就有收获。

走向自我实现。亚伯拉罕•马斯洛（Abraham Maslow）是心理学历史上一位重要的人物。他有一项令世人难忘的发现——人们并不仅仅满足于最基本的安全需要和生存需要。我们还需要：

- 爱与被爱；
- 有所成就和自尊；
- 充分开发我们特有的才能；
- 超越以自我为中心，通过对他人做出贡献而获得成就感。

当所有层面的需求都得到满足时，我们就完成了自我实现。

马斯洛的理论给了本书很大的启发。优秀大学生成长过程的目的之一就是把你引领上自我实现之路。有了撰写“发现陈述”和“目标陈述”的经验，你就学会了如何更加批判地、创造性地思考。当你付诸行动后，你将学会如何克服拖延的毛病，不为情绪的波动所动摇，妥善管理自己的行为。每当你在优秀大学生的成长过程中获得磨炼，学会新的技能，你都在向着更高的需求层次迈进。

视这个过程的时长为终生。记住，这本书这么厚是有原因的。书中拥有许许多多的理念，你不可能在一学期就全部实践完。

这并非什么错误。实际上，这可以说是我们的故意而为。本书涵盖丰富的理念，然而并不是所有方法都适合你。如果一种方法不管用，还有其他几十种方法供你选择。

别忘了书名中的一个重要词汇——成长。这个词意味着优秀并不是最终的状态或目标，而是一个没有终点的旅程。

吸取书中的精华

方法一：习惯新风格和新基调。

这本书看起来和其他传统教科书有所不同。本书的观点都是在一篇篇杂志式样的文章中呈现的。书中有许多清单、介绍词、妙语趣话、图片、图表、插图，甚至偶尔还有笑话。

方法二：任意浏览。

这本书没有特定的使用方法：你可以选择通读，也可以随便翻翻，找到自己需要的东西。现在就开始找吧。你可能发现同样的方法会在书中多处提到。这是有意安排的，因为重复是为了强调那些关键点。同时，适用于生活这个方面的技巧可能也适用于另一个方面。

方法三：采纳对你有用的，大胆放弃不适合你的。

如果书中某些部分完全不适合你，除了故意安排的环节，你大可以直接忽略。你能否从有意安排的环节中获取有价值的东西呢？其实，只要你有心想从这本书里学到东

以下是宣传语

本书通过建立可以持续一生的成功模式，旨在帮你顺利向高等教育过渡。你大概只有相信自己有所得才会行动，将本书的理念付诸实践。

也许你会觉得浑身僵硬不舒服，从心里抗拒这种宣传，但请记住你已经买了这本书了。现在，你可以努力成为一名优秀大学生，让你的钱花得值得。这本书对你有以下好处。

货真价实。大学教育是花销最大的。如果把所有直接消费和间接消费相加，可能在教室里听课一个多小时就会花上 100 美元。

同时，大学教育的价值获得由你来控制。这种价值可以是无比巨大的。除了学习的乐趣之外，高等教育与较高的收入、更稳定的工作相关。成为一名优秀大学生是值得的。

得到数千名学生的建议。这本书讲授这些理念和技巧不仅仅是因为学习理论家、教育家、心理学家认可，更因为不同专业的成千上万名学生也同样认可。

历经考验的成果。这本书上一个版本在数百万名学生中广受好评。尤其是那些已经获得成功的学生，也高度评价了从这本书中获取的技巧。

西，即使是那些乍一看跟你无关或是对你无用的内容，说不定也能在未来形成强大的工具。如果有用你就使用，反之则可以舍弃它。

方法四：锻炼批判性思维。

这本书从头到尾都有批判性思维的锻炼活动。本书其他部分，如“日志”和“技能描述”也能提高批判性思维。

方法五：了解学习风格。

对照“学习风格类型”以及“发现你自己”这一章节中的有关文章。这个材料能帮你发现你偏好的学习风格并且让你探索新的学习风格。之后，你会发现本书的其余部分会提供建议，指导你利用好你所知的学习风格。想要了解不同的学习模式，你可以问以下四个基本问题：“为什么？”“是什么？”“怎么做？”以及“如果……将会怎样？”通过这四个问题，你能够有效地学习所有内容。

方法六：感受力量的源泉。

每一章开头的“澎湃动能”，其内容就是要让你改变传统观点，尝试新的做法。本书的读者多数都反馈说这是他们最喜欢的一个部分。带着一种放松、寻找新的可能性的心态来学习这部分吧。要开放你的思维，尝试各种各样的观点，看看哪一个才是最有效的。

方法七：阅读边栏信息。

边栏信息是一些简短的文字，位于全书长篇文章中间。这些简短的内容可能会带给你一些想法，从此改变你的高等教育之路。

动力

——我只是没心情

这章很大一部分内容是关于动力在学习中取得成功所起的作用。

看待动力至少有两种方式。

第一种，我们可能不具备自律、毅力和动力等品质。我们常常用这三句话来解释别人的成功或是我们自己的不足：“要是我受到激励，我在学校会更积极。”“她确实取得了优秀的成绩，但这是因为她自律。”“减肥需要超强的毅力。我肯定是毅力不足。”看起来有人天生有强大的动力，而其他人却动力不足。

第二种，不要觉得动力神秘、与生俱来或是不可多得。也许你从不缺乏动力。也许是你早已拥有动力，也就是即使不喜欢也可以去做的能力。这种习惯可以通过练习培养。下面是如何培养这种习惯的一些建议：

承诺。清楚自己的目标并展开行动，就会轻易获得动力。如果你想成立一个学习小组，你可以发出邀请、设定见面的时间和地点。向你的同学承诺你会做到，并且对自己的承诺负责。自律、毅力以及动力——这些“神秘”的品质从来不会阻碍你成功。你只需做出承诺，并且信守诺言即可。

和不适为伴。有时候，信守诺言意味着要完成一项你会拖延的任务。光是想到要做家务、读一章统计学或是校对一篇学期论文就会让你产生不适感。面对这种不适感，你可以选择拖延，或者让不适成为你的武器完成工作。

首先，开始研究这种不适感。注意头脑中的想法，将它们大声说出来：“我宁愿在煤炭堆上走路也不愿做这件事。”“现在我最不愿意做的就是这件事。”

同时，观察身体的变化。譬如，你的呼吸比往前更快还是更慢？你的肩部是否紧绷？你的心里焦虑吗？

了解自己的想法以及身体变化后，试着与这种不适感多相处几分钟。别急着评判这种不适感是好还是坏。接受自己的想法和身体变化，会减轻不适感。也许不适感依然存在，但是逐渐不会妨碍你了。

改变想法和你的身体。你也可以通过想些别的或是改变你的身体状态来越过不适感。例如，不要瘫在椅子上，要坐直或者站直。你也可以散散步来让身体活跃起来。注意不适感是否产生了变化。

同样，你要改变自己的想法。把“我忍受不了这个”替换成“这个任务做完我感觉会很好”“做这个任务将帮助我成功”。

让任务变得具有吸引力。有时候我们只是被任务的某一面吓倒。其实，仅仅改变任务的这一面就能让你不再拖延。如果你是因为厌恶周围的环境而不学习，那么你可以改变这个环境。独自在屋子的黑暗角落里读社会心理学可能会让人昏昏欲睡，但搬到怡人、明亮的图书馆就能让这项任务变得有吸引力。

你完成一项重要的任务后，不妨奖励一下自己的出色表现。最简单的奖励——例如散步、洗热水澡或是一份你最爱吃的零食——可能会是最有效果的。

倾诉糟糕的情况。克服负面情绪的方法之一便是走向极端。面对一项讨厌的任务时，可以尽情地抱怨。宣泄出所有的负面想法：“我现在不可能开始报税。太糟了，我都不知道怎么说——绝对的一团糟。这是全球性

的难题！”吐槽到这份上，看问题会更全面。对比之下，把话放在心里只会将小麻烦放大成危机。

自我加压。有时很难获得动力。假设你的项目截止日期提前了一个月、一周或是一天，稍微加大压力能够刺激你行动。之后，动力的有无似乎不重要了，按时完成任务反倒成了关注的问题。

自我减压。光是想想自己要完成一项巨大的任务就能让你焦虑万分。为了避免这种情绪，你可以通过积“跬步”减轻压力。将大的项目分为许多小任务。在 30 分钟内，你能够预习一本书、粗略地写出论文的大纲或是解决两三个数学问题。仔细计划，你会发现许多小“跬步”会让大项目变得切实可行。

请求支持。克服拖延时，你可以多找几个伙伴。例如，成立一个互助小组，然后宣布你在每次开会前要达成的目标。之后让每个成员都清楚你对自己的承诺负有责任。如果你想要开始有规律地锻炼，那就叫另一个人每周陪你散步三次。互助小组的人可能来自戒酒者协会、减重协会等，他们知道这种方法的强大之处。

找到一个榜样。成功完成任何一项任务所需的技能之一便是身处优秀大学生之间。找到一个你认为比较成功的人，和他 / 她相处。观察这个人，将他 / 她作为你行为的榜样。你可以尝试采用这个人的行动和态度。这个人可以成为你的人生导师。

比较收益与成本。所有的行为都有收益和成本，甚至是那些讨厌的事项，如考试临时抱佛脚和忽视锻炼，其实都有收益。临时抱佛脚的你，可能更多的时候没有考试压力，无拘无束。忽视锻炼的你也有了更多的时间睡觉。

想抛弃这些讨厌的行为，你可以这样做：

第一步，你可以赞美这些行为，甚至拥抱这些行为。我们可以坦然承认这些行为带来的好处。

第二步，如果你可以确定成本，那么对这些讨厌行为的赞美将会有强大的效果。例如，略过阅读作业，你就有时间去看电影。然而，你上课可能毫无准备，下周需要花两倍的时间来阅读。

也许还有一种方法，可以让你得到收益（去看电影）而不用付出（略过阅读作业）。如果妥善安排每周计划，你可以选择放弃看几小时的电视，这样就有足够的时间做作业和看电影了。

对任一种行为的成本和收益进行比较，能够点燃我们的动力。我们可以选择新的行为方式，因为它们和我们最想要的结果相一致。

过会儿再来。有时，将一项任务延后，反而可能更有效率。例如，你可以等到慢慢分析完你的工作技能、规划好你的职业目标后再写简历。延后并不是缺乏动力的表现，而是计划的体现。

如果你选择了稍后再完成这项任务，一定将这个决定变成承诺。预估任务完成所需的时间，然后在日历上设定具体的日期和时间。

留意信号。有时，缺乏动力会表现出来，这时需要留意。例如，一个会计专业的学生总是不放过任何与孩子们相处的机会。这并不表明他长期以来不愿意看会计专业的教科书，而是他可能想要读幼儿教育专业。这个人原来的职业选择可能来自这样一个想法：真正的男人是不会去幼儿园教书的。在这样的情况下，明显的动力缺乏表明想要完成任务的深层愿望。

改变习惯的方法

换一种思路看“习惯”这个词。不妨想一下，其实我们的很多烦恼，甚至我们最基本的特质都只是习惯。

你的朋友老是抱怨他太太的厨艺太好，让他腰围越来越粗——也许这只是一种叫作“暴食”的习惯引起的。

一个学生认为他发脾气是因为老师太过念叨——也许这只是这个学生习惯于不听新观点。

拖延、压力以及缺钱只是我们给诸多习惯的名称，这些习惯由大量简单、重复的小小行为组成，会产生巨大的影响。健康、财富、爱等我们生活中渴望的事物亦是如此。

看待成功或是失败的方法之一是关注习惯。完不成阅读作业、逃课等许多行为可能是一些习惯，这些习惯最终会导致“本可以”避免的后果，比如辍学。同样地，完成作业、上课等行为可能让你取得优秀的成绩。

如果你发现某个行为不利于目标的实现，或是该行为会造成一种你不想要的情况，不妨换一种新的态度：这个行为只是习惯而已，可以改变。

把自己看成一个遵循习惯的人，你就会充满力量。你不用再面对改变本质的巨大压力。恰恰相反，你可以改变习惯，这是切实可行的。即使改变的行为很小，也会产生积极的影响，并蔓延到你生活的方方面面。下面是如何成功改变习惯的方法。

实话实说

坦诚说出当前的习惯——无论是咬指甲还是考试作弊——可以解放我们自己。没有这一步，我们为了改变做出的努力可能会和重新排列泰坦尼克号上的椅子一样，是无效的。实话实说可以让我们发现船沉的原因。

当我们承认生活的变化，我们的防御自然也就降低了。这时，我们会乐于改变，也愿意接受别人的帮助。实话实说之后，获取的帮助也可能有助于我们改变习惯。

从小事做起

许多人改变习惯的计划太宏大或太困难，最终难以成功。要避免这种错误，先从小而简单的改变做起。将自己“应该”做的改变拎出来看看，减少一些，然后再减少一些。逐渐减少任务量，直到任务容易完成为止。

利用“单个的力量”。一次改变一个习惯——每天做一次的那种。例如，不要计划用洁牙线一次清洁所有的牙齿，而是每次只清洁一颗；不要计划一次走 1 英里（1 英里 = 1.61 千米），而是计划一次走一个街区；不要计划把日常饮食一次性做大的改动，而是计划每天只多吃一片水果。

不要就此以为这种方法很简单。该方法的工作原理很简单：养成一个新习惯最难的部分恰恰在于开头。一旦你成功地做出一个小的改变，继续改变就变得更加容易。随着时间的增加，每次用牙线清洁一颗牙齿，渐渐地，你所有的牙齿都会清洁干净。在瑜伽垫上花 1 分钟可以延长为花 10 ～ 15 分钟。走一个街区可以增加到走 1 英里。

一步步地改变具有强大的力量。例如，你可以参考斯坦福大学心理学教授福格（B.J. Fogg）创建的“3 个小习惯”课程（tinyhabits.com）。他对于行为改变的主要建议是：要确保你的新行为是真的非常小，小到你在 30 秒内就能轻松完成。

演练新习惯

在开始每天的新行为前，你要确保这种新行为你可以做到，以后也会做。你可以有个心理准备。在开始新行为前，在头脑中演练一下。想象一下，你要采取什么行动、以什么顺序进行。

比如说，你计划在写笔记时改进书写。想象一下，你在上课，面前摆着一本空白的笔记本。你看见自己拿起一支精美的钢笔，留意你的手感觉如何。你看见自己写的字清晰可辨。你甚至可以想象得到你是如何写出每个字母：e、i、r。之后，下课了，你看见自己在复习笔记，笔记十分易读，你享受其中。

有时间时，也要“身体力行”演练一下新习惯。例如，如果你计划每次用微波炉都做一个俯卧撑，那么就马上开始实践吧！看看感觉如何，注意这种新行为给你身体带来的变化。

启动新习惯

为了增加改变的成功概率，应将新习惯与现有的习惯相联系，其中现有的习惯要是稳定可预测的。例如，如果你想要养成用牙线的习惯，那么刷完牙后就立刻做吧；如果你想要一早做瑜伽，那么早上洗漱完就立刻在瑜伽垫上开始吧。

福格教授建议我们在计划新习惯时使用这个格式：我……之后，就……

例如：

- 我坐下后，就喝一杯水。
- 我收拾完早餐后，就做俯卧撑。
- 我打完电话后，就会起来。

练习新习惯

练习是行为的逐渐改变，行为的改变是练习的结果。这是行为改变的关键。一遍又一遍实践你的目标。如果你失败或者忘记了，那么不要急着妄自菲薄。只需回顾你的目标，然后回去继续练习新习惯即可。

同时，你要接受任何伴随新行为而来的不适感。即使一开始感觉不自然，也要不断练习新习惯。

不急于求成

也许你已经听人说过，改变一个习惯需要花不少时间。这会让人担忧改变习惯是否花的时间过长，这种担忧是毫无必要的。

相反，应采用更加实际的思考方式：该花时间时就得花。你可能发现，一些习惯的养成要比另一些习惯的养成花的时间长。这没关系，相信这个过程，什么有效做什么。给自己足够的时间做出改变，不惜一切代价。当你的新行为发展成为新习惯时，你就已经成功了。

适时修改你的计划

如果改变习惯的计划并没有作用，那么简单写下发生的事情。注意不要纠结于任何愧疚或自责的情绪。在“发现陈述”写下你从这次经验中吸取的教训。之后选择一个新习惯，再次开始。

练习时出现错误并不表示你失败了。即使你没有从新行为中得到想要的结果，你也从这个过程中学到了一些有价值的东西。一旦你知道如何改变某个行为，你就知道如何改变任何行为。

寻求反馈和支持

寻求反馈和支持是进行新行为的关键一步，同时也是许多人计划失败的原因。开始几天热情洋溢地练习新行为，这很简单。但在最初的兴奋劲过去之后，情况就变得有点艰难了。你开始为自己的故态复萌找借口：“多抽一根又无大碍。”“我明天就写论文。”“今天太累了，我逃课理所应当。”

获得反馈的一种方法是让其他人也参与其中。请他们在看到你故态复萌时，提醒你要改变习惯。开始新习惯可能需要来自亲朋好友的更集中、持久的支持。来自他人的支持有时很简单，比如打个电话询问一句：“你好。你开始写论文大纲没？”也可能很正式，比如互助小组每周都会见一次面，回顾每个人的目标和行动计划。

监控你的行为

杰瑞·宋飞（Jerry Seinfeld）曾经告诉一位胸怀抱负的喜剧演员，他说：“要成为好的喜剧演员就要会讲好的笑话，要会讲好的笑话就要每天都坚持写笑话。”宋飞也透露了他如何养成写作习惯的过程：他买了一幅大挂历，一整年的日历都在一页纸上。每天宋飞都写笑话，写完后他在挂历的相应日期上标上一个大红的 X。在看到日历上完整的 X 链条时，他知道自己已经养成了一个新的习惯。你可以使用相同的方法，一步步来，最终做出改变。

搜索行为改变应用软件。例如，习惯清单（habitlist.com）以及生活方式（wayoflifeapp.com）两个软件。一些软件可以让你像宋飞一样将每天的行为记录在日历上。

庆祝成功

每次你练习一个新习惯时，庆祝一下吧！庆祝方式可以很简单，你可以说一个词或一个短语——“好！”“成功！”“加油！”“我太厉害了！”可以自言自语，也可以大声喊出来。利用积极情绪的力量强化新行为。

选择的庆祝方式要有助于你的目标，符合你的价值观。例如，当你锻炼后，尤其你的目标是减肥时，吃高热量的零食就不是一种有效的庆祝方式。

日志 1

发现陈述：宣告自己的目标

复习这一章中目前为止你读到的文章。使用日志开始体验优秀大学生的成长过程——不断地发现、目标以及行动。

来次头脑风暴，用尽可能多的方式完成这个句子：我发现我最想从教育中获得……完成后，选择你认为最好的结尾并将之写下来。

我发现我最想从教育中获得……

改变环境

设想一下，有一名学生总是在学习时吃零食，每次他坐下读书时，总会放一包薯片在身旁。对于他来说，翻开书本是开始咀嚼的暗示。考虑到他选择读书的地方——厨房，吃零食真是太方便了。

这名学生决定改变这个习惯，他将学习的地点由餐桌改到了卧室的书桌。每当想吃薯片时，他都会喝掉手边的一杯水。

你可以使用这个方法在短时间内改变许多习惯。只需设置环境，那些不合理行为就难以实现，合理行为则变得简单易行。

例如，如果你想停止吃垃圾食品，那就将它们都扔到垃圾桶里；如果你想要在家少喝酒，那就将酒瓶放在不常去的储藏间；如果你想要养成每天做瑜伽的习惯，那就在卧室铺一张瑜伽垫放着。

这个方法的美妙之处在于习惯的改变不是依靠动力或是毅力。这是成功改变习惯的路上迈出的一大步。

抽出一分钟

有时候，达成目标和改变习惯最难的部分恰恰在于开端。要克服这个障碍，就需马上积“跬步”。在 60 秒内，你可以马上完成一些事情，这些事情会让你走向成功之路。

复习下面表格的内容，然后开始计划自己的“跬步”吧。

如果你想要……	然后花一分钟去……
每天早上起床后马上去锻炼。	前一晚准备好运动衣和运动鞋。
在邮件上少花时间。	取消不再感兴趣的订阅内容。
及时记录重要的灵感。	在口袋或钱包里准备一支笔和一些 3×5 大小的卡片。或者在手机上下载一个记笔记的软件。
清理堆在桌上的未读信件。	归入垃圾邮件以及不会回复的邮件。
清空邮箱。	找到你可以在 60 秒内回复完的一封邮件，现在就回复。建立一个单独的文件夹，管理那些要求后续回复的邮件。建立另一个单独的文件夹，管理那些不需要后续回复，可以“稍后阅读”的邮件。
整理你的桌面。	用一个小金属文件盒、框或其他容器，暂时存放新的邮件、课程讲义、自己的笔记以及其他论文。
管理你的联系人名单。	抽出一张名片，在电脑、平板或手机的通信录里输入姓名、地址、电话号码。
写出更多有用的笔记。	拿出今天一门课的笔记，重新整理不清楚的一句话。
与老师更有效地沟通。	写下你在办公室会议时想问老师的三个问题。
更早地开始复习准备考试。	利用 3×5 大小的卡片或手机软件创建某门课程的记忆卡片。 在日历上输入即将到来的考试时间。
开始写一份课程论文。	列一个清单，写出三个可能的话题。写出一句你可能写在论文里的话。 来一次头脑风暴，针对话题提出三个问题。
对生命中重要的人表达感激之情。	给其中一个人寄一份小纸条，写上“谢谢你”。
获得财政资助。	搜索学校的网站，找到财政处的地点、电话号码以及邮箱地址。
减少每天坐的时间。	立刻起立站一分钟。 无论何时打电话都坚持站起来。
更有效地管理压力。	花 60 秒来观察身体肌肉是否紧张，放松紧张的肌肉。
做一份职业计划。	上网预约学校的就业中心，寻求更多有价值的资源。
上网时保护隐私。	将现有密码的其中一个改为安全性能更强的密码。 将具有内置隐私功能的搜索引擎放入书签，例如 Epic Search（epicsearch.in）和 DuckDuckGo（duckduckgo.com）。

练习

3

改变一个习惯

查理斯教授曾在他的著作《习惯的力量》中提出，任何一种习惯的形成都具有三个要素。

第一，**重复性**。即养成习惯的行为必须具有一定重复性，形成一种“习惯成自然”的不假思索。比如饭桌上帮忙递个东西，比如啃指甲的坏习惯，再比如清晨机械性地关掉闹钟。这些都是重复多了不假思索的行为。

第二，**暗示性**。这是行为被重复触发的核心，或者也可以称之为一种“引导”。这种引导可能是内在的，比如个人的情绪因素的暗示。也可能是外在的，比如看到美食相关图文就饿了。

第三，**回报性**。这是第一点重复性得以实现的要素——愉悦或减压。这是重复某事的动力所在。

综上三要素，形成一个习惯就是这样一个过程：某种**暗示性**带动**重复性**，又形成某种愉悦的**回报性**。依此重复，形成习惯。因此，我们来练习一下，用查理斯教授的这个理论，来改正坏习惯。

第一步：想出一个你近期重复性的坏习惯

最好是具体的，而不是抽象的坏习惯。是你已经几乎每天都在**重复的**，已经形成习惯了，需要改变了。

第二步：找出这个习惯的“线索”

即是什么**暗示性**触发了你不断重复。比如，你总是吃曲奇饼干（重复性），而这是怎么触发的呢？或许是喝咖啡（暗示性），比如每次喝咖啡的时候就总觉得应该搭配吃点曲奇饼干。

第三步：找出这个习惯中使你愉悦的部分

这个习惯给了你怎样的“回报”导致你一直重复，比如身心愉悦？比如这个习惯帮你融入了同事、朋友？尽量描述出细节。

第四步：想出一个新的可以重复的行为

想出一个和你第二步找到的“线索”相关联的行为，重复之，替代原有行为。这是一个难点。因为你找到的这个替代行为必须也具有“回报性”，也得是一个能带来愉悦的行为，否则你很难坚持进而替换不掉原有的行为。比如上述吃曲奇饼干的行为，你要是完全不吃就会感到很不舒适，就没法坚持，你就得想出一个替代，比如每次只吃一半，并且慢慢地吃，仔细品味。这样就比原来吃得少了，但是也吃了，降低了热量摄入的同时也获得了愉悦。

第五步：适时总结你坏习惯的改正进度

用新的行为替代旧习惯至少七天。用下表来记录。用“备注”栏记记录你的心得体会，可以是这些改变给你的惊喜、影响等，以及哪些“线索”的替换对你尤为有用，以便在今后改正坏习惯的过程中持续地实践它们。

待改习惯	线索	回报	新线索	备注

日志 2

发现陈述：承诺

如果你不积极参与本书的活动和练习，本书对你来说将一无是处。

开始行动的一个好方法就是许下承诺。相反地，如果不做承诺，那么你不太可能持续行动。结果就是本书对你来说毫无价值。

因此，为了节省你宝贵的时间和精力，这个练习给你一个直接表明承诺程度的机会。

从下面的选项中，选出最能反映你在使用本书时承诺程度的句子。

（1）好吧，我马上读这本书，好吗？
（2）我会浏览一下这本书，只读感兴趣的部分。
（3）我会读这本书，进行思考，并做一做那些看起来有趣的练习。
（4）我会读这本书，做一些练习，完成一些日志。
（5）我会读这本书，做一些练习和日志，使用书中的一些技巧。
（6）我会读这本书，做大部分练习和日志，使用书中的一些技巧。
（7）我会研究这本书，做大部分练习和日志，使用书中的一些技巧。
（8）我会研究这本书，做大部分练习和日志，试验书中的许多技巧，从而发现哪些最适合我。
（9）我保证，我会研究这本书，做所有的练习和日志，试验书中的大部分技巧，从而发现哪些最适合我，我会从这个过程中创造价值。
（10）我将使用这本书，如同我的教育质量都取决于此。我会做所有的练习和日志，试验书中的大部分技巧，发明自己的技巧，并且计划未来重读这本书。

写下今天的日期以及反映你承诺水平的句子编号：

日期：________________　　承诺水平：________________

如果你选择的承诺水平为 1 或 2，这表明你可能不会利用这本书创造很多价值。不妨考虑将本书转送给朋友吧。

如果你选择的承诺水平为 9 或 10，这表明你将在学校获得成功。

如果你选择的承诺水平位于中间，那么不妨试验一下本章的三个建议吧。同样写上返回该练习的日期，根据试验结果重新考虑一下承诺水平。

我想要……

日期：________________　　承诺水平：________________

chapter 1

第1章 发掘自己

为什么?

成功的第一步，就是要弄清楚哪些方法能够改善目前的生活状态，哪些毫无用处，应该丢弃。

是什么?

快速浏览本章，找出三个你格外想在本周的学习和生活中应用的技巧。做下笔记，或者在章节中标出今后你想运用的攻略。

怎么做?

我是否能够通过接受目前的自己，来创造新的人生价值?

- 澎湃动能：观点就是工具
- 1.1 第一步：事实是制胜的关键
- 1.2 “发现轮盘”
- 1.3 学习方式：发现你是怎样学习的
- 1.4 学习方式量表
- 1.5 运用学习方式获得成功
- 1.6 发挥自己的多元智能
- 1.7 通过感觉学习：VARK 系统
- 卓越达人记：约书亚·威廉姆斯（Joshua Williams）

抽出一分钟

花一分钟写下要积累的“跬步”——这个用时 60 秒的任务可以帮助你完成现阶段的项目或作业。例如，用头脑风暴列出你计划要写的一篇论文的主题。

如果你有一分钟的空闲，立刻开始做这件事吧。

澎湃动能

观点就是工具

本书中有很多观点，每遇到一个观点，不要轻易就相信它，而要想办法把它当作工具利用起来。

例如，锤子是用来敲打钉子的。你在使用一把锤子的时候，你不会拿着这把锤子仔细端详看它是否合适。你会直接用它，如果好用，你就接着用；如果不好用，你就会换一把锤子。

很多人生活中可能有很多把锤子，但他们却会不自觉地限制自己接受多种观点。因为一个新观点在某种程度上会给他们现有的生活带来威胁——而锤子则不同，新锤子也不过是把新锤子。

我们内心都有对正确的追求。我们的观点代表的就是我们自己。

有些观点值得我们去献身。但是请注意：本书中绝没有半点这种观点，本书中的观点都只不过是“锤子”，是工具。

想象这样一幅画面，一个人举着一把锤子宣称：“我举着这把锤子就是为了不言自明。要么给我锤子，要么让我去死。除了我的锤子，世界上只有两种人：相信这把锤子的人和不相信的人。”

这幅荒谬的画面说明了一些问题。本书不是宣言。本书是一个工具箱，工具是让人们去使用的。

如果你发现本书中有些观点不合适，甚至是愚蠢的，请记住，这些观点是供你使用的，你不一定需要相信它们。暂时收起你的评判。亲自尝试这些观点。如果管用，就继续用；如果不管用，就丢弃。

任何工具——不管是一把锤子、一个计算机程序或是一个学习技巧——都是为某一特定的工作设计的。一名机械师之所以会带各式各样的工具，是因为没有一种工具能够完成所有的活儿。如果你因为某个工具现在用不着就把它给扔了，那你下次需要它的时候就找不到了。因此，如果你在尝试某个观点之后，发现它确实不适合你，你也不要把它扔了。把它收藏起来，或许很快你就能用得上。

还要记住，本书不是告诉你如何去找到“正确”的方法，甚至连“观点就是工具”这个方法也不一定是“正确”的。

它只是一个工具。

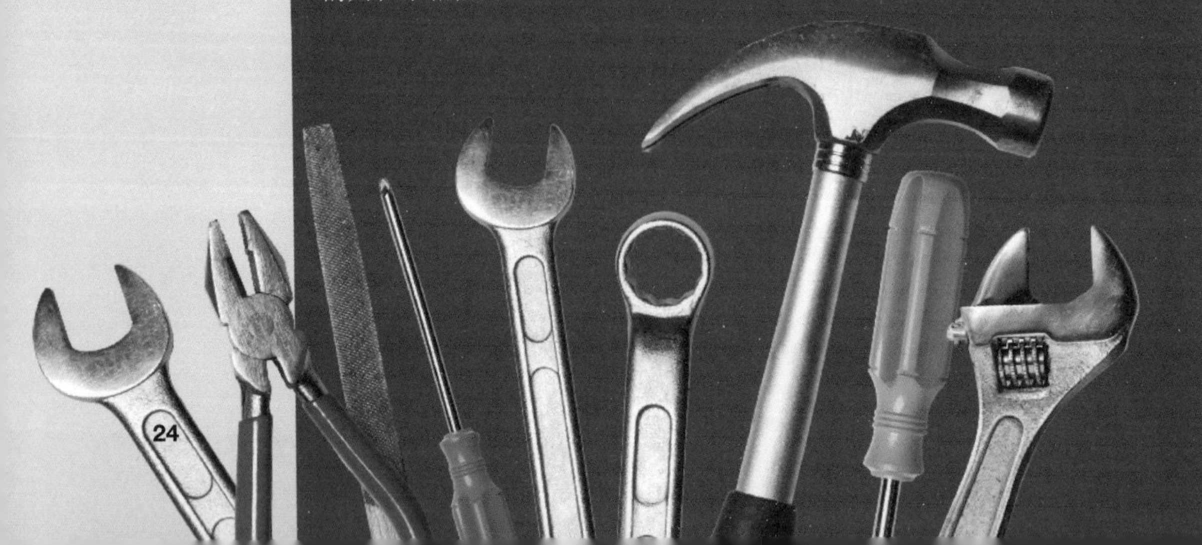

1.1 第一步：事实是制胜的关键

第一步是本书中最有价值的工具之一，它能让其他所有技巧发挥出更大的作用，是成为优秀学生的关键。

第一步技巧很简单：说出真实的你以及你真正想要的东西，就是这样。现在开始进入下一章。其实……这一章也不简单。

要想在学业上取得成绩，你要坦诚说出你现在是哪种学生以及想成为哪种学生。成功是从承认自己真实的生活状况开始的，生活中的哪些部分是顺利的，哪些部分存在问题。

一篇要求你坦诚做人的文章也许会显得“假大空”，大道理满篇。然而，迈出第一步绝对不是不切实际的空想。这是一个脚踏实地、非常实用的原则，凡是那些想要对自己的生活做出改变的人，都会坚持这一原则。

当我们确认自己的优势时，就能清晰地勾画出自己所能取得的成就；当我们承认自己有问题的时候，就能努力去解决问题。而如果忽略真相，则可能导致某些问题长期得不到解决。

1. 所有人都需要第一步

看医生的时候，第一步就是老老实实地描述自己的病况。这样你才能得到一个初步诊断和有效的治疗方案。这个原则是所有人都需要遵循的。对人生中的任何难题都同样适用。

想要获得新生活的人都会迈出第一步。在本书所说的所有技巧中，这一条被实践得最多、最成功，即使在最艰难的情况下也是最有效的。

例如，对于“无名戒酒会”（一个互助戒酒组织）的成员来说，第一步便是要承认自己缺乏对酒精诱惑的抵抗力，这时他们的生活就已经开始起变化了。

对于加入减肥中心的人来说，第一步便是要承认他们的真实体重。

对于那些寻求信用咨询的人来说，第一步就是坦率说明自己挣多少钱、花多少钱、欠了多少钱。

人们可能面临各种各样的人生挑战，如暴饮暴食、滥用药品、性混乱和工作受挫等，有所改变的第一步都是说出事实。他们利用这第一步来改变自己的行为，而这样做的原因很简单：第一步很有效。

2. 第一步避免评价

让我们首先摆明一个事实：要面对真实的自己，不是件容易的事。

承认自己的弱点可不是什么好玩的事情。对于坦率地评价自己，我们中的很多人就像接听银行账户透支的通知电话那样不情愿。很多人不愿意承认自己害怕代数、没法按时完成论文，或总是凑不齐学费之类的令人脸红的事情。

换一种方式来看自我评价这件事吧。这其实是一个大好时机，你可以利用它来解决很多问题，并变成自己人生的掌控者。这样一来，自我评价是不是就会“面目可亲”得多了呢？信不信由你，我们是可以怀着一种积极的心态，高高兴兴地来列出我们的缺点的。

想想你认识的那些最有成就、最能掌控自己的人。如果他们对你完全坦白的话，一定会在你面前讲出自己的错误以及那些让自己后悔的事情，就好像说自己的成就与进步一样。顶级的成功人士基本上都愿意直面自己的缺点和瑕疵。

当然，认为自己的缺点很丢脸，对此感觉很糟糕，这看上去是非常自然的事情。有的人相信，这样的感觉是改正错误的必经之路。还有的人觉得，适当的羞耻感是防止我们这个社会道德沦丧的一剂良药。

再进一步想。事实上，从相反的方向去想：即使不对过去感到羞耻或惭愧，我们也能学到知识、获得技能。我们可以改变当下的状况，而不必对过去的状况耿耿于怀。我们可以学会将羞耻或惭愧当作多余的包袱，将它们丢在一旁，大踏步前进。

如果说承认自己的弱点让你心中打了个别扭的结，那也是件好事。好好注意这个心结，它可是你的朋友。它会时时刻刻提醒你：迈出第一步需要巨大的勇气和用心去感受。这些恰好是一个优秀学生应该具备的品质。

3. 迈出第一步可以直指目标

优秀大学生会将他们所看到的缺点变成目标，由此充分发挥第一步的作用。“我缺乏锻炼”可以变成“我每周至少要快走 3 次，每次 30 分钟”。

“我的笔记记得太差了”，可以变成“我会在下课后 24 小时之内重新看一次笔记，清楚地重写一次”。

“我和父母有矛盾”，可以变成“爸妈打电话来的时候，我会在与他们争吵之前，花时间去理解他们”。

“大考之前那一晚上我特别紧张，睡不着觉”，可以变成“考试前的 24 小时我会努力寻找减压的方法，这样就能睡个好觉了”。

优秀大学生的另一个品质就是他们拒绝让迈出第一步的行动变成找借口。这些学生绝对不会用“我不能”或者“我不可以”之类的句子。

迈出第一步的关键，就是你要把它作为开始未来新生活的契机。你的遣词造句一定要有让你有自由改变的余地。

例如，你也许会说“我学不好数学”，但你最好这样说：“数学课上，我总是很快就搞不清楚了，也很难问出有价值的问题。我应该马上就向别人寻求帮助。”

“我不会拒绝我的那些酗酒的未成年朋友。”可以换成这种说法：“我有些朋友还没到喝酒的年纪，有时他们还喝得很多。我不想喝酒，但是还是想跟他们做朋友。”

直面自己所不想要的东西能够更好地提醒我们自己想要什么。迈出了第一步，我们所有的精气神都自由了，不用再费神费心地去逃避问题和改变。我们可以抖擞精神，做出新的行动，让其符合我们真正的价值观。

4. 迈出第一步，也包括认识自己的长处

对某些人来说，认识到自己的长处是一件更难的事。或许是因为他们不喜欢吹牛，抑或是那个“差劲的自己”的影子总是在脑海中挥之不去。

原因是什么并不重要，重要的是你在使用本书“第一步”中的技巧时，真实的你也应包括你的优秀素质。

还要记住，弱点往往是到了极点的长处。一个学生每次完成写作任务后都会认真检查，那么他的学期论文可能就写得非常棒。而如果他一遍又一遍地检查导致没有按时给老师提交论文，那他的分数就会受影响。物极必反，任何策略的应用都应把握好度。

5. 迈出第一步，要有具体的行动

不管是口头的还是书面的，第一步只有在具体化后才能更加有效。例如，你想提高记笔记的能力，你可能会写：“我的笔记记得太差了。”不过，你最好这样写：“上周心理入门课我记的笔记，居然有 80% 都看不清楚，我都不知道那门课的重点在哪里了。”

你想要达到的目标也要具体化。可以这样写：“我希望自己的笔记条理清晰、易读，这样，我就能预测期末考试的题目了。”

本章的练习和日志全是要求你将自己的第一步具体化。它们可以帮助你发掘自己未知的资源。例如，“发现轮盘”可以让你对自己的长处有一个全面的了解。还可以通过“发挥自己的多元智能”和“通过感觉学习：VARK 系统”等文章，总结出真正适合你的发现和处理信息的方法。

当你运用本书的这些资源时，也许会对自己的发现感到吃惊，甚至你也许会强烈反对某一个练习得出的结果。没问题，就是要说出真相。将你的反对作为未来讨论和自我发现道路上得力的工具。

这本书中很多地方都用到第一步。就是这么简单，事实就是力量。

练习 4

迈出第一步

本练习的目的是让你发现并承认自己的优势和需要改进的地方。对于很多学生来说，这是本书中最难的一个练习。为了取得理想的效果，请带着勇气来做本练习。有些人认为，寻找需要改进的地方也就意味着专注于自己的不足，其实这是消极的思维方式，我们需要积极的思维方式。积极的思维方式是很好的一个技巧。勇敢说出事实，尤其是当我们面临消极和积极两个方面时。

如果你承认自己不会加减法，而且这是事实，那你已经朝着学基础数学这个目标迈出了重大而积极的一步。相反，如果你说自己数学很差而这不是事实，那你就是在为不应该出现的失败编理由。

练习的意义就是说出事实。和每章的“发现陈述”有相似之处。而不同之处在于，本练习为了保密起见，不建议你把“发现陈述”写在书里。

你可能会暴露自己一些不想让他人看到的东西。你甚至还有可能写下一些会给你带来麻烦的事实。把这个练习写在其他单独的纸上，然后把纸藏起来或销毁掉。保护你的隐私。为了让练习效果更好，一定要按照下面的建议来做。

- **第一，要具体。**“我能提高自己的交流技巧”这种话没有意义，你要写的应该是具体怎么做的内容，例如“当他人在说话的时候，我应该注意倾听，而不是考虑自己接下来要说什么”。
- **第二，要有自我意识。**把目光转向教室外面。学校外面的世界往往对你能力的提高有着不可替代的作用。要把那些你认为和学校无关的长处与弱点考虑进来。
- **第三，要勇敢。**这项练习需要一个对于优等生来说非常重要的品质——勇气。如果你没有百分之百的诚意和勇气，那这个练习就是浪费时间。你可能会打开一扇门，发现你不愿意承认的属于自己的一部分。这种技巧的好处在于，一旦你知道那扇门后面有什么，你就可以对它做点什么了。

第一部分

给自己计时，在10分钟的时间里，以最快的速度完成下面的句子，每个句子至少写10种。如果卡住了，也不要停，想到什么写什么，哪怕是荒唐的。

做……的时候，我从未成功过。

我不是很擅长……

我想在……来改变自己。

第二部分

完成第一部分以后，检查一下你写的内容，把没意义的句子画掉。剩下的内容可能就是成为优等生的目标。

第三部分

这是最难的部分。给自己计时，10分钟内，以最快的速度完成下面的句子。就像第一部分那样，每个句子至少写10种答案，不停地写，想到什么写什么——哪怕很可笑。

我在做……的时候，总能成功。

我很擅长……

我喜欢自己的一点是……

第四部分

检查自己所写的内容，把你十分赞赏的内容圈起来。这个单子要好好保留，每当你怀疑自己的能力和价值的时候，就可以拿出来看看。

1.2 “发现轮盘”

“发现轮盘”为你提供了一个体验成为优等生的好机会——一个关于发现、目标和行动的轮盘。就像很多其他学生一样，你会发现“发现轮盘”是本书最有价值的练习。

这不是一个测试，这是一些没有陷阱的问题，问题的答案只对你自己有意义。

先介绍两个能让本练习得到最佳效果的建议。首先，把这当作一个开始改变的机会。其次，要放松。放松的微笑可以使自我评估更有效。

“发现轮盘”是这么操作的。本练习结束时，你也就填完了一个与图 1.1 所示类似的圆圈。“发现轮盘”的圆圈图是一张让你对自己做出评价的图片。所画的阴影部分离边缘越近，表示某项技能的评估越高。如图 1.1 所示，这位学生认为自己的阅读技能比较低，而记笔记的技能很高。

打分规则

5 分	这句话完全或几乎完全符合我的情况。
4 分	这句话基本符合我的情况。
3 分	这句话有一半符合我的情况。
2 分	这句话基本不符合我的情况。
1 分	这句话完全或几乎完全不符合我的情况。

这里的“高”和“低”并不是为了让你对自己进行单一的正面或负面评价。“发现轮盘”并不能对你进行定格，而只是一张显示你对自己学生身份的评价。要开始这个练习，先阅读下面的句子，并用下面的打分系统给自己打分，以示奖励。然后把每部分的分值加起来，再根据相应的分值在图 1.2 的“发现轮盘”上进行涂黑。

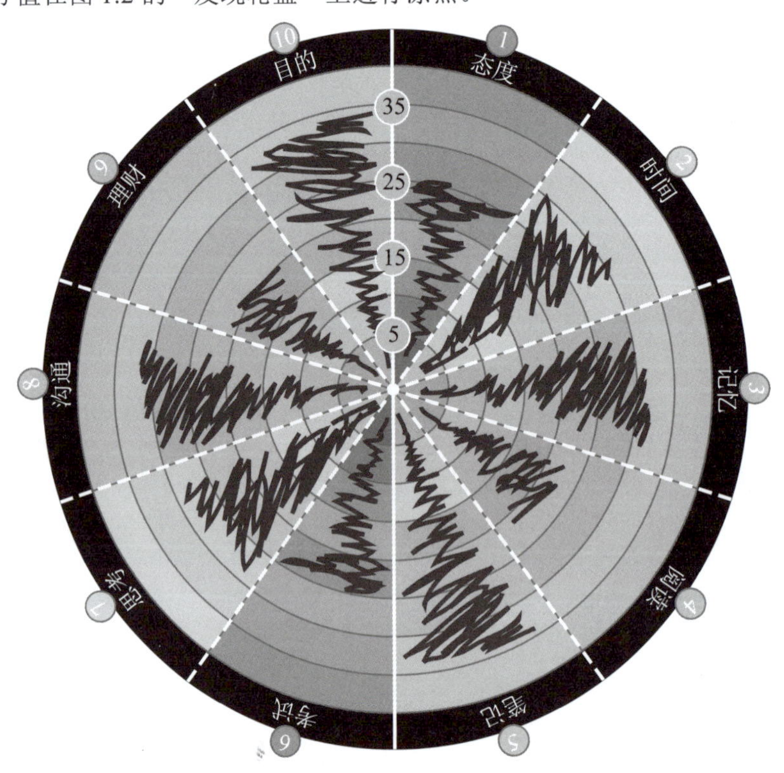

图 1.1 “发现轮盘”示意图

①态度。

我喜欢学习。（ ）

我理解并会利用“多元智能”的概念。（ ）

我能将课业与上学的目的联系起来。（ ）

我有评估自己的优势和弥补不足的习惯。（ ）

我对自己目标实现的进展状况感到满意。（ ）

我利用良好的学习方法来取得优异的成绩。（ ）

我愿意考虑任何能帮助自己取得优异成绩的想法。（ ）

我时常提醒自己接受教育的好处。（ ）

总分：态度（ ）

②时间。

我会制订长远目标，并定期回顾目标。（ ）

我会制订近期目标来支持长远目标。（ ）

我会制订每日计划和每周计划。（ ）

我会把每天要做的事分出轻重缓急。（ ）

我会制订复习计划，因此考试前不用临时抱佛脚。（ ）

我会定期进行娱乐活动。（ ）

我会根据每一门课的具体要求调整学习时间。（ ）

我每天都有充足的时间完成计划的任务。（ ）

总分：时间（ ）

③记忆。

我对自己的记忆力有信心。（ ）

我善于记住人名。（ ）

一节课结束后，我能概括出主要内容。（ ）

我运用一些技巧提高记忆力。（ ）

我在面对压力时也能够回想信息。（ ）

我能轻松又清楚地记住重要信息。（ ）

出现记忆堵塞时，我能慢慢理顺思路。（ ）

我能把新旧知识结合起来。（ ）

总分：记忆（ ）

④阅读。

我会预习并复习阅读材料。（ ）

我会边阅读边给自己提问。（ ）

阅读时，我会把重要段落标记出来。（ ）

我阅读教材时，清醒又灵敏。（ ）

我会把读书和生活联系起来。（ ）

我会针对不同的阅读材料选择适当的阅读策略。（ ）

我阅读时会认真做笔记。（ ）

阅读中有不理解的地方时，我会把问题记下来，然后寻找答案。（ ）

总分：阅读（ ）

⑤笔记。

上课时，我能集中注意力。（ ）

我上课会做笔记。（ ）

我知道多个记笔记的方式，我会选择最适合自己的。（ ）

我会判断老师上课所讲内容的重要性，并标出关键语句。（ ）

我会抄下老师的板书或是幻灯片讲义稿的内容。（ ）

我能用自己的话来诠释重要的概念。（ ）

我的笔记对复习很有帮助。（ ）

我课后 24 小时之内会复习笔记。（ ）

总分：笔记（ ）

⑥考试。

我会运用技巧缓解与考试有关的压力。（ ）

我善于把握考试时间，能够在规定时间内完成试题。（ ）

我能预测考试题目。（ ）

我针对不同的考试采取不同的应试技巧。（ ）

我能很好地理解问答题，并做出完整而又准确的回答。（ ）

我从学期初就开始为考试做准备。（ ）

我为考试所做的准备会持续一个学期。（ ）

我的自我价值不是建立在考试分数的基础之上的。（ ）

总分：考试（ ）

⑦ 思考。

我常常在不经意间冒出灵感，找到解决问题的方法。（ ）

我会利用头脑风暴来找到诸多问题的解决办法。（ ）

当我被一个创造性项目难倒时，会采用具体的方法来排除困难。（ ）

我把问题和艰难的抉择当作学习和个人成长的机会。（ ）

我乐于考虑不同的观点和多种解决问题的方法。（ ）

我能发现常见的逻辑错误。（ ）

我通过整合多种渠道的信息和思想来形成自己的观点。（ ）

和别人分享我的想法时，我乐于接受他们的反馈。（ ）

总分：思考（ ）

⑧ 沟通。

我会坦率地告诉他人真实的自己、真实的感觉和真正想要的东西。（ ）

别人说我是一个很好的倾听者。（ ）

我会在不责备他人的前提下让别人知道我的不满和愤怒。（ ）

我善于在新环境中交到朋友，建立有用的人际关系。（ ）

我能接纳自己不喜欢的人，因为他们身上也有我能学到的东西。（ ）

面对艰巨的写作任务，我能很快地展开调查研究，计划写作。（ ）

我通常是先迅速完成初稿，再进行修改，使文章表达更流畅、条理更清晰。（ ）

我知道如何准备和出色地完成演讲。（ ）

总分：沟通（ ）

⑨ 理财。

我的经济状况由自己来管控。（ ）

我有多种经济渠道来支持自己的教育。（ ）

我的大学教育不存在钱的问题。（ ）

我会谨慎借款，并按时还款。（ ）

我有长远的财政目标以及实现这些目标的计划。我定期存款到储蓄账户。（ ）

我会定期往账户上存钱。（ ）

我每月都按时还清信用卡欠款。（ ）

不花钱，我也能找到娱乐的方法。（ ）

总分：理财（ ）

⑩ 目的。

我认为学习是一辈子的事。（ ）

我能把学校教育和自己今后想做的事结合起来。（ ）

我将难题和抉择视为学习与个人成长的好机会。（ ）

我会提升将来在职场上有用的技能。（ ）

我会对自己的教育质量和生活质量负责。（ ）

我有一套贯以行动的价值观。（ ）

我愿意接受挑战，即使不确定能否胜任。（ ）

总分：目的（ ）

填涂“发现轮盘”

根据每一项的总分，在“发现轮盘”相应的部分进行填涂。如果你愿意，可以用不同的颜色。例如，你可以用绿色表示尚需改进的地方。涂完以后，完成下面的“技能掠影”。

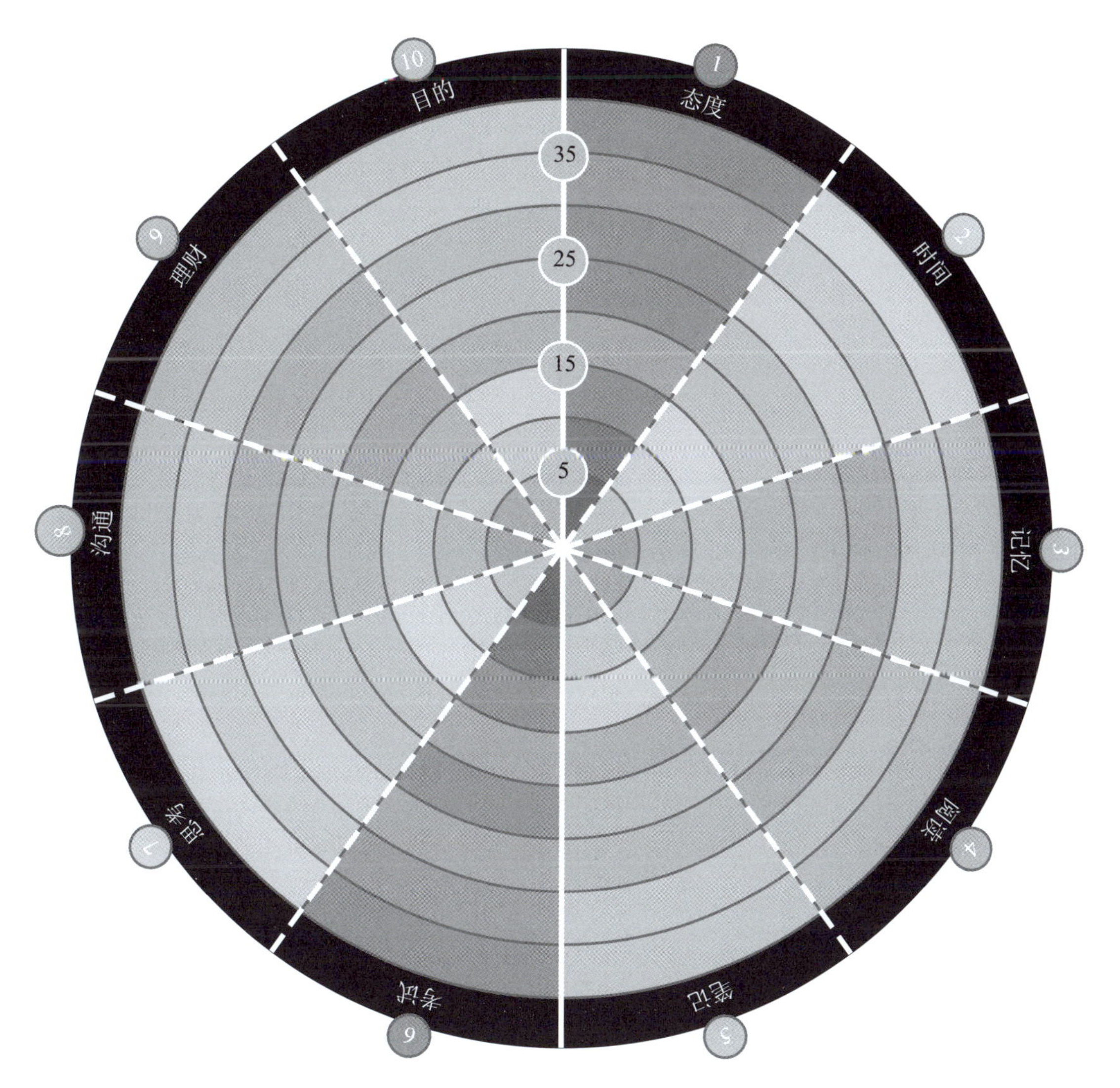

图 1.2　你的“发现轮盘”

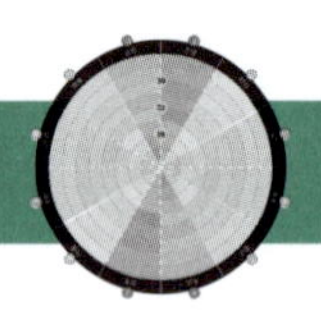

技能掠影

现在你已经涂完了“发现轮盘”，花几分钟时间好好看看它，想象它的重量、形状和平衡性。如果你用手滚动它会怎样？如果你能举起它，会觉得轻还是重呢？如果它沿着山坡滚下来，会发出什么声音呢？会滚多远呢？会左右摇摆吗？观察的时候不要带有绝对的好或坏的判断。仅需想着你创作的这幅图片。

观察几分钟之后，请把下面的句子补充完整。不要怕没有东西可写，想到什么就写什么。记住，这不是测试。

概况

这个轮盘准确地描述了我作为一名学生的能力，因为……

我的自我评价结果出乎我的意料之外，因为……

优势

我最强的一个方面是……

我的其他优势是……

目标

我最想改进的一个方面是……

改进……对我来说也很重要

我想全力以赴改进这些方面，因为……

为了实现我的改进目标，我打算……

1.3 学习方式：发现你是怎样学习的

现在，你正对自己的教育投入大量的时间、金钱和精力。你能从这项投资中得到什么样的收益和回报，主要取决于你对学习过程的理解程度以及能否对其加以充分利用。

如果你不懂如何学习，那么在课堂上你就会觉得枯燥无味，如听天书。时间一长，沮丧的感觉日积月累，你可能就会扪心自问，待在学校还有什么价值。

对此，有的学生的答案就是退学。这些学生失去了创造自己理想生活的机会。你完全能够避免这样的后果。

首先，你要学习的是理解人们获取经验和改变行为的不同方法。简单地说，就是理解我们是如何学习的。

1. 学习的过程就是感知和理解

心理学家大卫·库尔珀（David Kolb）认为，良好的学习体验是由两个过程构成的。

首先，我们要感知，即发觉并接受新经历。

其次，我们要理解。我们会对信息加以处理，使自己能够理解其含义并把它转化为自己的东西。

有的人特别喜欢通过感官系统（也可以称之为具体经验）来感知信息。他们喜欢用各种感官来接收信息，从直接的体验中学习。他们同时依靠理智和直觉来解决问题。能充分发挥自身主动性的非结构化的学习课程适用于此类人。

有的人喜欢通过思考（也可称之为抽象概念）来感知信息。他们需要把信息作为一个和自身分离的事物来进行思考才能获得最好的理解。他们善于理性地分析和创建理论，往往用科学的方法来解决问题，因而他们多是传统课堂上的佼佼者。

有的人偏好于通过观察（也可称之为思考性观察）处理信息。偏好思考性观察的人，往往静观其变，三思而后行。他们在采取行动证实某事物时会综合考虑多种观点，预测所有可能的结果。他们看重耐心和准确的判断力，喜欢一步到位的信息理解方法。

有的人在处理信息上就是行动派（也可称之为主动试验）。他们做事雷厉风行，说干就干。在尝试理解某事物的过程中，他们敢于冒险，因为他们知道在冒险中也能学到东西。他们注重实效，寻找实际的方法来应用自己所学到的东西。

2. 感知信息和理解信息的例子

假设你拿到一个新的手机，这个手机的功能比你之前的任何一个手机都多。你可以选择很多种方法去学习新手机的使用。例如：

（1）马上上手，按几个按键，看看哪个按键能打电话、哪个按键能发短信。

（2）在使用手机之前，好好看看使用说明书，查查手机上的帮助页面。

（3）回想一下自己以前使用手机的经验，还有以前看其他人使用手机时所学到的东西。

（4）让一个拥有同款手机的朋友帮助你，教你学会打电话、发短信等功能。

这些行动反映了不同的学习方法：

（1）马上上手，看看能干些什么，这说明你喜欢通过感官系统（具体经验）来学习。

（2）在用手机之前先阅读说明书和帮助页面，这说明你喜欢通过思考（抽象概念）来学习。

（3）回忆从前的手机使用经验，说明你喜欢通过观察（观察思考）来学习。

（4）让朋友通过“上手使用”来指导，说明你喜欢通过行动（主动试验）来学习。

总结起来，你的学习方式结合了你的思维方式、感官、观察和行为，独一无二。你要用这个方式进行所有学习。阅读以下文章并做相应练习会更细致地帮助你找到适合你的学习方法。

日志 3

发现陈述：为创建学习方式量表（LSI）做准备

这个日志是为接下来的学习方式量表进行“热身”，回想一下自己学得好、学得成功的时候。下列描述中如果有与之相符的，就把它标出来。

- 我处在一个设置好的结构之中，可以从很多方向去着手做事情。
- 我可以按照自己的步调、运用自己的方法来学习。
- 我是作为小组一员来学习的。
- 我是独自处在一个安静的环境下学习的。
- 我学习时所处的地方，有很多活动在同时发生。
- 学习过程中，我脑海中会浮现出一幅幅图画。
- 我是通过做事来学习的，如到处走走、触摸某样东西或者自己去尝试这个过程。
- 我是通过与自己对话或者将观点解释给别人听来学习的。
- 在理解细节之前，我会先有一个对全局的把控。
- 我听了一堂课，课下进行了相关的思考。
- 我读了一本书或者一篇文章，之后对其进行了思考。
- 我利用了很多媒介来帮助自己学习，如视频、影片、录音或电脑等。
- 我不会仅限于做笔记，我还会写自己的个人日志。
- 我考虑去哪里上学时，在真正做出选择之前，亲自去每个可能的学校考察了一遍。
- 我准备买车，与标价和里程估计相比，我更在意试驾时的感觉。
- 我准备去看一场电影，在决定看什么之前，我会认真地看看影评。

再看看上述几条，你有没有发现自己对于学习方法的偏好，如果发现了，简单地阐述一下。

创建你的学习方式量表

为了让你更好地了解自己现在所从事的活动对学习到底有多大帮助，心理学家大卫•库尔珀创建了一个“学习方式量表”（LSI）。下面几页都是关于量表的内容。认真完成该量表，你就能对自己的学习方式有更多的了解。之后的几页就是一些关于如何使用量表来促进成功的建议。

这不是测试，因此答案没有对错之分。你的目的就是建立自己的学习档案。在量表里填写东西时要快。你可以回忆最近在学校、公司或是在生活中的某一次学习新事物的经历，这样利于你集中精力回答问题。但是不要在答案上过多纠结。

注意 LSI 包括 12 个句子，每一句话的后半部分都有四个选项，用以下标准打分。

4= 最像你；
3= 比较像你；
2= 不太像你；
1= 最不像你

每个选项只能使用一个数字。这是个必选清单，每题都要打分。不要有空题。每题每个数字只能用一次。

阅读 LSI 的说明。当你理解给出的例子时，你就可以开始了。

1.4 学习方式量表

阅读第一个句子和四个可能的选项。在最符合你目前学习状况的选项后写数字 4，其他选项按照相符程度标上 3、2、1，其中 1 表示最不符合。每句话都要作答。以下句子是示例。

当我学习时：__2__我很开心 __3__我动作迅速 __4__我有逻辑 __1__我很细心

记住：4= 最像你；3= 比较像你；2= 不太像你；1= 最不像你

每个选项都要有数字，每题每个数字只能用一次。

1. 学习时，我喜欢	跟着感觉走	独立思考	动手试验	观察和倾听
分数				
2. 我能学得最好，当我	相信感觉和直觉	喜欢逻辑思维	努力动手做事	观察和倾听
分数				
3. 学习时，我	反应强烈	喜欢理性思考	认真负责	安静而保守
分数				
4. 我学习是靠	感觉	思考	行动	观察
分数				
5. 学习时，我	乐于接受新鲜事物	喜欢分析问题	喜欢试验	看问题全面
分数				
6. 学习时，我	靠直觉	善于逻辑思维	积极主动	善于观察
分数				
7. 我最佳的学习效果来自	人际关系	理性知识	实验和实践	观察
分数				
8. 学习时，我	非常投入	喜欢思考和理论	急于看到结论	不慌不忙
分数				
9. 我能学得最好，当我	依靠感觉	依靠思考	亲自试验	依靠观察
分数				
10. 学习时，我	容易被打动	能保持冷静	能有始有终	只得过且过
分数				
11. 学习时，我	会全心投入	会理性规划	积极主动	喜欢观察
分数				
12. 我能学得最好，当我	开放思想	分析问题	务实	认真细致
分数				
各列总分数				

注：四列总分之和为 120 分，如果不对，请核对每项的得分是否有误。

（1）回答完第一条之后，检查一下看“1”“2”“3”“4”是否都写全了。

（2）12 个句子全部完成之后，按照说明计算分数。

1. 给自己的学习方式量表计分

现在你已经完成了学习方式量表，下一步是填涂学习方式图，并分析所得结果。请按照下面的三个步骤来进行。

第一步：把学习方式量表中每列的总数在下面的学习方式图中标出来。在分数卡相应字母旁边都写上总分。

第二步：将四个分数都加起来得到最终**总分**，把这个分数写在分数卡上。（注意：总分应该是 120 分，如果不是这个数值，请检查并重新计算。可能只是计算错误。）

第一列	第二列	第三列	第四列
F	T	D	W
W	T	F	D
T	D	W	F
F	D	W	T
F	W	T	D
W	D	F	T
W	F	T	D
D	T	W	F
W	F	D	T
W	F	D	T
F	W	T	D
T	F	W	D

第三步：将总分画到图 1.3 学习方法图中。在 F 线上找到你得到的对应 F 的分数，在这个分数上画个 ×。对 W.T.D 做相同的处理。保留本图。这张图与“发展全面学习方式”有关，

如果需要，可以用来向老师寻求指导。

第四步：现在画四条直线把这四个 × 连起来。阴影部分形状像一个风筝。这就是你的学习方式档案（举例见图 1.3 说明）。你画在线上的每个 × 都表明你对所描述的不同学习方法的偏好。

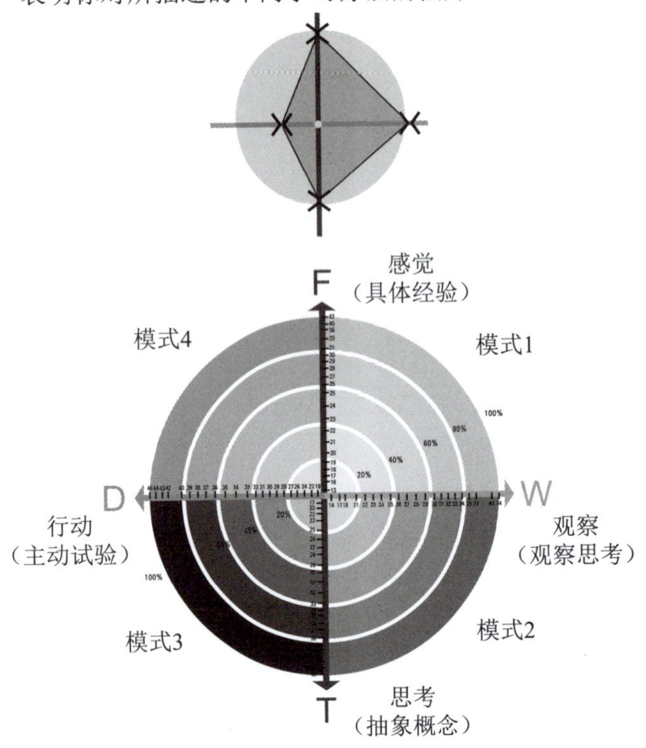

图 1.3　学习方式图

F 感觉

（具体经验）

这条线上的数字表示你更喜欢学习对个人有意义的东西。这条线上的分数越高，表示你这一偏好越强烈。

W 观察

（观察思考）

这条线上的数字表示你对学习中思考的重视程度。如果这条线上的分数很高，你可能认为观察他人完成某种任务并写出观察报告也是很重要的。你凡事都喜欢做计划，你愿意花时间去琢磨某一个具体的问题。

T 思考

（抽象概念）

这条线上的数字表示你对学习理论、事实和数字的偏爱程度。如果这条线上的分数很高，说明你很喜欢学习很多概念，也喜欢就某一个问题去收集很多的信息。

D 行动

（主动试验）

这条线上的数字表示你应用理论、从尝试和错误中学习以及学以致用的能力。如果这条线上的分数很高，说明你很喜欢亲自动手，用实践来检验学到的理论。

2. 解读你的学习方式图表

检查你的学习方式图表时，你会注意到你的学习方式图像（风筝图）可能偏重于图表的一边。这就体现了你所偏好的学习方式——当你学习时你觉得最舒适、最熟悉的方式。

用以下描述和示例饼状图来确认你所偏好的学习方式。

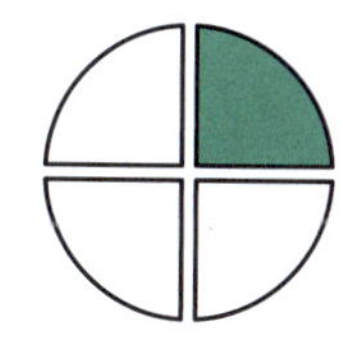

模式 1　结合了感觉和观察

如果你的图像主要落在图的右上角，那你应该就是偏好模式 1。你喜欢为新信息找到动机，并与其内容建立个人联系。你想知道这门课程的重要性以及它对你以往知识的挑战和相符合的地方。你乐于接受与你兴趣和目标相配的新观点。

> **如果能以一个简单的问题来概括每种学习方式，记起来会更简易。**
>
> **模式 1** 代表提问为什么要学习这个。
>
> **模式 2** 代表提问这个是关于什么的。
>
> **模式 3** 代表提问如何运用。
>
> **模式 4** 代表提问假如在不同情境下会怎么样。

模式 2　结合了观察和思考

如果你的图像主要落在图的右下角，那你应该就是偏好模式 2。你总想知道哪些知识和技能是重要的。你会去探寻某种理论或模式，然后再了解专家们在这个问题上的看法。你喜欢知道关键的事实并按照逻辑顺序把它们排序。或者你会把一个问题解剖成多个关键部分或步骤，然后各个击破。

模式 3　结合了思考和行动

如果你的图像主要落在图的左下角，那你应该就是偏好模式 3。你喜欢在实践中检验所学到的新知识。你希望用实践来应用自己所学的东西。你会探索这些想法和技巧是怎么发挥作用的，而且会付诸实践。当你有明确的任务、指导的练习以及频繁反馈时进步很大。

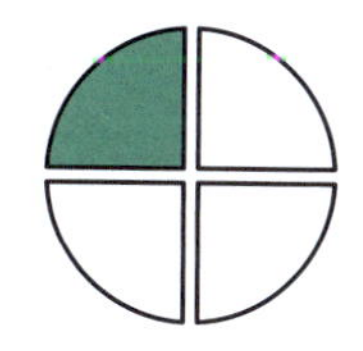

模式 4　结合了行动和感觉

如果你的图像主要落在图的左上角，那你应该就是偏好模式 4。你热衷于课外活动，希望能学以致用，把在一门课上学到的东西用到另一门课上，或是想方设法把学到的新技能或信息用到工作中或是人际交往中去。

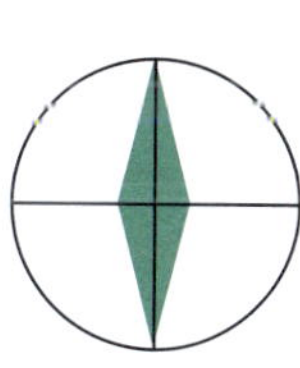

组合模式

组合模式 1　有些人的学习方式是四种方式的组合。左边的这个图显示这位学习者非常注重信息的收集——大量的信息！这种类型的人往往想问更多的问题，或是想知道如何才能发现更多事实。

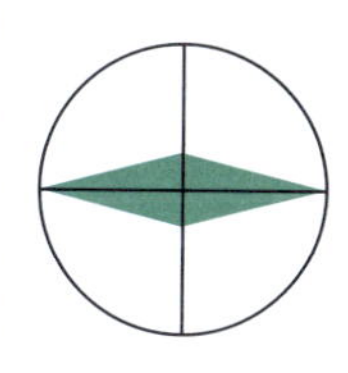

组合模式 2　属于左边这个方式的学生通常更注重理解当前所学的东西，而不会过多地收集信息。这类人希望有尽可能多的时间来把信息分成小块来消化。这种学习者不适合长篇大论的课程。

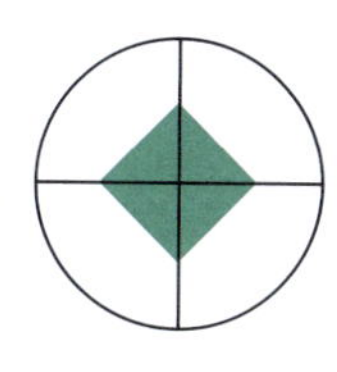

组合模式 3　左图所示的这位学习者没有偏重于哪一种模式，而是在四者中做到了很好的平衡。这类人的适应能力超强，遇到什么样的老师都能取得好成绩。

3. 发展四种学习方式

每种学习方式都代表着感觉、观察、思考和行动的一种独特组合。无论你倾向于哪一种，你都可以提高运用这四种方式的能力。

要想提高模式 1 的能力，在学习一个特定知识点时，要通过提问来帮助你理解学习这个知识点的重要性。你也可以组成一个学习小组来学习。

要想提高模式 2 的能力，提出一些能帮助你理解关键和要点的问题，同时要循序渐进地学习一门学科。例如，将一个长篇阅读任务分成几个部分，仔细读完一个部分后再进展到下一个部分。

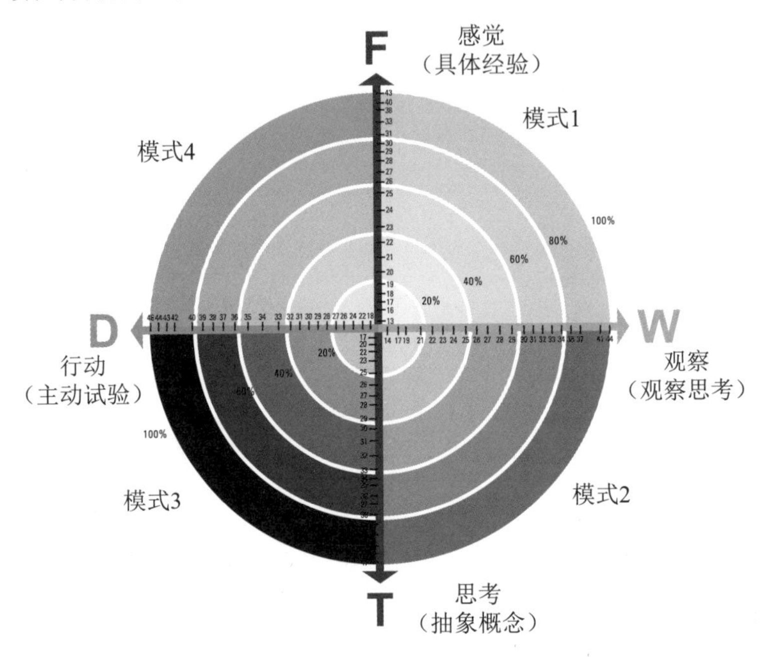

注：本页图表供你递交给老师参考。

要想提高模式 3 的能力，要思考这个理论与实际生活有什么联系，同时要拿出时间来对你的所学知识进行练习。你可以做实验、进行采访、做展示，或者找一份相关工作或实习，甚至写首歌来概括关键概念。用亲身实践来学习。

要想提高模式 4 的能力，提出一些假设状况来运用你所学的知识，同时找机会来向别人讲解你的理解。你可以对同学讲解你学了什么、你研究发现了什么，解释你的项目或者表演你的歌曲。

全面发展四种学习方式有很多潜在好处。例如，你可以在很多学科上成为佼佼者，而且会发现更多课堂以外的学习机会。你可以拓宽你对专业和职业发展的选择。你也可以更高效地与不同专业的人合作。

另外，不论讲师来自什么领域，你都可以从他们身上学到知识。不会再有那种“我的老师不理解我”或者“我导师的授课风格不适合我”这样的话了。把这些借口换成“我对我学的知识负责”和“用不同的学习方法我就可以学会这个学科”。

4. 平衡你的学习方式偏好

以下表格表示了人们所拥有的与生俱来的才能，以及对某一学习方式有强烈偏好的人们可能会遇到的问题。例如，你的“风筝”大部分在学习方式图的模式 2 中，那就看看右下角的表格是不是你的准确描述。

看完你所偏好的学习方式描述后，阅读所有以“偏好这种学习方式的人”开头的部分。该部分解释了你可以采取什么方式来平衡你的学习方式。

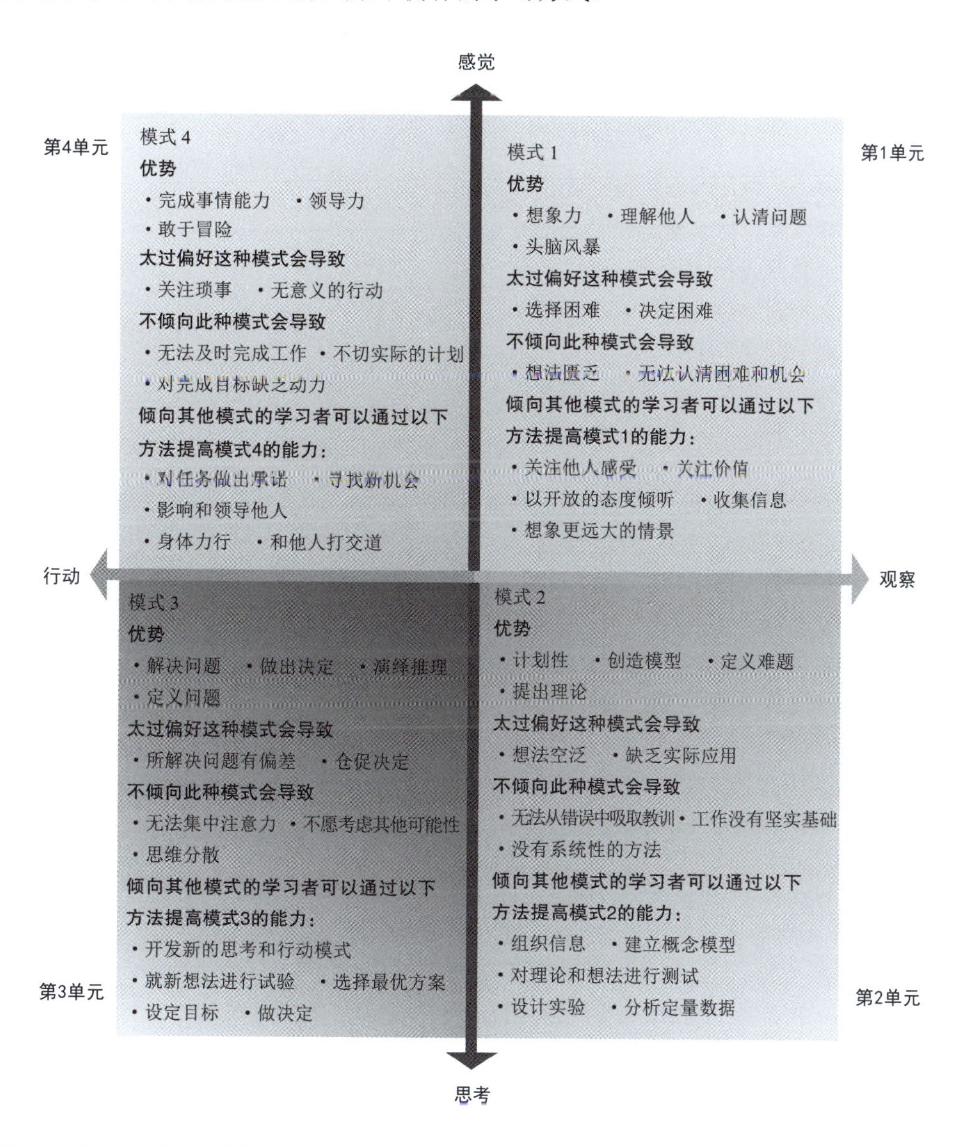

花点时间来理解这份材料。阅读几遍并提出问题。

你的努力会有回报。在发现你是怎样学习的细节之外，你还会掌握一系列让你把这种知识应用于课程的策略，你可以运用关于学习方式的知识在学业上成为佼佼者。

最重要的是，要专注于重塑你作为优等生的天赋。你将重新发现一个世界，在这个世界里，学习和娱乐、工作和玩耍之间的界限都消失了。当你沉浸在一种崭新的学习经历的时候，你可以把成年人的成熟老练和孩童的好奇心结合在一起。这一方法将令你终身受益。

1.5 运用学习方式获得成功

1. 全面培养四种学习模式

学习方式量表中的每一种学习模式都代表了具体经验、观察思考、抽象概念和主动试验的独特结合。你只要养成和这些行为有关的新习惯，就能够探索新的学习方式。考虑一下从下面的建议开始着手。同时也要牢记，任何关于学习方式的想法，只有在付诸行动、改变自身行为时，才能够在生活中发挥作用。

要获得具体经验，你可以：

（1）观看与课程内容有关的现场展示或表演。

（2）阅读观看与课程有关的小说或视频时，投入感情。

（3）采访一位你正在学习的课程相关领域的专家，或者走访一位你想获得的技能方面的大师。

（4）进行课程相关的角色扮演、动手实践或游戏。

（5）在你所选择的事业领域中选一个从业人员，进行一次咨询性采访，或者“跟踪”了解他一天的工作。

（6）找一份能帮助你更好地学习某门课程的兼职、实习或志愿工作。

（7）去国外学习，加深你对另一种文化的理解，并提高你的外语水平。

要更多地反思，你可以：

（1）坚持记日记，写下各门课程之间的联系。

（2）组织一个学习小组，对与课程有关的话题展开讨论。

（3）建立一个与自己专业相关的网站、博客、电子邮件组或者网络聊天室。

（4）建立各种类比来理解抽象概念，如事业规划和拼图是否有相似之处。

（5）在办公时间向老师请教问题。

（6）在与朋友或亲人在一起的社交场合，简单地向他们说说自己学的是什么。

要形成抽象思维，你可以：

（1）阅读时，以大纲形式列出要点，运用有大纲功能的语言处理软件。

（2）除了完成布置的课文外，阅读相关的书籍、杂志或报纸，以及浏览相关网站。

（3）参加你目前的老师或其他同课程老师的讲座。

（4）理解课本上或上课时所讲的要点，以视觉形式呈现——表格、图表、示意图和地图。

（5）在图表化之后，运用电脑软件将这些图表做成更为精细复杂的图形和动画。

要变得更积极，你可以：

（1）参加实验室实验或实地调查。

（2）置身于理论应用或实践测试的环境中。

（3）根据所学理论做出预测，接着观察日常生活中发生的事是否应验。

（4）尝试实验讲座或文章中所说的新行为，观察你的生活会因此有什么改变。

2. 寻找有效的学习模式实例

要更好地理解不同的学习模式，就要留意这些模式在日常生活中出现的时机。你天生就是个学习者，这意味着这些模式通常都在起着作用。你可以用它们来解决问题、做出选择、尝试新的观点和方法。

假设你的家人在你大一上学期就开始询问你职业规划的问题，而你觉得谈论职业规划的问题还为时过早。但你还是灵机一动，给出一些职业选择，即使最终不一定有用，但这个过程还是很有趣的，而且当他人问你毕业后打算做什么时，你也不会无言以对了。这就是模式 1 的例子。你问自己：“为什么要了解职业规划呢？”然后得出答案。

在接下来的心理学课上，老师提到了学校里的职业规划中心。你访问了职业规划中心的网站，找到服务列表。你还在线注册了该中心的“职业规划”研习会，因为你想知道更多进行职业规划的信息。这就是模式 2 的例子。你问自己：“都有哪些职业规划呢？”然后发现有很多答案。

研习会上，你了解到了实习和课外活动有助于职业规划。这些都能测试你之前的职业选择，看看你对所选的职业是否感兴趣。你喜欢和孩子在一起，于是选择到校园儿童保育中心做志愿者。你想知道这种服务学习经历如何帮你择业。这就是模式 3 的例子。你问自己：“我该如何运用研习会上所学的呢？”于是选择与孩子在一起的工作。

在保育中心做志愿者之后，你选择在该中心半工半读。有了这次全新的体验，你选择了儿童早期教育专业。这就是模式 4 的例子。你问自己：“如果这次半工半读为未来指明了新的方向，会怎么样呢？”答案就是投身于新事业。

3. 选课时，要运用这些学习模式

当你考虑选择哪些课程、如何学好每门课程时，想想你的学习模式。在你偏好的学习模式和相关课程之间，找到一个平衡点。

例如，你更喜欢模式 1，那就选择听起来很有趣、看起来有价值的课程；如果你更喜欢模式 2，那就考虑一下以讲座、阅读和讨论为主的课程；如果你更喜欢模式 3，那就选择含有课堂演示、实验课、角色扮演和其他活动内容的课程；如果你更喜欢模式 4，那就选择可以运用到生活中的课程——工作、家庭和人际关系。

当然，所学课程无法完全和学习模式相匹配。你可以将这样的情况视作运用新学习模式的机会，尝试成为灵活的学习者。通过培养四种学习模式，在各类课程中，你都可以做到出类拔萃。

4. 运用这些学习模式选择专业

如果你偏好模式 1，那么你可能重视创造力和人际关系。选择专业的时候，考虑一下艺术、语言、心理学或者政治科学。

如果你偏好模式 2，那么你可能会喜欢收集信息、构建理论。与数学或科学相关的学科可能适合你。

如果你偏好模式 3，那么你可能会喜欢发现问题、找出解决方案，并运用技术。和医疗保健、工程学或经济学相关的专业将是你明智的选择。

如果你偏好模式 4，那么你可能积极主动、坚决果断、热爱教学、擅长管理，执行力强。你可以考虑选择商务或教育相关专业。

在选择专业之前，尽量灵活一些。运用学习模式，接受各种可能性，而非限制于一个专业。记住，无论你是哪种模式的学习者，都能在工作或专业上表现突出。只不过你要培养其他模式相关的新技能罢了。

5. 运用学习模式，选择你的职业

做职业规划时，了解学习模式是大有裨益的。

擅长模式 1 的人往往善于倾听客户和同事的感受。他们敞开胸怀、理解倾听、宽容待物、善解人意、直面难题、集思广益，能提出诸多解决方案。如果你偏好模式 1，你可能对咨询、社会服务、政府部门或以人际关系为主的工作领域感兴趣。你可能也会在表演艺术方面大有作为。

偏好模式 2 的人喜欢调查研究并提出观点。他们擅长收集数据、解读信息和总结概括，总览全局。他们擅长的职业包括科学、数学、技术通信或者规划等。偏好模式 2 的学习者也可以做大学老师、律师、技术文档撰写人或者记者等。

偏好模式 3 的人特别喜欢解决问题、做出决定，查看目标实施的进展情况。对于他们来说，理想的职业应该是医生、工程师、信息技术或者其他应用科学。

偏好模式 4 的人喜欢影响和领导他人。这些人一般称为“行动派”和“冒险家”。他们喜欢采取行动，完成工作。偏好模式 4 的学习者通常做得比较出色的领域有管理、谈判、销售、培训和教学。他们也可以为政府部门效力。

你需要牢记于心的是，偏好某种学习模式与从事相应职业两者之间并不完全“匹配”。所有事业成功的关键都在于学习。同时，拥有多种学习模式的人对任何职业都有兴趣。例如，医疗保健行业能够吸纳偏好模式 3 的人成为家庭医生以及偏好模式 2 的人成为医药研究员。

6. 做好“遇见”不同方式的准备

由于高等教育环境和职场的日益多元化，以及技术带来全球化市场，你将遇到截然不同的人。你的同学或同事形形色色，他们感知信息、处理信息以及运用所学的行为方式都五花八门。我们来看看下面的例子：

- 一个室友学习的时候不停走动：大声背诵课文，来回踱步，做着各种手势。他也许比较喜欢实际经验，通过行动来学习。
- 一个同事在电话中频繁谈及工作项目，他也许比较偏向于倾听、讲述和建立关键关系来学习。
- 一个善于抽象概念的上司，在项目迅速启动之前，他可能想看到员工提交一份细节翔实的工作计划和预算。
- 学习小组的一名成员总是积极主动、组织讨论、分配任务，跟进所有人的学习进度，则可能喜欢积极试验。

不同的学习方式也许是绊脚石，也许是一个机会。当不同学习方式相交时，既可能转化为矛盾，也有可能是创造的源泉。和同伴融洽相处，往往意味着将教室或工作场所作为一个学习不同经验的实验室。解决矛盾、从错误中学习，就是学习循环的一部分。

7. 从具体线索，发现别人的学习方式

观察别人在工作中的表现，就能够加深了解他们的学习方式。下面就是一些你可以加以注意的具体线索。

执行需要学习任务的方法。有的人在处理新信息和新观点时，会安静地坐下来，读读写写。当学习使用一台新电脑之类的设备时，他们会先认真地阅读使用说明。有的人会把使用说明抛向一旁，打开所有的盒子，开始安装设备。还有的可能会请有经验的同事亲自逐步教他。

遣词造句。有的人比较偏向于用视觉化的手段来处理信息。你会听到他们说“我会研究研究”或者“先给我描述一下整体情况”。有的会偏向于用语言来解决问题：“我们来好好谈谈这个问题”或者“我听到啦！”相反，有的人会用身体的感觉来做出反应，如“这个产品用起来很顺手嘛！”或者通过行动来得到结果，如“我们就这么做，看看会怎样”。

肢体语言。留意同事或同学与你眼神接触的频率，以及他们坐在或者站在你身旁的距离。观察他们的手势、说话音量的大小和语气。

内容偏好。注意同事或同学会公开讨论哪些话题，以及回避哪些话题。有的人很自然地谈论自己的感受、家人甚至个人的财务状况。有的则在谈论这些话题时选择保持沉默，只讨论与工作相关的话题。

过程偏好。留意你的同事或同学实现目

标的模式。例如，开会时，有的严格遵守会议议程，并时刻注意时间。有的则顺其自然，压根儿不管时间表，即使超过了工作时间也无所谓。

8. 调和不同的学习方式

当你发现了大家学习和做事方式不同之后，就应该寻找调和的方法。当和其他同学或同事合作完成项目时，记住下面的几点建议。

记住有些人喜欢首先总览全局。介绍项目计划时，你可以说："整个过程包括四个主要步骤。"在详细阐述计划之前，先说一说项目的目的以及每一步骤完成后的成效。

匀点时间进行积极实验，获取实际经验。给人们一个机会体会新成果或过程，亲身感受一下。

抽象概念化。当领导一个学习小组或者进行培训课程时，分发包括大量图形和逐步指导的讲义。图像学习者以及喜欢抽象思考的人会非常喜欢这些讲义。同时你还需要安排问答环节。

策划一个项目时，鼓励大家回答关键性问题。记住指导学习的四个关键问题。"为什么"意味着要指出这个项目的目的和预期成果；"是什么"意味着分配主要任务，给每项任务设置完成日期，鼓励大家恪守承诺，完成任务；"怎么办"意味着执行分配的任务，定期开会讨论，总结做得好的地方，提出项目改进意见；"如果……会怎样"意味着讨论团队从这个项目中学到了什么，以及将所学运用于全班或组织的方法。

团队合作时，寻求成员优势互补的方法。如果你在策划方面非常出色，那就找执行力强的人合作。同时还要找能够反思、对团队经验进行总结的人。吸纳不同学习方式的人可以让你取长补短。

9. 尊重各种方式并解决矛盾

在学校、工作中，如果人们的方式产生冲突时，你有两个选择。一是表示无奈，屈服于性格冲突。二是认识到不同，接受并尊重，将不同看作达成共同目标的互补方法。有了这样的一个态度，你就可以有效地行动。你可以实施下面的一项行动。

解决自己内心的矛盾。你可能会想象，课堂和职场里每个人的学习方式都一样。无论你是否这样想，随它去吧。如果你期待不同的学习方式，就更容易尊重这些差异。

引入关于学习方式的谈话。参加关于学习方式的研习会。将这样的培训方式直接引入你的课堂或办公室。

让人们承担与偏好的学习方式相符的任务。人们会为自己以前做得比较成功的那类任务吸引。这没什么问题。但是你要记住，学习方式既稳定又灵活。人们可以通过完成新任务、掌握不同的学习模式来拓宽自己的学习方式。

提出要求，不要抱怨。"这门课简直是浪费时间"可以变成"请告诉我，如果我课上积极参与的话，会得到什么？""老师语速太快了"可以变成"老师讲授课速度太快时，我需要采取什么样的策略来记笔记呢？"

10. 接受改变和偶尔的不适感

寻找培养新学习模式的机会。如果老师要你组建一个小组来完成一项作业，就不要加入其他组员与你学习方式相同的小组，而是与那些学习方式与你不同的人合作。与和你互补、挑战你的一贯方式的人在一起。

同时也要寻找你可以安心实践新技能的机会。例如，如果你喜欢阅读，就找一些机会，通过说话的方式来表达你所学到的东西。例如，可以带领一个学习小组学习课本上的某一章。

在学习过程中产生不适感是很正常的。当你苦苦挣扎某项任务或缺乏完成任务的兴趣时，要记住这些感觉都是暂时的，你正在平衡自己的学习偏好。当你选择克服不适感的时候，已经是在有意识地运用新方法拓展学习能力了。

日志4

发现陈述：选择你的目的

成功是个选择，是你自己的选择。获得心中所需，有助于你了解自己的需求。这就是本章“分录”两部分的目的。

想要获得成功，可以从完成“分录”开始。如果你现在不打算完成，那就计划好完成的日期、时间和地点，然后在日历上做好标记。

日期：______________ 时间：______________ 地点：______________

第一部分

选择一个至少20分钟内不会受到任何干扰的时间和地点（图书馆是个理想场所）。休息两三分钟，让头脑清醒清醒。接着，完成下列句子。

当你觉得没什么事情可写了，再坚持一会儿。做好跳出舒适圈的准备，坚持写。你的发现很可能值得你付出努力。

我想从教育中得到……

毕业后，我想要有能力……

我还想要……

第二部分

完成第一部分后，先休息一下。做点你喜欢的事情奖励自己。接着再继续。

回顾一下你刚写的想要从教育中获得什么。试试看能不能用一句话总结一下，以“我上学的目的是……”开头。

这部分的使命陈述，可以试着多写几句草稿，边学习边时不时回顾一下自己写的话。写下的每一条都是想从高等教育和生活获得什么，看看你能否抓住本质。生动形象地进行叙述——用方便记忆的短句阐述，要能激起你的激情，促使你每天早早起床付诸实践。

也许用一句话阐述自己的目的不太容易，那么就用一段话或更多篇幅表述。然后找到这段话中激人奋进的那句话。

以下是一些例子：

- 我上学的目的是获得为他人做贡献的技能。
- 我上学的目的是让自己的生活丰富多彩，充满幸福、健康、爱和财富。
- 我上学的目的是与他人友谊长存，跟随自己的兴趣来实现自我。

现在，试着写下自己的陈述（至少一句话）。

1.6 发挥自己的多元智能

人们通常认为聪明和高智商是一回事，而且智商高的人自然而然就能成功。然而，心理学家发现，并不能根据高智商预测哪些学生能在学术上或是毕业后取得成功。

哈佛大学心理学教授霍华德·加德纳（Howard Gardner）认为并没有一种单一的智力衡量标准。相反，加德纳将智力灵活地定义为：“一种或多种文化背景中十分重要的解决问题或创建产品的能力。”同时，他定义了智力的几个种类，详见表 1.1。

使用**言语 / 语言智能**的人有很强的语言技能，听说读写是他们最擅长的学习方式。讲故事和拼字游戏这类活动可能深受他们的喜爱。

使用**数理 / 逻辑智能**的人善于与数字打交道、逻辑思维较强，善于解决问题，喜欢图表模式和总结归类，善于处理人际交往。他们的语言表达一般都言简意赅、条理清晰。他们很可能喜欢科学。

当人们通过视觉观察和空间组织的方式来学习时，他们表现出的就是**视觉 / 空间智能**。他们通过影像和图形来思考，看到实物时才能最好地理解某事物。他们喜欢图表、曲线图、地图、迷宫、示例、插图、绘图、模型、拼图和服装。

使用**身体 / 动觉智能**的人偏好物理活动。他们喜欢的活动是建筑、木工、舞蹈、滑雪、缝纫和手工。他们大体上协调性好、体格健壮，喜欢参赛而非观赛。

使用**音乐 / 节奏智能**的人喜欢唱歌、节奏和乐器等音乐表达。他们对各种声音都很敏感，很容易记住旋律。他们可能喜欢打节奏、哼唱和吹口哨。

使用**自知 / 自省智能**的人对自己的感觉和价值观尤为了解。他们通常都比较内向，喜欢自我激励，相信直觉。

外向的人往往表现出**交往智能**，这使得他们在合作性学习中能脱颖而出，因为他们对他人的感受、目标和动机很敏感。他们往往都是出色的领导人。

使用**自然智能**的人热爱户外生活，乐于认识和分析各种植物、动物、岩石、云彩和其他自然成分。这类人善于观察同类事物中的细微区别。

每个人其实在某种程度上都拥有上述所有技能，而且我们可以通过学习提高这些技能。尝试那种需要多种智能的学习经历——包括那些我们自己不太熟悉的智能。当我们知道自己拥有了多元智能后，就能想办法让自己变得越来越聪明。

练习

5

发挥自己的多元智能

加德纳的多元智能理论对本章所讨论的不同学习方式进行了补充。该理论核心在于获取知识和培养新行为举止的途径是多种多样的。运用加德纳的理论，你在学习、工作和人际关系上将更易成功。

表 1.1 总结了“多元智能”，并提出可能的学习策略和职业方向。我们不能只是浏览此表，而要积极行动起来。在每个符合自己的“可能的特征”以及打算使用的“可能的学习策略”旁打钩。

最后，在你感兴趣的“可能的职业方向”下加下画线。遵循关于上述可能性如何与兴趣相结合、与职业计划相联系、与专业选择相关联等方面的探索陈述。

请牢记，该图表并非一份详细清单或正式问卷。将你的发现视为出发点。你可以开创自己的策略，培养不同的智能。

表 1.1　多 元 智 能

智能类型	可能的特征	可能的学习策略	可能的职业方向
言语 / 语言	你喜欢写信、写故事、写文章； 你喜欢写指导方向而不是画地图； 你善于记课本和讲座的笔记； 你喜欢阅读、讲故事和倾听	在教科书上标出重点内容或做笔记； 用自己的话把学到的新知识复述出来； 重写或修改课堂笔记； 常跟他人谈论你正在学习的东西	图书管理员、律师、编辑、记者、英语老师、电台或电视节目主持人
数理 / 逻辑	你喜欢拼图游戏； 比起英语课，你更喜欢数学课或科学课； 你喜欢刨根问底； 你会制订详细的按部就班的计划	分析任务，按部就班地安排步骤； 将概念进行归类并挖掘潜在规则； 将文字转换为表格或图片； 想办法将问题量化——用数字来表达	会计、审计员、税务专家、数学家、计算机程序员、精算师、经济学家、数学或科学老师
视觉 / 空间	你会通过画图来举例子或说明问题； 比起文本，你觉得地图和示意图更易看懂； 你根据示例说明来组装物件； 你尤其喜欢阅读含有示意图的书籍	记笔记时创建概念图、思维导图和其他图形； 用不同颜色的笔来标注主要话题、要点和关键细节； 分神时就通过画草图来集中精力； 开始一项新任务之前，想象自己顺利完成该任务的场景	建筑师、商业艺术家、美术家、平面设计师、摄影师、室内美术师、工程师、制图师

续表

智能类型	可能的特征	可能的学习策略	可能的职业方向
身体/动觉	你喜欢体育锻炼； 你不会静坐太长的时间； 你喜欢亲自动手； 你说话时带很多手势	主动采用能帮助集中注意力的方法，例如： 注意朗读的速度，站起来阅读和创建记忆卡； 随身带着学习资料，尝试在不同场合学习； 创建和核心概念有关的动手活动，比如根据课程内容设计小游戏； 注重掌握了某个知识后自己的成就感	体育老师、运动员、体育教练、理疗师、按摩师、按摩治疗师、瑜伽老师、舞者、编舞老师、演员
音乐/节奏	你经常在开车或洗澡的时候唱歌； 你容易跟着音乐打节奏； 你会弹奏一种乐器； 听音乐能帮助你集中精力，提高效率	课间休息时通过听歌或跳舞来恢复精力； 学习的时候播放背景音乐能帮助你集中精力； 将关键概念和你熟悉的歌曲相联系； 根据课程内容编写歌曲	职业音乐家、音乐老师、音乐治疗师、合唱指挥、乐器销售代表、乐器制造者、钢琴调音师
自知/自省	你喜欢写日记和静静地思考； 你常常思考未来想要什么；比起小组项目，你更喜欢个人项目；在与人交谈或是开始行动前，你会先把问题想透彻	将课程内容和个人的价值与目标结合起来； 参加学习小组的讨论前，先独自研究议题； 将阅读和演讲与强烈感情或过去重要经历结合起来； 日记中记录涉及课程和日常生活的内容	牧师、神父、拉比、哲学或宗教教授、辅导心理学家、居家企业家或小型企业家
交往	比起单干，你更喜欢团队合作； 你喜欢呼朋唤友； 比起阅读和写作，你更喜欢聊天和倾听； 你有很强的领导力	学期一开始就组建学习小组；创建记忆卡，测试学习伙伴； 自愿去做与课程主题相关的演讲或小组展示； 将所学主题教授给他人	经理、学校管理员、销售、教师、心理咨询师、仲裁员、警察、护士、旅行代办员、公关专员、大中型企业家
自然	从小你就喜欢收集昆虫、树叶和其他自然物体； 你喜欢户外活动； 你身处大自然时能产生重要的灵感； 你喜欢阅读与自然有关的书籍和杂志	课间休息时，到室外走走；在你学习的地方挂上自然景色的图片，阅读时播放户外录音； 徒步旅行、野营时，邀同学一起讨论功课； 多注意那些以户外工作为主的职业	环保积极分子、公园管理员、康乐主管、历史学家、博物馆馆长、生物学家、犯罪学家、机械师、木工、建筑工人、建筑承包商或评估员

1.7 通过感觉学习：VARK 系统

还有一个与学习方式有关的简单而又强大的系统，主要利用你的感觉和语言运用能力。在该系统下，你可以通过下列方法学习。

- 看，或**视觉**（visual）学习；
- 听，或**听觉**（auditory）学习；
- 运用语言，或**阅读 / 写作**（read/write）学习；
- 动，或**动觉**（kinesthetic）学习。

这个系统简称 VARK 系统，分别代表**视觉、听觉、阅读 / 写作和动觉**。

该理论认为，我们每个人都有自己偏好的感觉学习渠道；为了获得更好的学习效果，我们应该综合利用这四种学习偏好活动。

1. VARK 系统的迹象

偏好**视觉**学习的人，对事物的表象感兴趣。他们对形状、颜色和外观设计较敏感。他们喜欢亲眼见证、绘画、绘制地图和图表帮助理解与解释概念。对他们来说，对某个话题进行概述，“掌握大局”很重要。

偏好**听觉**的人，喜欢对话、讨论和辩论。对他们而言，话语比文字更为重要。如果他们喜欢课上或工作中学到的内容，会亲自告诉你，而非给你发邮件或图片。

相反，**阅读 / 写作**型学习者偏好文字。他们的笔记中有较多段落和列表，但不常有图表。他们不讨厌讨论会或讲座，他们也喜欢收到囊括讲座主旨和关键细节的文字版讲义，或浏览文字版网站。

偏好动觉的人则喜欢**动觉**学习。他们通过实践和试验来学习。面对新思路，他们会自问：“运作原理是什么？我该怎么运用？”他们对实例、案例分析和实验感兴趣，因为他们能通过这些方法用行动测试概念。

2. 发现你自己的 VARK 偏好

回答下面的问题可以帮助你发现自己的 VARK 偏好。每个问题都有四个选项。在所述的情形中，圈出你的偏好。这不是正式问卷，仅仅是促进自我发现的方式。

（1）下列哪项活动会让你非常享受上课？

①观看幻灯片、高位显示器、视频或阅读含有大量图表、表格和插图的材料。

②提问，参与小组讨论和听嘉宾演讲。

③阅读感兴趣的文本、写论文、详细地记笔记。

④实地考察、做实验、当志愿者或实习生时运用课程内容。

（2）当给人指路如何驾车前往目的地时，你偏好下列哪项？

①拿出一张纸，画个地图。

②口头指路。

③写下方向。

④说“我也要驾车去附近的地方，我带你去吧”。

（3）当计划去新目的地度假时，你偏好下列哪项?

①阅读当地的彩色宣传册或专题摄影。

②向去过那里的人了解情况。

③阅读目的地的书籍和文章。

④度假前先借工作之便去待一两天。

（4）你已下定决心要学吉他，你首先会做的是?

①去图书馆或音像店找一本含有大量图解及和弦图的指导书。

②找出最喜爱的吉他独奏唱片，看能否跟着唱片弹奏。

③找出描写吉他学习策略的书籍和文章。

④买或借一把吉他，试着拨弄琴弦，让他人教你弹奏和弦。

（5）你已攒够租一辆车的钱了。在考虑租什么型号时，下列哪项是影响你决定的最重要因素?

①你对车辆内饰、外观和发动机的视觉印象。

②和车主交谈了解到的信息。

③阅读消费者报告等信息来源了解车辆。

④试驾时的总体印象。

（6）你正在浏览互联网，学习一项新技能。哪些特征最能影响你选择仔细浏览的网站?

①网站设计、颜色以及展示该技能的视频。

②有技能专家采访的播客。

③详细解释该技能的文字类网页。

④单击重新排列页面元素等功能的链接。

（7）你刚买了一套新的电脑系统。安装系统时，你首先会做的是?

①把各部件从产品盒子中拿出来，尝试安装。

②打电话请使用类似系统的人过来指导。

③浏览随设备寄来的使用说明。

④先尽自己最大努力安装系统，若实在不行，再求助他人。

（8）你获得了奖学金，出国留学一个学期，三个月后你就要出发了。留学的国家通用语言为法语，为了在出发前学会尽可能多的法语，你会怎么做?

①买一套刻录在DVD上的视频语言课程。

②请法语流利的朋友辅导。

③找含有练习的教学参考书，从基础的读、说开始学法语。

④报名参加短期沉浸式法语课程，从第一课开始学起。

现在，花几分钟回想一下你答案背后的含义。以上选项，选项“1”代表视觉学习，“2”代表听觉学习，“3”代表阅读/写作学习，“4”代表动觉学习。找出答案中的规律和反映自己偏好的学习方式。也有可能你的四种偏好颇为平衡。

日志 5

发现 / 目标陈述：回到学习方式的大局

本章主要介绍人们如何学习——四种学习模式、多元智能、VARK 系统。信息量很大！可应用的理论也不太多。

请牢记，本材料中的“大局”就是元认知理论。元指的是“超脱”或“超越现状”。认知则指的是脑海中的一切：知觉、思想和感觉。因此，元认知指的就是“超越”、观察现有心理活动的能力。从该观点出发，你就能够选择以全新的方法思考和行动。

元认知是成为优秀学生的核心，也是高等教育的主要益处之一。

现在，花几分钟锻炼一下元认知。请完成以下句子。

我通过练习本章的学习方式，得到的最重要自我发现是……

我还发现……

我发现，我最想改变的学习方式是……

要做出改变，我打算……

我还打算……

请牢记，老师是你生命的过客。不同老师层次不一。没有老师能做到完美。但如果能掌握元认知技能，你就能够在每次经历中把握机会运用适合自己的学习方式。在成为优秀学生的道路上，做自己的最佳教师。

小链接：卓越达人记

本书引言中提到了优秀学生的一种或多种品质，其案例在本书的每一章都有提及，下文也会讲到。你在阅读这些人的事迹时，问问自己：“我能否加以运用？”阅读时，寻找这些人的优秀品质。优秀学生的学习策略，不论时间、地点，都可以为今天的你所运用。

本书中讲到的优秀学生，他们的学习方法不同寻常，但又极其高效。记住，这只是10个优秀学生的案例（每章一个案例）。

阅读优秀学生案例时，要根据每个学习模式提出问题：为什么老师认为该学生是优秀学生？什么态度或行为帮助他变得优秀？我怎样才能培养这种品质？假如我在生活中运用他的例子，会得到怎样全新的积极结果？

同时，回想你从书中看到或认识的其他优秀学生。着重研究学习能力卓越的人。优秀学生不是个模糊不清的理想人物形象，相反，优秀学生在生活中非常常见。

其实，你的内心就住着一个优秀学生。

卓越达人记

约书亚·威廉姆斯
（Joshua Williams）

大学生活的头三年，他几乎都在无家可归和饥饿感中度过，但最后依然顺利毕业于佛罗里达州代托纳比奇白求恩-库克曼大学。

作为一名白求恩-库克曼大学的毕业生，约书亚·威廉姆斯建立了一项奖学金，帮助支付学生的课本费，寻找愿意资助该奖学金的捐赠人。

威廉姆斯根据个人经历清楚地知道，建立这么一项奖学金能带来多大的影响。因为在本科阶段，他自己就买不起课本，而且当时他还面临一个更大的问题——无家可归。

白求恩-库克曼大学是一所私立院校，美国的黑人院校之一。威廉姆斯于2008年秋季入校，当时他兜里只有3 000美元，是在老家迈阿密州一家加油站打工挣来的。但是这些钱连缴纳第一年的学费、住宿费和伙食费都不够。

他不知道该怎么挣到足够的钱。

他无法找自己的父母资助，他从没见过父亲，也难得去看一次母亲。他小时候在亚特兰大州和曾祖母一起住，长大了在迈阿密和伯母住一起。

威廉姆斯深知，自己得重新开始生活。住在伯母家时，街道上不时会有枪击案，附近街角还有毒贩。他发誓自己绝对不要变得和这些人一样。他决定，哪怕在代托纳比奇流落街头，也不再回迈阿密。

白求恩-库克曼大学给他安排了一间临时寝室。威廉姆斯第一学期就住在这间寝室里，平时忙着申请财政资助。没有多余寝室的时候，他只说了句，我打算搬到校外。但其实他已经没钱租房了。

威廉姆斯平时辗转于朋友家，有时候偷偷溜进一间寝室洗澡，在客厅的沙发上睡几个小时。有时候，他整晚都待在海滩上。

大二时，威廉姆斯在学校集会上透露自己无家可归。一名学校顾问恰好在场，于是为他安排了一间寝室。

之后，威廉姆斯还获得了“白求恩-库克曼大学先生”这一荣誉称号，成为学校大使，这样他大四学年的住宿和伙食都解决了。

2013年，威廉姆斯毕业于白求恩-库克曼大学刑事司法和安全研究专业。之后，他在佛罗里达州青少年司法部担任案件管理人员，与犯罪的青少年打交道。另外，威廉姆斯还成了一名演讲人，在全国城市联盟、黑人学院联合基金、Delta Sigma Theta等组织发表演讲。

2014年夏天，威廉姆斯来到华盛顿特区，担任路易斯安那州第二国会选区的国会实习生。同年秋天，他回到南方，考入亚拉巴马州农工大学研究生院攻读咨询心理学硕士学位——他说，这份职业，“让我能够改变他人的生活”。

威廉姆斯在光明之书守护者奖学金（Keeper of Light Book）的视频中说：“教育是一场从黑暗走向光明的运动，我们都是世上的光。”

约书亚·威廉姆斯表现了无比的勇气，敢于迈出第一步，说出自己无家可归的真相。

姓名________________

日期________________

测验

1. 根据“澎湃动能：观点就是工具”，如果你想要运用某个观点，你必须首先相信该观点是正确的。这种说法：
   a. 正确
   b. 错误

2. 高效的第一步指的是：
   a. 广泛的
   b. 充满“我真不擅长……”等自我判断
   c. 通常是设立目标
   d. 包括弱点而非强项

3. 真实地说出自己目前的能力，带来改变自身的最佳可能性。下列哪项陈述符合该说法？
   a. “上周我在心理学介绍课上做的笔记很难读懂。”
   b. “我不擅长记笔记。”
   c. “回顾自己的笔记时，我很难看出要点和细节之间的区别。”
   d. a 和 c

4. 立马让你接触一款新手机，看你能不能使用它。该做法是下列哪项陈述的例子？
   a. 通过思考学习
   b. 通过感觉学习
   c. 通过行动学习
   d. 通过观察学习

5. 使用新手机打电话之前阅读使用说明，该说法是下列哪项陈述的例子？
   a. 通过思考学习
   b. 通过感觉学习
   c. 通过行动学习
   d. 通过观察学习

6. 通过实际经验学习的例子是：
   a. 观看现场演示
   b. 记大纲笔记
   c. 参加几位指导老师的讲座
   d. 将课本上的观点转换为图表或地图

7. “动觉”这个词指的是：
   a. 行动
   b. 听到
   c. 看见
   d. 倾听

8. 运用学习方式获得成功，推荐的策略包括：
   a. 培养四种学习方式
   b. 寻找有效的学习方式案例
   c. 运用学习方式寻找专业
   d. 运用学习方式寻找职业
   e. 以上全部

9. “发现轮盘”指的是：
   a. 按等级划分的测试
   b. 虽然包括陷阱题，但不是一门测试
   c. 本意是作为个人技能的永久图像
   d. 一次未经判断就真实地展示自己目前技能的机会

10. 其他人的学习方式的线索包括：
   a. 需要学习的执行任务的方法
   b. 词汇选择
   c. 肢体语言
   d. 以上全部

技能掠影

本书每章的结尾都有“技能掠影”环节。利用这个练习，跟踪记录你态度和行为上的改变，包括培养优秀学生品质的进程。

浏览本书下一章之前，快速看看会影响你在学校获得成功的态度。阐明你的意图，培养洞悉自己的能力，养成意图明确、行为新颖的习惯。

发现

“发现轮盘”“态度”环节我的得分是……

帮助我在学校获得成功的一个态度是……

没有帮助我在学校获得成功的一个态度是……

目标

本章中提到的观点，其中对我目前的生活而言受到最大影响的是……

可以将此观点付诸实践而加以采纳的习惯是……

该习惯在我的职业生涯中十分有用，如果我……

行动

我要加以训练的新行为是……

为了落实行为，我的行动方针是……

坚持该意图，我能获得的回报是……

chapter 2

第2章 时间

为什么？

拖延和缺少规划会减少你在学校获得成功的机会。

是什么？

花几分钟，快速浏览本章，找出至少三个你打算尝试的技巧。记笔记或标出技巧所在的页码。

怎么做？

如果能提前完成目标，我该怎么办？

抽出一分钟

记录下你今天的一项重要成果。不是任务列表，而是任务列表上一项或多项任务的完成结果。请完成这句话：今晚睡觉前，我要确保已经……

专注“此时此地”

身处此时此地，是个简单的概念，看似平淡无奇。你不在此时此地，还能在哪儿？

其实，人的思维能够天马行空，游走到任何角落。也能三心二意，让我们无法聚精会神。技术有时也会分散我们的注意力：每条新信息、Facebook 动态或邮件都会引起你的注意。如若我们不有意识地控制，任其发生，便无法获得将注意力集中在当前要事上的益处。

“专注‘此时此地’”的意思是，一心一意做你正在做的事，人在哪儿，心就在哪儿。学生们一致认为：“专注‘此时此地’”是本书最有用的方法之一。

我们脑海中都有一个声音，永不停息。如果你不信，就做个小实验：闭上眼睛 10 秒钟，注意脑海中的活动。现在就开始。

注意到了吗？或许有个声音说：“别管它，我忙着呢。”另一个声音说：“10 秒到了吗？”还有个声音可能说：“什么声音？我什么都没听到。”就是这个声音。

这个声音能随时带你去任何地方——特别是你学习的时候。当你的声音带走你的思绪，你看似在学习，实则心不在焉。

我们都体会过这种声音的存在与消失。当内在的声音悄无声息时，“流动”的时间仿佛都静止了。我们忘记了担心、疼痛、原因、借口和正义，全心全意活在当下。生命真神奇。

想要完全摆脱这个声音是不可能的。内心的声音，旨在让我们能够分析、预测、归类和理解“现实”世界发生的事情。想要运用好内心的声音，诀窍就是有意识地选择它出现和消失的时机。

不要强迫自己摆脱游离的思绪，而是要注意它、接受它，告诉自己，“这个思绪又来了”，然后将注意力慢慢拉回手头的任务上。没关系，思想不会永远离开的，因为我们的思想会神游。再次注意到思绪把你带走时，慢慢将自己拉回此时此地。

请记住，规划有助于这个动力过程。制订目标能指导我们当前的行动。时间管理技巧——日程表、列表和休息——只有一个目的，即体现当前最关注的事情。讽刺的是，感受时间流动的方法就是制订计划。

动力过程背后的思想很简单，听讲座就是听讲座，看书就是看书。你想做白日梦时就做白日梦吧。做你正在做的事，人在哪儿，心就在哪儿。

专注此地此时……此时……此时。

2.1 你的时间很充裕

当你说时间不够用的时候，你可能想说的是，时间没有如你所愿花在想做的事情上。本节旨在解决该问题。

“时间管理”给人的感觉是限制和控制。你可能会联想到一个满面皱纹的吝啬鬼躬身站在你的肩上，手握着秒表，告诉你每分钟要做什么。这是时间管理不好的一面。

好的一面是：只要你考虑周到，做出明智的选择，就有足够的时间做自己想做的事。只要你能想到种种可能，然后做出理智的选择，你就会有时间去做你想做的事情。

时间是一种机会均等的资源。无论性别、种族、信仰或国籍，我们每周拥有的时间是一样的。无论是名人还是草根，是富裕还是贫穷，我们每周不多不少只有 168 个小时。

时间是不同寻常的商品。不像火炉上的柴火、过冬的食物，时间无法保存。时间不可看、不可听、不可触、不可尝，也不可闻。你无法直接感受时间。即使是科学家和哲学家也很难描述。由于时间遥不可及，所以很容易被忽视。但即使这样也无妨，时间仍然甘于保持神秘，直到你将要耗尽自己的时间。时间用完了，就真的时日不多了。

时间是不可再生资源。如果缺木材，可以再砍伐；如果缺钱，可以再赚；如果缺爱，仍有希望可以弥补；如果生病了，还可以再恢复。但如果没有时间了，生命就结束了。时光一去不复返。

时间似乎以不同的速度消逝，时而缓缓而行，时而急速飞逝。周五下午，教室里的钟表缓缓蠕动。一天学习了 10 小时之后，阅读最后几页经济学作业的几分钟如几小时一样长。在校的一年时间似永恒般漫长。

光谱的那一端，光阴似箭。有些瞬间，你沉浸在自己所做的事情里，时间如魔法般消失。

时间管理的叙述可归纳为三个要点：

（1）弄清自己真正想要什么。将你的需求描述为具体的目标，写下来。

（2）了解如何达到目标。为实现未来的目标，明确今天所做的事，也将这些打算写下来。

（3）坚持做你打算做的事。

如果忘了这些时间管理法则，就容易导致花大量时间应付干扰事项、工作项目临时抱佛脚以及处理紧急情况。在一片混乱中苦苦挣扎，我们就会忙于实现他人的目标，而忘记了自己想要什么。

有时似乎是朋友占用了你的时间，有时是上司，有时是老师、父母、孩子或其他人，即使不是有意的，但你的时间却被消耗掉了。因此，要掌管好自己的时间。

史蒂芬·科维（Stephen R. Covey）认为，时间规划的目的是生活中留出部分时间处理没那么紧急但至关重要的事情，如定期锻炼、阅读、祷告、冥想、优质时间独处或与亲朋好友在一起、旅游、烹饪美食。这些事情都有助于实现未来的个人目标、保证当下生活的总体质量。

但是如果日程紧张，我们通常放弃这些重要的活动，直到等我们“有空”的那天。

不要等到有空才着手开始，现在就挤出时间。运用本章中的方法摆脱“疯狂忙碌”，将日常活动根据重要性排序。将时间管理视为投资，根据自己的选择运用好最宝贵的时间资源。

2.2 关于处理众多任务的选择

忙碌之时，我们试图同一时间处理几件事情，这似乎是情理之中的解决方案：看电视的时候看课本；打电话的时候写论文大纲；写邮件时听演讲。这些都是多任务处理的例子。

但问题在于看起来容易，做起来难。尽管人类的大脑错综复杂、令人惊叹，但研究表示，我们生来只能一次做好一件事情。

答案可谓老生常谈了，尽可能一次只做一件事。运用以下策略培养优秀大学生的重要品质之一——专注。

1. 关掉技术设备

为了减少多重任务处理的诱惑，关掉会转移注意力的设备。关掉电视和手机。除非计划任务需要上网，否则不要联网。之后，你可以在休息时间打电话、发短信、查邮件和浏览网页。上网就是上网，意图明确，休息放松。

2. 休息时记录一闪而过的念头

你的大脑是个专业的“唠叨狂”。当你专注于一项任务时，大脑可能会提醒你另外10件需要做的事。你要随身带着3×5的纸片和笔，记录这些信息。休息时，将这些信息加入任务列表。一旦写下了要做的事情，大脑便不会再唠叨了。

3. 小心处理干扰

有些突发事件很紧急，会立刻吸引你的注意力。这时，记下你正在做的事。例如，写下你正在读的页数，或给创建的电脑文件命名。回头继续完成任务时，你的笔记能帮你迅速找回状态。

4. 致力于单任务处理

现今的技术——邮件、信息、社交媒体——似乎都需要多任务处理。这句话的关键词是“似乎”。多任务处理确实是个选择，但不是必需的。你仍然可以选择一次只专注做一件事。这么做的好处是，高效率、低压力。

规划也有助于单任务处理。制订一个目标，将每日任务列表缩减到三件事以内。将注意力集中在这几件事上，一次一件，完成之后再着手其他任务。即使目标没有达成，你也会从中受益，注意力更加集中，单任务处理能力得到锻炼。

5. 多任务处理的技巧

如果某些场合下多任务处理似乎不可避免，那就尽可能地提高效率。将需要专注的事情与能够自行解决的事情搭配处理。例如，边准备心理学考试边下载音乐，就能够减少多任务处理的坏处。但不能一边看电视，一边心不在焉地听孩子讲话。

6. 任务与喜好相结合

处理常规任务是日常生活的一部分。但如果你发现自己一整天都心不在焉，就问问自己：我是否在做自己想做的事情呢？我的工作和课程是否与兴趣相关呢？如果答案是“否”，那除了多任务处理外，你可能要调整自己的学业和职业规划了。一旦任务与喜好相结合，多任务处理就没有那么重要了。

练习 6

时间管理表 / 时间规划表

本练习旨在将时间转化成一种可知、可预测的资源。为此，一周 7 天、一天 24 小时、每天每 15 分钟监控一次时间。记录睡觉、吃饭、学习、上课、往返教室、工作、看电视、听音乐、照顾孩子、杂事等消耗的总时间。

别慌，没那么难。不是真的要你每 15 分钟就记录一次。这仅仅是一个了解自我支配时间的机会。如果时间监控器能帮助你做到这一点，就使用它。当你知道自己如何花费时间，就可以做出针对性的选择。你可以在重要的事情上多花点时间，在不重要的事情上少花点时间。监控时间帮你掌控自己的生活。该项练习需要完成以下几个步骤。

步骤一

查看表 2.1。周一，该同学 6 点 45 分起床、洗漱、穿衣，7 点 15 分至 7 点 45 分吃早餐。步行 15 分钟至教室（7 点 45 分到 8 点），8 点到 11 点，上课。

以相同的方式，列出你的活动项目。开始一项活动时，将该活动记在开始时间旁，以最接近 15 分钟的时间点为准。例如，8 点 06 分开始吃早餐，那你就将吃早餐写在 8 点这个时间点上。

步骤二

填写你的时间管理表。现在轮到你了。使用空白的时间管理表（表 2.2），选一天开始监控你的时间。当天填写你的时间管理表，每天随身带着，持续使用一周。每过几小时就花几分钟记录下自己的活动，或每次进行下一个活动时记录。

步骤三

监控时间一周后，将各项活动归类分组，并列入表 2.3 中，包括“睡觉”“上课”“学习”和“吃饭”等。你还可以添加其他类别。“打扮”可以包括洗澡、刷牙、化妆和穿衣；“交通”可以包括步行、公交和骑自行车。其他类别可以包括“锻炼”“娱乐”“工作”“电视”和“孩子”。填入适合你的类别。

步骤四

列出每项活动的预计小时数。猜想你在每类活动上花费的小时数，并将其填入表 2.3“预计”时间表中。

接着，列出你每项活动的实际小时数，加上每天监控的小时数。将总数列入表 2.3 的“实际”时间表中。确保各类别时间总数为 168 小时。

步骤五

反思实践结果。比较预计时间表和实际时间表，你可能感到失望甚至恼火，时间花哪儿了？将这些负面情绪化为做出改变的动力，思考如何完成下列句子：

- 我惊讶的是花在……上的时间
- 我想多点花时间在……
- 我想少花点时间在……

步骤六

重复练习。你想练习多少次都可以，好处就是不断培养时间意识。之后，你就可以做出明智的选择，管理好自己的时间。

表 2.1　时间管理表示例

9 月 12 日星期一	9 月 13 日星期二
起床	
洗漱	睡觉
7:00	7:00
7:15 早餐	7:15
7:30	7:30
7:45 去学校	7:45 洗漱
8:00 经济学 1	8:00 穿衣
8:15	8:15 吃饭
8:30	8:30
8:45	8:45
9:00	9:00 艺术
9:15	9:15 欣赏
9:30	9:30 项目
9:45	9:45
10:00 生物学一	10:00
10:15	10:15
10:30	10:30
10:45	10:45
11:00	11:00 数据
11:15 学习	11:15 处理
11:30	11:30
11:45	11:45
12:00	12:00
12:15 午餐	12:15
12:30	12:30
12:45	12:45
12:00	12:00
12:15	12:15
12:30	12:30
12:45	12:45
13:00	13:00
13:15 英语文学	13:15 午餐
13:30	13:30
13:45	13:45
14:00	14:00 撰写
14:15 咖啡馆	14:15 读书
14:30	14:30 报告
14:45	14:45
15:00	15:00 艺术
15:15	15:15 欣赏
15:30	15:30
15:45	15:45
16:00	16:00
16:15 学习	16:15
16:30	16:30
16:45	16:45
17:00	17:00 晚餐
17:15 晚餐	17:15
17:30	17:30
17:45	17:45
18:00	18:00 写信给
18:15	18:15 吉姆叔叔
18:30 照顾孩子	18:30
18:45	18:45
19:00	19:00

表 2.2　你的时间管理表

___/___/___ 星期一	___/___/___ 星期二	___/___/___ 星期三	___/___/___ 星期四
7:00	7:00	7:00	7:00
7:15	7:15	7:15	7:15
7:30	7:30	7:30	7:30
7:45	7:45	7:45	7:45
8:00	8:00	8:00	8:00
8:15	8:15	8:15	8:15
8:30	8:30	8:30	8:30
8:45	8:45	8:45	8:45
9:00	9:00	9:00	9:00
9:15	9:15	9:15	9:15
9:30	9:30	9:30	9:30
9:45	9:45	9:45	9:45
10:00	10:00	10:00	10:00
10:15	10:15	10:15	10:15
10:30	10:30	10:30	10:30
10:45	10:45	10:45	10:45
11:00	11:00	11:00	11:00
11:15	11:15	11:15	11:15
11:30	11:30	11:30	11:30
11:45	11:45	11:45	11:45
12:00	12:00	12:00	12:00
12:15	12:15	12:15	12:15
12:30	12:30	12:30	12:30
12:45	12:45	12:45	12:45
13:00	13:00	13:00	13:00
13:15	13:15	13:1	13:15
13:30	13:30	13:30	13:30
13:45	13:45	13:45	13:45
14:00	14:00	14:00	14:00
14:15	14:15	14:15	14:15
14:30	14:30	14:30	14:30
14:45	14:45	14:45	14:45
15:00	15:00	15:00	15:00
15:15	15:15	15:15	15:15
15:30	15:30	15:30	15:30
15:45	15:45	15:45	15:45
16:00	16:00	16:00	16:00
16:15	16:15	16:15	16:15
16:30	16:30	16:30	16:30
16:45	16:45	16:45	16:45
17:00	17:00	17:00	17:00
17:15	17:15	17:15	17:15
17:30	17:30	17:30	17:30
17:45	17:45	17:45	17:45
18:00	18:00	18:00	18:00
18:15	18:15	18:15	18:15
18:30	18:30	18:30	18:30
18:45	18:45	18:45	18:45
19:00	19:00	19:00	19:00
19:15	19:15	19:15	19:15
19:30	19:30	19:30	19:30
19:45	19:45	19:45	19:45
20:00	20:00	20:00	20:00
20:15	20:15	20:15	20:15
20:30	20:30	20:30	20:30
20:45	20:45	20:45	20:45
21:00	21:00	21:00	21:00
21:15	21:15	21:15	21:15
21:30	21:30	21:30	21:30
21:45	21:45	21:45	21:45
22:00	22:00	22:00	22:00
22:15	22:15	22:15	22:15
22:30	22:30	22:30	22:30
22:45	22:45	22:45	22:45
23:00	23:00	23:00	23:00
23:15	23:15	23:15	23:15
23:30	23:30	23:30	23:30
23:45	23:45	23:45	23:45
24:00	24:00	24:00	24:00

续表

___/___/___ 星期五	___/___/___ 星期六	___/___/___ 星期日
7:00	7:00	7:00
7:15	7:15	7:15
7:30	7:30	7:30
7:45	7:45	7:45
8:00	8:00	8:00
8:15	8:15	8:15
8:30	8:30	8:30
8:45	8:45	8:45
9:00	9:00	9:00
9:15	9:15	9:15
9:30	9:30	9:30
9:45	9:45	9:45
10:00	10:00	10:00
10:15	10:15	10:15
10:30	10:30	10:30
10:45	10:45	10:45
11:00	11:00	11:00
11:15	11:15	11:15
11:30	11:30	11:30
11:45	11:45	11:45
12:00	12:00	12:00
12:15	12:15	12:15
12:30	12:30	12:30
12:45	12:45	12:45
13:00	13:00	13:00
13:15	13:15	13:15
13:30	13:30	13:30
13:45	13:45	13:45
14:00	14:00	14:00
14:15	14:15	14:15
14:30	14:30	14:30
14:45	14:45	14:45
15:00	15:00	15:00
15:15	15:15	15:15
15:30	15:30	15:30
15:45	15:45	15:45
16:00	16:00	16:00
16:15	16:15	16:15
16:30	16:30	16:30
16:45	16:45	16:45
17:00	17:00	17:00
17:15	17:15	17:15
17:30	17:30	17:30
17:45	17:45	17:45
18:00	18:00	18:00
18:15	18:15	18:15
18:30	18:30	18:30
18:45	18:45	18:45
19:00	19:00	19:00
19:15	19:15	19:15
19:30	19:30	19:30
19:45	19:45	19:45
20:00	20:00	20:00
20:15	20:15	20:15
20:30	20:30	20:30
20:45	20:45	20:45
21:00	21:00	21:00
21:15	21:15	21:15
21:30	21:30	21:30
21:45	21:45	21:45
22:00	22:00	22:00
22:15	22:15	22:15
22:30	22:30	22:30
22:45	22:45	22:45
23:00	23:00	23:00
23:15	23:15	23:15
23:30	23:30	23:30
23:45	23:45	23:45
24:00	24:00	24:00

表 2.3　预计小时数和实际小时数

___/___/___ 一周		
类别	预计小时数	实际小时数
睡觉		
上课		
学习		
吃饭		

日志 6

发现 / 目标陈述：探索技术对时间和注意力的影响

许多学生发现，互联网是最消磨时间的工具。自己探索一下这种现象是否存在。选一天记录你上网的时间。用简单的办法收集数据，例如，手边备一张 3×5 卡片和一支笔，在卡片上记下上网开始和结束的时间。你也可以利用基于网络的时间管理工具，如 Slim Timer（slimtimer.con）或 Rescue Time（rescuetime.com）来跟踪记录。

如果可能的话，简单描述你上网都做了些什么。例如，浏览 Facebook、查阅电邮、读新闻、做作业或观看视频等。监控你的上网时间后，完成下面的句子：

我发现今天上网用了……分钟。

上网做的事情有……

接下来，考虑调整上网所花的时间。例如，每天固定几个时间段不上网。完成下面的句子：

我打算……

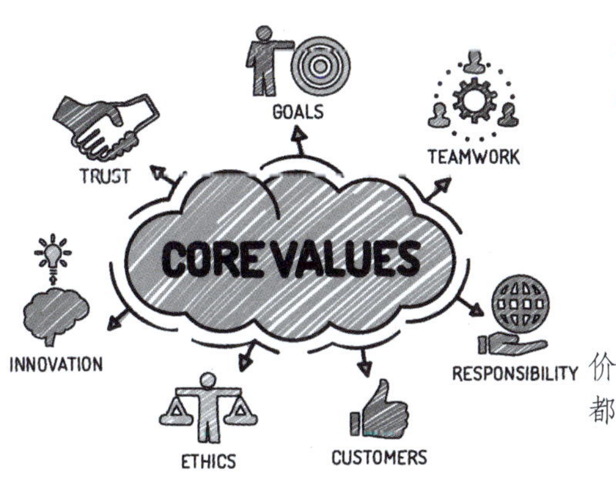

2.3 确立你的价值观

建立起自己的价值观，才能满足自身所需。价值观反映了你想成为什么样的人，它每时每刻都在影响你的选择、所做的事以及拥有的东西。

除非能改变我们的日常行为，否则价值观没有任何意义。我们的行为体现了价值观，任何人都可以看出我们是什么样的人。

人们常说自己按照价值观生活，却言行相悖。他们或许尊重奉献精神，却逃避志愿工作。同学们可能会嘴上说重视教育，但却为了聚会而逃课。

想要掌控时间和注意力，方法之一就是确立自己的价值观，然后谨慎地行动。如果你发觉自己言行不符，就要设定明确的目标，有效利用自己的时间。

不要满足于一套模糊的想法。明确自己的价值观，来指导你的言行，明确何时该接受、何时该拒绝。

1. 思考一套价值观

《卓越大学生成长手册》以一套明确的价值观为基础：

- 集中注意力意味着专注“此时此地”——全神贯注地投入当前的任务中。即使置身于嘈杂的环境中，注意力集中的人也不会受到干扰。
- 自我负责意味着只成功不失败。该价值观认为，任何情况下——无论多艰难——都有选择应对方式的机会。
- 正直是指一个人值得信赖。人们相信一个正直的人能够言行合一、信守承诺。
- 冒险精神表示愿意改变。秉持这种价值观的人开明果敢。他们知道学习需要接受新想法、尝试新行为。即使心存畏惧，也毫不退缩。
- 奉献是指人在为他人服务的过程中发现生命的意义。秉持奉献精神的人获取知识和技能以回馈世界。

如果你稍加留心，就会发现本书每一页都反映了至少一种上述价值观。例如，“卓越大学生的品质”详细描述了上述核心价值。

2. 将价值观转换为有形的行为

确立价值观的方法之一，就是反思你欣赏的人身上的品质，描述他们的行为，然后问自己，影响他们行为的是什么价值观？这能够帮助你定义自己的价值观。

你还可以通过给自己写悼词的方式确立自己的价值观。悼词详细描述你想要后世如何记住你。悼词成文之后，制订行动目标，创造遗产。这并非关注死亡，而是选择如何使用时间。

另一种方法是将确立价值观看作重要事项。在日志中补充完整这句话：最重要的是我要抽出时间……然后根据你的答案制订目标、安排日程、列出每日任务列表。这样，你就将价值观变为计划，从而直接影响时间管理的方式。

举个例子，你认为保持健康非常重要，就将定期锻炼和控制体重作为目标。接着，就将这些目标写在任务列表和日程表上——去健身房、参加有氧运动课程、购买低脂食品等。

你可能高度重视建立友善的人际关系。如果是这样，那就抽出固定时间来陪伴家人、朋友。

如果你重视财务安全，就制订具体目标，增加收入，减少开支。

无论如何，时间管理的终极技巧就是确立价值观，与行动相结合。

2.4 制订和实现目标

很多人没有目标，或者他们的目标模糊而形而上，是一些美好、模糊而保守的想法，比如“我想要做个好人”“我想要财务安全”或“我想要快乐”。

这些想法其实是可以实现的目标。然而，如果目标仅停留在模糊的阶段，我们就会感到迷茫，不知如何去实现。

让目标成为优化调整过的引擎。引擎毫不模糊，你能看得见、摸得着、听得到，也能拆开来检查零部件。

目标也同样真实有效。如果你真想实现目标，那就拆分目标，检查目标组件——通过实际行动来实现目标，改变人生。

制订目标有很多有效的方法。其中一个是写出自己人生不同阶段各领域的分目标，尝试实现并做出合适的调整。

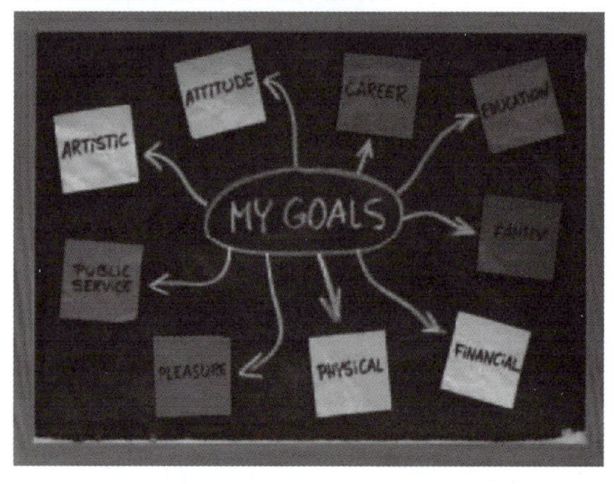

书写你的目标。书写目标能极大地增加实现目标的机会。书写目标暴露出想法中不确定的部分、不切实际的时间段以及其他模糊的方面。如果你已经完成本书引言的目标陈述，那么肯定已经将目标写下来了。目标和意向声明表明你想要在行为、价值观和现状——或这三者上都做出改变。

书写具体的目标。你所写下的目标应是可观察的行为或可衡量的结果。好好想一想，一旦你的目标实现了，会发生哪些具体的变化。把你能看到的、感觉到的、触摸到的、品尝到的、听到的以及你是什么、做什么、有什么都列举出来。

假如你有一个目标，通过刻苦学习取得优异的成绩。你已经朝这个方向前进，现在要把目标转化为具体的行动，例如“我要花两个小时去巩固课堂上一个小时所学内容”。

明确的目标会让所需行动或预计结果更加具体。看看下面的例子：

模糊目标	具体目标
获得良好的教育	2021 年获得理学学士学位
取得高分	下学期获得 3.5 平均学分
提高自己的精神修养	加入附近有社区服务传统的教会
改善容貌	6 个月内减 6 磅体重
管理经济	到明年 7 月 1 日存款 5 000 美元

书写不同阶段的目标。要想全面地预见自己的未来，请写出以下要点。

长期目标。长期目标是人生的主要目标，可能需要 5 ~ 20 年的时间来完成。有时，甚至会成为你毕生的追求。这些目标往往包括教育、职业、人际关系、旅行和财务安全等，是所有你认为重要的东西。制订长期目标的时候，思考以下问题：你希望这一生取得什么样的成就？有没有一句话能概括你的人生追求？如果有，是什么？

中期目标。中期目标是指 1 ~ 5 年内能够实现的目标，包括完成一门课程的学习、付清车款或达到某个职业发展水平。中期目标有助于实现长期目标。

短期目标。短期目标是指能在 1 年以内实现的目标。这些目标包括选修 1 门或多门课程、徒步走完阿巴拉契亚小径、组织家庭聚会等具体事项。短期财务目标可能包括你想要存下多大数额的存款。无论你的短期目标是什么，你都要立即或近期就采取行动。

练习

7

创建生命线

在一大张纸上，画一条水平直线，这条线表示你的生命线。现在，在这条线上按时间顺序添加生命中的关键事件，如出生、入学第一天、高中毕业、高校入学等。

现在将生命线延长。记录现在起1年、5年甚至是10年内可能发生的关键事件。选择符合你价值观的事件，突发奇想、迅速完成，记住：这不是最终规划。

接着，花几分钟检查一下。选择未来发生的某件事，列举未来几个月你可能会采取哪些行动来实现该目标。其他事件亦如此。现在你人生整体规划的雏形出来了。

最后，将你的生命线再延长50年，甚至到100岁。详细描述一下，实现所有目标时，世界会有什么变化。

写出人生各个方面的目标。只追求人生某领域目标的人——如职业生涯——可能会发现人生过于狭隘。他们也许事业成功，却忽视了健康，疏远了亲朋好友。

为避免这种结局，要制订各类目标。考虑这些领域的目标：

- 教育
- 职业
- 财务生活
- 家庭生活或人际关系
- 社交生活
- 贡献（志愿活动、社区服务）
- 健康状况
- 健康等级

可以随时添加其他方面的目标。

反思目标。每周花几分钟仔细考虑你的目标。可以抽查以下项目。

- **检查个人感受。**想想制订目标过程的感受如何，实现目标时获得的满意心情。如果与写下的目标没有很强的情感共鸣，就随它去吧，或调整后再检查。
- **检查一致性。**检查关联性，短期目标与中期目标一致吗？中期目标有助于实现长期目标吗？检查所有目标是否与参加高等教育的目标以及人生的整体目标一致。
- **检查障碍。**任何事情都可能阻碍你实现目标，如时间有限或资金紧缺。要学会预见障碍，并且现在就开始寻找解决方案。
- **检查接下来的步骤。**教你一个将目标制订与时间管理相联系的方法。确定你现在可以实施的小步骤，来实现短期目标。如果你想在特定的日期前完成这些步骤，就将其列入每天查阅的日程表中，未来一周内，检查任务列表和日程表。记录进展情况，嘉奖自己的成绩。

立刻行动。不要让新年下的决心沦为笑柄。1月1日，我们决定开始定期锻炼，2月1日，我们却拿着电视遥控器，而不是穿着跑鞋。

不要让你的目标沦为笑话。为了提高成功概率，马上采取行动。缩减制订目标与实现目标之间的差距。如果忘了目标，就展开行动，即刻回到正轨。将沦为笑谈的决心抛到脑后，不要影响到将来。

练习 8

落实目标

将目标有效化的一个方法就是仔细检查，这也是本次练习的内容。运用头脑风暴和评估，将长期目标逐渐拆分，直到拆分为多个小目标。当你如此详细地分析目标时，就快要实现自己的目标了。

进行这项练习时，确保随身带着有秒针的手表（内置秒表功能的电子表为佳）。计时是头脑风暴的重要部分，所以要遵守时间限制，本次练习全程用时1小时。

第一部分：长期目标

头脑风暴。先进行8分钟头脑风暴，在这8分钟内，写下所有你想要的东西，想到多少写多少，全部写下来，越快越好。无须担心是否准确，头脑风暴的目的在于尽可能多地写出想法。

评估。头脑风暴完成后，花6分钟时间检查目标列表，分析目标，并大声朗读出来。如有遗漏，再加上去。查找目标之间的共同主题或关系，选择对你来说比较重要的三个长期目标——需要多年才能实现的目标，并写下来。

继续之前，花几分钟反思目前为止用到的方法。你根据什么标准选出前三个目标？

第二部分：中期目标

头脑风暴。大声朗读第一部分选出的三个长期目标，并从中挑出一个。然后花8分钟时间想出1～5年内可能实现的中期目标，来帮助你实现长期目标。中期目标越多越好。

评估。分析中期目标。选出三个你认为对实现长期目标具有重要意义的中期目标。给你6分钟时间完成这部分练习，并将所选目标写下来。

第三部分：短期目标

头脑风暴。回顾中期目标并选出一个。再花8分钟时间想出1年内你想实现的短期目标，帮助你实现中期目标。写下所有能想到的内容。不要评估和判断这些想法。写下的想法越多越好。

评估。分析短期目标列表。最有效的头脑风暴法是先不着急下定论，因为你可能会想出一些稀奇古怪的点子。没关系，现在可以将这些点子划掉了。接下来，评估剩下的短期目标，选择三个你愿意且能够完成的目标。花6分钟时间完成这部分练习，写下你的选择。

练习的次数越多，越能高效地选择有意义的目标。你可以用其他长期目标或新目标重复这项练习。

2.5 ABC 法管理每日任务列表

处理事情、不走弯路的最有效方法之一是记录每日任务列表。虽然时间管理表 / 时间规划表只能展示一周大致情况，但每日任务列表逐条列举了 24 小时内你需要完成的任务。

记录每日任务列表的一大好处是，不用去记下一步该做什么，该做的都在任务列表上。学生一天的任务通常是不同的、不相关的——阅读、参加讲座、复习笔记、工作、写论文、研究项目、杂事。忙碌时很容易忘记重要的事情。动笔记录下任务，你就无须依靠大脑来记忆。

下列步骤展示的是创建和使用任务列表的方法。例如将任务列表上的待办事项按重要性——A、B、C 进行排列。尝试这些步骤，根据你的需求进行调整，找到适合你的新技巧。

1. 头脑风暴任务

首先，列出第二天需要完成的所有任务。每一个任务都列入列表，无须按顺序或日程排列，只要将想完成的所有事都列在纸上、日程表上或笔记本上。你也可以使用 3×5 的卡片，每张卡片上写一个任务。这招很有效果，因为你可以将卡片塞进口袋，也可以重新排序，无须将任务项目誊抄到另一张列表上。

2. 估算时间

对第一步所写所有任务进行时间估算，需要花多少时间来完成这些任务。这有点难度。如果时间预算不足，最后会感到仓促；如果时间预算太多，效率会降低。现在，给出最佳的时间预算。如果不确定的话，多留一点时间预算比较好。

留出时间预算有两个好处：①避免日程安排过紧，超过最后期限，导致沮丧和挫败感；②留出时间处理意料之外的事——不受控制的事项。现在拿出你的日程表或时间管理表 / 时间规划表。你可能已经安排好上课或工作的时间，剩下时间就用来完成任务列表。

将完成所有任务所需时间相加。再把一天的空闲时间相加。两者进行比较。这一步的好处是你可以提前发现超负荷情况。如果你的任务列表需要 8 小时来完成，而空闲时间只有 4 个小时，这就是个潜在问题。如何解决这一问题，请见第 3 步。

3. 任务优先排序

为了避免过度安排，根据有限的时间，决定哪些待办事项是最重要的。如何做出此类决定？阿兰•拉金（Alan Lakein）教授在他的《如何掌控自己的时间和生活》（*How to Get Control of Your Time and Your Life*）一书中给出了建议：每个任务按照 A、B、C 三类进行标注。

标注为 A 类的任务表示最重要的事项。A 类任务包括期限临近、必须立即完成以及直接影响短期目标的活动。

标注为 B 类的任务表示重要事项，但不如 A 类任务重要。B 类任务某天也可能会变成 A 类任务。但目前不如 A 类任务紧急。必要的话，这些任务可以推迟到另一天。

C 类任务不需要即刻关注，C 类任务包括如“购买新搅拌机”和“上网研究家谱”。C 类任务通常是小事、易事，没有时间限制。也可以推迟。

步骤一：头脑风暴任务
步骤二：估算时间
步骤三：任务优先排序
步骤四：划掉任务
步骤五：评估
额外步骤：修改

一旦对任务列表进行标注后，就开始为 A 类任务安排时间。完成 A 类任务后，准备开始下一轮 A 类任务之前，可以在当天任意时间完成 B 类和 C 类任务。即使你已经完成一两项 A 类任务，也要坚持不懈地继续完成任务。

4. 划掉任务

随身携带任务列表。将完成的任务从列表上划掉，如果想到了新任务，也可以添加上去。如果你使用 3×5 的卡片，可以扔掉或回收已完成的列表卡片。划掉任务或扔掉卡片很有意思——是对勤奋的有形奖励。这个步骤培养成就感。

使用 ABC 优先法时，你可能会面临学生的通病：C 类热。症状包括忍不住放弃 A 类任务，而把精力放在 C 类任务上。如果你明天要交历史论文，你却强迫自己用吸尘器打扫地毯，打电话给在塔尔萨的三代表亲，或逛鞋带店。普遍热衷完成 C 类任务的原因是，A 类任务通常难度较大、耗时更长，失败风险较高。

如果你注意到自己有 C 类热的症状，问自己：“这项任务真的现在就需要完成吗？我真的需要按字母排序 CD 专辑吗？能更好地利用时间准备明天的数据处理考试吗？”利用任务列表坚持完成 A 类任务。当你意识到，还剩最后几个小时，你才完成九项 C 类任务，一项 A 类任务都没完成时，不要慌张地斥责自己，冷静地回过头完成 A 类任务。

5. 评估

一天结束时，评估自己的表现。查找没有完成的 A 类优先任务。查找任务列表中反复出现的 B 类和 C 类任务，以及似乎从未完成的任务。考虑将其调整为 A 类任务或一起降类。同样地，你也可以考虑将没有完成的 A 类任务调整为 B 类或 C 类。

愿意承认失误。你可能一开始将某些任务排列为 A 类，后来却发现其实属于 C 类，而有些日复一日藏在任务列表底部的 C 类任务可能属于 A 类。做任务列表时，可以调整任务优先顺序，以防出现问题。

评估结束后，按第二天的任务列表继续，这样可以醒来就马上开始着手任务。

额外步骤：修改

任务列表并非人人适用，请随意尝试，调整适合自己的格式。

例如，ABC 分类法不是排列任务列表的唯一方法。有些人偏好 80/20 法则，这种方法认为任务列表 80% 的价值来自 20% 的任务。因此，一份 10 项代办事务的任务列表中，你需要找出其中两项今天最重要的任务，并圆满完成。

另一个方法是将任务按“是”“否”或“可能”排列。完成标记为“是”的任务，删除标记为“否”的任务，“可能”事项过些时候再处理。你可以以后再回过头来处理“可能”事项，然后列为“是”或“否”。

你可能发现，将任务归类为“杂事”或“电话”，这样效果显著。要学会创新。

无论如何，任务列表都要与日程表紧密结合使用。在日程表上，对有具体时间日期的约会、课程等事项做标注，运用任务列表记录已安排事项中能完成的任务。单独制作任务列表，就不必因为提醒事项而弄乱日程表了。

此外，提前规划一周甚至两周的任务，

更容易统筹全局，以便查看每日目标与长期目标之间的关系。安排周计划，也能帮你摆脱草率完成每天任务的想法。你还可以在一周内将任务分期完成。

无论如何，现在就开始实施自己的 A 类任务吧。

练习 9

创建自己的任务列表

本次练习旨在将创建“ABC 法管理每日任务列表”分为一系列步骤。完成之后，你就拥有适合每天使用的任务列表了。

步骤一：想出要做的事项

花 15 分钟时间写出一系列你想做或需要做的事情。写出脑海中想到的所有紧急的、重要的或未完成的事情。列出的事情没有限制，从更换职业变为去买狗粮，什么都行。可以列出今天、本周、本月或未来任何时候你想完成的事。如果你的任务列表变长了，就庆祝吧，因为这表明你的思路越来越清晰。休息休息，享受一番。

步骤二：将目标从任务中分离

现在检查一下列表，有些任务可能需要不止一次行动才能完成（如更换职业）。将这些任务标记为目标。余下的才是任务。

步骤三：填写下列图表，创建今天的任务列表

a. **从你的任务中，最多找出七项想今天完成的任务**。将这些任务列入任务栏。这就是任务列表的第一份草图。

b. **预计任务列表上的每项任务花费多少时间**。就像时间管理表 / 时间规划表练习一样，将每项任务时间延长 15 分钟。如果你不确定每项任务所需时长，就至少延长 15 分钟。复杂的任务额外增加 30 ~ 90 分钟。最后，将估算的时间相加，得出的时间总数就是你需要完成今天任务列表的时间。

c. **比较估算时间与可用时间**。现在，查看日程表。算出今天的空闲小时数，然后与预估时间总数相比较。如果你的时间不够完成任务，说明你也存在超负荷的问题。这时可以考虑将某些任务从日程表上划去，移回至总任务列表上。

d. **设置优先任务**。现在将余下的任务按优先度排序。运用 ABC 法或“ABC 法管理每日任务列表”中提到的方法。记住，制作任务列表的目的不是必须完成列表上的所有任务，相反，你的目标是完成今天最重要、最紧急的事项。

e. **划掉任务**。这一步很有趣。当你完成了今天一项任务时，标注一下该任务。划掉完成的任务，不要擦掉或删掉。这样，就能记录下今天完成的事情。

任务	时间	优先顺序

步骤四：评估

今晚睡觉之前，反思创建今日任务列表的感受。写一篇发现陈述，描述一下任务列表的效果如何，以及做这项练习的感受。接着写一篇目标陈述，描述创建明日任务列表时，需要做出哪些改变。

步骤五：庆祝后继续

本次练习需要运用创新与批判性思维。尽管该过程可能乍一看简单，但其实没那么容易。完成前几个步骤后，给自己一些奖励。然后，养成创建任务列表这个习惯。这样，你就能管理自己的时间以及生命了。

2.6 规划让你自由

规划让你自由。制订目标，管理好时间之后，生活中的事情就会按计划完成。你和伟大的雕塑家、画家以及剧作家一样，你不是在创作艺术品，你是在设计创造生活。

如果没有规划，我们就只能盲目工作，忘了忙碌与富有成效之间的区别。规划有助于避免该问题。我们明确核心价值观，制订明确的目标，计划实现该目标的后续步骤。集中注意力做最重要的事情，放弃其他琐事，最终实现专注、高效。

一个有效的规划能带来诸多选择。规划并非一成不变，你可以随时改变，而且仍然保留规划的好处——选择人生的总体方向、管理生活。不管别人是否制订了同样的目标，你都能选择不同的实现方式。

规划是一次自我创新的终身冒险。从这个角度出发，本书给出下列建议。

多一点灵活性和休息。现实点，不要自欺欺人地告诉自己两小时之内能完成 4 小时的工作，这样只会以失败告终。一周只有 168 小时，如果你安排了 169 小时，你就完了。

对意料之外的事有备无患。从日程表中腾出一些时间用来规划紧急情况。每周留出一些弹性时间或开放时间，用于处理自发活动，抓住新机会。

预留时间处理杂事，包括用于购买杂货、付账单、洗衣服的时间，这些小事情容易被忽视，但却很容易毁了紧凑的日程安排，导致整周行事匆匆、压力焦躁。所以，要规划好这些琐事。另外也要记住留出中途的行程时间。

一个快速减轻压力的方法就是将实际到期日提前两三天，设为个人到期日。例如，如果你在 3 月 15 日要交一份论文，将你个人日程表上的论文截止日期设置为 3 月 13 日。你现在就有两天的缓冲期来完成论文。

再留出些时间用于休息，这点至关重要。大脑不断接受新思想和新挑战，需要空闲时间来消化。

统筹全局。选择一天或一周的事情时，花点时间长远布局。退一步思考长远目标——打算下半年、明年甚至更长的时间内想要完成的事。

问自己安排的事情是否有助于完成这些目标。如果是，那很好；如果不是，问问自己是否能从日程表或任务清单上移除一些任务，将时间留给与目标相关的事情。看看一天能不能至少空出来 1 小时，做自己喜欢做的事，不要等到“合适”或“方便”的时候。

大胆寻找可以改变的事情。大胆规划未来。你可以写下与金钱、婚姻、事业或其他相关的目标。不要抱着只在某个领域取得成功的想法，怀抱开放的态度，任何能够达成的目标都能领你走向崭新的未来。

寻找缺失的东西和需要维护的东西。我们在生活中的遗失感通常会成为目标的源泉。目标源于未解决的问题、未完成的项目、想要建立的关系以及仍在追求的事业。

但并非所有规划都来自需求感。你也可

以通过制订目标来维持你现有的东西或高效完成已经在做的事情。如果你一周锻炼三次，可以制订目标继续保持锻炼。如果你已经有恋爱对象，结了婚，那你也可以制订目标，余生维持这段关系。

进一步思考未来。想要玩得开心，释放创造性，就要制订未来目标，具体的时间跨度不重要，但越远越好。对有些人而言，长远规划可能是自现在起 10 年、20 年甚至 50 年。而对有些人而言，3 年足矣。制订适合自己的目标。

回到现在。设定好长远目标，再回过头来规划，确定下一步措施。假设你 30 年后的目标是退休并维持当前的生活标准。问问自己："为了实现这个目标，20 年内我需要实现什么财务目标？10 年内呢？1 年内呢？1 个月呢？1 周呢？"把答案写下来。有人称之为"倒推式规划"，是考虑未来目标之后深度探讨实施细节的方法。

为了让倒推规划更加有效，应灵活安排日程表。空出一些时间，处理意料不到的事情。给你自己一些时间处理干扰目标实现的障碍。

先规划固定时间段。进行一周规划时，先规划上课时间和工作时间。因为这些时间段已事先规定好，所以其他事项，如睡觉、吃饭等日常重要事项，必须据其安排。此外，每周安排一些时间进行对目标直接有益的活动。

设置明确的起止时间。我们通常没法在所分配的时间内提前完成任务。"我通常要花 1 个小时才能完成阅读任务。"这句话可能成为自证预言。

还有一种方法：在一定的时间内完成阅读任务。设定时间并遵守。同学们常常发现，在不损害阅读理解力的基础上，可以通过逼迫自己加快阅读速度来缩短学习时间。

这种方法称为时间盒，即限定一段时间来做某件事情，并在规定的时间内完成。设置计时器，开始工作，这个过程其实等同于将任务放入特定的时间"盒"中——日程表上的固定时间内。

时间盒的目标并非要求匆忙行事，牺牲工作质量，而是迫使自己找准所需时长。

规划好工作量变化。你可能发现自己在上课的前几天或前几周的任务量不大。有些同学在这种情况下，容易将前期的作业丢在一边，认为自己有大量时间后期赶上。而当课程速度急剧加快时，这些同学往往大吃一惊。

想要掌握整个学期的任务量，那就要为工作量变化做好规划。从一开始就了解自己的学习任务，一旦情况允许，就提前工作。无论是某门课程的作业量增加，还是 1 周内要交几门重要作业，运用这个方法，你都将处变不惊。

适时与他人沟通。以下这些事例通常是沟通失败导致的："我以为你星期二会去学校接孩子。""我这周加班，以为你会做饭。"当你安排一项需要他人帮助的任务时，要告知他人，越快越好。

一天先从最重要的任务开始。每天早上先查看任务列表和日程表的第一项事务，余下的时间再完成其他任务。假设你必须将任务列表缩减为只有一项最重要的任务，这项任务是今天必须圆满完成的事，这样任务就会更加清晰明确。专注于最重要的任务（most important task，MIT），尽可能早点开始，并且要不遗余力、全神贯注。

选择适合自己的规划方式。即使在当今高科技的文化环境中，仍然有许多人偏向于使用低技术的方法规划。本章包括纸笔练习，适合运用动觉学习方式的同学。

可以采用任何类型的方法来完成规划，让你实现自由。规划最重要的是思维清晰、目标具体。

2.7 向高等教育过渡

你与学校里其他同学的一个共同特征是：进入大学代表人生的一个重大改变。你进入了一个拥有一套书面或口头规定的新文化。

可能你才高中毕业，也可能你已离开课堂数十年了。无论哪种情况，你都会发现中等教育与高等教育的天壤之别。其中有许多区别要求你掌握管理时间的新技能。

首先，花1分钟放松，记住：无须立马掌握这种技能。踏进高等教育的世界，要先学会应对常见挑战，接着学会管理时间，同时要有助于自己向高等教育过渡。

1. 应对常见挑战

接受高等教育之时，你即刻面对的问题有：

- **新的学术标准**。踏进高校，你可能发现自己比以前学习更加努力，老师展示课件资料的速度更快，大学考试比高中考试次数可能更少，但评分标准更严格。比起高中，大学里阅读写作更多，要解决的问题更多，要记的内容更多。
- **全新的独立要求**。大学老师对如何学习、什么时候学习的指导较少。可能没人提醒你作业提交的时间或考试时间。总的来说，你很少收到关于课程学习成果的反馈。
- **教学方式的不同**。大学的老师往往精通某门学科。许多大学老师没有参加过与教学相关的课程，也可能不像某些中学老师那么有趣。
- **场地更宽阔**。校园规模大，课程多样，科系数量众多，更加难以选择。
- **学生人数更多，更多元化**。相比高中，你现在的学校可能多招了成百上千的学生。这些学生千差万别，你可能会感到诧异。

增进了解。预见变化，减少诧异。入学第一天，课程开始前，拿一张学校地图，和同学或朋友浏览计划参观的地点。去办公室拜访老师，引荐自己。任何你可以做的事，都有助于熟悉新的生活。此外，课程开始前，准备好教科书，预习课程。

无论有什么感受，都诚实面对自己。要承认，不管对自己或他人有何感受，都有助于你应对挑战，都可以帮助你做些建设性的事情。

如果你不适应这种过渡，就将很难适应日常生活——上课、工作、学习或人际交往——那就寻求专业帮助。咨询校园的学生健康服务顾问，寻求帮助本身就是有益的。

留出时间过渡。你不必马上就过渡到高等教育，留出一些时间。此外，规划好学习安排，记住过渡时期的需求。在费时费力的课程以及要求较少的课程之间找到平衡。

善于寻找和运用资源。例如，访问职业规划中心和经济资助基金管理处。查找辅导服务和计算机实验室。查看校园内音乐会、电影和戏剧的时间。课外活动包括体育锻炼、男生/女生联谊会、校刊、小组辩论、服务性学习项目以及政治活动小组等。查看学校网址获取更多活动内容。

如果你是家里第一个接受高等教育的，学会获取资源尤为重要。作为家里第一代大学生，你的经历可能是家庭其他成员无法体会的。与亲戚聊聊你的在校活动，如果他们问及如何才能帮到你，就给出具体回答。向大学老师咨询在校大学生可以参加的项目。

主动结识新朋友。人是最重要的资源。你可以独自一人刻苦学习，获得良好的教育。但是假如你与老师、员工、同学和雇主建立良好关系，就能获得更好的教育。建立人际关系网，结识支持你在校获得成功的人。

向同学和老师介绍自己，课前或课后是最好的时机。要知道，大多数接受高等教育的人也等着结识你。帮助他人的同时也在帮助自己。建立校园社交和完成学业都有助于获得成功、增加乐趣。

结识学业导师。学业导师十分重要，因为能帮你获取资源、更快地度过高等教育的适应期。定期与导师见面。导师通常知道课程要求、如何选择专业，以及如何获取学校可利用资源。

与导师共事时，记住你是一个付费客户，有权对获得的服务表示是否满意。必要的时候，不要害怕换导师。

学习高等教育术语。你可能对平均学分绩点、先修课程、认证、终身教授、教学大纲等术语感到陌生。因此，要查找校历或学校网站，了解这些术语的含义，减轻对高等教育的不适感，或者向你的学业导师咨询这些术语的含义。

2. 转变心态，管理时间

匀出学习时间进行深层处理。斯坦福大学心理学教授史蒂芬·周（Stephen Chew）提醒学生，即使花大量时间学习，学习生活依然无法轻松。他说，目标，就是充分利用学习时间。聪明地学习，而非刻苦地学习。

为此，先从转变心态开始——该观点有助于塑造行为。周教授说，某些观点会破坏在学校获得成功的可能性。如下例子：

- 聪明的人无须用功学习。
- 多任务处理也可以。
- 通过天赋而不是努力掌握一门学科。

实际上，同学们试图低估掌握一门学科所需的时间，即使“聪明”人也这么想。许多同学也高估了多任务处理的有效性，因此浪费了许多学习时间。他们忽视了努力的效用，相比天赋和天生的智力，努力更加重要。

周教授将保证有效学习时间的关键因素称为深层处理，深层处理包括将新信息与已知信息相联系、用自己的语言将概念表达出来、创造心智图像帮助回忆起概念。相反，浅层处理将学科视为孤立知识的集合，大脑不加理解，不与现有的知识相结合。

《卓越大学生成长手册》的目标之一是帮助你从浅层处理向深层处理转变。本书每个章节都含有大量关于此转变的建议。

从容走进高等教育。如果你不熟悉高等教育，可以放慢脚步，从容一点。你可以选择半工半读，然后成为全日制学生。如果过去你选修过大学课程，弄清以往的学分是否可以转移到现攻读的课程。

空出时间上课。大学老师通常上课不点名。但是你会发现，上课对成功至关重要。你交的学杂费就是定期上课的有力论据，花得其所。此外，考试的内容很大程度上来自课堂上所授的知识。

避免高科技浪费时间

时间管理在生活中意义重大。你的课外活动同样重要，甚至比课堂活动更加重要。为了成功地完成高等教育课程，要学会管理你的时间和注意力。如何开始？请参照下列建议。

限制社交网络的时间。记录你每天在网络上的消耗时间——Facebook、Twitter、领英、谷歌+和缤趣。专注于其中一两个。每天查看一两次。如果你每天不更新动态，朋友们也不会怪你，提醒他们，你要去上学。

节约在线活动时间。利用一天中精力最充沛的时间段，完成家庭作业或体育锻炼等重要任务。

以学生身份，而不是以消费者身份开始你的一天。你早上做的第一件事，可能会影响全天的活动。相比网上冲浪或查看社交网络，着手有助于你学业有成的任务更重要。

简化邮件。许多邮件程序可以选择，将信息保存至文件夹，供以后查阅。你也可以用三个文件夹管理所有邮件。第一个是需要跟进的信息，第二个是稍后阅读的有趣信息，第三个是你可能未来想查阅的信息。其余的邮件都删掉吧。

关掉通知。无论何时某人更新Facebook动态或是给你发送了一封邮件，都无须听到电子设备的通知消息。尽情享受安静时间和额外空间，集中精力。

管理课外时间。老师分发的原材料，有助于理解课堂上所授科目。你需要将这些材料带回去，整合、课后自己消化。

抽出时间用于课后消化。安排两小时学习时间，消化课堂上1小时的学习内容。此外，制定囊括整个学年的日程表。根据每门课程的教学大纲，标出每个学期的重要事项——测试时间、论文时间以及其他项目。了解课程量总体情况，这样更容易按时完成任务，避免通宵达旦学习。

提前规划。通过一次规划1周或1个月，你能从整体上了解自己作为学生、雇员或家庭成员等多种角色所承担的责任。之后你可以相应地调整生活中各领域事项上所需的时间。

- 如果近期你工作或者家庭职责较重，下学期少选修点课程。
- 谨慎选择娱乐活动，专注于最能让你感到放松、充电的活动。
- 不要安排需要大量阅读或写作的课程。

“发布”日程安排。本周学习任务和课程时间段安排妥当之后，写下你的日程表，贴在室友能看到的地方。如果你用在线日程表，可以打印几份，放入学校活页夹中或贴在冰箱门、浴室镜子或厨房橱柜上。

获得公司老板的支持。如果你正在半工半读，那就将公司老板列入教育规划中。让老板知道课堂上获得的技能如何帮助你实现工作目标。在工作中的非正式研讨会上，分享你在学校学到的内容。你可能会发现，有些公司报销员工的部分学费，甚至准许休假参加课程学习。

设法从当前工作任务中获得更多优势。设法将学习任务与工作相联系。例如，着手一项研究论文时，选择与当前工作任务相关的话题。某些学校甚至设置工作和生活经验相关的学分。

2.8 成人学生抽出时间学习

可能你是以“非传统学生”或“成人学生”（25 岁或以上）的身份进入高校学习的。如果是这样的话，下列想法可能会萦绕在你心头：

- 我是班上最老的人。
- 我离开课堂太久了。
- 我担心数学、阅读和写作技能。
- 我担心交学费。
- 我如何抽出时间学习、管理我所做的事。
- 我跟不上新技术。

这些担心可以理解。多数人必须匀出时间处理对自己来说重要的人和事。

现在，考虑几个因素。

第一，就年龄而言，课堂比以往更加多元化。你可以通过观察校园里有多少非传统学生来证实这点。

第二，你入校学习，可以提升数学、阅读、写作、记笔记、时间管理等技能及其他有助于学业有成的重要技能。这些技能都能帮助你在学校与工作、家庭和生活等其他重要责任中找到平衡。

了解其他成人学习者。向其他非传统学生介绍自己。身处同一间教室，你们即刻产生联系。你们可以交流工作、家庭情况或交换手机号码、建立互助小组。有些同学与伙伴同行，和班里另一位同学搭档完成任务或准备考试。

此外，了解学生服务和组织。许多学校设有学习辅导中心，举办针对成人学习者的研讨会。签到参加，结识校园里的人。人际关系对成功至关重要。

找到与传统学生的共同点。传统（年轻）和非传统的学生有许多共同点，都试图获取有益于择业的知识和技能。

与其他年轻学生共享资源。如分享笔记、编辑其他同学的论文、建立学习小组。设法汲取别人的长处。如果要使用电脑完成作业，你可能要向年轻同学寻求帮助。在小组项目和案例研究项目中，你可以从个人经验的角度分享观点，展开讨论。

记住，作为成人学习者，你拥有坚实的基础，拥有丰富的人生经验，你能够提出有意义的问题，将课程论文与日常生活相联系。你在组织团队、管理项目、按时完工以及解决问题等方面培养的能力都是你的优势。许多大学老师尤其喜欢与你共事。

开课前预习课程。假设你选了三角函数，但高中之后就没上过数学课，那就在课前预习三角函数。此外，向授课老师咨询如何做课前准备。

分配任务。如果你有孩子，给他们分配点家务活。与邻居合作，食物互助。每周一次为自己和邻居准备晚餐，同时，让邻居择日为你准备晚餐作为回报。同样的方法也适用于照看孩子和其他家务。

邀请亲朋好友助你完成学业。学校可能会占用你的社交生活时间。提前与朋友和家庭成员商讨此事。

你也可以邀请伴侣、情侣、孩子或亲密好友来你的学校。带他们参观校园，向他们介绍你的老师和同学，鼓励他们一起参加校园的社交活动。分享本书以及其他课程的想法。

再进一步，向你生活中最重要的人寻求帮助。分析你获得学位的重要性，讨论你的学业成功会给你的家人带来什么。请他们想一想哪些方法能帮助你顺利完成学业，并付诸行动。让你的大学教育成为亲朋好友的联合行动，最终使大家都受益。

练习

10

掌握月历的用法

本练习让你有机会回顾日程表详情，对生活有个整体了解。对今天或本周之外的时间进行规划，难度很大，但越难，本练习的效果就越明显。

你的基本工具是一份月历。用月历粗略写出学习小组会议、作业截止日期、考前复习时间段以及时限较严的近期事情的具体时间。开始前，你需要复印一份如表 2.4 所示（分两页显示）的空白月历，或者多复印几张，用胶带粘在一起，这样你就能一次了解几个月的情况。

表 2.4　你的月历

星期一	星期二	星期三	星期四	星期五	星期六	星期日

姓名____________　　　月份____________

续表

星期一	星期二	星期三	星期四	星期五	星期六	星期日

姓名____________ 月份____________

学会创新。尝试用月历记录各种情况。例如，你可以记录日常健康或心情的变化，列出度假时参观的地点，或圈出形成新习惯的日子。表 2.5 为月历示例。

表 2.5 月历示例

星期一	星期二	星期三	星期四	星期七	星期七	星期七
			1 •工作 7:00-4:00 •代数-4:00-7:00 •欧洲史-7:00-10:00 •代数作业 11:00-?	2 •工作 7:00-4:00 •代数-4:00- 7:00 •欧洲史-7:00- 10:00 •地质学复习 11:00—?	3 •足球赛 9:00-11:00 儿童钓鱼 * 7:00-10:00 *地质学复习	4 •礼拜 8:00-10:00 野餐一天！ *代数复习 *地质学复习 7:00-11:00
5 •工作 7:00-4:00 •代数测验-4-7 •历史-7-10 ••地质-阅读 第8章 10:00-12:00	6 •工作 7:00-4:00 •代数-4-7 •地质-7-10 •历史-阅读 第6-8章 10:00-1:00	7 工作 7:00-4:00 •代数-4-7 •地质-7-10 *代数作业 10:00-12:00 *历史-复习	8 •工作 7:00-4:00 *代数-4-7 *地质-7-10 *代数作业 10:00-12:00 *历史-复习	9 •工作 7:00-4:00 •代数-4-7 *历史-7-10 测试 *	10 足球赛 •8:00-10:00 •庭院劳动 生日聚会 5:00 •阅读	11 •礼拜 8:00-10:00 *阅读、复习 *代数-7-9 *历史-9-10 *地质-10-11
12 •工作 7:00-4:00 •代数测验-4-7 •历史-7-10 *地质-阅读 第9章 10:00-12:00	13 •工作 7:00-4:00 •代数-4-7 •地质-7-10 •历史-阅读 第8-9章 10:00-1:00	14 工作 7:00-4:00 •代数-4-7 •地质-7-10 •历史-阅读- *代数作业 10:00-12:00	15 •工作 7:00-4:00 *代数-4-7 *历史-7-10 *代数作业 10:00-1:00 (实验室)	16 •工作 7:00-4:00 *代数实验-4-7 *历史-7-10	17 足球赛 •8:00-12:00 •庭院劳动 •野餐/自行车骑行 •7:00 11:00 > 代数测试 周一	18 •礼拜 8:00-10:00 *阅读、复习 *代数-7-9 *历史-9-10 *地质-10-11-
19 •工作 7:00-4:00 •代数测验-4-7 •历史 7-10 ••地质-阅读 10-11章 10:00—1:00	20 •工作7:00-4:00 •代数-4-7 •地质-7-10 •历史-阅读 第8-9章 10:00-1:00	21 工作 7:00-4:00 *代数-4-7 •地质-7-10 *代数复习 测试 10:00-?	22 •工作 7:00-4:00 *代数测试-4-7 *历史-7-10 •历史-阅读-? •地质-阅读 10:00-1:00复习	23 •工作 7:00-4:00 •代数实验-4-7 *历史-7-10	24 足球赛 7:00-4:00 •复习& 整理期末 考试笔记	25 •礼拜 8:00-10:00 期末复习 *地质-12-3:00 *代数-3-7 *历史-8-12 *代数实验-12-11-
26 •工作 7:00-4:00 •代数测验-4-7 •历史-7-10 * 地质-复习 测试/期末考试 10:00—1:00	27 •工作7:00-4:00 *代数-4-7 *地质-7-10 *历史-复习 测试/期末考试 10:00-?	28 工作 7:00-4:00 •代数-4-7 •地质-7-10 期末考试	29 •工作 7:00-4:00 •代数-4-7 期末考试 *历史-7-10 期末考试	30 •工作 7:00-4:00 •代数实验-4-7 期末考试		

Month APRIL

Name STEVE

2.9 任务分解，逐步完成：运用长期规划表

提前制订每日、每周和每月规划是个好习惯。长期规划能直观展示一个季度、一个学期或一年的安排，产生的效果大有益处。

长期规划表，能避免许多不愉快的情况，还能避免时间安排上的冲突——比如三个星期后被迫同时去两个地方。你还能预见期末考试周等忙碌的时间段。从现在开始准备，你就可以告别通宵达旦，告别死记硬背，从容应对考试。

查找或是自制一份长期规划表。很多办公用品店售有学年纸质规划表。一些时间管理的计算机软件也有规划功能。你可以发挥创造力，自制一份长期规划表。将一大卷新闻纸固定在公告栏或粘到墙上做规划，就是个很不错的选择。你也可以上网查找用于规划的电脑程序或手机应用程序。

规划日期要长远。长期规划的目标不能局限于当月。应把本学期和下学期所有考试日期、实验日期、课程取消日期及其他重大事项都写上去。

创建总任务列表。找出你当前所学课程的教学大纲，接着在长期规划表上标出每门课程作业上交的最后日期。这个方法非常有效。

这样做的目的不是用成堆的任务来吓倒你，而是要帮助你了解自己的时间需求。充分了解如何利用好时间，就能制订出准确的规划。

列入校外活动。除了校内的活动安排，将校外重要活动安排列入长期任务列表，如生日、预约就诊、音乐会时间、信用卡还款日期以及汽车保养等。

利用长期规划表来分解完成任务。对有些人而言，大学生活处于火烧眉毛的状态，时常把自己弄得疲惫不堪。你可以摆脱这种命运，方法就是将总任务分解成一个个小任务，给每个小任务分别设置截止日期。

例如，你计划写一篇论文，那就在长期规划表上标出截止日期。然后给论文每个阶段设定截止日期——列大纲、完成调查、完成初稿、修改和定稿。按照各个截止日期，稳步前进。这样，论文的质量比你在最后一刻赶出来的不知要好多少倍。表 2.6 为长期规划表示例，尝试运用表 2.7 创建你的长期任务规划表。

表 2.6　长期规划表示例

周	星期一	星期二	星期三	星期四	星期五	星期六	星期日
9/5							
9/12		英语考试					
9/19			交英语论文		讲座 1		
9/26	化学考试					湖面滑水	
10/3		英语考试			讲座 2		
10/10				交地理项目报告			
10/17				—无课—			

表 2.7　你的长期任务规划表

姓名 ____________

_____/_____/ 至 _____/_____/_____

周	星期一	星期二	星期三	星期四	星期五	星期六	星期日
__/__							
__/__							
__/__							
__/__							
__/__							
__/__							
__/__							
__/__							
__/__							
__/__							
__/__							
__/__							

姓名 ____________

____/____/至____/____/____

周	星期一	星期二	星期三	星期四	星期五	星期六	星期日
___/___							
___/___							
___/___							
___/___							
___/___							
___/___							
___/___							
___/___							
___/___							
___/___							
___/___							
___/___							

2.10 制定有效的工作流程

本章提供了几十种时间管理策略。为了发挥最大效用，将这些管理策略编入工作流程，有助于你自始至终有条理地完成项目。

工作流程的美妙之处在于，可以应用于工作、学校和家庭项目。一旦你制定可靠的工作流程，甚至将终身受益。

虽然每个工作流程因人而异，但通常会包含以下四点。

1. 收集（collect）

使用收件箱收集：

- 信件、小册子、课堂材料和其他打印材料
- 个人笔记——日志、购物单、跑步时迸发的灵感
- 来自他人的信息

你可能会用到好几种收件箱。先找一个实体收件箱，收集碎纸片。接着在电脑桌面上创建一个文件夹，存储邮件附件和其他电子文档。同时将电邮系统和手机语音信箱作为收件箱使用。

养成收集习惯后，你会觉得越来越轻松。没错，你需要做的就是把所有东西丢进实体和虚拟的“桶”里。好处是无须再怀疑自己忘了什么事情，你要处理的东西已经完好无缺地收集起来，不用再费脑筋记住。你只需发挥澎湃动能：专注“此时此地”，全神贯注做眼前的事情。

2. 选择（choose）

选择如何处理收集的材料。任意挑选收纳盒里的一个物品（无须按照顺序），然后决定如何处理。基本上你有三种选择：

- 删除。扔到垃圾箱或回收站中。
- 立刻处理。尤其适用于在1～2分钟内完成的事情，比如打一个简短的电话。
- 延期处理。提醒自己在之后的某个时间来处理。你可以把提醒标在日程表上（含日程安排），或者写进任务列表。

制订目标，每周固定抽出1小时清空收件箱。通常放在周五下午或周日晚上。

《无压工作的艺术》作者戴维•艾伦（David Allen）将该活动描述为一周回顾，问自己：“我当前的目标是什么？为了实现目标，我接下来要采取什么行动？”

记住，下一步行动必须是具体行为。比如发邮件、办杂事或者到大厅找人问问题等实际行动。

通过练习，你会享受一周总结回顾，这个时候可以用来思考下一周有哪些最重要的事情。

3. 分类（classify）

收集的某些物品不需要即刻处理，你可能想留着以备日后查阅，比如保险单、用户手册、朋友和家人的联系信息等。

建立简单的分类系统，归纳资料。用文件夹整理纸质材料，命名文件夹，并按字母顺序排列。建立不同的电脑文件夹，归类现有课程和项目：每年定期检查纸质和数字文件夹，清理对你来说不重要的内容。

4. 完成（complete）

当你养成收集、选择和分类的习惯后，就有了一份可靠的日程表和任务列表。拥有了这些，你就能时刻做出明智的选择、知道如何分配时间、圆满完成任务。祝贺你！

2.11 运用技术管理时间——App

时间管理任务通常分为两大类：制定列表和使用日历。今天你可以选择几十种应用程序 App 来实现。许多 App 基于网络开发，与手机和平板 App 保持同步。

这里将介绍一些可供选择的 App。想要了解更多 App，请上网搜索关键词日程表 App、目标制订 App、时间管理 App、任务列表管理等。这里分享几个。

1. 日历 App

这些应用工具，能让你跟进已安排事项，如果愿意的话，还可与他人分享：

- 谷歌日历（www.google，com/calender）
- 30 个盒子（www.30boxes.com）
- Zoho 日历（www.zoho.com/calendar）

查看电脑、平板或手机内置日历软件，帮助你完成所有事项。

2. 任务管理工具

你可能疑惑，为什么要用复杂的软件记录任务？这个问题提得很合情合理，答案有三点：第一，任务清单比购物清单还要长的时候，很难用纸记下来。第二，你可能不止一项任务列表要管理——价值观列表、目标表、任务列表、工作项目表、家务表等。第三，互联网设备更加方便。

有些任务管理器可以增加删除或划掉任务、设定截止日期并且发送提醒。以下是一些可供选择的任务管理工具：

- Gubb（www.gubb.net）
- Remember the Milk（www.rememberthemilk.com）
- Todolist（www.todolist.com）

其他任务管理工具能让你接触到愿意公开自我目标的人群。当你们取得进步，可以相互鼓励、分享方法。有些网站提供大量专家推荐的行动规划，如：

- HabitForge（www.habitforge.com）
- IRUNURN（www.irunurun.com）

你还可以选择使用 Window 便签本和 Mac OSX 文字编辑器等纯文本编辑器创建任务列表，不必忍受华而不实的文字处理软件。

3. 更多选择

运用电子设备，记笔记的方法很多。微软 One-Note 课程笔记本可以免费使用，深受学生喜爱。还有些人使用 Evernote。这两者都能将你杂乱的笔记（文本、音频、视频和图像）整理成段、成页甚至成册。你还可以选择苹果（Apple）内置产品 Notes。

Trello（trello.com）是一款功能齐全的免费团队项目管理程序。每个项目都有自己的“板块”，供团队成员分享。你也可以给所有板块的各个列表分配卡片，注明项目相关任务，例如，每个任务由谁负责、任务截止时间。

4. 做选择前的考虑事项

你将会花费大量时间选择日历、任务管理工具和其他 App。请谨慎选择，阅读评论，试用几款 App 后，再做出最终选择。确保考虑以下方面：

- 速度
- 稳定
- 外观
- 搜索功能
- 使用、同步便捷
- 定制便捷
- 语音指令
- 通知提醒
- 可以备份数据
- 开发人员记录

价格并不总是主要考虑因素，你可以花 50 美元或更多购买一款时间管理 App 或者选择一款你最满意的免费产品。

你也可以选择是否要使用这些工具。早在电脑发明之前，人们就已过上有条理的生活，直到今天，仍有许多人使用纸笔来有效规划。

使用时间管理工具的目的就是简单、便捷、有效地完成任务。

2.12 现在开始不再拖延

大胆想象：不再拖延本身就是解决拖延问题的办法。停止拖延其实很简单，但人们总是喜欢复杂化。

听起来很疯狂？那么，你可以亲身体验一下。

回想一件你一直在拖延的事情，一件具体的小事——5 分钟之内就可以完成的事，今天就完成。

明天，再选个任务完成。持续 1 周，注意你的拖延习惯会发生怎样的改变。

认清危害。弄清拖延是否让你无法得到自己想要的。认清拖延的危害可以帮你摆脱拖延习惯。

了解你的拖延类型。心理学家琳达 • 萨帕丁（Linda Sapadin）对不同类型的拖延进行了定义。例如，空想家怀有远大抱负，却缺乏具体行动；杞人忧天者只关心最坏的情况、只谈论问题，不提出解决方案；反抗者拒绝接受新任务或有始无终；劳模宁愿自己超时加班，也不委派任务、不分轻重缓急；而完美主义者因为害怕犯错将任务一拖再拖。

了解自己的拖延类型是改变自身行为的关键。例如，如果你具有劳模拖延者的特征，那就不要接受新项目，同时寻求帮助来完成当前项目。

想要了解自己的拖延类型，就要观察自己的行为，避免妄自判断。像科学家一样，记录事实。针对拖延的具体行为撰写发现陈述，撰写目标陈述，做出相应改变。

骗自己开始。如果你有 50 页的阅读任务，那就拿起这本书，对自己说：“我现在并不打算立马开始阅读这章内容，只随便翻翻，花 10 分钟浏览标题。”这种小技巧可以让你开始着手你一直不愿意做的任务。

感觉跟着行动走。如果你想等到精力充沛的时候才开始锻炼，那可能得等上几个月。不要再拖了，现在就行动起来，然后注意自己感觉的变化。快走 5 分钟之后，你可能就想再跑个 20 分钟。“行动产生动力”的法则适用于所有被拖延的任务。

选择在压力下工作。有时人在压力下会更有干劲。正如一个作家所说：“在时间限制下，我写不出最好的作品，但我的工作必须有时间限制。”适当地选择在压力下工作，可能也适合你。

控制好自己的时间。如果你决定在短时间内完成任务，就要在正式工作前一周抽出大量时间，好好放松一下。

事先考虑。运用月历或长期规划表标出每门课程作业提交的截止日期。运用这些工具，你就可以预测到何时遇到时间紧迫的状况，进而采取行动，避免最后不堪重负。让《卓越大学生成长手册》成为你的本垒——管理时间表的首选。

考虑抗拖延 App。最近上架了好多拖延症 App。有不少是基于番茄工作法（promodorotechnique.com）开发的。这种工作法简单，而且对拖延症者有重要作用：设置 25 分钟计时。其间，开始着手一项你拖延已久的任务。接着休息 5 分钟。

此方法具有双重好处：第一，这 25 分钟内，尤其当你知道做完就可以休息，你就能够做任何想做的事。第二，25 分钟足够完成任务，可能让你对接下来的 25 分钟兴趣满满。

上网搜索找到一款运用番茄工作法的 App。还有一种更简单的办法，就是用厨房计时器或手机闹钟。

制订引领你前进的目标。触动心弦的目标能激发你的行动。如果你在拖延，那就给自己制订能兴奋起来的目标。或许你一觉醒来，发现拖延已不复存在。

小链接：七步抗拖延计划

步骤一：意义重大。正在拖延的这个任务，哪个部分重要？列举完成该任务的所有好处，看看该任务与短期目标、中期目标和长期目标之间的关系。明确完成任务的收获，以及完成任务时的感受。

步骤二：拆分任务。把大任务拆分成多项能在 15 分钟内完成的小任务。如果一项长篇阅读任务吓到你了，就将阅读任务分为每次 2 ~ 3 页。将各部分制成列表，每完成一项就划掉一项，这样你就能看到进度。再大的任务都可以分解为一系列细小的任务。

步骤三：撰写目标陈述。如果你迟迟无法开始你的学期论文，就写："我打算晚上 9 点前至少写出 10 个论文选题。然后放松放松，随意阅读一小时作为奖励。"将这个目标陈述写在一张 3 × 5 的纸片上，随身带着，或是贴在随处可见的学习的地方。

步骤四：告诉所有人。公开宣布你打算要完成一项任务。告诉你的朋友，你打算周六前学会 10 个不规则法语动词。告诉你的配偶、室友、父母和孩子，包括任何一个会问你是否已完成任务或可以提供建议的人。把全世界都变成你的后援团。

步骤五：挑选奖励。认真挑选奖励。如果你没有完成任务，就先将奖品搁置一边。如果你打算去看电影，就不要将电影作为奖励。当你完成任务获得奖品时，注意自己的感受如何。

步骤六：现在就解决。现在开始做。当发现自己正在拖延时，立刻投入任务中。想象自己正处于冰冷的高山湖中，准备潜水。下沉越慢，就越折磨人。纵身一跃，则免受折磨。确保享受完成任务后的感觉。

步骤七：敢于说"不"。当你不停地将一项任务归为次要任务时，就要重新考虑一下这件事的必要性。如果你意识到自己根本就不想去做这件事，就不要再欺骗自己了。否则就成了拖延。敢于说"不"。这样你就不会再拖延了，不用始终背着一个未完成任务的包袱。

备注：你可以运用一个便捷的小技巧来记住这些方法。将每个步骤中的一个关键词分别与一周七天相对应。

- 意义重大（make it meaningful）与星期一（Monday）相对应
- 拆分任务（take it apart）与星期二（Tuesday）相对应
- 撰写目标陈述（write a intention statement）与星期三（Wednesday）相对应。
- 告诉所有人（tell everyone）与星期四（Thursday）相对应。
- 挑选奖励（find a reward）与星期五（Friday）相对应。
- 现在就解决（settle it now）与星期六（Saturday）相对应。
- 敢于说"不"（say no）与星期日（Sunday）相对应。

这一记忆技巧可以提醒你：生命的每一天都是终止拖延的好机会。

2.13 充分利用现在的 25 种方法

以下是课程中关于充分利用学习时间的技巧，分为四类：

- **选择你的学习时间**
- **选择你的学习地点**
- **集中注意力**
- **让你集中注意力的问题**

不要勉强自己运用以上所有技巧，也没必要按顺序使用。阅读时，标注出你认为有用的建议，然后选一个现学现用。当你习惯之后，再回来读这篇文章，再选择一个建议，如此循环往复。当这些方法运用到生活中，你会感受到成功的快乐。

第一类：选择你的学习时间

1. 先难（或者“枯燥”）后易。如果化学题目容易让你昏昏欲睡，那你就要在精神好的时候，先做化学题。我们容易先着手自己喜欢的课程作业，但最难的科目往往需要消耗最多的精力。将你喜欢的科目放在最后做。如果一门科目尤其让你感到头疼，那就早起 1 小时，先学习这门课程，再吃早饭。解决了这个大难题，余下的一天你都会感到心旷神怡。

如果你在某门课上拖沓成性，那就麻烦了。你需要采取进一步行动。写一篇日志，写下自己的感受，分析一下学习这门课的目的。向老师请教，或向朋友和家人寻求帮助。另外，长期完不成学习任务也表明你需要重新考虑自己的专业或课程项目。

2. 把握一天中的最佳状态。很多人在白天学习效率最高。如果你也是这样，那就可以将白天的时间用来学习最难的科目或应对最难对付的人。

除非你在农场长大，否则基本不可能早上 5 点起床。但很多成功商务人士早上 5 点甚至更早就开始了一天的工作。运动员和瑜伽练习者也利用清晨时间锻炼。一些作家的最佳创作时间则是在早上 9 点之前。

同样也有一些人从熬夜中受益。他们在午夜过后开始活跃。你要不信，可以试一试。当你觉得时间紧迫，尝试早起或熬夜。或许你还能看到日出呢。

3. 充分利用等候的时间。5 分钟等地铁，20 分钟等牙医，10 分钟课间休息——这些零碎的等候时间加起来可一点也不少。随身携带学习资料，你可以利用这些时间完成一些小的学习任务。比如，你可以将一些要记忆的事件、公式和定义写在 3×5 的纸片上，一有空就拿出来看看。配备有录音机 App 的手机有助于你利用通勤时间来学习。朗读笔记时录音，开车时，播放录音或搭乘公交或地铁时用耳机听录音。

4. 课上一小时，课后两小时。大学老师通常都会建议同学们在课后至少花两小时来复习课上 1 个小时所学到的东西。如果你一周有 15 个课时，那就需要 30 个小时的自习时间。一周总共45小时的学习时间——超过全职工作时间。考试时，这个方法的好处就不言而喻。

这也只是个建议，并非绝对准则，要因人而异。如果你做了本章节的时间管理表/时间规划表练习，注意实际使用了多长时间来消化每一小时的课堂内容。再对照日程安排，看看是否有效，你可能需要在某些课程上多分配些时间。

记住，“课上一小时，课后两小时”并不是指精力集不集中。在长达4小时的学习中，有两小时你可能用来打电话、休息、做白日梦和乱涂乱画。学习的时候，学习质量和学习时间同等重要。

避免马拉松式学习时间段。有这么长的时间要学习，你很容易觉得“时间还很长。不用着急，磨刀不误砍柴工”。3小时学习时间段通常比9小时学习时间段更加高效。如果你一定要学习很长时间，那就多学几门科目，避免重复类似的课题。

无论何时学习，每小时停下来休息几分钟，放松大脑。哪怕只是换个位置也能让注意力保持集中。如果休息也无法恢复精力，那就合上书本，先做点别的事。

5. 监控你上网的时间。要想准确了解你参加社交和其他网上活动的时间，使用本章时间管理表/时间规划表方法。然后有意识地选择你想花多少时间参加这些活动。上网没关系，但随时留意新短信、Twitter或Facebook动态会分散注意力，影响你实现目标。

第二类：选择你的学习地点

6. 在老地方学习。你的身体和大脑知道你在哪儿。每天都在同一个地方学习有助于训练你的反应能力。每次到达同一个地方，你就能很快地集中注意力。

在能够保持清醒的地方学习。躺在床上，你的身体就会接收到信号，对大多数同学而言，这个信号很可能是“该睡觉了！”而不是“该学习了！”坐在书桌前身体反应敏捷，同样，靠近床时身体就会反应迟钝。因此，不要在睡觉的地方学习。

舒适的躺椅和沙发也是学习的大敌。学习需要集中精力。向你的身体释放需要集中精力的信息，然后把自己放到相应的位置。例如，有些学校提供空教室给学生学习。如果你想要集中精力，那就找一间朋友找不到你的教室学习。

7. 利用图书馆。图书馆是学习的场所，光线充足、噪声小、学习资源丰富。一进入图书馆，身体就能接收信号：集中精力学习。很多同学在图书馆的学习效率比在其他地方都高。你可以试试看。

第三类：集中注意力

8. 留意自己的注意力。注意力分散很多时候由内部干扰所致。你脑中会突然冒出想法，分散了学习的注意力。出现这种想法时，不要理会。你可能会想到还有其他事要完成，这时你可以先去完成，再回来学习，或写下这件事，另安排时间。

9. 与共居者达成学习时间协议。共居者包括室友、家人、配偶和孩子。制定并遵守明确的学习时间规则。一清二楚的协议——甚至书面协议——更加有效。他想学习的时候，戴一顶彩色帽子。这样他的妻子和孩子看到这顶帽子，就会尊重他的意愿，不去打扰。

10. 关掉手机。手机是一个终结者。有人可能本不想打扰你，但他们不知道你正在学习，因此可能在你不方便的时候，打来电话或发来短信。你其实完全可以不受电话的干扰。如果“我在学习，不方便说话”不管用，最直接的办法就是：关掉手机或设置静音。

11. 学会说“不”是节省时间的好方法，是宝贵的生活技能。有些人认为拒绝请求不礼貌，但你可以选择礼貌有效的拒绝方式。他们都希望你学业有成，所以当你说学习繁忙无法答应请求时，大多数人都会理解的。

12. 在门上挂一个“请勿打扰”的标牌。许多酒店为广告宣传免费发放标牌。你也可以自己做一个。标牌效果明显，无须再决定要不要中断叨扰，为自己节省时间。

13. 前一晚做好准备。睡觉前做一些简单的准备有助于第二天迅速投入工作。如果你第二天早上第一件事就是打电话，就找出电话号码，写在 3×5 的卡片上，将纸片放在电话旁边。如果你要开车去新地方，那就提前记下地址，放在车钥匙旁。如果你打算第二天下午写论文，那就提前整理资料：字典、笔记、大纲、纸笔、闪存盘和笔记本等。整理好婴儿尿布包和自己的行李箱或背包。

14. 提前打电话。我们常常认为打电话是浪费时间的主要因素。但合理使用电话可以帮我们管理时间。购物前，给商店打通电话，确定是否有你要买的东西。几秒钟的通话可以避免几个小时的冤枉路。

15. 避免噪声干扰。为了让自己集中精力，最好不要在电视机前学习，同时关掉收音机。很多同学坚持认为背景音乐有助于提高学习效率。这么说也许对，因为音乐选择恰当、音量合适，确实有助于一些同学的学习。但对多数同学来说，安静才是学习最好的背景音乐。

有时你并不能控制噪声的大小。你的邻居或室友，可能将音乐声音调到最大，震耳欲聋。同时，正在学习社会学原理的你，无法集中精力。为了避免这种情况发生，尽量将学习时间安排在周围环境安静的时候。如果你住宿舍，问问是否有可用的自习室。或者去图书馆等安静的地方。有些同学甚至将安静的咖啡馆、自助洗衣房和教堂作为自习场所。

16. 处理干扰。留意你受到打扰的方式、谁在反复打扰你。问问自己，是否有朋友或亲戚三番五次地打扰你的学习时间。

如果不能回避打扰者，就明确说明。有时他们没有意识到打扰你了。你可以温和坚定地提醒他们：“你现在说的事很重要，但我们能换个时间，好好谈一谈吗？”如果他们还不能领会你的意思，换个方式更有效地传达你的信息。

看看自己在每周固定学习时间能否抗干扰：找一个你能独处、不会受到任何打扰的地方学习。

尽管如此，仍无法完全避免打扰。这时就得采取一些应对方法。例如，受到打扰时，拿出索引卡片，快速写下正在做的事。打扰的人一离开，就查看纸条，继续先前的任务。

第四类：让你集中注意力的问题

17. 问：“为了实现目标，我可以完成一个什么样的任务？”当你面对艰巨的任务，这个方法很有帮助。选个 5 分钟内就可以完成的小任务，然后圆满完成。成就感会激励你再接再厉，任务量也就越来越小。

18. 问：“我是否对自己太严格了？”如果一项阅读任务挫败了你，导致注意力总是涣散，或明天就要交数学作业，你还未找到解题思路，那就花几分钟听听自己的心声。是不是对自己太严苛了？放松一点。允许自己犯一会儿傻，然后再继续手中的任务，责备自己只会加大问题的难度。

忧虑未来是跟自己过不去的表现。“我怎么可能完成这些任务？”“如果所有论文都这么难怎么办？”“简单的计算题都写不出来，怎么才能通过期末考试？”这些问题对学习于事无补，只会平添焦虑，浪费宝贵的时间。

苛求自己的人还给自己贴标签，数落自己的缺点。客观而又具体地对待自己可以消除这种自我惩罚，还会带来新的可能。换一种表达方式，不要说“我的代数很差”，而要说“我不了解因式分解方程组”，改变措辞表明你打算继续努力。

你可以通过了解学习方式如何影响自身行为来减轻负担。例如，你可能对具体经验而非抽象思维有偏见。如果这样的话，制订目标后，你可能会想直接行动。

运用具体经验学习，是个很好的习惯。行动是实现目标的必要因素。与此同时，你可能会发现行动有助于做出更好的规划。精心筹划能帮你省去不必要的活动。不要使用一次只能安排一天的时间规划表，要用一次安排一周或一个月的日程表。拓展日程表格式可以帮你展望未来、向长期目标前进。

19. 问："这是钢琴吗？" 为建筑打造框架的木匠弄弯了钉子或不小心损坏 2×4 木板条的时候，他们有权说："没关系，这又不是架钢琴。"意思是：没必要完美。你也问问自己，是否要做到完美。或许你记课堂笔记的时候，不用像写学期论文那样在意语法。如果你在两小时里可以把一件事做到 95% 的完美，在 4 小时里可以做到 100% 的完美，那问问自己：提高 5% 是否值得再花两小时。

不过，有时一点微小的计算失误会导致整个实验功亏一篑。在解答一道复杂的数学题时，一个小错误，可能让几小时的工作白费。计算机最大的缺陷在于可能将小错酿成大错。因此只有在适当的时候才采用低标准。

还有个建议：删除次要任务。一个大型项目的任务列表上会包含几十项小任务，重要性不一。如果时间紧迫，有些任务可以稍后再做，有些则可以直接跳过。

学习的时候也可以采用这个技巧。阅读长篇文章时，有些篇幅可以略读或跳过。适当的时候，只阅读篇章总结或文章摘要。复习笔记时，考试不太可能

小链接：限制刷屏时间

上网和无线通信容易导致拖延。我们称之为"冲浪""发短信""即时通信"——有时称为"调研"或"工作"。爱德华·哈洛威（Edward Hallowell）在《瞎忙：忙碌偷走了生活，我们该怎么办》一书中，创造了一个新词"刷屏族"（screensucking）来描述过度依赖电子科技的人群。

算清上网时间。那些每小时都要刷新 Twitter 或 Facebook 动态的人无意中传达出一条信息：他们天天上网。

为了了解你参与社交网络和线上活动的整体情况，监控你一周花费的时间，然后明确真正需要花在网络和手机上的时间。不要让社交网络分散你完成个人和学术目标的注意力。

用技术驯服技术。试试能否将手机设置为"飞行模式"，关闭电话和短消息功能。使用笔记本和台式电脑时，使用 Freedom（**freedom.com**）、Selfcontrol（**selfcontrolapp.com**）和 Cold Turkey（**getcoldturkey.com**）等 App。这些 App 能在事先规定好的时间内暂停网络连接。

离线社交。当你苦思冥想该如何发信息或更新 Twitter 时，很难集中注意力聆听身边人说的话。其他人也同样如此，只有一半的人在听你说话。

要避免这种情况，一个办法就是关掉设备，专注于"此时此刻"。吃饭时不要接听电话，只关心食物的味道。和朋友在一起时，关上笔记本，听听他们说什么。走出虚拟，拥抱现实。

培养情商需要与人相处，远离电脑手机。发短信跟情侣分手的人没有情商。真正的朋友知道什么时候该关掉网络去校园解决冲突，知道什么时候回家，帮助家人渡过难关。离线社交才是活在当下的真实表现。

涉及的内容，你可以选择不读。

20. 问：“我能再多做一件事吗？”漫长的一天快结束时，问问自己这个问题。基本上，你还是会有足够精力再多完成一项简单任务。这样会收获意想不到的高效率。

21. 问：“我可以委派任务吗？”面对繁重的任务，没必要一个人硬撑到底，你可以利用他人的才能和力量。忙碌的主管知道将任务分配给同事有多重要。若没有委任，很多项目都将停滞不前甚至失败。

你也可以将这个方法用到生活中。例如，不要独自承担所有家务活，不要一个人做饭，可以让家人或室友分担一些。不必亲自跑到图书馆查阅小知识，你可以给图书管理员打个电话，请他们帮你查看。不要跑去城里寄包裹，你可以叫快递服务。你可以省下这些时间来学习。

但有些学习任务是不能委派完成的，如学期论文和阅读任务。但你可以汲取他人的思路完成这些任务。例如，成立写作小组、互相批改论文、进行头脑风暴、探讨论文题目、开发共享资源。

如果你某课缺席了，可以请同学帮忙总结课程内容、课堂讨论以及记录布置的作业。国家总统通过简报了解情况，你也可以运用这个方法。

22. 问：“我是如何浪费时间的？”如果时间到了，你还没完成计划的任务，那到底浪费了多长时间。花一分钟回顾一下自己的行为，弄清时间是怎么浪费的。有些行为是习惯性的，会反复浪费时间。当你意识到自己的某些行为也会浪费时间时，下次就要注意了。如果观察到自己有某个小怪癖并改正，也许可以帮你节约几个小时。但是要记住：这么做并不是让你心怀愧疚，而是让你了解自己使用时间的方式，提高管理时间的能力。

23. 问：“我做事有收获吗？”如果你的职业是学生，你能获得报酬吗？如果你在半个小时内已经吃了三次零食，就该问自己这个问题。其实要牢记，为了成为一名学生，你投入了大量劳动和金钱，如果现在无所事事，那么将来就会与很多机会失之交臂。

24. 问：“如果我想做这件事，有时间吗？”人们往往不去挤时间，其实时间很可能变得充裕。

下次你想说“我没有时间”时先等一分钟，考虑一下是不是真的没有时间。你这周能多挤出 4 个小时来学习吗？假设有人愿意花 1 万美元买这 4 个小时，假设只有不失眠、带病坚持工作或牺牲一切宝贵东西，你才能拿到薪水。面对巨额的金钱诱惑，你还会说找不到时间吗？

25. 问：“我愿意做出承诺吗？”这估计是最有效的时间管理方法。如果你想花时间完成某项任务，就向自己及他人做出保证——你一定会完成。展现优秀大学生的重要品质，承担完成任务的责任。

为了让这个策略有效，不要只说你会信守承诺，尽力而为。而要宣誓，像在法庭上一样——做出保证。

一个人要想取得重大的成就，就要敢于承诺。容易实现的承诺是没有意义的。没有哪个运动员承诺在奥运会上拿第七名。如果我们不大胆承诺，就不会突破自我。

承诺的目的不是遵守僵硬的时间表或履行不切实际的期望，而是在可承受的压力范围内，承诺完成目标。灵活安排时间，安心、快乐地执行计划。

有时我们难免做过头。有些诺言确实在我们能力范围之外，于是就食言了。然而，食言也没什么大不了。食言又不代表世界末日到来。

承诺可以产生奇迹。诺言快无法兑现时，往往会激发出我们潜在的时间和精力，承诺会促使我们超出期望。

2.14 抽出时间关注健康

即使时间有限，你也应有所选择。弄清现有的习惯（发现），选择新习惯（目标）并采取行动。开始采纳以下建议。

1. 选择动力

上课和紧张的工作日程一定会影响到你规划和做饭的时间。

如果你不清楚营养摄入，那就跟随大众，因为官方对营养摄入的建议变来变去。营养学也是一门逐步发展的科学，每年都会诞生新的研究项目。

纽约时报专栏作家迈克尔•波伦（Michael Pollan）花了数十年时间整理营养学科学文献，将营养重要指南归结为三个词七个字。

- **饮食**。换句话说，就是选择完整新鲜的食品，舍弃含有大量配料的加工食品。
- **多素食**。水果蔬菜和谷物含有丰富的天然化学成分，有助于预防疾病。
- **适量**。注意饮食摄入量。不吃或少吃零食、粗面粉面包和甜食。

大量尝试，找到适合自己的饮食方法。例如，减少碳水化合物（糖和细粮）的摄入量，看看对体重和能量水平有多大影响。

记住，饮食方式也很重要。如果你想少吃点，那就慢慢吃，每一口都尽情享受。不要等到吃饱了才停下来，吃得差不多就行。将吃饭时间作为放松、减压、交友的时机。

2. 选择锻炼

锻炼能放松身体和大脑。寻找一些能在生活中锻炼身体的简单方法。

一天内经常运动。停放车辆时稍微离办公室或学校远点，多走几段路。徒步上楼，不搭电梯。为增加额外锻炼，一次爬两个台阶。最好每天进行 1 小时的锻炼，但尽力而为就好。

适应校园环境。寻找校园锻炼设施。参加健美操、游泳、排球、篮球、高尔夫、网球及其他体育课程。你也可以选择校内体育活动。

早上保持精力充沛。第一件事情在早上完成。一日之计在于晨。

开始激烈运动之前，先咨询保健专业人员。如果你已经 60 多岁、体重过重、健康状况不良、重度吸烟或有健康病史，一定要先咨询。

3. 选择休息

缺乏休息会降低对疾病的免疫力、影响你的学习成绩。如果你睡眠不佳，试试以下建议：

- 每天锻炼。对大多数人来说，定期锻炼有助于改善睡眠。睡前几个小时不要锻炼。
- 白天不要打盹。
- 控制咖啡因的摄入量，尤其在下午和晚上。
- 避免饮用酒精来促进睡眠。晚上喝酒会影响夜间睡眠质量。
- 养成好的睡眠习惯——每晚临睡前可以洗个热水澡，或者随意阅读。至少睡前 1 小时关掉电视和电脑。
- 床是用来睡觉的，不要在床上学习。
- 保持卧室整洁。
- 保持有规律的作息时间。
- 晚上在固定地点睡觉。在该地点时，身体会释放信息：“该睡觉了。”
- 躺在床上练习放松技巧。一个简单的方法就是数数，摒弃杂念。
- 睡前制作好第二天的任务列表，这样就不会在睡觉时担心第二天会忘事了。

- 起床学习或做其他事直到疲惫为止。
- 失眠就要就医。

当你准备期末考试或进行工作上的重大项目时，你可能想牺牲大量睡觉时间。你可以通过管理时间避免这种情况发生。

4. 防止性传染疾病

咨询家庭医生或者学生健康中心的医生，要求做性传染疾病检查。

5. 精神健康

在考试、演出或约会前，有一点点紧张很正常，问题在于是否持续紧张和过度紧张，避免引起忧虑。为防止忧虑，需要立刻采取行动缓解紧张情绪。

保持全面健康。如果饥饿或疲劳太久，大脑和情绪会混乱不堪。饮食健康、每天锻炼、保证充足的睡眠是减轻压力最有效的办法。

着眼当前。如果你觉得紧张，看看自己能否专注于某点、某个声音或当前的感觉。例如，听教室里椅子的吱吱声、铅笔的刮擦声、微弱的咳嗽声。聚精会神于一点——除了脑海中的想法。

不要自以为是。有些想法会让我们陷入苦恼。例如：他们就应该按照我的想法行事。但正确的想法是：我只能管好自己的行为，无法控制他人；有些事并非我能控制。改变不现实的想法能有效减轻压力。

解决问题。虽然你不能像修理机器一样“修理”不愉快的心情，但是你可以采取行动，做些改变，改善心情。有时候也许是因为尚有问题需要解决。将忧虑化为动力。

保持精神抖擞。有时候感觉失落也是正常的。上课、学习、工作、吃饭的同时也可能感到心情沮丧。除了诊断是否生病以外，继续正常活动，直到忧虑消失。

分享你的所思所感。和家人、朋友聊一聊你的感受，这是获得新观点最有效的方法。描述问题本身这个简单的行为有时可以提供新的思路，带来解决方法。

寻求帮助。学生健康中心不仅仅是治疗感冒等病症，无论何时，当你的思维、心情或者行为影响到睡觉、吃饭、上课、工作或者维持关系时，都可以寻求帮助。

6. 对自己负责，远离毒品

对自己负责。如果你真的要喝酒，不要空腹喝。喝酒要适度、适量。不要玩喝酒猜拳的游戏。避免接触因为你不喝酒就取笑你的人。

注意影响。无论你何时使用酒精，都要注意影响。去餐馆或酒吧前，限制自己的饮酒量。如果不能遵守规定，出现问题就麻烦了。

寻求帮助。如果你患了肺炎，不要怕丢人，寻求帮助。寻求帮助的方法包括咨询、到医院就医等。

7. 日常选择的效力

每天保持健康习惯不需要花费太多时间。《盖洛普科学家告诉你，三个细节决定健康》作者汤姆•拉丝（Tom C. Rath）建议：

- 问问自己每一口放到嘴里的食物是健康“净收益”还是“净损耗”，每时每刻都要坚持做到这一点。
- 把自己的睡眠时间慢慢增加 15 分钟，直到每天早晨起床后都感觉精力充沛。
- 将家中最健康的食物摆放到视线范围内的架子上或柜台的碗里。
- 选出一种你经常加糖的食物或者饮料——不管是人工甜味剂还是白糖——坚持一周不再往里加糖。
- 将装有食物的盘子留在厨房里，不要带上桌。
- 把运动带到工作中。站着或行走开会。打电话时起身行走。
- 使用小餐杯餐盘，腰围才会变小。
- 今天就检查家里的食物，清理货架上遗留了数月的不健康食物。
- 每餐先吃盘子里最健康的食物，舍弃最不健康的食物。

练习 11

迈出健康第一步

身体健康水平直接影响你能否在学习工作中获得成功。任何不健康的习惯都可能会削弱你身体的能量和头脑清晰度，影响你竭尽所能。

健康管理的第一步是说出真相。了解真实情况，你就可以制订目标，养成最能促进身体健康的新习惯。

完成下面句子，了解自己健康水平。如果该陈述不适合你，直接跳过。

备注：你可能要对本次练习的答案保密。

饮食

我吃饭的方式是……

关于饮食，我最想要改变的饮食是……

我吃饭的习惯让我……

锻炼

通常我锻炼的方式是……

上一次我做了 20 分钟左右的有氧运动是……

因为身体状况，我感觉……

并且我看起来……

我从加强锻炼中获得的最大好处是……

基本情况

我的吸烟史是……

客观公正的旁观者认为，我喝酒是……

过去一周，我的饮酒量是……

我认为喝咖啡、可乐和其他咖啡因饮料是……

我使用以下处方药：

情感健康和关系

非常了解我的人将我的情感健康描述为……

如果我担心某事，我可以和……谈论。

最后一次我非常担心工作、学习或上课是……

我认为自己关系的整体质量是……

睡眠

每晚睡眠小时数是……

周末通常睡……

当……时有睡眠问题

我睡眠质量通常……

选择你的下一步

现在花几分钟回想你的答案，制订有效的目标。

基于刚刚所写的内容，我最为担心的健康问题是……

接下来的一周我想要养成的新习惯是……

2.15 超越时间管理：专注于最重要的事

询问他人对时间管理的看法以及脑海中产生的恐怖画面。当他们看到一个人身负100项任务、日程表上排满约会时，想到的是只注重效率的冰冷的机器人，分秒必争，没时间进行社交。

老套的时间管理看法认为，人们有时过于拘泥于时间管理，无法享受当下所做的事。时间管理变成一个负担、琐事，阻碍人们真正享受手头任务。

有时扬扬得意于效率的人只不过是保持忙碌的状态。他们匆忙划掉任务列表上的任务，也可能一开始就会因那些几乎无法创造价值的任务而感到焦虑。

这可能有助于你超越时间管理，进一步考虑时间规划。规划的意义不是将义务性事项排满日程表，而是完成重要事项，留出时间社交。有效的时间规划者做事高效的同时能保持放松。

1. 关注价值

从一生的角度查看你想做的事。人的生命是有限的，因此我们要做对我们来说最重要的事。

明确我们的价值观，为自己写讣告，描述后人铭记自己的方式。列出你一生中想做的贡献以及你想成为什么样的人。或只写下你的人生目标——用一个句子或简短的一段话描述对你来说最重要的东西。安排好每日事项或一周规划后，随身携带。

2. 关注成果

当你的活动与日程表有出入，花两小时打盹或看肥皂剧时，你可能觉得内疚。但如果你定期完成目标，这么做也无妨。

管理时间和秩序井然本身不是目的，结果可能有效、有条理，也有可能是惨痛的。相较于实现时间管理和保持秩序，个人成就感和有效性等显著成果更为重要。

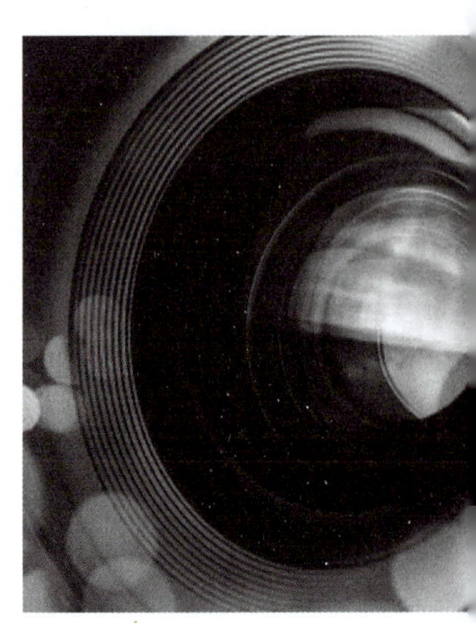

想象实现理想目标与实施具体行为规划一样重要。以下是一项实验：写一串你未来半年内想要完成的目标。接着想象你实现这些目标以及享受成果的场景。接下来的几个星期再想象这个场景几次。收起目标列表，在日程表上做个标记，接下来的半年内回顾几次。半年过去后，再回头检查目标列表，看看自己实际上完成了多少目标。

3. 少做

规划就是舍弃毫无价值的事项，添加新事项。看看你是否能删减创造价值小的事项。当你在日程表或任务列表上添加新任务时，考虑舍弃当前任务。

4. 少买

购买新产品前，估算会花多长时间购买、组装、使用、维修以及维护。放弃购买可能就能节省几个小时。注意产品是否有400页使用手册或20小时使用培训。赶去商店购买新产品之前，看看能否重新使用或改装现有产品。

5. 放慢速度

当你匆忙赶去开会或赶飞机时，匆忙是有用的。而有些时候，匆忙是没有意义的。想想看如果你如火箭般匆忙完成当天的任务，如果最后比计划完成时间晚几分钟的话，后果会多么严重。没必要给自己施加过多的压力，而让匆匆忙忙成为常态。

6. 即刻处理

迟迟不做决定和拖延会导致任务量变重。解决方法是立即着手处理任务和做决定。想回信现在就回信，想打电话就立即打电话，这样就无须添加任务到日程表或任务列表上了。

当有人问你是否愿意承担项目时，你立刻认识到自己不想做的时候，也可以采用同样的方法。为节省时间，礼貌性地直接回绝。如果你回答说“我考虑考虑，再给你答复”，只会延迟对话，占用更多时间。

7. 铭记人际交往

临终前，很少有人会说：“我想多花点时间在工作上。”他们很可能说：“我想多花点时间陪陪家人和朋友。”每天的快节奏生活使我们忽略了一些值得我们倍加珍惜的人。

高效适用于处理事务，不适合人际交往。适当轻松的日程安排有益于维持和培养人际关系，我们就可以抽出时间处理矛盾，这样有助于我们主动拜访亲人或朋友，尽情畅聊。

8. 忘记时间

远离时间。安排休息时间——一段可以抛开任务、约会和目标的时间，无须对任何人负责，没有要完成的事。即使只有几分钟这样的休闲时间也会让你的精神面貌焕然一新。管理时间的一个方法是定期地忘记时间。

尝试减少整体时间意识。每天摘掉手表几小时，花点时间待在没有钟表的地方。留意你看手表的频率，尽量少看手表。

严格来说，时间是不可管理的，时间一去不复返。我们能够做的就是管理好自己，尊重时间。一些基本准则及冷冰冰的技巧能帮我们做到这一点。

日志 7

目标陈述：创建非任务列表（not-to-do list）

管理时间的一个重要技能就是选择不做什么事。列出过去一天所有完成事项。（如果你已经做了时间管理表/时间规划表练习，就可以回顾一天的任务。）接着回顾任务列表，圈出与目标没有任何关系的事项，这就是你的非任务列表。

创建非任务列表简单、高效，能为生活腾出更多的时间，却常常被忽视。下面是你可能想要放到非任务列表上的事项：

- 参加议程以及结束时间不明确的会议
- 每天查看两次邮件
- 接听陌生号码来电
- 工作日夜晚看电视（所有晚上）
- 随身携带手机

承诺简化生活：
我打算停止……

卓越达人记

拉米特·塞西
（Ramit Sethi）

拉米特·塞西著有《我教你致富》一书，建立了在线社区，“关注个人理财和企业家精神，面向在校大学生、大学毕业生及所有人”。

拉米特·塞西不认可某些“建议”——特别是，有些人没有亲自尝试就想要推荐给他人的“建议”。

这一切始于他想读斯坦福大学，但父母负担不起学费，于是他创立了一个申请助学金的系统。最后，他获得了60项奖学金。

洋溢着成功的喜悦，他听从建议，将第一份奖学金投资入股，但是很快资金亏损了一半。

面对挫折，塞西决定掌握个人理财，防止未来损失惨重。

塞西阅读大量个人理财书籍，发现所有书中都有同样的建议：省钱、减少开支、不要出去吃、不买拿铁。

他对此不予采纳。

“老实说，”塞西在他的网站（我教你致富，iwillteachtoberich.com）上说，“几乎没人想省钱，几乎没人想削减拿铁开支。谁都不喜欢别人告诉他们不能买什么——不要买新鞋，不要度假，不要跟朋友出去。”

尝试过传统的理财建议后，塞西不再采纳大多数建议。他现在教人们关注理财中的“大获全胜”：找一份报酬不错的工作，协商加薪，同时兼职创业。

他说，在个人职业发展中，此类方法能将成千上万的美元收入囊中。你就再也不必为了省钱而不喝拿铁，或放弃其他兴趣。

在时间管理上，塞西一如既往地大不敬，他斥责人们胡乱依赖建议和“生活技巧”，企图缩减时间，完成任务。他说，这个方法与使用传统理财方法具有相似之处——忽视发挥实际效用的根本技巧。

塞西指出时间管理的五个错误以及纠正错误的方法。

第一，**无须事必躬亲**。每个领域的杰出人物都很明确哪些事值得花时间做，哪些事不值得花时间去做。他鼓励人们问自己：“哪件事值得我花时间去做？我可以将其他任务委派给别人吗？”

他承认雇人跑腿或做饭确实要花钱，但是TaskRabbit和On The Run等在线服务减少了雇人的成本。随着时间的推移，你的收入增加，你也能承担委派更多任务的费用。

第二，**记住，你的精力和毅力有限**。如果你制定一份含有25项任务的列表，希望24小时内完成，那么你注定失败。

塞西说，另外我们还要减轻压力，将次要任务从本周日任务清单或日程表上删掉，下周或下下周再做。如此反复这个过程，直到专注于能产生最大效益的事项上。

第三，**空出时间休息、娱乐和定期度假**。你会恢复更多精力，帮你完成更多任务。

第四，**忽略“生产力工具”**——最新的时间管理App和设备。你浏览了许多工具，但同时忽略了更大的问题：注意力分散、忘记规划。

塞西建议尝试这样做：接下来一周，不要使用除了日程表和写任务列表的平板电脑之外的任何生产力工具。添加能创造真正价值的其他时间管理工具。

第五，**时常坦诚地评估自己的表现**。星期五下午问：“我说过这周要完成任务的，但我真的完成了吗？”

接着列出下周最重要的三项任务。如果你完成了，选择下下周稍微难点的任务。如果你没有完成，诊断原因，寻找解决办法。

拉米特·塞西认为，发现、目标以及行动的循环过程是生活各方面获得成功的动力。

姓名________________

日期________________

测验

1. 澎湃动能专注于“此时此地”，反对规划。这种说法：
   a. 正确
   b. 错误

2. 关于反思目标的建议方法包括：
   a. 检查个人感受
   b. 检查一致性
   c. 检查障碍
   d. 检查接下来的步骤
   e. 以上所有选项

3. 以下是有效目标的有：
   a. 不再为钱烦恼
   b. 本月减重 1 磅
   c. 2019 年前获得辅修学士学位
   d. a 和 c
   e. b 和 c

4. “C 类热”指的是：
   a. 放弃最重要的任务，完成不需要即刻关注的任务
   b. 每天在日程表上安排很多任务
   c. 每隔几分钟查看手机信息
   d. 以上皆非

5. 除运用 ABC 分类系统给任务列表分类之外，还有哪些分类方法？
   a. 80/20 法则
   b. 按照“是”“否”或“可能”排列任务
   c. 按类别分类
   d. 以上所有选项

6. 根据课文，克服拖延是一个需要花上几个月甚至几年的艰难过程。这种说法：
   a. 正确
   b. 错误

7. 关于创建有效工作流程表的建议方法不包括：
   a. 使用收件箱收集邮件、信息、课程讲义以及给自己的便条
   b. 删除、完成或延迟收集的任务
   c. 每周清空一次收件箱
   d. 建立简单的归档系统，查阅参考资料

8. 根据课文所述，时间管理可以归纳为：
   a. 弄清自己真正想要什么
   b. 知道如何实现目标
   c. 坚持做你打算做的事
   d. 以上所有选项

9. 课文认为你可以通过下列哪些方式“充分利用现在的 25 种方法”？
   a. 运用所有技巧
   b. 按顺序运用方法
   c. 挑选 10 个技巧开始运用
   d. 一次选择 1 个技巧使用直到成为习惯
   e. 以上皆非

10. 课文认为管理时间最有效的方法可能是：
    a. 向自己和他人承诺你会完成任务
    b. 集中注意力于 A 类任务
    c. 使用长期规划
    d. 尽可能完美地完成任务

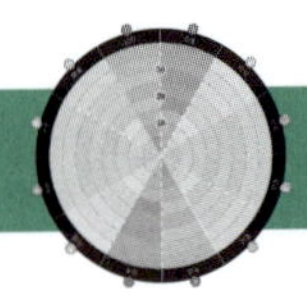

技能掠影

进入下一章前，看看自己当前在时间管理方面拥有哪些技能。阐述你的目标，掌握更多时间管理的技巧，然后制定明确行动的路线。

发现

我在“发现轮盘”的“时间”部分的得分是……

在时间管理方面，我擅长……

为了更好地进行时间管理，我可以……

为了实现我的一个目标，本章中可以采用的一个建议是……

目标

在学校的期间，我打算采纳本章的建议是……

在工作中，我打算采纳本章的建议是……

行动

为了实践以上采纳的建议，我接下来要采取的行动是……

行动中可能遇到的困难是……

为了克服这些困难，我会……

chapter 3

第 3 章 记忆

为什么？

掌握记忆窍门能提高你的考试、阅读、记笔记等方面的能力。

是什么？

绞尽脑汁想要记起一件重要的事情，却怎么也想不起来——可能是某人的名字，也可能是答题的某个关键点。如果你也出现过这种情况，请快速浏览本章，找出至少三种你认为有用的记忆攻略，加以应用，对抗遗忘。

怎么做？

我能充分挖掘自己的记忆潜能？

抽出一分钟

现在马上行动起来，确保你记得自己学习中重要的事。拿出一分钟来，把目前所有作业的截止日期标注在你的日历上。

恋上你的问题

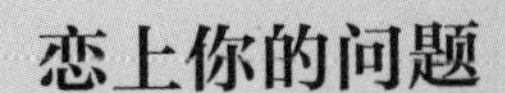

我们都会面临各种阻碍我们进步或是进入新领域的问题。我们应对问题的方式往往会限制自己能力的发挥，也不符合自己的身份。

问题往往给我们造成障碍。每当遇到问题，我们通常会选择转身，开始寻找别的途径。然后，砰！——又碰了别的障碍，于是我们再次转身。

就这样，不断转身，不断碰到障碍，我们永远都在原地打转，便不可能有新的突破，不能继续学习。

如果我们能改变自己对问题的态度，由抵制到热爱，我们就能扩大我们的格局，把自己放进一个更加海阔天空的世界了。用“爱”这个字可能显得小题大做。在这里，这个字的意思是要你无条件接受问题，允许并承认它们的存在。当我们去对抗一个问题时，这个问题反而变得更加强大。我们越是想处心积虑去打败它，它似乎就越顽强。而当我们接受自己有问题这个事实的时候，我们就更容易找到解决问题的有效方法。

假如你的一个障碍是参加某门课程的期末考试，你害怕自己会忘掉好不容易记住的所有知识。

一种应对方法是假装这个障碍不存在。你走进考场时可以假装自己不害怕。你告诉自己“我不会怕的”，并故意露出微笑。

一种更有效的应对方法是热爱自己的恐惧。走进教室，有意识地注意自己的真实感受，在心里说：“我有些害怕。我发现自己的膝盖在抖，喉咙发干，忍不住去想万一考砸了怎么办。是的，我是害怕，但我不会想着去对抗它。即使害怕，我还是要考试的。”你可能并没有消除害怕，但害怕造成的心理障碍——正是这种障碍挡在了你的前面——可能会消失。而且你也许会发现，如果你直面恐惧，热爱它，接受它，彻底去经历它，恐惧就会自动消失。

你可以用这个方法应对任何恐惧——害怕数学考试、害怕学一门新语言时自己说起来很蠢、害怕学乐器时出错、害怕自己跳舞时看起来很傻，等等。

生活中不可能不存在问题。事实上，问题的存在有其目的性，它们提供机会让我们更多地参与到生活中去，激励着我们，拉动我们前行。

从这个角度来说，我们的目标不是要消除问题，而是要找到对我们有价值的问题。我们要热爱的问题是对我们自己或他人最有益处的问题。问题能让我们变得更好，甚至赋予我们生活更多的意义。

不过热爱问题并不意味着“喜欢”问题，而是承认问题存在的事实。这有助于我们采取有效的措施——能把我们暂时或永久地从某些问题中解放出来。

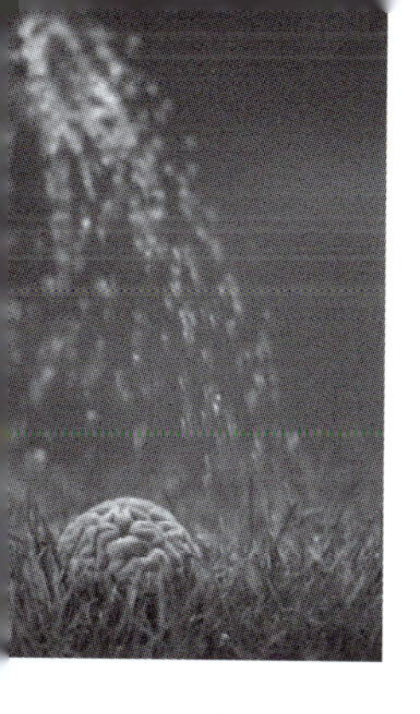

3.1 你的记忆与大脑——六大基本原则

想要锻炼自己的记忆，就从了解大脑如何记忆开始吧。

关于记忆和学习，你需要记住下面六项基本原则。本章其他的概念和建议都与这六项基本原则相关。

1. 把记忆视作一种行为，而不是一种你拥有的东西

很久以前，人们谈到人类记忆时，基本上将大脑当成了一个橱柜。像对待一件件旧衬衫和一双双袜子一样，人们把各种事件放到“大脑橱柜”中。所谓记起一件事情，就是要在装满的“大脑橱柜”中翻东找西。如果找到的话，算你幸运。

这种对记忆的认识是存在问题的，因为橱柜总有一天会被塞满，变得拥挤不堪。放进去的东西可能再也找不到了。即使是世界上最大的橱柜，也总有被填满的那一天。如果你想放些新的记忆进去，很遗憾，没地方了！

脑学专家彻底推翻了这种观点。记忆并不是一个橱柜，也不是一个地点或其他东西，而是大脑运行的一个过程。

在意识层面，记忆表现为特色鲜明又毫无关联的精神活动，如语言、感觉、图像等。它包括很久前的一些细节，如外婆家厨房里飘出的烘烤曲奇的香气，如一年级的你坐在教室里，窗外的阳光温暖着你的脸庞……

在生物学层面，每段记忆都有数百万脑细胞或神经元的参与，它们向彼此传递化学信号、传递信息。如果能观测到它们之间的信息交换过程，你会发现整个大脑都闪耀着电荷的光芒，其运行的速度就连电脑也为之逊色。

当一连串的脑细胞以相似的方式联系几次后，记忆就形成了。心理学家唐纳德·赫布（Donald Hebb）曾这样解释：“不同的神经元共同传递信号，把自己绑在了一起。”

这说明，记忆并不是真的“被储存”起来，而是一种过程。在这个过程中，共同传递信号的神经元之间形成联结，称作给信息编码。同时，你还会给信息解码，或者重新激活过去形成的某种联结。

记忆是某种脑部活动未来再次出现的可能性。实际上，你每进行一次回忆，都是在重造一次记忆。

科学家告诉我们，大脑是“可塑的”。每进行一次有效的编码和解码，你的大脑就会发生相应的物理变化，大脑中的神经元就会形成更多的联结。学得的东西越多，联结的数量也就越多。

从实用性而言，你的大脑能够进行的记忆过程无边无际，没有限量。了解这点，你就可以从原先那个拥挤的橱柜脱身，走向一个充满无限可能的世界。

2. 请记住，记忆过程是分阶段进行的

记忆过程由一系列阶段组成。为了最大化你的记忆，一定要在不同的记忆阶段采用恰当的记忆策略。

- **注重感官体验**。记忆由视觉、听觉、

感觉、触觉和味觉触发。这一阶段的记忆策略是选择在哪里集中你的注意力。

- **把感官体验“迁入”短期记忆**。感官记忆仅能持续几秒。如果不想让它消失，那么马上采取相应的办法把感官记忆“迁入”短期记忆。例如，反复背诵信息几次。短期记忆的时间能达到几分钟。
- **长期记忆编码**。如果你想回忆起几分钟前甚至更久以前的信息，那就必须以一种更持久的方式建立神经元间的联结。这就需要更复杂的记忆策略，可以让你在几天后、几周后、几个月后甚至几年后，再次激活这些联结。
- **定期解码重要信息**。回忆信息的次数越多，相关的记忆就越牢靠。检索是记忆的好办法。

3. 沉浸在感官体验中

五感是大脑赖以与世界联系的纽带。所以，把你的学习过程与越多的感官联系在一起，效果越好。例如：

- **创建图像**。根据阅读材料和课堂笔记勾勒思维导图，加入视觉图像，并把主要观点用大字和鲜艳的颜色标记出来。
- **用有形的物品诠释无形的想法**。比如，在家办公是你的事业目标之一，那不妨先创建一个理想的工作环境模型。逛逛美术用品商店，找找合适的材料。
- **身临其境，亲身体验**。比如你在攻读音乐赏析课程和爵士乐，那么不妨去当地的爵士乐俱乐部或者音乐会走走，亲眼观看、亲耳倾听一场现场表演。

4. 选择编码策略

所谓精通记忆编码，就是明确该记住什么和如何记忆。换句话说，好的编码有利于在某个重要时刻进行解码或忆起所需要的内容，比如在考试中。

例如，一堂心理学入门讲座深深地吸引了你。讲座内容逻辑严密、生动有趣，你只想仔细听讲，笔记都不想做了。两天后，在为测验做准备的时候，你对自己当时不做笔记的决定非常后悔。你只记得那是场精彩的讲座，却记不清内容是什么。你不记笔记的决定在计算机术语上被称为错误编码。

于是，你决定改变自己的行为，在下堂心理课上做大量的笔记，一定要把老师讲的每句话记录下来。可惜的是，效果也不理想——手累得酸胀不说，足足 10 页的笔记上字迹潦草，难以辨认。哎呀，又一次错误编码！

有效的编码是要在这两种极端的办法间找到合适的中间地带，即时即地地做出选择——我想要记住什么。在阅读和听讲时，学会辨别哪些是重点、哪些是过渡、哪些是细枝末节。同时，预测什么内容会出现在考试中。遇到你可以主动应用的思想，也要特别关注。这些内容就是应该出现在你笔记中的东西。

找到并创建模式是另一种有效的编码策略。你的大脑是一台模式生成机器，擅长把随机获取的信息编成一个个有意义的整体。例如：

- **利用日志**。参照本书的例子撰写“发现陈述”和“目标陈述”。日志可以详细阐明你在课堂上听到的内容或在书本上学到的知识。例如，“今天在课堂上，我发现……”“为了解决我在这个主题上的困惑，我打算……”
- **给自己写信**。想象一位今天缺课的同学发邮件给你，询问课堂上讲了哪些内容。写封回信，然后发给自己。这样，你的大脑会积极地处理最近学到的东西，并做出一份总结。这份总结完全可以用于日后考试复习。

- 与思想游戏。把笔记重新抄录在标准小卡片上，每张卡片抄写一个事件或一个观点。接下来，看看你能否用新的模式排列它们——按时间先后、重要性、观点主从性等排列。

日志 8

发现／目标陈述：思考——关爱大脑与滋养大脑

在“你的记忆与大脑——六大基本原则”一节中，回顾有关如何善待大脑的建议，然后完成下面的句子：

我发现，自己已经养成的有益大脑健康的习惯包括……

为了更好地善待我的大脑，我打算培养的新习惯是……

5. 选择解码策略

估计你也经历过“舌尖现象”——话到嘴边说不出来。你想记起的事情近在咫尺，简直都能感觉到了，偏偏这时神经联结不到位，就是想不起来它是什么。这是解码失灵的一个表现。

无须惊慌，有很多相应解决办法供你选择，它们也被称作解码策略。例如：

- **放轻松**。你的记忆受情绪的影响。如果你过度紧张，很可能回忆不出想要记得的事情。长长地深吸一口气，放松全身的肌肉，会给你的身体和大脑带来意想不到的效果。
- **暂时放下**。话到嘴边却说不出时，人们自然的反应是努力回忆。不过，这会制造更大的压力反过来影响解码的有效进行。试试暂时放下，做做别的事情。有时你正在做着一件事情，却突然记起与其毫不相关但之前一直想不起来的事情。这时你千万别感到惊讶，记忆就是这么有趣的东西。
- **回忆其他的事情**。许多解码都建立在关联的基础上。记忆时，找出新知事物与已知事物间的关系。这样，你就可以利用关联去进行回忆。比方说，你正在做一份多项选题试卷，却记不得其中某个问题的答案。那么继续回答其他问题，不要纠结于答不出的问题。或许，试卷中相同考点的其他问题会触发你的记忆，让你想起先前那个问题的答案。当一个重要的关联点被激活时，记忆就会重现。
- **重建原始环境**。编码发生在某个具体的时间和地点。如果你一时想不起来某件事或某个观点，那么试试看能不能回忆起在何时何地第一次习得这件事或观点。想一想那是一天中的什么时间、你当时的情绪如何。有时，仅需记起你把相关信息记在了课堂笔记的哪个位置，或是曾在书中的第几页看到过，你就可以完成信息解码。

6. 善待你的大脑

正因为记忆是大脑运行的一个过程，你一定要善待自己的大脑。从现在开始，培养好习惯，保持大脑的健康和活跃。

下面是阿尔茨海默病协会基于研究给出的建议，不妨作为参考。

- **保持思维的活跃性**。玩一些具有挑战性的游戏和填字游戏。常去博物馆和剧院，参加音乐会等文化活动。考虑学门新的外语，学门乐器，出国旅游，或者开创副业。

正如仰卧起坐能锻炼腹部肌肉一样，终身学习可以锻炼大脑。

- **保持社交的活跃性**。拥有一群支持你的朋友，可以减轻思想压力。而良好的压力管理益于维持脑细胞间的信息链接。工作、志愿活动或者俱乐部，都可以让你保持社交的活跃性。
- **保持身体的活跃性**。体育活动促进血液流向大脑。同时，它还能够减小患糖尿病、心血管疾病等损伤大脑功能的疾病的概率。常做一些同时需要思维活动的身体锻炼，如学习舞蹈或做瑜伽，都会让你受益匪浅。
- **采用有益大脑健康的日常饮食**。抗氧化剂是滋养大脑的天然化合物。深色的水果和蔬菜中有丰富的抗氧化剂，多多食用，有助抗氧化剂的摄取。这类食物有葡萄干、蓝莓、黑莓、草莓、树莓、羽衣甘蓝、菠菜、抱子甘蓝、苜蓿芽和西蓝花。避免过多食用高饱和脂肪、高胆固醇的食物，它们会增大患阿尔茨海默病的概率。
- **保护你的心脏**。一般而言，利于心脏的食物通常也有益于大脑。培养良好的饮食习惯，定期锻炼身体，控制体重，远离烟草，保证充足的睡眠等，都可以同时保护我们的大脑和心脏。心脏病、脑卒中以及其他心血管疾病会影响大脑的血液供给，而上述习惯可以有效降低患这类疾病的风险。

3.2 记忆丛林

把你的记忆当作一片宽阔茂密的丛林。这片繁茂的丛林长满了各种野生的植物、奇异的灌木、弯曲的树木和四处蔓延的藤木。这片浩瀚的丛林有几万平方千米，林木茂密、藤蔓纠缠，无法进入。**丛林里有不计其数的动物**。这些动物就代表你记忆中的各种信息。想象一下，你的每一个想法、经验或是曾经有过的某种观念都由一种动物来指代。

想象这片丛林的周围全是巍峨的高山。只有一条通道通向丛林，那就是与高山关口相连接的一小片草地。**记忆丛林有两个法则**，一是每一只想法动物必须经过入口的草地才能进入丛林。二是一旦某只动物进入丛林，就不再出去。

你曾经产生过的每一种感官感知——视觉、听觉、触觉、嗅觉和味觉——也都是一只想法动物，它们跨过草地，进入丛林。某些想法动物，比如你初中某位老师最喜欢穿的一件套头衫的颜色，可能已经很好地隐藏起来，不易找到。其他一些想法动物，比如你自己的手机号码或你的汽车的倒车挡位置，则很容易就能找到。

草地代表短时记忆。比如，你要给某人打电话，先从电话本中找到他的电话，记住之后，开始拨号。这时，你使用的就是短时记忆。短时记忆容量有限（草地很小），而且消失得快（动物们很快就穿过草地了）。

丛林本身代表的是长时记忆。这种记忆经得起你日复一日、月复一月、年复一年的回忆。记住，想法动物永远不会离开长时记忆丛林。下面的想象可以帮助你想起关于记忆的一些有用的概念。

1. 一条常走的路

想象一下，如果这个想法——我们把它叫作大象吧——迅速跳跃短时记忆，进入丛林，将出现什么情况？大象走过的路肯定会有折断的小树枝和它自己的蹄印。

脑研究表明，想法会在大脑中留下路径。这些路径由树突——连接脑细胞的线状纤维——构成。连接被激活的次数越多，相关的想法就越容易找回。换句话说，大象在同一条路径上走的次数越多，这条道也就越明显。你回忆信息的次数越多，你储存同一种信息的次数越多，就越容易找到这个信息。

比如，当你买了一辆新车的时候，头几回总要想一会儿才能找到倒车挡。但连续一周以后，你挂倒挡将变得非常熟练。一年之后，倒车挡的位置已深深地印在你的记忆中，你甚至都能清晰地梦到自己挂倒挡的情形。

2. 一个想法群

第二个可以利用的图像是很多动物聚集在一片空地——就像聚集在记忆中心的很多想法。集合后的想法会比较容易想起，正如找一群动物会比找一只大象要容易得多。

如果你能把某些信息与其他一些类似的信息联系起来，这些信息也将更容易被想起。例如，要想更容易记住某个运动员的击球率，你可以把它与其他棒球数据联系起来。

3. 转过身去

想象你把大象放入丛林，转过身去，数到十。再一回头，大象不见了。你所接收的大部分信息正是这个结果。

心理学研究表明，我们刚刚学习新知识的同时，便已经开始遗忘。记忆的衰退非常迅速，大部分遗忘都在最开始的 24 小时内发生。这意味着大部分信息都还没有被编码，就消失在记忆丛林里。

对策很简单：迅速复习。你必须看着想法动物穿过短时记忆草地，在它进入长时记忆丛林之后的 24 小时内，再去找它。要立刻在你的记忆中走出一条路来。

4. 你在指挥动物交通

第四幅图片里面有你的参与。你站在通向短时记忆草地的入口处，指挥想法动物通过关口、穿过草地，最后进入长时记忆丛林。在这个过程中，你是积极的、专注的。你不是坐在一块大石头上，以旁观者的身份看着动物们进入你的大脑。你是这个过程中的一部分，这样，你就控制了自己的记忆。

3.3 25 个记忆窍门

尝试使用这些窍门，然后建立一个灵活的、根据你的学习风格量身定做的记忆系统。我们把这些窍门分为五组，每组都代表一个改进记忆的基本原则。

你的第一项任务是避开短时记忆陷阱。在新信息消失前捕捉它。

别停留在此。运用思维编码——让信息形象鲜明、栩栩如生。借助感情编码——对观点和信息形成情感联结。利用运动编码——同时用到你的大脑和身体。

除此之外，定期通过回忆解码重要信息。不要再说："我想不起来。"取而代之，我们应说："会想起来的。"如此陈述暗示，你想提取的信息已经被编码进大脑中，并且可以被检索——即使不是马上。

要有一种永远不会忘记的态度。你或许现在不会立刻相信书中所言。没关系，尝试一下，看看结果如何。

避开短时记忆陷阱

1. 从理解短时记忆的本质开始。短时记忆有别于你在考试中需要用到的记忆。例如，一个 7 位数的电话号码，大多数人在拨号前看一眼就能记住了，但是过后很快就忘了。短时记忆几分钟后就会消失，很少有能持续几个小时的。理解了这一点，是你避开短时记忆陷阱的第一步。

2. 分块记忆。大家一般会用这种方法来记忆有区间号的电话号码。例如，8006128030 可以分成几组数字：800-612-8030。分块的方法对记忆其他信息同样适用。例如，在本部分，我们就把记忆技巧分成五组，便于读者记忆。

3. 背诵与重复。当你反复大声说出某句话时，这句话就在你的两种感官里留下了印记。首先，你在发出声音时，你的喉咙、舌头和嘴唇都有感觉。然后，你的耳朵也听到了。二者是一个互相促进的作用，效果与创建图像一样好。可见，同时使用两种不同的感官，会比各种感官单独作用的简单相加取得更好的效果。

"大声说出来"这一点是很重要的。在心中默读也有用——例如，在图书馆的时候——但发出声音效果会更好。你的脑子有时会自欺欺人，本来不知道某个事实，却误以为自己知道。但你的耳朵不是傻瓜，它会如实地提醒你一些你不明白的知识。

不要忘记动嘴。上课时多问问题。大声朗读重要的段落，读到要点时用更大的声音。

重复的部分也是很重要的。重复是一个很常用的助记术，因为它确实管用。重复就像在你脑中各条道路上留下的路标，能帮助你更容易地找到某个信息。不断重复某个概念，直到你真正理解了它的含义，然后再多说 5 遍。

最好的背诵效果是用你自己的话来背诵某些概念。例如，要记住"在海平面高度，一个落体的重力加速度为9.8米每二次方秒"这个概念，你可以说："地球重力让落体产生加速度。在海平面高度，它每秒钟在空中的下落速度比前一秒加快了 9.8 米。"用自己的话来表达，就会迫使你去思考。

这个技巧是很有意思的。把你在学的东西写成一首歌进行背诵。洗澡的时候你就可以唱这首歌。或者你也可以模仿他人。读书时，把自己当成威尔•法瑞尔（Will Ferrell）、麦当娜（Madonna）或是约翰尼•德普（Johnny Depp）等任何你感兴趣的名人。

4. 尽早复习。对上课内容或研讨单元进行几分钟的简单复习，可以把与材料相关的短时记忆迁移为长时记忆。这种小型的复习与每周的课堂笔记汇总复习结合在一起，可以在考试前节省出许多复习时间。

通过思维编码

5. 要有选择性。获得理解和被信息淹没是两回事。在大学里，你每天都会面临这样那样的事实和想法。没有人期望你能全部记住。在很大程度上，记忆的艺术首先是选择去记什么的艺术。

翻开教科书或是笔记时，你需要选择其中最重要的内容来学习。想象假如你是命题老师，你将出些什么考题。

阅读的时候，留意章节预览、摘要和复习提问。所有粗体字都值得注意。表格、图表、图解和示例这些视觉部分也需注意。这些都是线索，告诉你什么是重要的。听课的时候，注意老师强调的内容。所有视觉材料——板书或幻灯片——可能都是关键点。

6. 结合问题进行阐述。阐述是有意识地对新信息进行编码的行为。重复是阐述最基本的方法之一。不过，现阶段的大脑研究显示，其他阐述方式更有利于长时记忆。

其中之一是根据接收的信息对自己提问。如“它是否让我想起某个已知的事物或人？”“它与我正在应用的技巧类似吗？”“我在什么地方什么时候可以应用它呢？”

当你学会在世界地图上找到意大利后，老师可能会指出意大利的形状像一只靴子。这也是一种简单的阐述。

相同的道理同样适用于更复杂的内容。譬如，你第一次见到某人时，问问自己：“这个人是不是和另外一个人很像？”或者，在阅读本书时，借助每章的第一页进行预览。

7. 合理组织。如果获取的信息对你有意义，那么你就能够更好地记住它们。创建意义的方法之一是从一般到具体。比如阅读时，你可以先略读，掌握大意。如果读着读着，突然迷失了方向，那就返回去，重新把握文章大意，然后就可能更好地理解细节内容了。

你可以对任何无序的信息进行有意义的组织，方便自己记忆。尽管世上的信息无限多，但整理它们的方法却是有限的。

第一种方法是利用类别来整理信息。比如你手头有一份长长的任务清单，就可以用这种方法进行合理的信息整理。把每项任务写在一张卡片上，然后按照不同的类别把卡片叠在一起——打电话、跑腿、做家务等。之后，它们就会变成你的工作类别。

整理课堂内容也可以应用相同的办法。在化学课上，最常见的分类就是元素周期表。在文学课上，你可以把阅读一本小说的笔记内容按照主题、背景和剧情分门别类。然后，在每种分类下，你还可以继续细分，如主要事件和次要事件。

第二种方法是按照时间顺序整理。每次你给一系列的想法、事件或步骤编上号码时，都是在按照时间顺序组织它们。例如，在尝试记住导致1929年股市崩盘的事件时，你可以制作一张时间表，把重大事件列在索引卡上，然后按照事件发生的日期进行排序。

第三种办法是按照空间排序整理。简而言之，制作一张图表。例如准备历史考试时，你可以按照主要事件发生的地点制作一张简单的图表。

第四种是人们常用的办法——按照字母表的顺序组织信息，既简单，又有效。

8. 建立联系。已经在你的神经网络中被编码的数据是根据你的理解机制来安排的。当你引入新的数据时，如果你能把它与类似或相关的数据联系起来，就更容易记住。

想想你最喜欢的课程。它们可能与你已有所了解的知识相关。例如，如果你近年来一直对政治很感兴趣，就会发现当代历史课上的事实也不是那么难记。当你在学习一门新课程时，你也可以创建一个储存基础背景知识的精神商店——包含了那些能建立联系的原材料。预习阅读材料，上课前完成阅读。在学习更高一级的课程之前，先把必需的基础课学好。

其实，也可以通过对比来建立联系："这些新信息与我已知的有什么不同？"与你现有知识完全相反的概念会看起来不同寻常，也让你对其印象更加深刻。

9. 创建图像。图表也好，漫画也好，这些都可以帮助你联想事实，并表达事实之间的关系。概念以及概念之间的联系用视觉效果表示出来之后，就会更易"看见"和记住这些联系。关键是要发挥你的想象。创建图像可以强化视觉和运动知觉学习风格。

例如，根据玻意耳定律（Boyle's law），在恒温下，一定量气体的体积与其受到的压力成反比。简单地说，体积减小一半，压力则为原来的 2 倍。要记住这个概念，你可以想象一位 50 多岁的老太太给单车打气的画面。车胎里的压力越来越大，泵缸里气体的体积越来越小，而她貌似越来越生气。当车胎里的压力为原来的 2 倍时（泵缸的体积只有原来的一半了），那她一定是气急败坏（boiling）了（由 boiling 想到 Boyle-ing，代表"玻意耳"）。

要创建图像的另一个原因是，处理视觉信息的大脑部分与处理言语信息的大脑部分是不一样的。当你把某个概念图像化之后，你就把这个信息拴在大脑的第二部分里。这样你记住它的可能性就更大。

为了让抽象概念视觉化更加有效，你需要创建行动导向的图像，比如说上面那个打气的老太太。图像要生动。打气老太太就是面红耳赤的样子。把你所有的感官都调动起来。想象打气筒那冰冷的金属壳会做何感想，这位老太太在吃力打气时又会叨叨些什么。

你也可以利用组织图来创建图像。这类预定义格式的组织图有助于你联想事实与论点间的关系。

主题－要点－内容组织图就是其中一个例子。在图表顶端，写下某次讲座或阅读作业的主题。在图表左侧，写出你想记住的要点；在图表右侧，列出与左侧要点相关的具体内容。表 3.1 就是根据本节内容做出的组织图。

表 3.1　主题－要点－内容组织图

要点	内容
1. 理解短时记忆的本质	了解到如果不利用一些其他技巧，信息只能保存在短时记忆
2. 分块记忆	把内容分成一个个小组群进行记忆会更加容易，如电话号码
3. 背诵和重复	多次大声说出内容
4. 尽早复习	学习新知识后立刻复习有助于把短时记忆变为长时记忆

对某一议题进行批判性思考时，同样可以用到类似的组织图。以问题的形式把议题写在组织图顶端，左侧注明观点，右侧列出支持该观点的重要事件、专家主张、推理和例子等。表 3.2 讨论了减税是否能刺激经济增长。

表 3.2　问题 - 观点 - 论据

论点	论据
可以	公司可以用减税节省的开支购进新设备。 减税鼓励公司扩张并雇用更多员工
不可以	布什政府多年来的减税政策没能阻止抵押信贷危机。 减税会带来预算赤字
或许	减税或许在某些经济条件下能起到促进经济增长的作用。 预算赤字可能只是暂时的

如果你想记住故事或历史事件中的主要情节，可以画一条直线，作为时间轴。在时间轴上画出节点，代表关键事件。从左至右，按时间顺序排列它们。图 3.1 用时间轴记录了美伊战争。

当你想要比较或对比两件事物时，那就试试维恩图吧。画两个相交的圆，每个圆圈代表一件事物，在重叠的部分写出相同点，在未重叠的部分写出二者的区别。图 3.2 比较了本书所用到的两种日志——“发现陈述”和“目标陈述”。

这里介绍到的组织图仅仅是沧海一粟，如果想了解更多，可以上网查阅。玩得开心点儿，发明属于你自己的组织图吧！

10. 重新叙述。用自己的语言重新叙述一段内容，既可以检验你的理解程度，也可以帮助你记忆。例如，你可以把解码简单地定义为一种回想之前了解到的信息的行为。重新叙述可以避免你还没理解就死记硬背。

11. 写下来。这个技巧如此理所当然，却易被忽略。把某个知识点写在纸上会帮助你记住它，即使你以后再也不看那张纸一眼。在课本的边缘记笔记可以帮助你记忆你正在阅读的课文。

你可以拓展这个技巧，不要只写一遍，而要多写几遍。下课后，不要再懊恼地在黑板上写上一百遍“我不会再扔纸团了”。当你真的选择去记住某样东西时，反复的笔头记忆是很强大的工具。

笔头记忆不同于口头记忆，它会让我们更有逻辑性、更连贯和更完整。笔头复习和口头复习是一种互补的关系。

笔头复习的另一个优势是，它更符合学校的记忆要求。大学期间，笔试远远多于口试。多动动笔，其实是一种有效的考试准备方法。

最后，动笔是一种身体运动。你的胳膊、手掌和手指都得参与。记住，学习是一个积极的过程——你对自己动手做过的事情印象更深。

12. 制作抽认卡。在标准卡片的一面写上可能会考到的题目，另一面写出题目的答案。任意抽出一张卡片，对自己提问。也可以请别人帮忙，读出卡片上的问题，然后听你回答，并与卡片背面的答案进行比较。

PPT（演示文稿软件）或其他演示软件同样可以制作抽认卡。用插图、颜色等视觉效果来激活你的视觉智能，简单而又有趣。

你还可以在网上搜索“在线抽认卡”，你会找到许多相关网址，并可以从各种抽认卡中选择合适的打印出来，或者自己动手制作。艾卡记忆（Anki，www.ankichina.net）是最流行的卡片记忆软件之一，它遵循间隔重复原则（复习间隔渐渐加长）。艾卡记

2003/3/19	2003/3/30	2003/4/9	2003/5/1	2003/5/29
美国入侵伊拉克	拉姆斯菲尔德宣布大规模杀伤性武器位置	士兵推倒萨达姆塑像	布什宣布任务完成	布什称：我们找到了大规模杀伤性武器

图 3.1　时间轴

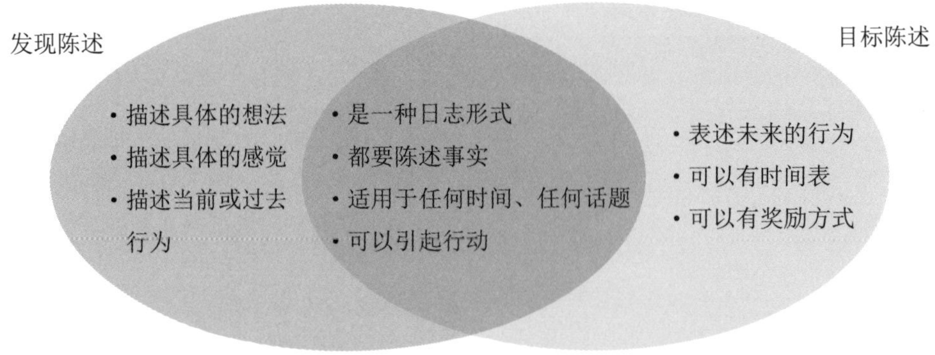

发现陈述

目标陈述

- 描述具体的想法
- 描述具体的感觉
- 描述当前或过去行为

- 是一种日志形式
- 都要陈述事实
- 适用于任何时间、任何话题
- 可以引起行动

- 表述未来的行为
- 可以有时间表
- 可以有奖励方式

图 3.2 维恩图

忆允许用户通过声音、视频、图像、文本等自己创建抽认卡，也可以下载别人制作的抽认卡。

13. 多学一点。为了克服知识点模糊不清的弱点，你可以在应付考试的基础上再多学一点。试着把某个科目学细、学精、学透，一遍又一遍，直到它成为你的才能。

这个策略对解决问题尤为有效。完成了老师布置的作业之后，再继续多做一些作业。找来另一本教材，找到类似的习题。自己设置问题，然后解决问题。如果你在考前按这种方式来练习的话，在考试中你的做题速度将更快，准确率将更高，你也将更自信。准备越充分，在考试中也就越不紧张。

14. 要有记忆的意愿。要迅速提高自己的记忆力，其实只需有这么一个简单的意愿：现在就学，拒绝拖沓。这是最为强大的记忆策略。

你可以利用一些小伎俩让自己产生记忆的意愿。例如，听课时你想象着课后马上要进行一次测验。想象你每答对一道题，就能得到 50 块钱的奖金。

另外，要集中你的注意力。听课时，一旦意识到自己走神了，就立即在笔记本的边缘画上一个刻度标记。这一动作有助于集中你涣散的注意力。

如果你总是情不自禁地去想一项紧急或是未完成的任务，那就迅速写一份你将如何处理这个任务的“目标陈述”。这样，你就可以回到当前重要的任务上来了。

通过感觉编码

15. 与你大脑中的杏仁核做朋友。每当你产生强烈的感情时，大脑就会控制这个部分产生额外的神经活动。当一个话题让你产生爱心、欢笑或恐惧时，杏仁核就会迅速发出一个信号，例如：这个信息很重要、很有用，一定要记住它。

16. 放松大脑。大脑放松时，你吸收信息的速度会更快，回忆起来也会更容易、更准确。一些学生在期末考试时，由于紧张，就是想不起某些信息，而考试结束后，很快就想起来了。

放松看起来似乎与积极学习相斥，其实不然。放松不意味着你可以昏昏欲睡、心不在焉或酣然入梦。放松是一种清醒的状态，没有压力，在这种状态下，你的大脑可以接收并处理新的信息，用它建立新的联系，并使用其他的多种记忆技巧。放松的同时保持积极的状态。

17. 好好利用精力旺盛期。在你精力最旺盛的时候，应该学习最难的科目。很多人都是在白天最能集中精力做事。清晨的几个小时做事尤为有效率，对那些喜欢睡懒觉的人也不例外。观察自己一天中的能量高峰和低谷期，然后对学习时间做合理调整。或许你记忆力最好的时候是在傍晚或是晚上。

18. 把握自己的态度。那些觉得历史无聊的人通常会很难记住历史事件和日期。那些认为数学很难的人往往记不住数学定理和公式。所有人都容易忘记那些与我们本身的想法相矛盾的信息。

如果你觉得某门课无聊，就提醒自己，任何事物之间都是相互联系的。试着寻找这门课与你的兴趣之间的联系。

例如，有个人是汽车发烧友。他能用一个周末的时间重造一个发动机，而且乐在其中。从这个专业的爱好里，他可以挖掘出多方面的知识。他可以把发动机的工作原理与物理、数学和化学原理联系起来。新型车里的电脑化部件可以引导他学习数据处理。他还可以研究汽车行业给我们的城市带来了什么改变，给我们的乡村带来了什么帮助，这个话题包括的内容就广了：城市规划、社会学、商业学、经济学、心理学和历史。

把握自己的态度，不是让你与之做斗争，或是痛苦地放弃，而是要在了解了自己的态度之后，使自己不受这种态度的影响。

19. 把内容与你的个人目标联系在一起。当你把某门课程内容与你的某个重要目标联系起来时——不管是学业成绩、个人生活还是职业目标——你都会更容易记住这些内容。这也是为什么本书一直强调你需要清楚地知道自己想要什么。你的目标越多、越明确，你就会为输入的信息开辟更多的渠道。

即使某门学科在一开始让你觉得枯燥无聊，你也可以使用这个策略。如果你天生对某个话题没兴趣，那就创造兴趣。在班上找一个学习伙伴——如果可能的话，最好是你熟悉或是喜欢的一个人，或者你也可以成立一个学习小组。还可以考虑和老师建立私人关系。当一门课程成为你搭建人际关系的桥梁，你就能在这门课上投入更多的感情。

通过运动编码

20. 坐着的时候要全神贯注，不时站起来，动一动。行动是一种很好的提高记忆的方法。你可以对这个理论进行检验，你在舞池里或是在篮球场上有多大的能量，那在学习的时候也要有同样的能量。

通过一些简单直接的方法，你就可以用行动来促进学习。坐在书桌前时，背要直。坐在椅子的边缘，仿佛你随时都能从椅子上跳起来，冲出房间。

试着站起来阅读、写字或背诵。站着很难犯困。有些人坚持认为自己站着时脑子会更好使。

大声背诵时可以来回踱步，并加上手势。听讲座的录音时，可以慢跑。总之，让你的身体动起来！

21. 运用。大学里的很多课程都有大量的抽象概念。课堂上可能没有机会让你在生活中去体验或检测某些理论。但你可以自己创造机会。例如，心理学入门教材可能会介绍一些让人如何记住信息的理论。你可以选择一种理论，在自己身上进行试验，看看它是否对自己的学习有帮助。

在社会学的课上，可能会就如何解决群体性冲突的问题进行讨论。如果你在生活中与别人发生了矛盾，你可以试着用学到的方法来处理。

以上所举例子要表达的意思是一样的，那就是：要记住一个东西，不能光靠想，还得要去做。

最起码，通过两种或更多的感官来牢记信息。例如，列出某章内容的大纲，既可以让你看到要点，又可以让你写出它们，从而利用你的多种感官。同时，你也可以大声朗读写下的提纲，并用智能手机录制下来。此外，你还可以把一份大纲内容画成图，用新的方法看待相同的观点。

回想

22. 合理分配学习时间。试着把马拉松式的长时学习分割成多个有间隔的短时学习。你可能会发现自己在3个隔开的2小时里做的事情比在连续6小时里做的事情多得多。

例如，当你在复习美国历史时，你可以在学习1～2小时后去洗碗。你在洗碗的时候，脑子会不由自主地去回想刚才复习的内容。洗完后继续学习美国历史，然后一会儿再给朋友打个电话。即使你正和对方聊得不亦乐乎，你依然有一部分思维在回顾刚才学习的内容。

劳逸结合可以提高学习效率。你甚至可以把这些休息当作小奖励。高效地学习了一段时间后，允许自己上会儿网、听首歌，或是和孩子玩10分钟的捉迷藏游戏。

合理地分配学习时间有益于你的大脑健康。你在醒着的时候接收到的所有信息和想法，不可能全部被吸收。如果大脑超负荷运转，它就会想办法罢工——不管你同意与否。而在学习的时候定时休息，就能让信息沉淀下来。在你休息的这段时间，大脑则在重新串联这些信息，在细胞之间建立更多的联系。心理学家把这个过程称为“巩固”。

不过也有例外，遇到下面的情况就不需要有巩固期。比如当你对一本书爱不释手时，当你忘我地投入论文创作当中时……这个时候只管继续。你身体里那个优秀的学生已经占了上风，好好享受这个过程吧。

23. 回忆别的信息。如果你的脑子突然短路，就是想不起某件你肯定知道的事，那可以试着去想一件与你要回想的事相关的事。如果你想不起舅奶奶的名字了，那就想一下舅老爷的名字。在经济学的考试中，如果你想不起总需求量曲线，那就回忆下总供给曲线的相关情况。如果你想不起某个具体事实，就回忆一下老师在课上举的例子。同类信息在大脑中的编码区域是一样的。通过刺激记忆的那个区域，你可以排除回忆障碍。头脑风暴是一个很好地推进记忆的方法。当你在考试中遇到记忆堵塞时，可以在纸上写出很多相关问题的答案，说不定，你要的那个答案就跃然纸上了。

24. 经常性回忆。如果不经常使用，即使是在长时记忆里编码的信息，也会慢慢变得很难想起。由于不被使用，通往某个信息的路径变得越来越模糊。譬如，你可能记得现在正在上的课程名称，那么高一时上过的课程你还记得吗？

举个例子来证明所谓的“熟能生巧”。要记住某个信息，就要经常接触它。听它、说它、读它、写它、用它——采用一切能与它发生联系的方法。每发生一次联系，通往这个信息的路径就又宽了一点，下次回忆起来也就更容易一点。

该记忆技巧与考试准备相重叠。问问自己：“老师会让我怎么应用这个概念？”这些概念在考试时可能会被问及怎样应用，作为选项之一，或被要求通过一篇论文对其进行解释。可以通过合适的问题类型自己创建一个练习考试。

25. 客串“老师”的身份教育学生。与某个信息发生联系的另一种方法是教它。要教它，你必须懂它。当你在向同学们解释胰脏的功能时，你很快就能发现自己是否对胰脏的功能有了真正的了解。学习小组之所以很有效，是因为它能让你上台客串老师。当你知道自己将给小组成员讲解某个知识时，你会有压力，这种压力能帮助你集中注意力更透彻地了解那个知识。

练习

12

用问题卡片加强记忆

这里介绍一种比较有效的记忆策略——卡片记忆法。

在卡片的一面写上问题，在另一面写上答案。问题卡片的两面都是问题。这种卡片的关键在于，每一面的问题中都包含了另一面的答案。

卡片上的问题既可以利用初级记忆技巧，也可以利用高级记忆技巧。这样写卡片促使你将材料用不同的方式编码，从而更大程度激活大脑，加深记忆。

比如，如果你想记住《美国宪法第十八修正案》的主旨——关于禁止售酒的修正案。在卡片的一面可以写“哪次修宪禁止了售酒？”，在另一面写“《美国宪法第十八修正案》的内容是什么？”

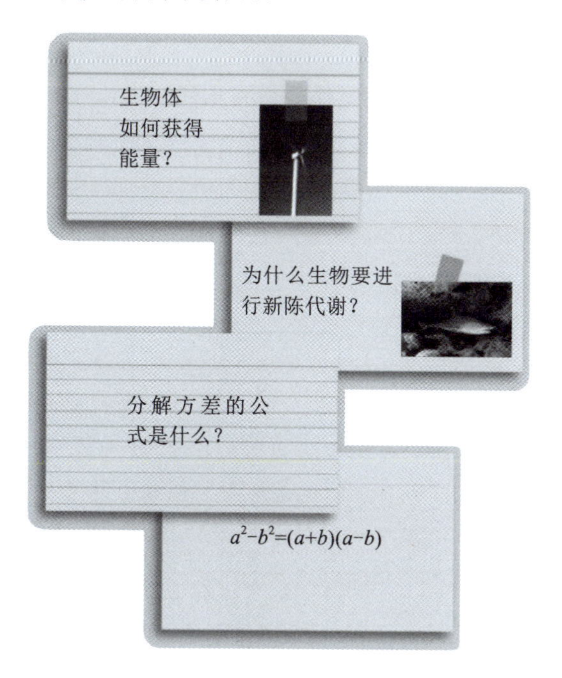

如果想充分利用卡片加深记忆，可尝试:

- 在卡片的两面都附上图片，这样可以学得更快，并通过强化视觉学习来加深记忆。
- 大声阅读问题并背诵答案。记忆的两大关键点是重复与新奇，读和背的时候可以尝试改变一点声音。第一遍轻声说，之后可以喊出来或者唱出来。该方法可以通过强化语音和听觉来加深记忆。
- 随身携带问题卡片，等待别的事情的时候就拿出来看看。多拿卡片可以通过重复学习来加深记忆。
- 在上完课或做完作业 24 小时内把你认为新出现的重要概念做成问题卡片。这是卡片的积极堆叠。不断地回答卡片上的问题，直到你学会新的概念。
- 每天复习一门科目的所有卡片，以一周为周期。比如，周一复习所有生物卡片，周二复习所有历史卡片。这些卡片会形成你的复习堆叠。

从现在就开始使用问题卡片吧！一面空白作为正面，另一面空白作为反面。第一张卡片就以怎么使用问题卡片作为主题吧！

3.4 为记忆设置陷阱

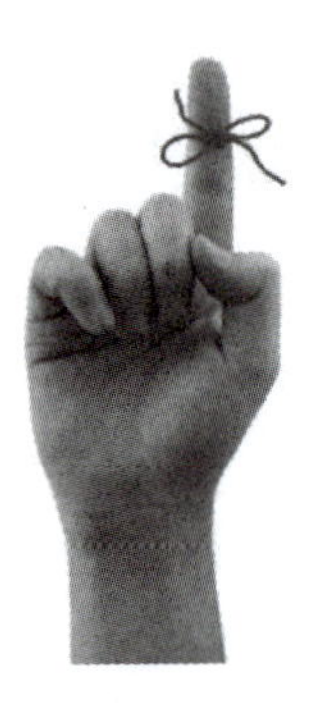

当你想提醒自己做某事时，将这件事与其他你已知的必然会发生的事情相关联。关键在于确保你选择关联的事情会发生。

比如说，你正在去上课的路上，突然想起会计作业明天截止。如果你戴了一枚戒指，就将戒指换到另一只手上。现在你就中了“陷阱”。当你每次瞥见你手上的戒指换了位置时，你就会被提醒需要记得其他重要的事情。如果你每天晚上都会清空你的口袋，可以早上在口袋里放入一件特别的物品，来提醒自己睡前需要完成的事情。例如，为了记得在妹妹生日当天给她打电话，就选择一个可以让你想起她的东西放到口袋里，比如一张她的照片。当你晚上清空口袋的时候，就会想起给她打电话了。

每天的例行事项你很难忽略，比如喂宠物或者解鞋带，这些事项就给你提供了设置陷阱的机会。例如，鞋带上系一个三迭结以提醒自己早上的学习小组会。

你甚至可以通过想象力制造陷阱。为了记得付电话账单，想象一个高大魁梧的收账人正在敲你的房门。下次你走到房门时，你很庆幸自己比他早到门口。你还有时间赶紧付账单！

移动设备也可以用来有效地设置陷阱。例如，如果希望提醒自己带课本，设置一个离家 10 分钟前的闹钟。闹钟响的时候就会记得带课本了。

连接两件事情，使关联与众不同。

练习 13

记得你的车钥匙等东西

选一样你经常忘记的东西。有些人时不时会丢车钥匙或者忘记记账。很多纪念日和生日没注意的时候就已经过去了。

选择你容易忘记的一样东西或一件事，设计一个策略来记住它，可以用本章介绍的技巧，可以研究其他人是怎么做的，也可以完全自创。描述你的技巧和结果。

类似于书中的其他练习，在这个练习中，即使看似失败了，也是成功的练习。不要担心你的方法没有奏效，先设计出来试试。如果没有奏效，再找其他方法就好。

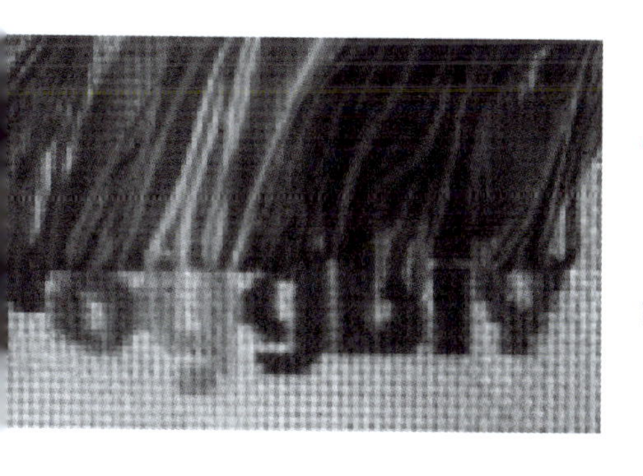

3.5 助记手段

Mnemonic 的发音为 ne-MON-ik。助记手段是基于独特的精神联想而非逻辑联系的记忆方法。

一些表演者通过助记手段展示看似不可能的记忆能力，比如仅听一次，就能喊出观众席中所有人的名字。凭借助记手段，演讲者可以不看笔记，进行数小时的演讲。

但是，这种方法也有不足之处。一个严重的局限性就是它不一定有助于你理解材料。助记方法只是一种机械记忆，它可能很复杂，而且很难回忆。并且，如果你没有把内容毫无差错地记下来，就很容易出错。

尽管有不足，但是助记手段还是有用的。使用时寻找其中的乐趣并创造出简单快速的学习方法。

助记手段主要分为五大类：

- 新词
- 富有创意的句子
- 歌谣
- 地点记忆法
- 挂钩记忆法

编造新词。缩略词是由一连串单词的首字母组成的新词，比如 NASA（National Aeronautics and Space Administration，美国国家航空和宇宙管理局）和 laser（light amplificationby stimulated emission of radiation，利用辐射的受激发射来放大光波）。

你可以创造自己的缩略词帮助你记忆一连串的事实。一个十分常见的助记缩略词是 Roy G. Biv，也就是光谱上红橙黄绿蓝靛紫的英文单词的首字母缩写（red、orange、yellow、green、blue、indigo、violet），这个缩写词帮助了上百万名学生记忆光谱。

IPMAT 这个缩略词有助于学生记住生物学中细胞分裂的不同阶段，因为它是间期（interphase）、前期（prophase）、中期（metaphase）、后期（anaphase）、末期（telophase）的首字母缩写。

技能（SKILL）这个词有助于记忆人体排泄废物的器官：皮肤（skin）、肾脏（kidneys）、肠（intestines）、肝（liver）、肺（lungs）。

大海（OCEAN）这个词有助于记忆心理学的五大人格因素：经验开放性（open-mindedness）、责任心（conscientiousness）、外倾性（extraversion）、宜人性（agreeableness）、情绪稳定性（neuroticism）。独木舟（CANOE）也可以表示这五个词的首字母缩写。

说到大海，家（HOMES）这个词能够帮助人们记忆五大湖的名称：休伦湖（Huron）、安大略湖（Ontario）、密歇根湖（Michigan）、伊利湖（Erie）、苏必利尔湖（Superior）。

箔纸（FOIL）这个词能够使学生记住二次方程两个各项相乘的顺序：两个括号各自的第一项（first）、最外两项（outer）、最靠里两项（inner）、两个括号各自的最后一项（last）。

使用创意的句子。离合文有助于记忆一连串具有含义的字母。比如，每个乖小子都做得不错（Every good boy does fine）。这个句子中每个单词的首字母同时也是五线谱中的五个高音谱号 EGBDF。

学习生物时，你需要记忆动物世界以下八大分类单位：

- 界（kingdom）
- 门（phylum）
- 纲（class）
- 目（order）
- 科（family）
- 属（genus）
- 种（species）
- 品种（variety）

信不信由你，有一个很有创意的句子辅助你记忆：国王在质量上乘的柔软天鹅绒上打牌（Kings play cards on fairly good soft velvet）。

如果你想按照从西到东的顺序记忆五大湖的名称，有一个句子是超级机器挖出泥土（Super machine heaved earth out）。句子中每个单词的首字母分别代表苏必利尔湖（Superior）、密歇根湖（Michigan）、休伦湖（Huron）、伊利湖（Erie）、安大略湖（Ontario）。

编写押韵句和歌谣。美国广告业的广告经理每年投入数十亿美元，只为策划出能够印刻在人们脑海中的广告词。可口可乐的营销中有一首歌叫“这可是真家伙”，尽管可口可乐中都是人造成分。

过去数个世纪，人们一直使用押韵句来教授基本知识。下面这个例子帮助许多学生通过了拼写测试：

I后面是E，除非I前有C（I before E except after C）

或者发音像A（Or when sounding like A）

比如邻居和称重（As in neighbor and weigh.）

若想记住一年中的12个月分别有几天，你可以说：

有30天的是9月（Thirty days hath September），

还有4、6、11月（April，June，and November），

其他月份都是31天（All the rest have 31），

单单除了2月份（Except February alone）。

使用地点记忆法。Loci这个词是Locus的复数，近义词有地方（place）和位置（location）。我们可以通过地点记忆法用熟悉的地点建立视觉联系，而独特的联系很容易被大脑记住。

地点记忆法是一种古老的方法。古希腊的演说家通过这种方法记忆长篇的演讲，如今的政治家也是如此。举个例子，假如一个政治家所持的观点是必须提高公路税以获得用于学校设备的支出，那么他在演讲之前可能会用地点记忆法建立如下的视觉联系。

首先，他踏入家门时，会想象一只大海豚穿过一个圆圈，以提醒他要在演讲的一开始向听众阐明本次演讲的目的。

然后，他会想象自己的客厅有一条碎石子路通往厨房。到了厨房，他想象出一大群孩子坐在地上，因为他们没有课桌。

到了演讲的当天，这位政治家十分紧张，出了很多汗，衣服都贴在了身上。他起身发表演讲，但是脑子却一片空白。于是，他在心里默念道：

我能想起来家里的房间。嗯，我先进了家门，哇！看到一只海豚。我想起来要说一下本次演讲的目的。然后是那条通向厨房的路，咦？那些孩子坐在地上干什么？哦，对，我想起来了，因为他们没有课桌！我们需要提高公路税给孩子们买课桌还有其他教学用品。

使用挂钩记忆法。挂钩记忆法将关键词与数字配对，每个词就相当于一个挂钩，可以“挂上”你想出的精神联系。若想有效地使用这种方法，就要掌握以下几个挂钩词汇和与其英文发音配对的词：

面包（Bun）对应1

鞋子（Shoe）对应2

树木（Tree）对应3

门（Door）对应4

蜂房（Hive）对应5

棍子（Sticks）对应6

天堂（Heaven）对应7

大门（Gate）对应8

酒（Wine）对应9

本（Ben）对应10

挂钩记忆法可以用于记忆权利法案（美国宪法的前十条修正案）。比如，要记忆第四条修正案是关于防止非法搜查和扣押的，你可以想象一个人敲你家门，要求搜查你的房子。这条修正案的意思就是除非这个人有合法的搜查证，否则你有权将其拒之门外。

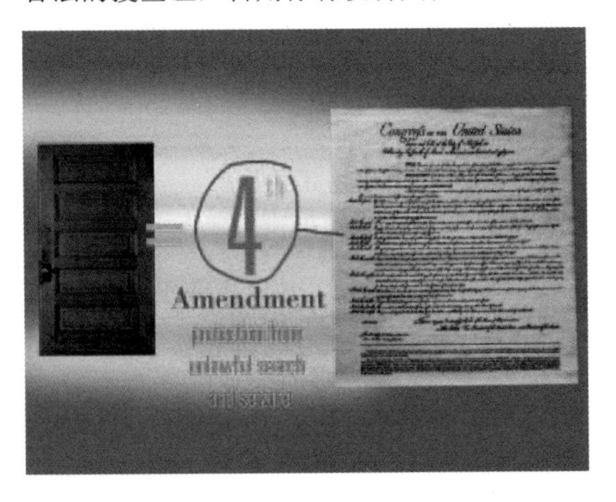

小链接：建立有助于记忆的联系

你可以把《卓越大学生成长手册》看作一个大的辅助记忆工具。本书旨在帮你建立独特的联想，以便辅助你进行记忆，也能给你带来许多乐趣。

请你自己翻看一下各个章节，找出其中出现的列表。本书有很多的列表，很多文章和互动环节基本都是方法建议列表。

助记方法常常用来记忆项目清单。一个难点是整理清单，以避免清单中的观点随意排列。因此，本书的很多清单都建立在一定的模式上。关注到这些以后，你就会发现文章是如何排篇布局的，观点是如何贯穿各个章节的。下面是几个例子：

给清单标数字

通常，清单都会被标上数字：

- 我们先来看看二这个数字。在时间监控/时间计划和消费监控/消费计划这两个练习中都出现了两个主要的阶段——监控和计划。
- 再来说说三。这本书中还能找到很多三，比如，成为优秀学生的过程包括三个阶段——发现、目标、行动。
- 相同的阶段分类还出现在每个章节末尾的技能掠影。接触式阅读中也分三个阶段——阅读前、阅读中、阅读后。同样地，沟通章节关于写论文和做展示的建议也基于前-中-后模式。
- 四这个数字也很重要。“发掘自己”章节中介绍了VARK体系中的四种才能——视觉型（visual）、听觉型（auditory）、读写型（read-write）和动觉型（kinesthetic），还介绍了学习周期中的四种模式——为什么、是什么、怎么样、假设如此会怎样。在“时间”章节中，我们使用了四个C来表示如何做到井然有序并顺利地完成任务——收集（collect）、选择（choose）、分类（classify）、完成（complete）。在“思考”章节中提到解决问题有四个步骤，选择自己的专业有四种方法。

我们还可以使用更大的数字。如果一个相对较短的清单中包含了过多的内容，你可以将这份清单列得更长一些。比如说，你可以用25这个数字进行记忆。本章就可以看作“25个记忆技巧”，“时间”章节则是“充分利用现在的25种方法”。

以上这些例子都运用了同一个记忆技巧：寻找编号列表，或者自己编一个。有时候，仅仅是用一个数字提醒你要记下的一串事物，就能帮助你不断回想，直到把这一串事物全部回忆出来：让我想想，对于会议记录中需要包含的内容有四条建议——出席人员、会议事项、同意事项和……和……行动纲要。没错！是行动纲要！

相对的事物

有时候，你可以把两个观点看作相反的、矛盾的或者似是而非的（即尽管表面上是相互矛盾的，但其实是正确的），从而将这两种观点编码。

相对的事物往往由“但是”一词连接。不过，本书的编辑想法更具创作力，他们选择使用“并且”一词。下面是一些例子：

- 本书的主要内容是如何变得优秀，并且变得优秀不是教出来的。
- 对你生活的方方面面制订具体的目标，并且运用助力过程：即便你未能达到目标，也要保持超然的心态。
- 更加有效地管理时间，制定一个待办事项清单，并制定一个不要做的事情的清单，在上面列上你不打算再让自己做的事情。
- 为了管理时间，记得做时间监控/时间计划练习，并且阻止自己查看时间，让自己暂时忘记时间的存在。
- 问题可能很难，而你可以运用本书中的助力过程学着“喜欢”它们。
- 你可以通过制订长期目标来规划自己的职业生涯，并且可以朝着自己期望的方向着眼当下，迈出一步，而不去考虑长期目标。
- 通过想出许多想法来练习发散思维和聚合思维，并且愿意随时抛弃大部分想法。

以上这些事情你也可以做到。通过创造你自己的对比事项让自己愿意抱有创造性的想法——想法越大胆，效果就越好。

3.6 记忆新工具

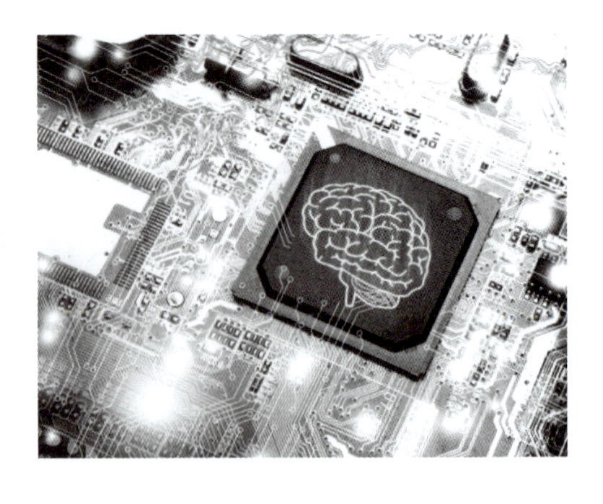

18 世纪的作家塞缪尔•约翰逊写道："准确记忆的艺术就是关注的艺术。"

约翰逊为自己的工作投入足够的关注，创作了许多随笔、小说、诗歌、文学评论，还编纂了两卷英语大辞典。

约翰逊的时代后，生活对人类注意力的要求越来越高。当今的技术发展为执行多重任务和分散注意力提供了大量方法。

同时，科技创新也带来许多促进精神集中、增强记忆的工具。

1. 轻轻点击，储存重要信息

如果能下载所有阅读过的内容或曾经见到的想法，并且马上找到具体内容所在位置，那该多么有趣实用啊！一些网站和计算机应用程序提供了多种多样的方法储存文本和图片，并且可以整理、搜索以及共享内容。这类应用程序大致分为两种。

第一种是称为"社会书签"的网站。它们可以储存、标签、分享和搜索某些网络链接。这类网站有：

- Delicious（美味书签 www.delicious.com）
- Diigo（国际著名网站 www.diigo.com）
- Pinboard（社会性书签网站 http：//pinboard.in）
- 另一种是网上笔记本和笔记应用程序，如：
- Evernote（印象笔记 www.evernote.com）
- ZohoNotebook（百会笔记本 http：//notebook.zoho.com）
- Onenote（www.onenote.com）
- Google Keep（keep.google.com）
- Notes（备忘录，苹果电脑和 iOS 设备自带软件）

它们能够让你截取网页上的文本和图片，然后进行分类整理，并添加自己的注释，方便随时查找。

使用印象笔记，你还可以添加"脱机"内容，如名片和收据的数码照片等。你可以利用标签和关键词进行搜索。

2. 用利于回忆的方式给数字文档命名

为了自己的方便，无论把文档储存在数码设备上还是储存在线上（网络云盘），你命名时都应以好记为前提。

避免使用通用类名称，如议程 .doc、笔记 .doc 等。考虑用具体的关键词命名，以便你回想文档内容。例如，以"课程 + 日期"的方式命名"生物 2000 12.1.17.doc"。工作用文档的名称可以包括项目名称或同事的名字。

3. 运用提纲软件进行信息编码

文字处理器中的大纲概括功能能够把本章中提到的几种记忆技巧结合在一起。列提纲能够把信息有意义地组织在一起。同时，用自己的语言陈述关键内容还可以增强学习效果。

给课本或笔记创建纲要时，要：

- 把书中的章节或笔记划分为不同的部分；
- 用文字处理器新建文档，列出每部分的要点；

- 用大纲视图浏览文档，把每个要点列为一级标题；
- 在每个一级标题下，用普通文本添加关键事件和其他细节；
- 复习考试时，切换至大纲浏览模式，只显示一级标题，然后像浏览报纸大标题一样阅读一级标题。

在大纲视图下，回忆每个标题下的具体内容。然后打开普通视图，检查你的记忆是否准确。

4. 有意识地选择要记住什么

无论是用智能手机还是用电脑打开搜索引擎，读完一段信息可能只需要几秒钟。但是，如果记住这段信息有利于提升你在学校和工作中的表现，那么努力尝试去记住它们吧。譬如，如果你能脱稿完成一次简短的展示，或者复述策划书中的要点，或者迅速认出某人，你的同事和同学一定会觉得你很能干吧！

练习 14

发挥创造力

发明属于自己的助记手段来记住这一章的记忆窍门。写一首小诗、顺口溜，或者利用首字母记忆。其他助记方法也可以，写下你的助记手段。

日志 9

发现陈述：回顾记忆技巧

抽出一分钟来回顾这一章的记忆技巧。也许其中一些技巧你已经用过，但是没有意识到。列出至少三个之前使用过的技巧，谈一下你是怎样用的。

3.7 如何记人名

结识新朋友、联系工作和商业合作都是从记住人名开始的。这里有一些记名字的建议。

在谈话中背诵和重复。当你听到一个人的名字时，立刻在心中默念数遍。你也可以把名字念出来，只要听起来不做作就行："很高兴见到你，玛莉亚。"

让别人背诵和重复。你可以让别人帮助你记住人名。在对方自我介绍之后，你可以问他/她名字的具体拼写和正确发音。你这样用心去记他们的名字，大多数人都会感到受宠若惊的。

你还要问清楚对方喜欢你怎么称呼他们。比起"Bob"，某些人可能更喜欢别人称呼自己为"Robert"。

想象。谈话结束后，在脑中构建那个人大概的视觉形象。为加深印象，你要把这个人的形象弄得特别一点。比如，这个人的名字就显著地写在他的大脑门上，而且是用粉色荧光笔写的。

承认你不知道。承认你没能记住某人的名字其实会让这个人感到自在。如你说："我在努力能更好地记住别人的名字，你的名字到我嘴边了，是什么来着？"

再次介绍自己。大多数时候我们认为介绍是一种一次性行为。如果你错过了别人的第一次介绍，那要记住这个人名的希望就很渺茫了。其实不一定，不要放弃，你可以重新介绍自己："我们之前见过的。我叫杰西。你能再说一遍你的名字吗？"

利用联想。从每个人身上找出一个有意思或明显的特征，把他们与各自的特征捆绑起来。例如，你可以在脑中记下"陈薇——一头乌黑的长发""詹姆斯•华盛顿——角质框架眼镜"。为强化联想，应尽快把这些内容写在小卡片上。

一次不要记太多新人名。有时，我们会一次被介绍给很多的人："爸爸，这些都是我班上的同学。""我带你去认识一下部门的全部32个同事。"

面对这种情况，先集中注意力记住两三个人的名字。不要想一次记住所有人的名字。也没有人指望你在这种介绍方式下记住他们的名字。另一个避免超负荷记忆的方法是先记住他们的姓，名可以以后再去记。

索要照片。有时，你可以要到你所见过的所有人的照片。例如，如果你刚加入一个小公司，那这个公司的宣传手册上可能有所有员工的照片。还可找别人要个人照或集体照，如果照片没有附名字，你可以把名字加上。这些照片在你努力记住人名的过程中起着"抽认卡"的作用。

早点去。如果你要去参加一个会议、派对或去上课，考虑早去一点。这时到达的人不会太多，你可以先把他们对上号。随着人陆续到达，你会听到他们之间的互相介绍——对你来说就是一种自动的温习。

把它变成游戏。如果在某个场合下很多人之间都不太认识，你可以考虑和某人来场比赛：看谁能记住更多的人名。谁输了，就要请对方看场电影或请吃顿饭。

利用现代技术。认识新人后，把他们的联系方式存入你电子邮箱的通信簿、数据库或者手机里。如果你有对方的名片，就可以把电话号码、邮箱地址和其他联系方式都录入。

要有记的意愿。关键时刻，你要是能做到全神贯注，你的记忆将发生奇迹。你可以亲自测验一下。下次有人在做自我介绍的时候，你用100%的注意力去听他的名字。坚持一段时间，看你记人名的能力会发生什么变化。

练习 15

从问题转向解决办法

很多同学发现自己喜欢抱怨学校和生活中的问题。这个练习将给你一个机会改掉这个习惯，开动脑筋去解决你现在正面临的问题——不管是记忆问题还是学校和生活其他方面的问题。

关键是要把更多的注意力放在问题的解决上，而不是问题的本身上。对于每一个问题，都想出尽可能多的解决办法。试着把问题变为一个项目（或一个行动计划）或是一个承诺，去努力改变你生活中的某个方面。当谈话的重心从问题转移到解决办法时，你就能感受到更多的可能性，释放内心那个优秀的学习者。

在下面的空白处，描述至少三个会阻碍你在学校获得成功的问题。这些问题可以与课程、老师、人际关系、经济等有关。

我的问题是……

我的问题是……

我的问题是……

下面，进行头脑风暴，给每一个问题想出至少三种解决办法。能想出十种更好。要想出那么多主意可能比较难。没关系。坚持问下去。给自己足够的时间，也可以向他人求助。

我能这样解决我的问题……

我能这样解决我的问题……

我能这样解决我的问题……

卓越达人记

玛利亚・波波瓦
（Maria Popova）

玛利亚・波波瓦创立了 Brain Pickings，将其从每周一次的电子邮件新闻简报发展为世界上访问量最大的网站之一，展示了一个业余企划如何发展成了自己的事业。

玛利亚・波波瓦经营着一个在线帝国。她的网站 Brain Pickings（brainpickings.org）每个月吸引超过两百万人次的访问。Brain Pickings 靠读者支撑运营，波波瓦以此网站为生。

这个企划由热爱而生。2006 年，波波瓦到一家广告公司兼职，当时她正在宾夕法尼亚大学学习。当时一位同事给大家发邮件，内容是公司竞争对手的简报。

波波瓦觉得这个通过邮件分享想法的方式很好，不过她希望分享的是一些别的东西。她希望与他人分享她读到的最有趣的故事。邮件的主题非常宽泛，来源可能是诗歌、小说、传记、纪实等各种体裁，还包括儿童文学。只要波波瓦喜欢，她就分享给大家。

波波瓦的第一封邮件发给了 7 个朋友。这些朋友把邮件又转发给了他们的朋友。读者群越来越大，波波瓦觉得可以把自己的邮件内容收集起来放到网上。这就是 Brain Pickings 的诞生。

波波瓦把自己的网站称为思想的“乐高百宝箱”。她相信，像许多有创造力的作家一样，将已有的不同观点相结合时，将产生意想不到的新想法。参与的人越多，得到的结果就越丰富、越有力。

在网站上，波波瓦解释道：“真正的创造和为世界做出贡献，我们需要将无数的点相连接，碰撞广泛领域的观点，反复组合这些碎片以生成新的想法。”

波波瓦经常表示自己不过是一个读者和作者，只是几乎没人做到波波瓦的深度。每个月，波波瓦要花几百个小时来研究新内容、设计网站、维护网站。

波波瓦相信心灵的健康与身体的健康相辅相成。她将在健身房运动作为她每天的开始。她经常一边在椭圆机上锻炼，一边读书，并把重点标注出来。

之后她会回到自己在家的办公室，每个工作日在网站上更新至少一条内容。同时，她在 Twitter、Facebook、Instagram、Tumblr 等其他社交网站也非常活跃。

除了运营 Brain Pickings 网站，波波瓦还是麻省理工学院的“未来娱乐会员”，她还为许多媒体供稿，包括《连线・英国版》《大西洋月刊》《纽约时报》，她还为哈佛尼曼新闻实验室撰稿。

在接受 99u.com 采访时，波波瓦解释了做这些事的目的：

我现在做的事情基本上就是我想做的事情，为此我感到非常幸运。我现在仍然是在给我自己写。我把在阅读时鼓舞我的、启发我的、对我生活有益的都写出来。别人也喜欢我写的东西，我很开心，不过这只是顺带的效果。

波波瓦说她经常收到别人的邮件，他们也希望自己能通过在网上吸引大量读者来致富。波波瓦建议他们深入自己的内心，发现那些可以让自己和他人产生共鸣的事情。她强调，一定要明白，得到关注和做得开心不是一码事。

总结起来，波波瓦的商业模式其实很简单：分享有用的想法；尊重读者，持续整理网站，不在网站上挂广告；请读者捐赠以维持网站。

这些方式违背了一般的通过网络赚钱的建议，但却非常有效。

玛利亚・波波瓦通过从书中整理和分享她最喜欢的想法来保存我们的文化记忆。

姓名____

日期____

测验

1. 按照“澎湃动能：‘恋上你的问题’”中的定义，“爱”的意思是：
   a. 努力去享受问题
   b. 练习积极思考
   c. 只关注与家人相关的问题
   d. 接受问题存在的事实

2. 研究称记忆是：
   a. 某一大脑活动模式在未来再次出现的可能性
   b. 一个编码和解码的过程
   c. 一个按阶段发生的过程
   d. 并不是你拥有的东西，而是你去做的事情
   e. 以上都是

3. 心理学家唐纳德·赫布说：“不同的神经元共同传递信号，________。”

4. 总体来说，对心脏有好处的活动都对大脑有好处。这种说法：
   a. 正确
   b. 错误

5. 为了更加高效地记住课堂内容：
   a. 至少两小时后再复习课堂笔记
   b. 至少 24 小时后再复习课堂笔记
   c. 课后 24 小时内复习课堂笔记
   d. 等到要考试之前再复习课堂笔记

6. 当你产生强烈的情感时，大脑就会控制这个部分产生额外的神经活动。我们将这部分称为________。

7. 促使你想象事实和想法的预定义格式的组织图被称为________。

8. 尽管记忆术有一些缺陷，但仍然会有用。这种说法：
   a. 正确
   b. 错误

9. 不建议将事实或想法与你的强烈感受联系在一起，因为情绪不应纳入批判性思维过程中。这种说法：
   a. 正确
   b. 错误

10. 为了验证“你永远不会忘”，首先自己要相信不会忘。这种说法：
   a. 正确
   b. 错误

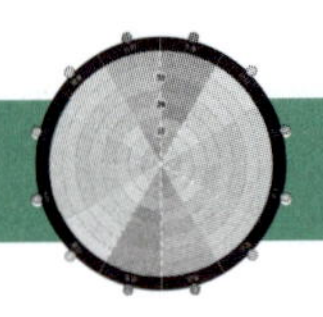

技能掠影

在开始新章节之前，请根据你已有的知识，以及本章节教给你的价值观，描述一下，你打算如何通过培养新的行为方式去提高你的工作和生活。可以根据以下框架来做：

发现

我在发现轮盘的得分是……

我已知的，和从本章节中学到的，关于记忆的观点有……

本章节让我耳目一新的是……

规划

在本章节所提供的观点当中，最有可能对我的生活产生影响的是……

能让我将这些观点付诸实施的行为有……

我可能在我的职业生涯中运用到此章节中的哪个建议……

行动

我将采用的全新行为方式是……

我采用此行为方式意味着……

我将从此行为方式中获得的收益是……

chapter 4

第 4 章 阅读

为什么？

大学教育包含大量、广泛的阅读任务。

是什么？

回想你在阅读中遇到的困难，如碰到不理解的词语，或者不得不停下来重读某个段落。现在，从本章找出至少三个你想学习和应用的阅读技巧。

怎么做？

如果想提前完成阅读任务，并轻松记住主要内容，我要怎样做？

抽出一分钟

为构建词汇表找一个工具。例如，检测你的网络浏览器能否在你双击一个单词时显示其定义。你也可以搜索一个词典软件，并把它下载到你的手机或平板电脑上。

澎湃动能

注意并消除头脑中的图像

大脑的一个主要工作是产生图像。我们利用脑图对世界做出预测，我们很多的行为举止也是基于这些预测的结果。

图像有时也会成为我们的障碍。例如，有个学生即将去一所从未去过的大学上学。他选择这所学校是因为其雄厚的实力和良好的学术环境，但他还想了很多。在他脑中，校园古朴典雅、绿树成荫；他将和室友成为至交好友；校园餐厅将提供各种各样的美食，而且环境舒适，他可以和同学们在那里推心置腹地聊天，开展头脑风暴；学校的图书馆也是包罗万象；计算机中心配有最先进的设备。

然而，这所学校的建筑却是“灰头土脸”；他上的第一堂课，讲台上站的是一个秃顶的胖老师，穿着款式过时的格纹西装；校园餐厅毫无特色，机器配食；而狭小的宿舍仅能放下室友的一把大号。这个学生极度郁闷，甚至有了辍学的想法。

图像的影响之大不足为奇。大脑处理图像的效率极高。例如，在几秒内，你就能识别出熟悉的面孔，并“读”出对方的情绪状态。如果对方的情绪不是你所预期的，那你就会遇到问题，原因在于：现实跟你先前的脑中图像没有对应。

图像的问题就在于，它会使我们看不到真正存在的东西。故事中的学生就是这样。因为有了先入为主的那些图像，他就看不到学校的其他优势——位于一个文化气息浓厚的城市中心，交通便利，邻近剧院、博物馆、政府办公楼、俱乐部以及各种各样的商店；那位穿着款式过时西装的教授不仅是他那个领域的专家，也是一位难得的好老师；学校食堂不好，但是学校周围有很多经济美味的小餐馆……

气愤和失望都是由图像而起。我们在事情发生前总会有期望。有时，我们甚至意识不到自己有这些期望。下次你感到气愤、失望和气馁的时候，看看是哪些你所期望的图像没有得到满足。

当你注意到图像给你带来某种障碍时，就应该温柔地请它们出门，就像烟雾在微风的吹拂下慢慢飘走那样。

在阅读中，这个澎湃动能可谓救命稻草。一些学生在上大学时，脑中满是毕业前需要阅读的书单的图像。他们预想着自己会厌烦、困惑，以及担心完不成功课。如果有此类图像，那么请主动消除。本章会帮助你重构阅读的完整体验，这对成功至关重要。

有时，我们可以用新图片来替换老图片。这些新图片会带给你一个全新的视角。你的新图片可能不会像老图片那样惬意、真实。那也没事。给它一些时间。是你的大脑和你本人主导着这些图片。

4.1 肌肉阅读

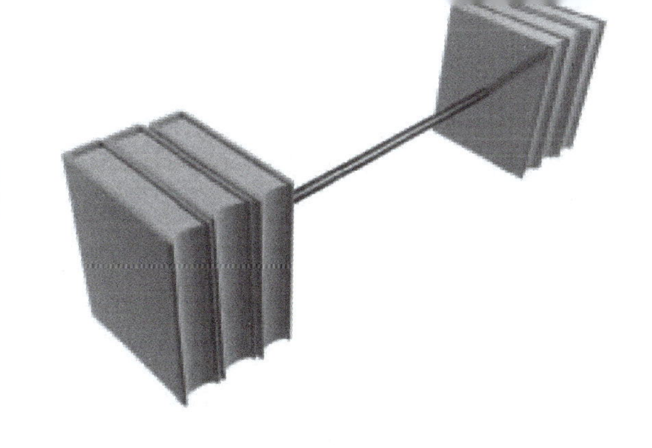

有效的教科书阅读需要你积极投入、专心致志、挺直腰板。这就是为什么我们称之为肌肉阅读。

想象自己坐在书桌前，手里拿着一本书。你的双眼盯着手中的书，好像是在阅读。突然，你抬起头来，眨一眨眼睛，才意识到目光在这一页上已经停留了10分钟，但不知所云。

终于，你在晚上8点有时间读书了。你的阅读作业是“普通股投资的会计权益法”。你在艰难读完前两段、即将开始第三段时告诉自己，“我在为未来做准备”。

突然，你发现已经晚上11点了。跟过去的3个小时说再见吧。有时，安眠药和教科书之间的唯一区别是教科书不会像安眠药一样贴有“服用后请勿操作重型机械”的提醒标签。

而对比之下，一个积极的读者会有如下行为：

（1）保持清醒，主动针对阅读材料提问，并寻找答案。

（2）分清文章的信息级别，把要点及总论点与分论点区分开来。

（3）给自己设计测验，做阅读笔记，记录没有找到答案的问题。

（4）迅速发现关键词，花时间去找不熟悉的概念的定义。

（5）带着批判性思维阅读，抓住机会应用阅读中学到的东西。

听起来貌似有很多事情要做。但聪明的读者却能在满足上述要求甚至更多要求的同时，依然享受阅读这一过程。优秀的学生积极阅读。他们甚至愿意处理最具挑战性的文本，下画线、标重点、做注释。

优秀学生致力于通过阅读改变人生。对每一章他们都会问：“有何意义？有何回报？我怎么利用这个来实现我的目标？”优秀学生会创建任务清单，除了在阅读中做标记，在读完一本有意义的书籍时，还会与其他人进行讨论。这样阅读就变成了一种再创造性行为。

要达到这种状态，阅读的时候大脑中就需要有一个系统。肌肉阅读可以帮助你避免在学习时开小差，或是打瞌睡，哪怕是在劳累了一天之后。肌肉阅读通过增加能量和提高阅读技能，从而降低阅读难度，增强阅读效果。

提升阅读技巧不仅能使你在学校表现优异，还能增加收入。国家艺术基金会的一份报告显示，熟练读者的收入高于一般读者。此外，优秀的读者更易担任经理或其他专家职位。

但这也不是说肌肉阅读将使你的工作或学习如沐春风、一帆风顺。一开始，你甚至会感觉它增加了你的工作量。我们学习任何一个新技能的时候都会这样。给你的肌肉一些时间来练习阅读。时间与耐心并存，你终会有所收获——对阅读有更多、更深的理解，识记更多你所理解的内容。

4.2 肌肉阅读的原理

肌肉阅读分为三个阶段，帮助你抓住想要获得的思想和信息。

- 阶段一：包括阅读前需采取的步骤。
- 阶段二：包括阅读中需采取的步骤。
- 阶段三：包括阅读后需采取的步骤。

每一个阶段包括几个步骤。

阶段一：阅读前

第一步：预览；

第二步：把握大纲；

第三步：提问。

阶段二：阅读中

第四步：划重点。

第五步：标记答案。

阶段三：阅读后

第六步：背诵；

第七步：复习；

第八步：再复习。

如果你觉得上面的“八步阅读法”容易忘记，下面三个短句能帮助你回想肌肉阅读的具体策略：

锹出问题—挖掘答案—背诵、复习、再复习。

这三组短语与肌肉阅读的三个阶段八个步骤相对应，将八个步骤的内容高度浓缩其中。

花些功夫给每个句子创造一个图像。

在阶段一中，想象你要从一个文本中找到问题。你想解答这些问题是由于你的作业有个小调查。想象你在浏览一篇阅读材料时找到了问题，通过联系上下文试图找到答案。你要对自己说：“我能做到的，这就是我的问题。”

在阶段二中，专注于解答你的问题。你可以画线、加亮或者用其他方式标注你的文本。要把答案凸显出来便于查找。

最后，进入阶段三。有声地背出你学到的内容。根据你刚才复习的材料发表一个相关的演说或是唱一首相关的歌。

为了锻炼你的记忆力，把肌肉阅读的首

字母写在你笔记的空白边缘或者顶上的位置，然后再核对一下你应该做的下一步。你也可以在 3×5 的卡片上写下肌肉阅读的步骤，然后把这些卡片当作书签。

肌肉阅读需要一段时间才能学会。一开始你可能会感觉这么做拖累了你阅读的进度，但这是正常的，因为你在学一项新技能。你总需要时间和练习来掌握一项新技能。

1. 阶段一：阅读前

第一步：预览

开始阅读之前，先把整个阅读材料预览一遍。这一步的意义不在于记住预览的内容，而在于为输入的信息做好大脑热身工作。

如果你准备阅读一本新书，先把目录浏览一遍，然后把书从头到尾翻一遍。如果你打算阅读一章，那就先把这一章的内容翻一遍。即使你的阅读任务只是一本书中的某几页，大致地浏览整本书的目录也是有好处的。

阅读所有的章节标题和副标题。与新闻标题一样，这些标题通常也是大号加粗字体。标题本身往往就是言简意赅的摘要。如果想要预览得更全面，那就读一章里开端和最后的几段，或者每一段的第一句。

留意内容摘要。如果阅读材料过长或过于复杂，那就先阅读摘要。很多教材的引言部分或章节后面都有摘要。

预览时，找出熟悉的概念、事实和观点。这样，把新信息与之前学过的材料联系起来，有助于增加对材料的理解。花一会儿时间来回想你对主题已经了解哪些，即便你一无所知。这个技巧会让你的大脑做好接受新知识的准备。

找出那些能激发你想象力和好奇心的观点。仔细观察绘图、图解、图表、表格说明和注释等。

想象考试中会出现哪种问题。预览能帮助你明确阅读的目录。问自己将如何来处理文本，它们与你的长期目标有什么关系。是只需要了解大意，还是要了解关键细节，或是全部。

预览的速度要快。若你的阅读时间不足1小时，那预览的时间最好就是5分钟。预览也是一种迫使自己开始的好方法，让你在不知不觉中就进入状态。

第二步：把握大纲

对于复杂的文本，需要花点时间去掌握内容提要，这样不仅能厘清思路，还能降低复杂信息的理解难度。

如果教材提供每章大纲的话，那需要花点时间学习一下。如果未提供，在书页的空白处或你笔记的开端处简明扼要地写一个大纲。之后，当你一边阅读一边记笔记时，可以对大纲进行补充。

阅读材料的标题基本可以成为大纲的内容。例如，本节的标题是“阶段一：阅读前”，副标题是“本阶段的三个步骤”。写大纲时，重写这些标题可以加深你的印象。

你在这一步花的时间可长可短。对于某些材料，花10秒钟在脑部虚拟一下大纲就足够。有一些材料（例如小说和诗歌），则可以完全忽略这一步。

第三步：提问

认真阅读之前，先问清楚自己想从这项阅读任务中得到什么。然后写下一串问题，包括预览中想到的问题。

另一个有用的技巧是把章节标题和副标题变为问题。如果标题是“转移和建议”，你就可以问自己：“什么是转移和建议？转移和建议是什么关系？”编一份测试题，就好像你是在给同学讲解这个话题。

若没有标题，就寻找关键句，并把这些句子设计成问题。这些句子通常出现在段落的开头和结尾处。

阅读更深入，问题则更深刻。除非你的阅读只是想得到事实，否则你就需要超越简单的是非、真假问题。问题可以激发你去定义关键术语，区分主次细节，以及在观点间建立联系。通常，这些问题都有不止一个正确答案。

掌握这个技巧吧。让问题变得有趣、有创造力。你无须回答你提出的每一个问题。提出问题的目的就是让大脑参与到任务中。把你未回答的问题带到课堂，它们会激发课堂讨论。要让教科书物有所值。如果你不理解某个概念，那么就把问题详细写出来。问题越具体，越有效。

2. 阶段二：阅读中

第四步：划重点

到这里，你终于完成了预览、梳理了思路并且提出了问题。现在，你可以开始阅读了。

阅读时很容易自欺欺人。手捧一本书，眼睛盯着某一页，不表示你在真正地阅读。阅读需要集中注意力。

阅读的时候，要知道自己所在的位置和自己所做的事情。注意到自己注意力分散时，要慢慢地把它拉回来，这样做的方法有很多。

首先，摆出让精力集中的姿势。如果观察企业高管，你会发现他们中有些人坐的椅子总是从边缘开始出现磨损。像一个公司总裁那样去完成你的阅读任务。要坐得端正，背部挺直，坐在椅子的边缘。不要在床上看书——除非是休闲阅读。

避免马拉松式的阅读。要有一个合理的、

整体的阅读目标，但是一定要劳逸结合，中间要安排休息时间，每阅读一两个小时就奖励自己 10 ～ 15 分钟的时间做点自己喜欢的事情。

对于难度大的阅读材料，应设定有限的目标，可以每半个小时休息一次。许多同学都发现，把一项阅读任务分为一个个小的时间段，在一天或一周内分次完成，要比一气呵成更有效率。

阅读时，尽力发挥你的想象。在头脑中勾勒图画，再现你读到的概念。如读到“一个付款凭单制度可以帮助控制现金支出”，你就可以想象担保人发放钞票的画面。这种视觉想象可以加深你对文章的理解，同时还能把信息迁入为长时记忆。

大声朗读，尤其是阅读那些复杂的文本时。有些人拥有很好的听觉记忆力和理解力，更容易记住和理解听到的内容。

“感觉”阅读的内容。假如你在阅读生物书中有关微生物草履虫的内容，你就可以想象自己触摸这种形似雪茄烟微生物时的感觉，以及它那毛茸茸的身体在你手中爬来爬去让你直痒痒的感觉。

此外，推测作者会如何回答你的关键问题，并在阅读的过程中查看你的预测是否准确。

第五步：标记答案

边读边寻找问题的答案。你是一名侦探，不会放过任何一条线索。每找到一个答案，就把它清晰地标记出来。

不要过分爱惜你的书，不要读完一本书后发现它还是干干净净的，请尽情享受涂写的乐趣吧。用加亮、下画线、评语、填充提纲等各种标记方式来强化阅读。在这个时候尽情弥补童年的遗憾吧！

在书上做标记还有其他益处。手里拿着一支荧光笔、钢笔或者铅笔进行阅读的时候，你就加入了自己的动觉。上一章已经提到，动起来可以帮助你建立更强的记忆联结，加深印象。

标记的方式有很多，如：

- 在特别重要的术语或句子旁画星号（*）或惊叹号（！）。
- 把重要的术语和词语圈起来，方便在字典中查找。
- 把重要术语的简短定义写在旁边。
- 对可能出现在考试中的内容，或是不理解的段落，或是你想在课堂提问的内容，在它们旁边写上字母“Q”，代表问题（question）。
- 在空白处写下你的评论——同意或不同意作者的观点。
- 在空白处做一个迷你索引，标注出书中的哪些页讨论了相同的内容。
- 用自己的语言总结。
- 改写章节题目、标题和副标题，让它们对你有更加特殊的意义。
- 画出图表、图形、表格或地图，把文字转化为图形。
- 如果有多个步骤，或是一系列要点，可以给它们添加编号。
- 在文章空白处写下主要元素间的关系。如标明观点和例证间的关系。
- 如果你推断出某个问题的答案，或者是自己有了新的想法，也写下来。

不要急于做出标记，等到读完一章或一节内容，掌握要点后，再动手标记。有时，最好的选择是每读完一个段落就进行标记。

还要谨记，标记内容的目的是找出重要的概念和信息，方便日后回顾。准备考试时，标记出重要信息可以节省许多复习时间。一本书标记出的内容不要超过全书的 10%，过犹不及。如果标记太多，就失去了标记的意义——为了日后复习最重要的内容。

最后，写下新出现的问题和那些你没有找到答案的问题。在课堂上提问，或是私下请教老师。课本就是用来解答学生疑问的，你一定要好好利用。

小链接：五种突出重点的技巧

肌肉阅读的第五步提到了一个常用方法：荧光笔加亮。荧光笔是很有用的一种工具，但人们总有滥用荧光笔的倾向。过度使用荧光笔不但会增加复习时阅读的难度，还会影响书的美观。你应该对得起你花钱买的书。应有效地利用荧光笔强调重点，这样几年之后，书还会具有可读性。

第一，要仔细阅读。开始用荧光笔标注之前，至少要仔细阅读一章或一节的内容。不要急着去做标记。先对文章的内容有一个大致了解。对于不好理解的部分，要反复阅读之后再决定是否做标记。

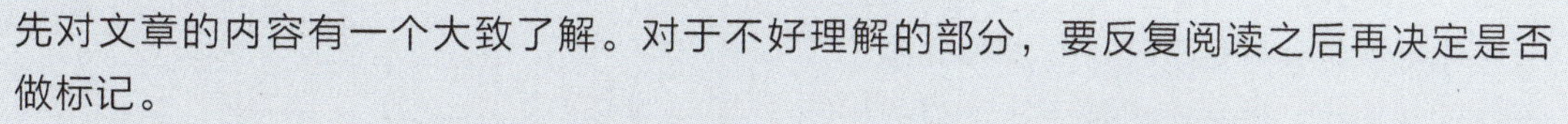

第二，提前决定要标记的内容。或许在一本书里，你只需要标记某几个章节的内容就可以达到目的。做标记的时候，要寻找那些能回答你在肌肉阅读第三步中提出的问题的段落。不要对整个段落做标记，选中其中个别的词、短语或句子标记就可以了。总之，下笔之前一定要选择一个总体的战略。

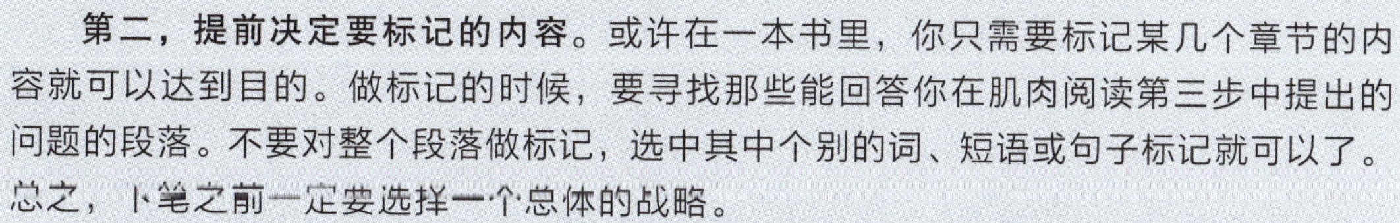

第三，先背诵。标记前，可以先进行肌肉阅读的第六步背诵。和自己或他人谈论你所阅读的内容，可以帮助你抓住文章的精髓。先背诵，然后再回过头去标记。这样，或许会更有针对性。

第四，先用下画线，再用荧光笔。先用铅笔在重要段落下画上线条，然后合上书，过一会儿重新翻到这部分，检查自己下画线所选择的内容，或许有些内容是没必要的，那就用荧光笔把最精髓的内容标记出来。

第五，利用荧光标记检查自己的理解。在使用下画线和荧光笔标记重点的过程中，批判性思维起了一定的作用。你需要决定自己需要记住的内容，你也可以推测考试中可能会涉及的内容。

利用标记来检查的理解，则是更进一步的批判性思维。时不时地停下来回过头看看自己标记的内容，看自己是否准确区分了重点和支持内容。过多的标记——如果标记的内容占到全书的 10%——就说明你并没有区分这二者，而且你并没有真正地理解你所阅读的内容。本章的剩余内容会告诉你更多方法。

3. 阶段三：阅读后

第六步：背诵

对自己说出你所阅读的内容。也可以找其他人当你的听众。完成某项阅读任务之后，就阅读内容做一个演讲。背诵的时候，你是在练习认知的一个重要方面——合成，或者说把单个的观点和事实综合为一个有意义的整体。

你可以这样开始背诵，看着被你画了下画线的知识点，然后把书放下，大声说出刚才所看的内容，并就某一点做出尽可能详细的解释。

让此法更为有效的是在镜子前进行。可能看起来有点傻，但帮助极大。考试的时候你就知道了。

一个相关的技巧是停止周期性阅读，对所读内容写一个短小、形式自由的总结。一项研究表明，这个非正式的“检索训练”比其他学习技巧更能帮助学生回忆信息。

同学比镜子还要好。你和同学可以建立一个小组，你们可以轮流当老师和学生，告诉彼此你们通过阅读学到的东西。学习的最好方式之一便是把你学到的东西教给别人。

此外，要抓住一切机会谈论你所阅读的内容。例如，告诉你的家人和朋友你从书中学到了什么。

谈论阅读内容可以增强你的概括能力，这个能力是很可贵的。你可以这样练习：从某本书中选出一章（或一章中的一节），先陈述本章所涉及的主题，然后陈述作者就这个主题阐述了哪些要点。

例如，到目前为止本章的主题是肌肉阅读。关于这一主题的要点是肌肉阅读包括三个阶段——阅读前、阅读中和阅读后。要再具体点的话，你可以说出每个阶段分别包括哪几步。

注意：这种“主题 - 要点”的方法不太适用于短篇小说、长篇小说、戏剧或其他小说作品的内容概括。对于这类题材，你应注重主人公的行为。大多数小说中的主人公都会遇到一个大难题，然后采取一系列措施去解决这个难题。你可以描述这个矛盾以及主角采取的主要行动，也就是故事的转折点。

第七步：复习

阅读之后的 24 小时内要做一次完整的复习。注意了，这一点很关键：24 小时之内的复习能把信息从短时记忆转化为长时记忆。

一天之内复习。如果你是周三做的阅读，那就周四复习。这次复习，要仔细检查你做的笔记，弄懂所有之前没有明白的问题。把某些要点再背诵一遍。

第八步：再复习

肌肉阅读的第八步是一周一次或一月一次的复习。这一步很短——可能每项阅读任务花个四五分钟就可以了。只要看你做的笔记和文章中重点突出的部分就行。必要的话，背诵一两个相对复杂的要点。

这种复习的目的是使神经通路对信息保持通畅，使它们更清楚。这样，信息就能更易被回想起来。只要稍做准备，这种快速复习在任何时候、任何地点都可以进行。

等公交的时候，等袜子干的时候，等水烧开的时候，你都可以进行几分钟的复习。一张标准的小卡片是很方便的复习工具。把论点、公式、概念或是事实都写在卡片上，随身携带。抓住空闲时间，不费吹灰之力，而且乐在其中。

有时候，则需要较长时间的复习。例如，如果你觉得某阅读材料比较难懂，就需要考虑重新阅读。有时，你会从第二次阅读中获得意想不到的收获。

几十年前，心理学家发现了“首因 - 近

因效应”，也就是说我们在任何情况下接收到的信息，往往第一个和最后一个最易被记住。阅读中的预习和复习利用的就是这个原理。

小提示

简洁概括肌肉阅读

记住，肌肉阅读只是一种总体的方法，并不需要你刻板地一步一步去做。下面是对肌肉阅读法比较简洁的概括，很多学生都觉得有用。随便在本书中选一章来练习一下吧。

预览和提出问题。快速浏览每一页，寻找一切吸引你注意力的东西——标题、副标题、图表、照片。将每一篇文章的标题变成问题。例如，“肌肉阅读的原理”可以变成“肌肉阅读的原理是什么？”将你的问题在纸上列出来。或者把每一个问题分别写在小卡片上。

边读边回答问题。把阅读过的每一篇文章，再回头看一遍，把能回答你问题的内容标出来。

背诵和复习。读完这一章之后，合上书。先通过看每一个问题并回答的方式来背诵书里的内容。再翻开书寻找问题的答案，用这种方式来背诵。然后再次复习，自己考考自己。

这个复习过程可能很短。你或许仅用 15 分钟就可以复习一两个小时的复杂阅读任务。现在花十几分钟时间会为你将来省下应对考试的数小时。

4.3 网页和电子书的肌肉阅读

本章所述的技巧不仅适用于印刷好的课本。

肌肉阅读的三阶段同样适用于在电脑上、手机上或平板电脑上阅读网页或电子书。

1. 阶段一：阅读前

在这一阶段，肌肉阅读的核心技巧是预习、提纲和提问。它们都是进行深入阅读的准备。阅读电子文本，你还可以多做一项准备，增强文章可读性。

首先，改变文本外观。调整文字大小和字体。许多电子阅读器还可以改变文本颜色，以及文本与背景的对比度。这些设置在灯光昏暗的阅读场所尤为有用。

其次，去掉多余的东西。打开网页，总免不了出现广告、动画，或者弹出窗口。屏蔽或关闭一切无关信息，专心阅读，否则，会浪费时间、分散精力。

Readability 网站（readability.com）可以为浏览器添加扩展和书签小工具。（书签小工具是很小的应用程序，可以给浏览器添加一项具体的功能。）苹果浏览器 Safari 和其他网络浏览器也有自带的“阅读器”，具备

日志10

发现 / 目标陈述：实验肌肉阅读

读完“肌肉阅读”的相关步骤后，回顾一下自己的阅读技巧。你是低估了还是高估了自己的阅读技巧和效率呢？把你的发现写在下面：

我发现我……

很多同学发现他们只是单纯地对课本进行“阅读”。在上文，你已经读到了另外七个很有用处的步骤。根据课本的内容、阅读作业、你可以支配的时间以及对阅读材料的投入程度，你也许会通过练习发现那些对你最有效的阅读步骤。现在，下定决心，实践一下肌肉阅读的所有步骤，首先，完成下列目标陈述。

在接下来的两周内，我准备在课堂上运用下列肌肉阅读步骤。

□预览
□把握大纲
□提问
□划重点
□标记答案
□背诵
□复习
□再复习

与 Readability 相同的功能。

2. 阶段二：阅读中

在这个阶段，熟练的读者会根据问题寻找答案，并在文中标记。电子书的下列功能可以帮助我们。

查看目录。翻看目录，阅读每章的主标题和副标题，可以了解文章大意。点击任意标题，可以获得这部分的具体内容。表格等可能会单独列在目录中，请多加注意。

利用导航工具。要翻阅电子书书页，寻找“上一页”和“下一页”的按键，或者每一页左右两边的箭头符号。很多电子书都有“到 _ 页”的功能，让你可以直接跳到某一页。

搜索文本。寻找搜索框，输入关键词，找到全文中提到那个关键词的地方。

点击超链接。很多电子书都包含对文中词语的解释。你需要做的就是标出一个词，然后点击。同时电子书可能还有超链接，能到达相关主题的网站。

加亮和注解。电子书阅读器可以选择词语、句子或段落，并用鲜艳的颜色加亮。你还可以在自己的笔记中添加注解，直接链接到某本书的某一页。

即使有上述功能，有时你或许还是喜欢纸质书籍，尤其是文章中包含大量插图和表格，小小的屏幕没办法显示清楚的时候。遇到这种情况，可以去图书馆或书店参看电子书的纸质版。纸质版和电子版相辅相成、相得益彰。

3. 阶段三：阅读后

肌肉阅读的最后阶段是通过背诵和复习把信息迁入长时记忆中。这需要你在阅读材料中将要点定位，并进行总结。

电子书有助于迅速生成总结。譬如，亚马逊的 Kindle 阅读器可以一次显示所有被你加亮的篇章。另一种方法是复制这些段落，然后粘贴到文字处理文档中。为了避免被指抄袭，用引号做标记，并注明出处。

4.4 工作中的肌肉阅读

脑力劳动者阅读广泛。他们会读技术手册、销售手册、工作准则及程序、简报、邮件、网站、通信、发票、申请表、会议纪要、手册、年度报告、职责描述、小册子……

日志11

发现 / 目标陈述：反思你的在线阅读习惯

花几分钟的时间，回顾你如何阅读网页和电子书。假设你可以阅读一本书的三种形式——网页版、电子版和印刷版。哪种形式能够帮助你更好地理解内容，有效地利用阅读时间？你会针对不同版本采取不同的阅读策略吗？完成下面的句子：

阅读网页和电子书时，我发现：当我……时，阅读变得最有效率。

当我……时，阅读效率最差。

为了今后更好地阅读网页和电子书，我打算……

肌肉阅读的技巧可以帮助你解决所有的阅读材料，并且从中提炼出你需要的信息。

带着目的开始。在工作时，你阅读的目的可能是得到一个特定的结果——为了学会一项技能或是得到一些能帮助完成任务的信息。在深入阅读某个话题前，牢记这个目的。

这就是肌肉阅读的第三步——问问题发挥作用的时候了。看看你能不能用一个问题来表达你的目的。

假设你阅读的目的是要学习一些关于市场营销的知识。把这个目的转换成一个问题：优秀的市场营销由哪些因素组成？随后你可以阅读各类书籍文章来寻找答案。

用非线性的阅读来提炼宝贵信息。想想你还是个小孩时是怎么开始学习阅读的。你拿起一本书，从书上的第一个单词一个一个地看到句子或是这一页的结尾。

等你长大一点儿后，接触到了篇幅更长的文章，每次阅读都是用基本相同的方法：从文章的开头开始逐字逐句地读到最后一段的最后一词。

其实，应该用在人群中寻找熟人的方法来阅读。快速地扫过人群直到你找到熟悉的那张脸。你在阅读时，大脑也可以这样处理。和找人一样，只不过是在文章中寻找包含你所需答案的那个段落。

这个方法的关键是要对你的材料进行多次的通读。你的第一次通读应该是预览式的——这是肌肉阅读的第一步。

然后再进行第二次通读。读一遍每一段的第一句或者每一节的第一段和最后一段。

如果你想要获得更细致的内容，那就再多通读一遍。把阅读速度降下来，并且在每次读的时候多注意细节。

在每次对一个文档进行通读时，你可以完全跳过某个章节，或者不按顺序来看。这就是非线性的阅读方法。你甚至可以从章节或者文章的末尾开始读，这样你可以先看到小结或是总结的部分，而这一部分正是你所需要的。

创建一个“阅读”文件夹。你在工作时会碰到的资料大多数是基本的背景材料——这些材料很重要，但却并不紧急。把这些文档放在电子文件夹或者纸质档案袋里，并做上“等待阅读”的标记，等以后有空闲时间的时候再读。

小心读博客过多。读博客很有用，但这也会消耗你过多的时间。要从博客中获得最有效的信息，你需要：

- **做一个时刻表**。你应该设定一个特定的时间段去看博客，而不是在上班的时候时不时点开博客看。
- **设定限制**。如果你是一个重度的博客读者，监控一下你每周花在博客上的时间。结果可能会让你震惊。
- **订阅RSS阅读器来监控微博**。RSS阅读器是对经常更新的网址做摘要的网络工具。（RSS代表的是“丰富站点摘要”或是“真正简易聚合”。）著名的RSS阅读器有NetNewsWire、My Yahoo!和Google Reader。
- **限制你阅读的博客数量**。如果你要在你的RSS阅读器中增加一项新内容，那么最好删掉一个旧的。

行动导向阅读。

你可以把任何材料变成一张任务清单。例如，在一句话或一段话的旁边写一个大大的A代表行动（action）。或者在旁边画个方框，等你采取恰当的行动后，在方框里打个对号。或者把可执行的项目直接加入你的日历或待办事情的列表中。

最重要的是，工作中的阅读最终意味着一点——完成某件事。

4.5 阅读困难时

有时，常规的阅读方法并不够。一项看似艰巨的阅读任务会让很多同学感到举步维艰。要摆脱困境，就需要迈出第一步：敢于承认自己的困惑。

成功的读者会跟踪自己对阅读材料的理解。他们不会把困惑当作个人能力不足或是个人的缺陷；相反，困惑刚好为他们改变阅读策略提供了线索，从而更深层地去消化阅读的内容。

不知为何，同学们会认为阅读就是翻开一本书，老老实实、逐字逐句地从头读到尾，一字不落。其实，如果按照这种方式来读，那效率就太低了。

大胆改变你的习惯读法。任何一份阅读材料，都让自己有轻松“过”的机会。比如在预览时，只需留意文章中的关键词、重点段落和重点语句就可以了。

下一步，再次略读整个章节或是整篇文章，这次的时间要比预览时长，吸收的东西也更多。最后，深入阅读，对某些或是全部内容进行逐字逐句的消化。同时，也考虑以下建议。

寻找必要的词。如果困在某个段落读不下去，可以忽略句子中所有的形容词和副词，读完句子。找到重要的词，这些重要的词通常是动词和名词。

进行小复习。用口头语言或书面文字概括所读过的内容。读完每个段落时，用自己的话背诵刚才读过的内容。快速做笔记或写一个简短的提纲或摘要。

大声朗读。把一篇文章反复大声读几遍，每次用不同的音调，强调句子中不同的部分。发挥你的创造力。好像你就是那个说话的作者。

站起来。时不时地变换姿势可以减缓疲劳。试着站立阅读，尤其是面对难度较大的文章时，站立诵读会有更好的效果。

跳过去。直接跳到下一节，或是某一篇文章或章节的结尾，这会使你失去对整体内容的了解。其实，只要看看下一步、下一个要点或是摘要就可以帮助你从大背景中去理解细节。再回顾一下本文中一连串建议的步骤，寻找对应的例子。按照适合你的顺序进行排列——可能与作者的排列不同，吸收有用的建议和事实。

换一本书。从图书馆中找一本类似的书。有时把某个概念换一种表达方式，就会更容易理解。儿童书籍，尤其是儿童百科全书，能很好地解答人们的很多困惑。

遇到障碍时做标记。陷入阅读困境时，可以先停下来，然后进行分析。在停顿之处，用铅笔标上字母“S”，表示被困。如果连续几页下来都出现“S”这种标记，这就表示你需要先解答一些问题，然后继续往下阅读。

这是“科森法”的精髓，以康奈尔大学第八任校长戴尔·科森的名字命名。科森认为，遇到阅读困难时要问自己：我究竟不理解什么？在阅读时，重点放在你不懂的第一句、第一段、第一页。之后设置一个定时器，用 15 分钟来试图解决你的困惑。记录你在这段时间做的一切事情。

寻求帮助。陷于阅读困境时，要敢于面对。跟同学、学习小组的成员或者辅导员交流阅读中的问题。很多学校都有免费辅导服务，如果你的学校没有此项服务，你可以向那些已经修完这门课程的过来人求助。

与你的老师预约谈话。大部分老师都会欢迎学生单独与他交流。如果你使用了“科森法”，你就能详细地说出困惑，并讲述你为了解决困惑而采取的行动。这会为你省时间，并加深老师对你的印象。

停止阅读。即使上面所有的建议都不管用，也不要绝望。承认自己的困惑，然后休息一下。看场电影，散会儿步，换门课程学习，或是倒头睡一觉。当你投入另一件事当中时，你已经吸收的概念可能会出现在潜意识里。给这个过程一点时间。再次回到这个阅读材料时，或许就豁然开朗了。

不知为何，同学们会认为阅读就是翻开一本书，老老实实、逐字逐句地从头读到尾，一字不落。

其实，如果按照这种方式来阅读，那效率就太低了。

4.6 跨越路障，轻松阅读

当你面临更重大的困难时，就算用最擅长的阅读策略都没有用。这些摆在你阅读路上的障碍可能主要来自以下四个方面：

（1）找不到充裕的时间进行阅读。

（2）发现有时间之后，不知道读什么。

（3）读书时，被其他人不断打扰。

（4）记不住阅读材料的主旨。

想知道如何跨越这些“路障”吗？那就继续读下去吧。

1. 选择读书内容

关于时间管理的书总是提到“80/20 原则”。根据这个原则，任何团队产生的价值中，有 80% 总是来自 20% 的成员。比如你的任务列表上有 10 件事，你其实只用做两件事，就能得到你预期结果的 80% 了。

关键就是不要太在意这些数字，记住下面这一条原则：专注于产生价值最多的事件。用“80/20”的原则来审视一下你的阅读。例如：

（1）一篇文章一共有 10 段，你可能会在标题和第一段就发现 80% 的关键主题。

（2）如果你需要读 50 页，你也许会发现最重要的事实和观点加起来只有 10 页而已。

（3）如果一门课你需要读 5 本书，你也许会发现考试的很多问题主要出自一本书。

必须提醒你，“80/20 原则”并不是说只需要完成 20% 的阅读作业。如果你这样做，就是在拿自己的学业开玩笑。不管你在读什么，为了找到材料中重要的部分，你首先要对整体材料有一定程度的熟悉。

好的阅读者总是会做出要读哪些和不读哪些的选择。他们知道有的内容对实现阅读目的更有价值，有的则稍逊一筹。在一篇文章里，可能有的段落是重中之重。读书的过程中，他们会问：“本书最重要的内容和最主要的观点在哪里？”

这个问题的答案因为阅读材料的不同而不同，即使同一份阅读材料，也会因每一页内容的不同而有不同的侧重点。每次读书的时候都应提出问题，然后寻找答案的线索。这需要特别注意以下几个方面：

（1）老师在课堂上提到的阅读材料；

（2）在课程大纲中强调的阅读材料；

（3）在测验和考试中占据问题最多的阅读材料；

（4）文章中能直接回答你预览时提出问题的部分；

（5）每章的预览和总结（一般都在每一章的开头和结尾）。

2. 应对旁人的打扰

有时，你最关心的人，如朋友、室友等，都有可能暂时性地成为你阅读的“路障”。下面这些策略可以帮助你专注于阅读。

先照顾别人。从学校回到房间时，先把书本放在一旁，开始学习之前先跟室友或父母聚一聚，聊一聊彼此一整天的经历。给你生活中重要的人留出一段短暂但完整、专注的时间，而不是较长、间断的时间。然后再解释说你有一些功课要做，跟他们说清楚自己大概需要多少时间专心学习。这样一来，你很有可能得到更多自己的时间。

计划好受打扰的时间。就算你提前打了招呼说要学习，也很有可能受到打扰。如果这样的话，那就安排进行那种可以被打断的阅读或学习。例如，你可以制作那种关键词记忆卡片。把那些需要持续注意力的任务留到安静之时。

善用零碎时间。看看你是否能在回家之前安排一段时间在学校的某个安静地方学习。如果你可以早15分钟到学校、晚15分钟回家，那么一天你就多出了30分钟的阅读时间。同时还可以在课间休息的时候寻找在校园学习的机会。

没法读完全部的时候，就读一点吧。要是室友的音乐声音开得很大，这一章你读不进去，那就只读引言和总结。没法完成全部的时候，就完成一点吧。

注意：如果你总是这样读书，那就不是个优秀学生了。这一策略要和这一章的其他策略综合运用，才能让你读到最重要的东西。

阅读时孩子在身边。进行有效的学习与和孩子共处并不矛盾。以下建议来自那些已为人父母的学生。具体策略你需要根据自己的计划表以及孩子的年龄而定。

- **给孩子找一个固定玩伴**。有的孩子能和亲密的小伙伴在自己的房间里面玩上几小时，沉浸于他们独有的小游戏。这时你只需偶尔查看一下他们的情况，不难获得大把的阅读时间。
- **给孩子打造一个特别空间**。你可以在家里空出一个房间或者是一处空间作为孩子的“乐园”。记得要进行儿童防护工作。这样做能让孩子在一处空间中自由地玩耍，孩子就不会在你的学习时间打扰到你了。如果你家里的空间有限，那你可以在学习的时候给孩子留一些玩具让他们玩。
- **妥善利用电视机**。如果可能的话，你可以选择一些让孩子思维活跃、保持专注的电视节目。与此同时，尽量让孩子佩戴耳机，这样你就可以有一个安静的学习环境。
- **跟孩子约定好学习结束的时间**。你需要让孩子也成为学习计划的一部分。你可以对孩子说：“我7:30就能读完书，这样你上床之前，我们有整整一个小时的时间可以在一起。”
- **让其他大人帮忙**。在你学习的时候，另一个简单的办法就是让自己的伴侣、邻居或者是同学来帮你照看孩子。你可以跟邻居进行交换。例如，如果邻居帮你在周六早上照看孩子两个小时，那你就帮他在周四晚上看两个小时的孩子。
- **寻求社区活动或者服务**。你可以问一下学校是否提供日托服务。有的时候，学校会以优惠的价格给学生提供这些服务。

3. 记住你读过的东西

你可以想一下你最近读了哪本书。这本书有多少页，你读了多长时间，你还记得多少内容。

这些简单的问题让我们意识到如果不采取干预措施，那么很多读过的东西都会被忘得一干二净。你可以参考下面的一些建议。

简略书写发现陈述。当你读完一个章节或者是一篇文章时，你可以把阅读材料先放在一边，然后拿起笔和纸或者是在电脑、平板或者手机上新建一个文档，花两分钟时间写一篇阅读心得。

不需要担心用什么格式，也不需要纠结自己的日记写得是否具体，是否便于他人阅读。你只需言简意赅地将自己希望记住的内容记下来。一句、一段、一页甚至更多页都可以。你只需概括出对你而言值得记忆、有所裨益的重要内容即可。

将这些文档存放在你将来能随时看到的地方。当你回过头来，拿起自己当时记下的阅读心得，就算短短几分钟的浏览也能对几年前读的书记忆犹新。

记录简短的目标陈述。如果你阅读的是商业、自助或者是指南类的书籍，那你可以把读到的内容直接应用到实际生活中。你可以问自己："我读这本书的目的是什么？我该如何利用这些知识？我读到的内容会对我的言行产生什么影响？"你无须遵循作者给出的所有建议，只需写下简短的目标声明、列举几个对人生有积极建设作用的行为即可。

使用费曼技巧。这个技巧是以理查德·费曼的名字命名的。费曼是一位物理学家，曾在1965年获诺贝尔奖，著有多部科学书籍。每次读书，费曼都会拿出一页白纸写下这本书的核心话题，然后将书中的新知识点传授给学生。

每当遇到阅读瓶颈的时候，费曼都会重新阅读，看看自己遗漏了什么，然后再继续记录。如此反复，费曼对一个新的话题就会烂熟于心。

为了充分利用这一技巧，我们需要尽可能用自己的话记录。语言要简洁凝练，同时最好能将新的知识与已经熟悉的知识连接起来，便于理解。

誊写你想记住的篇章。中世纪的书籍十分匮乏，而且价格昂贵。一个人一旦得到一本书，便会将自己最爱的篇章誊写在个人的摘录簿当中。

摘抄的内容来自各种书籍，按照日期和话题分类。除此之外，人们还会给摘录簿加上目录和索引。

如今摘录簿仍然非常流行。你也可以参考这种办法。如今类似的数字应用可以让你建立一个数据库，便于搜索你喜爱的作家的经典语段，动动手指便可一生享受自己摘录的至理名言。

小链接：将SPUNKI应用到阅读当中

SPUNKI是以下几个形容词的缩写：

- 出乎意料（surprising）
- 令人困惑（puzzling）
- 有所裨益（useful）
- 新奇（new）
- 已知（knew）
- 有趣（interesting）

不管你想读或者记下什么材料，你都可以根据这六个关键词问几个核心问题。

每当读完一个章节或者一篇文章时，你都可以拿出几分钟的时间写下下列问题的答案：

- 我觉得这本书超乎我的意料的地方是……
- 这本书让我困惑的地方是……
- 这本书对我有所裨益的地方是……
- 这本书新奇的地方有……
- 我已经了解的部分有……
- 这本书有趣的地方有……

这些问题可以促进讨论，让你的笔记有条有理，最重要的是让你享受阅读。

练习 16

拟订阅读计划

计划可以消除内心的恐慌情绪（当你想到明早之前要读完300页书便会产生这种情绪），并帮你很好地完成整个学期的阅读。下面的几个步骤可以帮助你轻松地拟定一个阅读计划。你还需要有个随时可以查看的日历。

步骤一：估算一下你要读的总页数。

查看自己的试验课程，然后找到每门课程的阅读安排，从而估算你所有课程需要阅读的总页数。

步骤二：估算你每小时的阅读速度。

记住阅读速度随着阅读材料的不同而不同，这取决于篇章结构、文章难度等。为了给出准确的估算结果，你需要参考实际经验。在你初次阅读某门课程时，记下阅读速度。

步骤三：估算需要的总阅读时间。

用步骤一得出的总页数除以步骤二得出的阅读速度，便可得出阅读时间。

比如：600（该学期需要阅读的总页数）÷10（每小时的阅读页数）=60（小时）

结果是完成整个学期的阅读量需要10个小时。

同时还要记得给自己一点“回旋空间”。空出几个小时的阅读时间来应对计划之外的事情。你可以把最初的计划时间翻一番，然后你会得出更加合理的估算结果。

步骤四：拟定阅读时刻表。

用步骤三得出的数字除以当前学期的周数，你就可以得出每周需要几个小时的阅读时间。比如：

60（该学期总阅读时间）÷16（该学期的周数）=3.75（小时）（每周需要的阅读时间）

然后拿出日历或者是长期规划表，考虑几分钟，想办法下周腾出对应的阅读时间。

步骤五：改善自己的阅读计划

虽然制定阅读时刻表费时间，但是有很大的好处。有了计划之后，你会变得更加自信，相信自己能够完成阅读任务。即使你的估算有偏差，你也不会像无头苍蝇一样毫无主张。计划对阅读至关重要。

4.7 快速阅读：学会灵活阅读

有些网络媒体、报刊、书籍或者线下课程介绍如何速读。想一夜读完一本小说吗？没问题！想要午休时间读完500封电邮吗？小菜一碟！想要学会“全脑影像阅读”而不是逐段浏览吗？还有更多等着你。

这些听起来都让人觉得美好得不真实。

美国心理科学协会在2016年发布了一项报告。该报告回顾了数十年对于速读的研究，发现速读基本上是没有科学依据的。研究人员得出的结论是：阅读速度提升会导致理解的下降。

懂得阅读的人会根据阅读材料的性质调整他们的阅读速度。比如阅读一篇深奥的几何分析文章需要的时间要比在周日读漫画的时间长。

灵活的读者在对待同一篇阅读材料时也会采用不同的阅读速度。比如第一遍略读任务章节，找到关键词和句子。第二遍概览主要观点。第三遍放慢速度重新阅读难懂的部分。

其他的方法包括练习伪速读、广泛阅读、理智阅读。

1. 练习伪速读

尽管研究揭露了速读的真相，但是我们仍然可以尝试略读。进行接触式阅读最初的三个步骤是：预读阅读材料、列出提纲、提出问题并解答。比如，你平日读到的杂志文章、博文、邮件和备忘录等文件都是你为了特别目的而阅读的材料。

卡尔·纽波特曾写过一种介于预读和精读之间的方法。他将之称为伪速读。这种方法需要读者分辨重要段落和次要段落。重要段落包括文章要点、关键细节和主要故事情节。而次要段落则包含次要细节、作者得出结论的相关故事情节、题外话、对批评的回应、一些规则的例外情况和其他可有可无的信息。

练习伪速读的一个方法就是只读每段的首句。如果这句话看起来会引出重要的内容，则继续读下去，反之则可以将其视为补白内容，继续往下读其他的段落。

2. 广泛阅读

速读老师会经常建议你：

- 减少眼睛运动
- 避免回看（重复阅读自己不理解的部分）
- 不要在心里默读（阅读的时候在脑海里出声阅读）

但是你越快尝试这些方法，你理解的内容就越少。对于速度者来说，词汇量和知识储备是更重要的因素。这些会随着学习的深入和阅历的丰富而不断增加。

虽然阅读学习无捷径可走，但是你可以做的是不断阅读、提高阅读量。去读一些具有挑战性、新鲜的内容。同样你也可以参加阅读小组、记录阅读心得和目标声明来提高阅读的积极性。

3. 理智阅读

一些人喜欢炫耀自己一周、一个月或者是一年读了多少本书。这就好像游遍整个国家然后炫耀自己走过了多少里程。对大多数人而言，旅行的目的不是走得越远越好，而是放松心情、欣赏美景、结识朋友、获取对生活新的看法。

同样的道理，阅读的目的不是赢得一场比赛，而是自我提升。如果你是为准备一项测试或者是资格考试而阅读的话，你的目的就是理解和记忆。如果你是为了生活而阅读，那你的目的则是汲取智慧、锻炼思辨能力、提高逻辑思维能力、了解事实、获取高质量内容。而且你会根据自己的阅历来评判作者的表述。

除此之外，理智阅读会给你带来积极的改变。广泛且高质量的阅读让你打开新的眼界、做出新的决定、掌握新的技能。虽然这一过程耗费时间，但却是有价值的付出。

4.8 单词的力量——扩大词汇量

增加词汇量可以增加阅读的乐趣，扩大你的阅读材料选择范围。

此外，拥有一定量的词汇也能提高你说话或是写作的语言表达能力。丰富的词汇量能够帮助你更准确地思考，在观点间做出区分。而且，在关键时刻比如面试中也不用停下来查词。

要扩大词汇量，你需要培养学习生词的兴趣。碰到生词就要查，尤其是那些引起你好奇的词汇，就需要格外用心。

互联网时代前，同学们常用的纸质词典有两种：案头词典和完整版词典。案头词典是那种便携式的缩减版词典，你在一天的学习中通常会反复用到。你会把它放在手边（比如大腿上），这样在阅读时遇到生词就能随时查找。

完整版字典很大，不易随身携带。案头词典里面没有的词语和定义，这里面都有完整的记录，而且还有同义词、用法说明和词的历史渊源介绍。完整版词典可以在图书馆或书店找到。

你可能更喜欢使用在线字典，如

dictionary.com。另一个常用的查词工具是搜索引擎，比如 google.com。如果你使用它，一定要仔细检查搜索结果，因为网上的信息质量参差不齐，有时还不如一本好的字典或者词典有帮助。

建立一个词汇库。遇到一个生词时，把它写在小卡片上，并把包含这个词的那句原话写在它的下方。你可以每遇到一个生词就立即查词典，也可以等卡片累积到一定量之后，一起来查。在卡片的背面注上这个词的解释和发音。

要想扩大词汇量，了解生词的历史渊源，你就需要完整版词典。当你在词典中找到与你要查的生词相关的内容时，可以把它们添加到卡片上去。这些卡片就成为你的便携学习助手，你一有空就可以拿出来看看。

学习——即使你身边没有词典。当你在课堂上听到一个不一般的词汇时，或者当你在公交车上看书遇到生词时，你还可以建立词汇库。拿出一张卡片，把这个生词以及它所在的句子抄下来。回头再查字典，把注释写在卡片的背面。

拆分单词。另一个建议是可以把生词按照音节进行拆分，寻找熟悉的部分。如果你对前缀（开头的音节）和后缀（结束的音节）掌握得很好，这个方法将是非常有用的。例如，后缀词 -tude 通常指某种条件和状态。若你知道这一点，那么遇到“habitude”这个词时，你应该就比较容易想到它是指做某事的惯用方法；遇到“similitude”，你就会想到它是指一种相似的状态或拥有相似的属性。

根据上下文推测词意。遇到生词时，你往往也能从它们的上下文——邻近的词、短语、句子、段落或图形等——来推测出它的意思。随后，再查字典，确认自己的推测是否正确。

上下文线索通常有：

定义。或许你在正文中就能找到某个关键词的定义。定义的线索性词语通常有“被定义为”或“换句话说”等。

举例。作者常常喜欢通过举例来解释说明某个词的意思。如果文中没有出现某个词的明确定义，那就仔细研究与此相关的例句。举例的线索性词通常有“例如”“比如”“比方说”等。

列表。当一个生词出现在列表里，你就可以注意列表里的其他项目，各个项目之间的联系或许能帮助你理解这个词的意思。

比较。生词的前后可能有同义词——意思相同或相近的词。同义词的线索词是“就像”“好像”等。

对比。作者可能会安排一个反义词在这个生词的前后。“相反”和“而另一方面”等都是反义词的线索词。

小链接：常见单词组成部分一览表

学习如下的单词组成部分有助于增加词汇量。用给出的例子造句，同时核对每一个前缀、词根和后缀。

前缀

a【否定，没有】例：amoral（“形容道德、责任感缺失的”）

acro【高】例：acrophobia（“恐高”）

anti【反对】例：anticommunist（反共产主义者）

bi【都，双，两倍】例：biweekly（每周两次的）

cerebro【脑】例：cerebral（和大脑相关的）

circum【环绕】例：circumnavigate（环游）

deca【十】例：decagon（十边形）

extra【……以外】例：extraneous（偏题的）

fore【在……之前】例：foreshadow（前兆）

hyper【在……之上】例：hypersensitive（反应过度的）

infra【在……之下】例：infrastructure（基层组织）

macro【大】例：macrocosm（宏观、宏观体系）

neo【新】例：neologism（新词）

oct【八】例：octagon（八边形）

poly【多】例：polygamy（一夫多妻）

quad【四】例：quadruple（翻两番）

retro【向后】例：retrospective（回顾）

sub【在……下】例：subhuman（低于人类的）

ultra【超过……】例：ultraconservative（超级保守的）

词根

acu【尖】例：acupuncture（针灸）

amor【爱】例：amorous（多情的）

brev【短】例：abbreviate（缩写）

bio【生命】例：biopsy（活组织切片检查）

cide【杀死】例：fratricide（杀兄弟的行为）

dorm【睡】例：dormant（休眠）

dox【意见】例：heterodox（接纳许多观点的）

erg【工作】例：ergonomics（工效学）

gastro【胃】例：gastrointestinal（胃肠的）

greg【群组、人群】例：gregarious（好社交的）

hetero【不同的】例：heterogeneous（异种的）

uni【单一】例：unicorn（独角兽）

vor【暴食】例：voracious（贪婪的；贪吃的）

后缀

algia【痛苦】例：neuralgia（神经痛）

ate【原因、产生】例：liquidate（溶解或者稀释）

escent【在……过程当中】例：obsolescent（逐渐被废弃的）

ize【使】例：idolize（崇拜）

oid【类似】例：spheroid（回转椭球体）

ology【科学、研究、理论】例：neurology（神经学）

tude【状态】例：multitude（很多的）

ward【朝……方向】例：eastward（朝东）

4.9 掌握英语这门语言

不管母语是否是英语，所有的学习中都会觉得学习复杂的英语是个挑战。为了充分利用你的教育，你可以分析你们口语以及写作的学习方法，然后排除阻碍学习的模式，最后采取措施精进自己的英语能力。

1. 学会使用标准英语

标准英语（又称作标准书写英语）是接受过英语教育的人在交流和写作时使用的语言形式。这种形式最便于理解，不管读者或者交流对象来自哪里。

在课堂或工作场所使用非标准语言会让人怀疑你的技能、教育水平和意图。非标准英语的形式包括：

- **俚语**。这些非正式表达方式通常生动形象，极具画面感。如果学生说"acing" a test（考取好成绩）或"hanging loose" over spring break（利用春假放松），那他们便使用了俚语。
- **习语**。习语指生动隐晦的表达。例如，"fork in the road" 不是说把一个叉子扔在路上，而是指岔路口。即使是母语为英语的人也会觉得习语难理解。
- **方言**。"I bought me a new phone" 在美国某些地方很常见。但是你如果在论文或者是个人陈述里面这样表达的话，读者或者是听众会对你产生负面印象。
- **行话**。有些专业术语一般只有从事特定行业的人才会用。比如 "hacking a site"（袭击某个网站）或"workaround"（替代方法）。这些词汇一般只有软件工程专业的学生才会理解。

任何一个说英语或写英语的团体都会重塑语言。人们发信息、发 Twitter（每条推文最多 140 字）的时候都会适当改变语言。即使是你的家人、朋友或者是同事都会有一些别人不理解的表达。

学习非正式英语也是掌握英语技能的一部分。但是非正式英语仅限于与朋友的非正式交谈，你可以随意使用新的词汇，然后向对方寻求反馈。如果你不确定某一表达是否是标准的，你可以向老师寻求帮助。当有人指出你使用的不是标准语言的时候，要积极地接受他人的建议。就算反馈者做得比较唐突、未考虑到你的感受，也要学会虚心接受。

2. 建立信心

母语被非英语学习者称为 ESL（非母语英语学习者）或者是 ELL（英语学习者）。许多 ESL/ELL 学生不敢在社交场所，包括课堂上使用英语。不说英语会阻碍他们对英语的掌握，也会疏远他们与同学的距离。

为了解决这个问题，你可以树立在班里说英语的自信心。提前列好一些你准备在班级里问的问题。也可以与老师预约一个时间，请教自己困惑不解的难题。这些方法都可以帮助你在练习英语技能的同时发展人际关系。

除此之外，你还可以与母语为英语的同学主动聊天。

英语是门复杂的语言。在你积累词汇和练习语言表达的时候，错误也会不可避免地增加。英语学习者如果鲜少犯错误说明他非常仔细。但是不要把错误视为一种弱点。如果你愿意总结经验，那错误是你最好的老师。

记住 ESL 和 ELL 指的是不同的语言人群而不是语言水平差的人群。了解新的文化、掌握新的语言本身就让你比只说一种语言的人有优势。

如果你正在学两门或者是更多的语言，那么你已经展示了你的学习能力。

3. 分析错误

把自己最常见的错误语句列出来，然后列出正确的语句作为对比。比如下面这个列表。母语为英语的人也会采用这种办法，比如常见拼写错误表。

4. 通过听说来学习

刚开始的时候，你可能用的是教科书。读写能力固然重要，二者可以帮助你扩充词汇，掌握语法知识。但是想要提升英语水平和交流能力，你需要学习说标准英语。

比如，可以收听由教育水平较高的英语主持人主持的日常广播节目，重复主持人说的短语和句子。在收看电视节目的时候，注意观察某些英文单词和短语对应的面部表情。

错误	纠正
Sun is bright.	The sun is bright.
He cheerful.	He is cheerful.
I enjoy to play chess.	I enjoy playing chess.
Good gifts received everyone.	Everyone received good gifts.
I knew what would present the teachers.	I knew what the teachers would represent.
I like very much burritos.	I like burritos very much.
I want that you stay.	I want you to stay.
Is raining.	It is raining.
My mother，she lives in Iowa.	My mother lives in Iowa.
I gave the paper to she.	I gave the paper to her.
They felt safety in the car.	They felt safe in the car.
He has three car.	He has three cars.
I have helpfuls family members.	I have helpful family members.
She don’t know nothing.	She knows nothing.

如果你的英语有口音，那也不要担心。很多人说的英语都带口音。除非你的口音让人听不懂，否则，你无须刻意纠正。

把握好读听的机会。比如说在看电影的时候打开英文字幕。去图书馆找一些有声读物，然后边听边读。

5. 使用网上资源

这些资源包括查词网站，比如 www.answer.com 和 www.m-w.com。有大声阅读功能的电子书网站，比如 www.gutenberg.org，然后搜索有声读物。雅思学习网站 www.eslcafe.com 也是一个比较流行的网站，上面还有其他相关网站的介绍。

6. 记笔记和进行小测

在记笔记的时候，不必把老师说的每句话都记下来。记笔记的艺术在于做好取舍。抓住老师说的关键词、要点和重要的例子。记住老师一般会重复的重要内容，就容易掌握这些重要的内容。如果你有疑问，可以让老师重复一遍或者再说明一下。

进行小测验是英语学习过程中的一项挑战。多读、勤记笔记、多记忆能帮助你轻松通过各种测验。

7. 组建英语学习小组

参加学习小组有助于提高你的英语水平。比如和其他的英语学习者一起完成一项写作任务。你可以读其他人的作业，然后给出相应的建议。你可以根据收到的反馈反复修改作业。

和他人分享写作可能让你觉得尴尬，但是这样做可以帮助你向他人学习，更快地学习英语、提高英语成绩、结识新的朋友。

英语为母语的人通常会愿意提供帮助。你可以通过老师让他们提供帮助。这些英语母语者也能从交流活动中获益，了解不同国家和地区的文化。

8. 为自己的进步喝彩

每一次纠错都是一次小小的进步。要为这些进步喝彩。日积月累，你会发现自己已经取得了很大的进步。

4.10 增强“信息素养”

优秀大学生往往会从正规渠道获得有用的信息，并正确评估这些信息，然后整合信息为己所用。在当今世界，数据触手可及，能完成上述信息处理活动则可称为具有信息素养。

信息素养是为了实现多重目标而运用的一系列技巧。比如，你可能想进一步了解一件产品、一项服务、一处度假胜地，或者一份感兴趣的工作。你可能想进一步了解你在广播上听到的信息或在电视上看到的资讯。或者你想为一篇论文或一次演讲找一个主题。

信息素养循环往复。提出问题并寻找答案。这些答案会引发更多的问题。在每一阶段，你都钻研得更深入，对主题的了解也更精准。你就能提出更好的问题，找到更好的答案。

用心选择主题。如果主题过宽，一次演讲或一篇论文将很难论述完整。主题过窄，信息源则会很少。难就难在这两个极端中如何找到合适的主题。

1. 根据主题找灵感

你可以通过网络获取一个主题的初始灵感。使用搜索引擎，比如谷歌（google.com）、必应（bing.com）或者鸭鸭Go（duckduckgo.com）。在搜索栏中，键入关键词，以及研究论文主题，比如天文学研究论文主题。

另一个主题想法的来源是Alltop（alltop.com）。该网站罗列了数百个主要话题。你可以找到5篇最新文章的链接。

如果你在写论文或是准备课堂演讲，在选择主题时要寻求导师的意见。他可能对于资料来源和来源类别有具体的要求。你所选的论文主题要满足这些要求。

2. 围绕主题发现问题

肌肉阅读的几个步骤中，有一个是提出问题。首先发现这个让你产生好奇心的问题，回答这个问题就是你检索信息的目的：主要问题会带出一系列小的相关问题，即次要问题。它们也需要解答。

3. 发现问题——举例

比如，你对开始于2008年的美国经济衰退感兴趣。你知道这次经济衰退的原因之一是次贷危机。次贷危机源起于银行把大量的钱借给人们来买房，而这些人收入很少，而且信用记录差。

你的主要问题可能是：“2008年的次贷危机中，银行为什么会把钱借给那些信用记录不好的人呢？”你的次要问题可能包括下面几个：

（1）次贷危机牵涉的银行有哪些？

（2）可借贷人的标准是什么？

（3）银行如何去查询一个人的信用记录？

（4）从哪些地方可以看出一个人信用记录不好？

4. 寻找来源

寻找问题答案的来源。来源包括书籍、报刊、网站、你采访的人。

首先，从能为你提供主题概览的来源入手。其一是百科全书。在你的校园或者社区图书馆中，你能获取大英百科全书（www.britannica.com）以及其他百科全书数据库的全部访问权限。想获取更多信息，你可以在线查询或者亲自去图书馆。

另一个选择是维基百科（wikipedia.org）。因为维基百科的文章质量参差不齐，它不是正式论文或者演讲的可靠信息来源。但是，维基百科中的许多文章提到了其他可用来源。

谷歌图书（books.google.com）和谷歌学术（scholar.google.com）提供了寻找来源的更多选择。在任一网站，在搜索栏中键入你的主题和关键词。谷歌学术对于在专业期刊中检索同行评审的文章尤其有益。

以下是更多的百科全书和搜索引擎：

（1）围扑（www.dogpile.com）

（2）Pandia 元搜索（www.pandia.com/articles/metasearch）

（3）Mamma（www.mamma.com）

（4）www.bartleby.com

（5）www.encyclopedia.com

（6）www.Answers.com

（7）www.About.com

你可能会发现一些来源在你的检索结果中频繁出现。这些就是你需要找到和阅读的重要来源。

5. 简化主题

此时，一个常见问题是你发觉你的主题太宽泛了。幸运的是，有几种方法可以缩小主题范围。

一个选择是 DMOZ（www.dmoz.org）。你会首先看到一个页面，上面是一长串主要类别。点击任何一个，你就会找到缩小的主题（子类别）。在搜索栏中键入一些关键词来进一步缩小范围。另一个选择是 Clusty（www.clusty.com）。

6. 精炼问题

当你浏览网站及其他来源时，回顾你在搜索初期提出的主要问题和次要问题。你可能会选择舍弃一些问题，改变措辞，或者根据你的已有发现提出新问题。

7. 精简关键词

培养信息素养的一个重要技巧是选择关键词。你对关键词的选择决定了你从谷歌等搜索引擎上搜索到的结果，为了得到更好的搜索结果，你可以尝试以下方法：

使用具体的关键词。与其输入“浏览器”，不如输入“火狐”或“Safari”等具体的浏览器名称。用“阅读策略”和“笔记策略”等词代替“学习策略”。不要把问题的完整句子都输入进去，因为搜索引擎会对句子中的每一个词语进行搜索，然后给你很多无用的结果。

使用特别的关键词。只要有专用名字，就要输入专用名词。输入“甲壳虫”或“电台司令”，而不是“英国摇滚乐队”。如果你要寻找附近的餐馆，那么就输入“餐馆”再加上你的区域编码，而不是你所在城市的名称。

如果几个词汇的顺序一定，利用引号。比如，你输入带引号的“无畏的希望”，就能够搜索到准确地带这五个字的结果。

在具体网页中搜索。如果你仅需要从《纽约时报》中搜索有关大学学费的文章，那么在搜索栏中加上“纽约时报”或者“nytimes.com”。

别忘了同义词。比如，“过度紧张”的同义词“高血压”。

对关键词不确定的时候，加上一个通配符 *。很多搜索引擎默认的通配符都是星号（*）。如果你在查找克林特 • 伊斯特伍德（Clint Eastwood）导演的一部电影，但记不起电影名字了，就输入克林特 • 伊斯特伍德导演 *。

寻找更多搜索方法。很多搜索引擎同时也提供高级搜索功能，并会解释如何运用它们。在主页上寻找“高级”或“更多”这样的字眼，点击相关链接。如果你对使用图书馆的搜索引擎有疑问，向图书管理员寻求帮助。

8. 深入挖掘网络资源

当人们说起互联网时，通常指的是免费网络，即任何人都能获取使用权限的常用搜索引擎。然而，这只占所有网站的不到一半。其他网站的使用者为雇主、合作方及订阅户，而不是大众。这些构成了深层网络。

深层网络有很多好处。你可以借此找到知名专家写的文章。深层网站通常有自己的搜索引擎，比如：

H.W.Wilson（www.hwwilson.com）

远光搜索（https：//www.highbeam.com）

新闻银行（www.newsbank.com）

Wolters Kluwer UpToDate（www.uptodate.com）

学校或社区的图书馆可能会有一些深层网站的使用权限。

9. 了解图书馆

许多出版资料均有纸质版和电子版。这是你要亲自去图书馆的另一个原因。向图书管理员咨询。告诉他你想要检索的问题，询问有哪些好的信息来源。访问图书馆的网站。

图书馆，小到你所在城市的，大到国家级的，组成要素都不外乎以下三点：

（1）**目录**，即列有图书馆所有可用资源的在线数据库。

（2）**收藏**，即各种各样的资源，如期刊（杂志或报纸）、书籍、小册子、视听材料和馆际借阅所能提供的资源。

（3）**计算机资源**，即互联网资源、校内网资源以及储存在 CD 或 DVD 或网络平台的数据。

10. 人也是重要的信息来源

和人们直接接触可以让你从长时间的检索中喘一口气，并得到很有价值的直接信息。你的初期检索会让你得到很多相关领域的专家名称，考虑去采访其中一个。可以面对面交谈、打电话或者发邮件。要让你的采访发挥最大的价值，可以采纳下面的建议。

（1）为采访安排具体时间；如果你是和专家面谈的话，还要安排具体地点。提前说好采访的时长，不要超时。

（2）采访前要准备好要问的问题。为可能增加的问题预留一些时间。

（3）如果要给采访录音，提前获得被采访人的允许。如果被采访人不愿意被录音，那就准备好手写笔记。

（4）如果要引用专家的话，提前获取他们的允许。

（5）采访前、采访中和采访后都要彬彬有礼，感谢被采访人投入的时间和精力。

（6）在提前说好的时间结束采访。

（7）采访结束之后发一封感谢信。

（8）一定要在你的研究中涉及这次采访。

11. 对信息的价值进行评估

有的同学认为任何发表出来或者网上的信息都是正确的。遗憾的是，这种认识是错误的。有的信息比较可信，有的就是在误导或信口开河。

在对任何信息进行评估之前，一定要确保你明白它所传递的内容。运用肌肉阅读中所说的技巧来理解一个作者所传达的信息，然后对其进行批判性思考。需要注意的有以下几个方面。

（1）**时效性**。注意资料的发表日期。如果你的话题很注重时效性，那么在搜索资料时就要注意，比如，只搜索最近 5 年之内发表的文章。

（2）**可信度**。看看作者的具体信息，包括教育背景、培训经历和工作经验等。看看他是否够格发表相关的文章。

（3）**偏见**。看看一个网站或者其他的资料来源在“推销”什么。可能是产品、服务，也有可能是它所主张的观点。作者的观点有可能蒙上政治色彩或者为资助方说好话。所以你还需要去搜索其他相对客观的资料。

12. 你需要特别小心地去评估网络资源

考虑以下几个问题：

这个网站是谁付钱运转的？仔细找找做广告的组织。点击"关于我们"链接，也许可以看到赞助人的信息。你会想要避免可能的利益冲突。

谁在管理这个网站？找找负责网站内容的人或组织的信息。如果赞助人或组织并不管理网站内容，再找找是谁具体负责的。

这个网站是如何选择内容的？找找网站编辑名单或审稿人之类的链接。

网站支持有证据的观点吗？可信的网站发表的评论都是基于专家观点和科学研究证明的事实。看看他们列出的第一手资料来源。如果你发现他们的观点没什么根据，就要小心了。如果什么东西听上去好得令人难以置信，那基本就是假的。

从这个网站能链接到其他网站吗？如果能，就需要批判性地审视一下其他网站。

读者如何与网站联系？找到网站运行者的联系方式，发送你的问题和评论。看你能不能找到具体的联系方式，如地址、电子邮件或电话等。隐藏这些信息的网站也许也在隐藏事实。看看网站的读者评论，看看是否各种观点都有。

很多政府机构和非营利组织的网站都有严格、清楚的编辑条款。这些通常是你开始研究的好起点。

13. 分清主要和次要的资料来源

此外，要区分主要和次要的资料来源。

主要来源能够让你发现一个资源宝藏。它们都是第一手的资料——个人笔记、信件、讲话、政府文件、科学实验、实地调查、专家访谈、考古挖掘、手工艺品和原创艺术作品等。主要来源还包括学术出版物，诸如《新英格兰医学杂志》。

次要来源是对主要资料来源的总结、解释和评论，主要包括《时代》《新闻周刊》一类的流行杂志以及《大英百科全书》一类的一般参考书。在开始搜索的时候，次要来源很有用。你可以利用它们对自己的主题做个总览。有时候，也许你只需要这些，就能完成你的作业了。

14. 做笔记与反思

详细记录你的信息来源。列出你所有的信息来源，避免抄袭。要充分运用脚注和尾注，还要有文献综述。

分析收集到的所有信息，向自己提出以下问题。

（1）我找到主要问题的答案了吗？

（2）我找到次要问题的答案了吗？

（3）我找到的资料的主题是什么呢？

（4）我自己的个人经历可不可以帮助我回答这些问题呢？

（5）如果一个电视脱口秀的主持人问我这些问题，我该怎么回答呢？

（6）我找到的各种资料在哪些方面观点一致？

（7）我找到的各种资料在哪些方面观点不一致？

（8）我有可以支持自己观点的数据和其他事实吗？

（9）我还有新的问题吗？

这些问题的美妙之处在于可以激励你去思考，你可以从中发现真知灼见和灵光突现的快乐。你也许已经开始提高信息素养的旅行了。

卓越达人记

马提亚斯·曼萨诺
（Matias Manzano）

马提亚斯·曼萨诺曾就读于迭戈中学和国际研究特许高中，目前是本杰明·卡多佐法学院法理学在读博士。

我一开始有阅读障碍。四年级的时候，我在阅读评测当中只考了23分（百分制）。很多人都不看好我——一个贫穷的非法拉丁移民，最终漂泊到纽约，过着注定失败的生活。我记得在初中的时候，其他的孩子回家也能说英语，自然他们的英语阅读水平比我高，所以我觉得很不公平。有时我尽力去读一些东西，但是书面上的字就好像不愿意让我理解似的，完全像天书一样。

五年级的时候，拉文索老师帮助我提高阅读能力。她能激发鼓励他人。她的仪态让人既觉得可敬又觉得鼓舞人心。她把我作为一个有着远大前途的孩子认真对待。

我哥哥也向我发起挑战，看谁读的书多。有一年，我读完了20本R.L.斯坦的《鸡皮疙瘩》系列小说。我和哥哥会分享彼此的阅读心得。当时我没有意识到这些活动的意义。但是这种交谈让我锻炼了分析比较、归纳总结中心思想、描述背景、了解情节铺垫等阅读技能。到六年级的时候，我的阅读测评分数提高到了99分。

高中毕业之后，我和哥哥一样去了纽约石溪大学学习。当时我的经济状况十分拮据。无家可归时我们俩会在学校到处闲逛去找愿意让我们晚上睡在地板上的朋友。

大二接近尾声的时候，我们合法居住的申请通过了。我可以得到资金援助，再也不需要一周工作40小时来支付学费。我可以专注自己的学习。

小学形成的阅读能力成了我在大学获得成功的基础。我当时主修历史专业，辅修拉美加勒比研究，我们的课程任务都是基于阅读学术期刊和书籍。我的词汇量有了很大的飞跃，我甚至可以在短短的几小时内读完一本书。

我的亲身经历可以充分证明这项研究的结果是对的：当前影响贫穷儿童教育的最大因素就是老师的素质。所有的学生都是有天赋的孩子，他们都有自己的闪光点。我加入申请任教美国并在何塞·洪戈中学，因为我这样做能帮助贫穷的孩子充分发挥他们的潜能。

在我上四年级的时候，如果我在佛罗里达参加一些考试，人们会觉得我将来会成为一名罪犯。看来那些把小学成绩和未来成就挂钩的研究并不准确。不久的将来我将完成教育领导力专业的硕士学位学习。我的动力是做到最好，因为我相信没有什么困难是不能克服的。

马提亚斯·曼萨诺展示了优秀学生有目标、有动力的优秀品质。如果你能专注于重要的事并不断努力，你也可以像他一样。

姓名______________________________

日期______________________________

测验

1. 澎湃动能："注意并消除头脑中的图像"说明大脑中的图像毫无用处。这种说法：
   a. 正确
   b. 错误

2. 肌肉阅读的目的在于：
   a. 确保你在阅读任务上花更多的时间
   b. 帮助你放松，这样阅读过程就会简单容易
   c. 提升读者的阅读技巧，增加能量
   d. 以上全部正确

3. 如果想要充分利用阅读任务，你必须完成所有的肌肉阅读步骤。这种说法：
   a. 正确
   b. 错误

4. 肌肉阅读第一阶段在什么时候进行？
   a. 阅读前
   b. 阅读时
   c. 阅读后

5. 科森技巧包括：
   a. 问自己到底哪一部分自己还不明白
   b. 拿到一份自己不太理解的阅读任务之后，找到阅读材料的第一句话、第一段或者是第一页
   c. 用 15 分钟解决自己困惑的问题
   d. 记录下自己解决困惑的方法
   e. 以上均正确

6. 根据文章内容，替代速读的方法有：
   a. 灵活阅读
   b. 伪速读
   c. 广泛阅读
   d. 理智阅读
   e. 以上均正确

7. 为了充分利用标注，读者需要至少划出 33% 的内容。这种说法：
   a. 正确
   b. 错误

8. 首位效应和近因效应告诉我们人们最容易记住：
   a. 第一个要点
   b. 中间的要点
   c. 最后的要点
   d. 第一个和最后一个要点

9. 表示单词核心意思的单词组成部分是：
   a. 词根
   b. 前缀
   c. 后缀

10. 信息素养指的是：
    a. 从适当来源获取信息
    b. 评估信息
    c. 组织信息
    d. 使用信息来达成一定目的
    e. 以上均正确

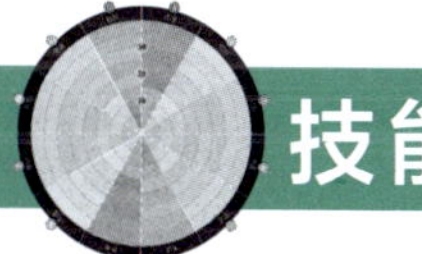

技能掠影

通过学习本章，你想对自己的阅读方法做出改变吗？那么首先简要回顾你当前的阅读技巧。然后设立一个目标，用你学习到的新的阅读习惯去实现它。可以跟着这个框架来思考：

发现

我在发现轮盘中所获得的分数是……

如何完成指定的阅读功课……

要完成大段的阅读作业时，我将从……开始。

当我在阅读中遇到某些无法理解的部分，我将用……来解疑。

计划

我认为通过……能够将我的阅读能力提升到一个新台阶。

此章节中最能改变我阅读习惯的观点是……

行动

我准备采用的全新的阅读习惯是……

新的阅读习惯将通过……令我在工作单位获得成功。

此课程结束后，我希望我在发现之轮的阅读分数是……

chapter 5

第5章 笔记

为什么？

记笔记能帮你记住一些信息，有利于你在考试中的发挥。

是什么？

回顾最近你在做笔记时遇到的困难，可能是老师语速过快，也可能是因为没听懂而干脆放弃做笔记。现在，预览本章，找到至少三条你可以马上应用的攻略，帮助自己更好地记笔记。

怎么做？

如果想在未来的几个星期、几个月甚至几年中坚持做有效的笔记，我要怎样做？

抽出一分钟

任选一门你这学期的课程，花一分钟时间，整理一下这门课今天的笔记，比如把字迹模糊的部分整理清晰，或是在笔记中把日期和课程名称标注出来，抑或把凌乱的笔记编出页码。

澎湃动能

一切都由我创造

在遇到困难时，这是一个很有效的方法。面对困难的时候，对自己说“一切都由我创造”可以激励你找出成功的解决方案。“一切都由我创造”的意思是将生活中的经历、事件和环境当作你创造的东西来对待。

“一切都由我创造”是本书中最不同寻常和最古怪的建议之一。这当然不是什么信仰。在有用的时候使用，在没用的时候别用。记住这一点，然后思考这一澎湃动能的力度。这其实就是在生活中你将自己摆放在什么样的位置上：受害者还是对自己负责的人。

环境受害者被外界力量所控制，我们都会觉得自己是无法控制的受害者。有时我们会觉得无助。

但反过来，我们也可以自己承担责任。责任（responsibility）是“反应 - 能力”（response-ability），也就是你对一件事有什么反应的能力。对于任何事情你都可以选择你的反应，即使这件事情本身已经在你的控制之外。

很多学生在取得成绩这方面扮演着受害者的角色。当一个有受害者思维的学生得了一个“F”等级的成绩，她很可能会有以下反应：

“又是一个 F！这个老师什么都不会教。她的英语课根本没用。上课的时候没法记笔记。课本太无聊了！”

这个思维存在的问题是这个学生一直在找借口，而剥夺了自己取得更好成绩的能力。她把自己的能力都放弃给了坏老师和无聊的课本。

还有一种办法，叫作承担责任。你要意识到，你可以通过改变行为来改变成绩。你是成绩的源泉，而不是结果。得“F”的学生可能会做出这样的反应：

“又是一个 F！嗯……我是做了什么才考这么差的？”

这就是力量。当你问出“我是怎么得到这个结果”的时候，你就不再是受害者了。然后这个学生可以继续提问：“让我想想，我课后没复习笔记。这可能是个原因。”或者“考试前一天我跟朋友出去玩了。这可能是我考试只得到个 F 的原因。”

要点在于：假如这个成绩是由于你的朋友、书本、老师造成的，你可能对此无能为力。然而，如果你“选择”了 F，下一次你就可以选一个别的成绩。你对这件事负责。

5.1 记笔记是一个连续的过程

为了更好地理解记笔记这个概念，我们应当意识到记笔记本身只是整个过程的一部分。有效地记笔记包括三部分：观察、记录和复习。

首先，你要做出观察。观察老师的陈述、实验、幻灯片或者必读章节内容。

其次，你要把自己所观察到的记下来。也就是“记笔记”。可以有多种格式记笔记——段落、大纲、图表等。

最后，回顾自己所记录的内容。记住、思考、应用并且复习你所学的知识。将学习到的知识储存到你的大脑中。

这个过程的每一个部分都至关重要，而且互为依存。你的观察决定了你所要记录的内容，你所记录的又决定了你将要回顾的内容，而回顾的质量又关系到你下次观察的效率。举例来说，对“1894 年中日甲午战争”相关笔记的回顾和温习，将帮助你更好地理解下一课中的“1900 年义和团运动”等内容。

快读且快速的书写对记笔记颇有帮助。列提纲也会让整个阅读过程变得简便。一支书写流畅的笔、一本新的笔记本和一台笔记本电脑皆是记笔记时相当不错的工具。

但是，如果不能在课堂上专心致志、充满活力，不能在课后定期回顾，所有这些都将毫无用处。走好这两步，即便是潦草的天书也能变成利器。

课后学习归功于记笔记。记笔记有两方面好处。第一，你自己创造了一套唤醒记忆并帮助复习考试的材料。第二，记笔记有助于在课堂上更有效率地听课。你将新想法用自己的语气和图像表达出来。你将所见所读转化为个人的知识体系。你从被动观众变成积极的参与者。记笔记的同时就在学习。

计算机技术将传统笔记提升到了一个新高度。你可以用文字处理、提纲、数据库和出版软件来记录关键词。你可以像其他数码文档一样搜索、标记、存档你的笔记。

简而言之，记笔记是一项“对大脑有益”的活动。记笔记可以使你用自己的表达和图像来保存所学知识——这是一个将新知识转变为长期记忆的有效策略。

记笔记有时看起来很被动，老师一个人在侃侃而谈，其他人均安静地坐在自己的位置上，记着笔记。讲课者好像包揽了所有的活儿。

千万别被这种假象所蒙蔽。

观察得更仔细些，你会发现有些学生记笔记的方式流露出他们投入的精力。他们正襟危坐，清醒且警觉，不时地在笔记本上写点东西，这一身体活动恰恰体现了他们精神的投入。这些学生将听到的信息分层过滤，有选择地做记录，并整合材料以便回顾。

在大学里，你或许会花几百个小时的时间记笔记。这些笔记将会是你自我成功的一项直接投资。

将笔记作为自己正在创作的一本教科书，这本书比起你能买到的那些书更贴近现实，更能与你在学习中的偏好相吻合。

5.2 观察：笔记流程

小说中的大侦探福尔摩斯可以通过坏人围巾的褶子和鞋上的泥土发现蛛丝马迹，加以追捕并找到真凶。现实生活中的医生能通过观察一个病人快速变化的斑点胎记来诊断病情并及时对症下药。

职业会计师能通过观察电子数据表中的具体数字，帮客户节省成千上万元资金。学生通过观察可以确定自己一天中事半功倍的时段，从而节省出很多学习时间。

聪明的观察者看到的是事物及其相互之间的关系：他们清楚地知道如何将注意力集中在细节上，然后运用创造力找出其中的模式。

有准备才能进行有效的观察。早一些到教室，通过复习上节课内容让你的大脑进入状态。浏览一下学习任务。看一看你标记重点的章节。复习布置的习题。记下你要问的问题。

想要提高观察能力，尝试一下以下技巧，并继续实施那些你发现对你有价值的方法。很多技巧适用于阅读中记笔记。

1. 小露身手

完成任务。如果你没听说过亨利•路易•勒夏特列或动力学，那么没有什么比听一个勒夏特列原理和动力学原理关系的讲座更无聊的事情了。你对主题了解越多，你就越容易在上课过程中抓住重点信息。老师通常会默认学生完成作业，然后他们会循序渐进地讲课。

带上正确的材料。一支好用的钢笔不会让你成为一个合格的观察者，但是少笔少本一定会分散你的注意力。要确保你带了钢笔、铅笔、笔记本和其他你需要的东西。记得带课本，尤其是讲课内容与课本相结合的时候。

如果你一直对某堂课程没有充分准备，这就是你对这门课不够重视的信息。如果有这种现象的话一定要及时发现。假如你在上课前 37 秒的时候慌里慌张地借笔借纸记笔记，想想这种行为的代价。用借来的笔和纸写下缺乏准备的陈述。考虑一下这门课你能否取得好成绩。

选择前排中间的座位。坐教室前排中间的学生常常会取得比较好的考试成绩，这是有一定原因的：你坐得离老师越近，就越难睡着；你坐得越靠前，就越不容易受其他在你和老师之间的同学的干扰；你坐得越靠前，越能更轻松地看清黑板上的内容；当你有疑问的时候，老师也更容易注意到坐在前排的你。

老师们并没有接受过专业的表演训练。有些老师可以对着满座听众口若悬河，但是有些老师不行。一个在后排座位听起来很无趣的老师在前排听可能很有意思。

坐在前排可以让你成为课堂上积极参与的学生。通过对老师的积极反馈，你可以激发老师的热情，也增强了你学习的积极性。

另外，人的声音的声波在 8 ～ 12 英尺（1 英尺 ≈ 0.3048 米）之外就开始减弱。如果你坐在讲话者 15 英尺开外，你就很难听清并记下笔记。离声源近一些，离能量近一些。

选择前排的位置也可以增强你好好学习的决心。那些喜欢坐在后排的学生，常常是因为他们觉得这样老师点到自己回答问题的可能性会减小。坐在后排，传达的是你不愿或缺乏主动投入这一信息。坐到前排则表现了你乐于参与的意愿。

陈述你的意愿。带一张 3×5 的卡片到课堂。在卡片上写下你对这门课的目标清单。描述你计划的参与度和注意力。要描述详细。如果发现之前的课堂笔记不全，那就写下怎样让这门课的笔记更有用。

2. “就在此地”在课堂上

允许大脑的思维天马行空。澎湃动能中的“回神”技巧在你的思维天马行空的时候特别有用。不要排斥做白日梦或与之抗争。如果你在课堂上发现自己走神，就把这当成是重新集中注意力的一个机会。如果你在热动力学的课堂上想着沙滩聚会，那就把沙滩从你的脑海中赶走吧。

留意你的书写。假如你在课堂上发觉自己已经走神，那就感受一下钢笔在手中的重量。注意一下你的笔记看起来是否整洁。注意你的书写也可以让你注意力重新集中到课堂上。

你也可以用一种更直接的书写方式来避免走神。停顿一会儿，把这些想法写下来。如果你被课后要做的一些杂事分散了精力，把它们列在一张3×5的卡片上，把卡片放在口袋里。或者更简单一些，用符号表示，比如用箭头或星号在笔记中标记出你走神的地方。当让你分神的东西从你的脑海中转移到纸上时，你就可以重新集中注意力记笔记了。

跟随老师的思路。试着想象教室里只有老师和你两个人，这堂课是你们之间的私下谈话。注意老师的身体语言和面部表情，与老师进行眼神的交流。

记住，我们很容易被电子产品分神，比如上网、查邮件或者是发短信。记笔记是一个保持注意力的方法。记笔记这个肢体动作提醒你正和老师在同一个空间里。

注意你身边的环境。当你发现你在做白日梦时，注意一下教室的温度、椅子给你的感觉，或者是透过窗的光线强弱。让你的手划过桌子表面。听听粉笔在黑板上写字的声响或是老师讲课的声音。身处环境当中。当你的注意力重新回到教室，你就可以重新对课堂集中注意力。

延迟意见分歧引起的辩论。当你听到自己不认同的观点，标注一下就任由它去。不要让你内心的争论妨碍你听后面的课。如果这种不一致观点强烈而持久，不妨记录下来，然后继续听课。脑海中的内部挣扎会阻碍你获取新信息。获得与你意见不一致的信息并不是坏事，你只需有保留地接收，在大脑中贴个标签："老师说……但我不同意。"

别对老师的讲课风格品头论足。人类是喜欢评论的物种。我们喜欢对所有事，尤其是对其他人进行评价。如果一个人的眉毛离得太近（或是太远），如果她走路姿势奇怪或是口音古怪，我们会立刻编一个故事出来。我们在做这些的时候通常都不是有意识的。

你可以对老师的讲课风格、习惯和长相有自己的看法，但千万别让这些看法妨碍你的学习过程。意识到这些，并有意识地摆脱它们，你便能降低评判偏见带来的影响。

小提示

落课了怎么办？

对于很多课程来说，每一堂课都出勤会让你获益良多。上课会让你观察并参与。如果你落课了，要尽快将其补上。找其他的方法来补上课堂内容。

了解老师对学生缺课的规定。在上课的第一天就要弄清楚老师对学生缺课的规定。看看自己是否能补交作业、参加补考，再问一下是否有额外的作业任务。如果你提前知道你会缺某节课，尽快让讲师知道。为成为课堂佼佼者制订一个计划。

联系同学。在学期一开始，找到课堂上那些负责、可信赖的同学，互留邮箱地址和手机号码。如果知道自己没法上课，提前联系这位同学。如果你发现这位同学某堂课没来上，帮他多拿一份讲义，列下老师布置的作业，给他拷贝一份你的笔记。

联系老师。如果你落下了一堂课，也可以给老师写邮件、打电话、发传真或者在他的邮箱中留个言。问他是否会在其他班讲述这一课，这样自己就可以去听，不会落下那一节课的知识点。最后别忘了要一份下堂课你可能会需要的讲义。

运用高科技。如果课程有专属的网页，看看上面有没有这堂课的作业和讲义，你可以通过一些网站和同学们互相分享笔记。

即便有的老师讲课散乱毫无条理，你也可以将他的这一缺点转变为自己的优势，主动将其理顺。例如，在记笔记的时候，分辨主要点、例证和支持论据，标出你有困惑的地方，将疑问一一列下来。

参与课堂活动。你应该主动提问，自愿给大家做演示，参与课堂讨论。在学习过程中，别害怕冒风险或者出糗，这是值得的。你应该认识到一些愚蠢的问题可能也是其他同学所想问的。

将课堂和自己的目标联系起来。如果你常在某堂课上犯困，就要在笔记的最上面写下这堂课与自己目标的重要关系，想一想实现目标会给自己带来的收获。

批判性地接收所听到的内容。表面看起来，这一条可能和之前的"延迟意见分歧引起的辩论"技巧自相矛盾。事实并非如此。你可以选择在听课过程中对老师的观点单纯地记述而不加任何评判思考，在课后回顾和整理你的笔记时再认真地评判其观点。这是一个列出问题或者说写下自己意见（同意和不同意）的时机。

3. 留意重要资料的线索

对反复强调的知识点多加注意。当你听到老师不断地重复一个短语或思想时，一定要将其记录下来。重复是个信号，意味着这一信息在老师看来是重要的。

留意介绍性、结论性或者过渡性的词句。这些词句包括但不限于"以下的三个原因""总而言之""最重要的一点""除此以外"和"另一方面"等。类似的词语暗示着联系、定义、新主题、结论、因果和举例。它们透露出的是整个讲课内容的结构。你可以利用这些词语来组织自己的笔记。

看黑板或者教室前端的幻灯片。如果老师专门花时间把某一点写下来，你可以断定这是重要的知识点。记得要抄下所有的图表、公式、名字、地方、日期、数据或者定义。如果老师展示了图片、图表或者表格，要特别注意。拿到老师的拷贝文件，重新思考或者在笔记上记住核心要点。

注视老师的眼睛。如果老师在阐述一个知识点前，特别注意自己的备课笔记，这极有可能意味着这一知识点非常重要。所有从他笔记中读出来的知识点都可能是考试会涉及的考点。

突出老师明显指出的重要知识点。老师常常直接告诉学生，某些特定的信息经常会出现在考试中。用星号或者其他符号在笔记上将这些点标记出来。老师是不会隐瞒重要知识点的。

注意老师的兴趣点。如果老师在讲述某个课题时很富激情，往往说明这个知识点出现在考试中的可能性很大。所以要注意老师的兴趣活跃点。

日志12

发现 / 目标陈述：从课堂上创造更多价值

想想你最近听的几堂课。你是怎么听课的？在你坐着听讲的时候你做了什么特定行为？在某些课上你是否听得比其他人认真？详细描述你的行为。

我发现我……

现在写下一份目标陈述，记录你在听讲方式上想做的改变。

我想……

5.3 记录：笔记流程

笔记的格式和结构比你的写字速度和书写的优美程度重要，以下的几个技巧可以帮助你提高笔记效率。

1. 记笔记的常规技巧

使用关键词。要想在记笔记时分清主次，区别不相干的信息和重要信息点，一个简单的办法就是使用关键词。关键词或关键短语包含的是沟通的本质部分，包括：

（1）概念、专业术语、名字和数字。

（2）连接词，包括指示行为、关系和程度等的词语（如最多、至少、更快）。

关键词能使人联想其他词语和思想，能帮助你打开记忆。这也使它们成为很好的复习工具。一个关键词可以让人回忆起整组思想。一系列关键词则能帮你串联整堂课的结构和内容。

让我们看看关键词有多重要。想象自己身处一个课堂中。你现在在一节解剖学课堂上。想象教室是什么样子、什么感觉、什么味道。你听见老师说道：

> 好，假如我们抬起头看到一架钢琴从天空中掉落下来，会发生什么？我们怎样得到信号然后转化为躲避的动作？发生的第一件事是神经元产生刺激——眼部接收器神经元。钢琴图像落到眼部。换句话说，我们看到了钢琴。
>
> 眼部接收器神经元将视觉信号——看到的钢琴画面——转移到身体神经系统。这就是神经元的功能——传递信息。所以我们将感官信号传进神经系统。来自感官神经元的信息必须被转换进反应器神经元，要不我们会被钢琴砸到。所以接收器和反应器神经元之间必须有某种相互联系。两者之间发生了什么？有什么联系？

在这个例子中，你需要记下的关键词包括刺激、产生、接收器神经元、转化、感官信号、神经系统、反应器神经元和联系。你可以将老师说的163个词变成12词，你的笔记看起来是这个样子：

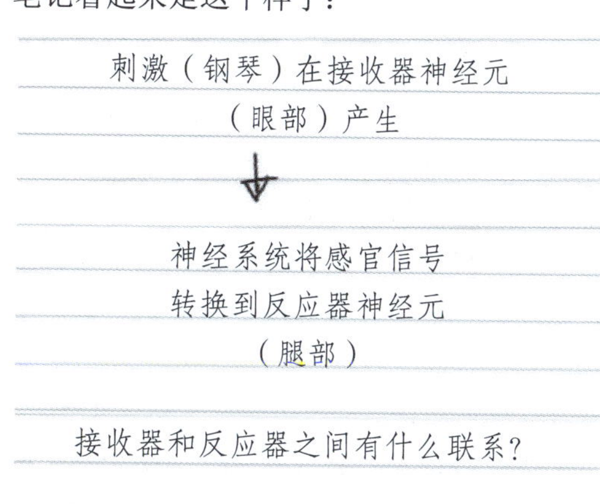

标记出本堂课最后一个关键词：联系。这个词是老师的问题，将开启下一节课。关注类似这样的问题。它们可以帮助你组织笔记，同时也是考试出题的线索。

使用图片和图表。让关系可视化。将黑板上的所有图表都抄下来，并进行自我创造。比如，画一幅一架钢琴落到一个抬头向上看的人的画可以显示接收器神经元和反应器神经元之间的关系。将眼睛标记为“接收器”，将脚标记为“反应器”。这幅图表明，看到的钢琴图像必须转化为一个运动反应。通过将对该过程的解释和钢琴掉落的图片结合起来，你可以将该过程的要素联系起来。

分段记笔记。如果你很难把握一堂课的结构或者无法将信息以提纲的形式表现出来，就采用列非正式段落的格式。这些段落很少包含完整语句。如果是准确的定义、直接引言、老师再三强调或指出的重要知识点（如“这是一个很重要的点”），那就需要用到完整语句。

从黑板或幻灯片上抄写知识点。将老师写下的所有公式、图标和问题记录下来，抄写日期、数字、人名、地名和其他数据。如果这是在黑板上的，就把它写到笔记里面去。你甚至可以用自己的符号来标记这一知识。

使用活页本。活页本与其他笔记本比起来有以下几个优势：第一，在你复习的时候，它的分页是可以拆下来并且放在一起展开的。这样，你就能对整堂课有总体的把握。第二，可以让你随手将讲义插入笔记本对应的位置中。第三，能令你以正确的顺序排列一些课外笔记。

每次只用纸的单面。只用纸的单面，你可以将所有笔记摊开并列摆放，更易于你复习和组织。很多学生都已经发现其带来的好处远远超过纸的价格。或许你担心这样做就会用更多的纸，不环保，如果是这样，那你可以使用旧笔记空白的那一页以及再生纸。

使用 3×5 卡片。作为笔记本的备选，你可以用卡片来记课堂笔记，将每一个新概念记录到不同的卡片上。

别把自己的想法混淆其中。在大多数时候，要尽量避免在课堂笔记上做评论，因为如果那样做，在你回过头来看笔记时，你会分不清哪个是你自己的概念、哪个是老师的想法。如果想要做些评论，得清楚地标记出哪些是出自你自己的想法。

使用一个记号来标明“迷茫”。无论你有多么专心致志，你还是有可能会在课堂上感到迷茫和混乱。如果不方便直接提问，你可以在笔记上相应的位置做记号。发明自己的记号，如画个问号再打个圈。在你写下这个代表“迷茫”的密码后，在下面留一块空白，方便以后再进行解释或阐述。空白本身也是一个“笔记不完整”的信号。下课后或晚些时候，你可以直接和老师沟通，或者借同班同学的笔记看一下。

给所有的笔记做标记、标页码和日期。你要养成每堂课开始前在笔记上做标记、标页码和日期的习惯。有时，课堂笔记素材的排序很重要，在每一个笔记本上写上你的名字、电话和邮箱，以防丢失。

注意留白。如果在每一页的每个角落都密密麻麻地记满笔记，这不便阅读，复习起来也很困难。应该留适当的空白，让你的眼睛休息一下。在你之后复习的时候，你也可以用笔记中的空白处来阐述知识点、写问题或者做补充。

用不同颜色记笔记。你可以用不同颜色来组织安排你的笔记内容。例如，你可以用红色标记出重要知识点；你也可以选择一种颜色来记课本的笔记、一种颜色来做课堂笔记。

使用图表符号记笔记。以下图像符号及表意在所有笔记格式中都是通用的：

- 用方括号、圆括号、圆圈和框框将同一类的信息集中在一起。
- 用星号、箭头和下画线来标明重点。将最重要的知识点用双星号、双箭头或双下画线标出。
- 用箭头和连接线来连接相关的知识点。
- 用等于号、大于号和小于号来标记互相比较的概念。

要避免图像符号可能导致的混乱，使用时要尽可能小心，并且保持这些符号的一致性。在笔记本的最前面写下对应所使用信号的“字典”，例如：

[ ], ( ), ○, □ = 同一类型的信息

*, ↘, — = 重要

**, ↘↘, ═, !!! = 非常重要

> = 大于

< = 小于

= = 等于

⟶ = 导向，成为

例如：上学 → 工作 → 挣钱

? = 啊？迷茫了

?? 很不理解 = 需要马上解答

有效使用录音设备。有些同学使用录音机或数字记录器，但很多人并不推荐这样做。因为有了录音，你就很容易走神，因为你会认为可以稍后再听课。那样，你便错过了一个很有价值的学习过程。

录音也有很多其他的潜在问题。听课堂录音会耗费大量时间——比复习手写笔记花费的时间要多。录音也不会回答你在课堂上没问出的问题。还有录音设备问题，事实上，那个不科学的“录音故障假设”就说明了录音失败的那一段常常是关键内容。

记住了这些警告，你可以更高效地使用录音设备。例如，你可以将录音作为手写笔记的后备。把录音设备打开，但是要像没有它一样记笔记。当老师讲课速度很快的时候，录音还是很有用的。

注意：录音之前，询问一下老师，有些教授不喜欢被录音。

2. 康奈尔笔记法

有个适用全世界学生的记笔记方法，就是康奈尔笔记法。这是由康奈尔大学的沃尔特•波克（Walter Pauk）于20世纪50年代发明的，直到现在仍在美国和其他国家广为流行。

这一方法的基础是波克所说的“提示栏”，也就是页面左手边的大片空白。“提示栏”是康奈尔笔记法起作用的关键，使用方法如下。

将页面格式化。在每一页笔记页上左边起两英寸（1 英寸 = 2.54 厘米）处从上到下画一条垂直线。这条线画出了提示栏，也即直线左边的空白部分。你也可以找到能将这种格式打印出来的网站。在网上用关键词“康奈尔笔记 PDF”搜索一下。

记笔记，提示栏保持空白。在做阅读或听课的时候，在页面右手边记笔记，写句子、短语、概要、图表或者画画都行，只要别在提示栏内写东西就行。这一栏，你会在稍后的一些步骤中用到。

在提示栏精简概括你的笔记。将页面右手边的笔记当作一系列问题的答案，在提示栏处列出与之对应的可能的考试题。每个重要的概念或知识点写一个问题。

除了写问题，你还可以列出笔记中的关键词。当然，你也可以把笔记当作关于不同话题的一系列文章。在提示栏处，为每一篇“文章”写一个报纸风格的标题。无论你选择哪一种，都要尽量简洁。如果连提示栏都被你密密麻麻地塞满了字，那它就失去了原有的作用，即帮你减少笔记的字数和长度。

写概要。建议你在每一页的底部写简短的概要总结来进一步精简笔记。这一步又能让你更主动活跃地加工笔记素材。

记忆背诵时使用提示栏。用白纸盖住页面右边的笔记部分，只显示提示栏。阅读你在提示栏中写下的每一项，并展开陈述。如果你写的是个问题，那么就回答问题；如果你写的是个关键词，就定义每一个词，并说出它为何重要；如果你在提示栏中写了大标题，就解释每个标题的意思，并提供详细依据。背诵完毕后，移开盖着笔记的纸，对照你可能没提到的重要点。

3. 思维导图法

托尼·巴赞（Tony Buzan）的思维导图法可以和康奈尔笔记法配合使用。在某些情况下，思维导图法也可以单独使用。

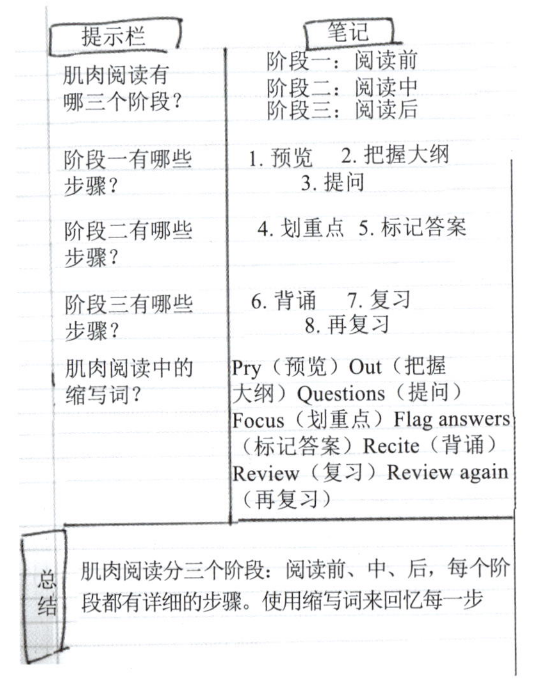

要理解思维导图，让我们先回顾一下传统记笔记方法的特点提纲（下一部分将详细说明）：将要点分成许多二级要点，二级要点又分成更多三级要点，并以此类推。它们以线性连续的方式将信息组织起来。

这种组织方法并没有体现大脑某些方面的功能。我们在“左脑”和“右脑”活动的讨论中已经提到过这点。人们将创意、结构设计、视觉和直观的大脑活动与右脑联系起来，将逻辑、条理、分步进行的思想与左脑相联系。写作老师加布里埃尔·里克（Gabrielle Rico）打了另外一个比方。她将左脑模式称作“符号思维”（与言语相关），把右脑模式称作“设计思维”（与感官视觉相关）。这两种大脑职能，思维导图都将用到。它们可以包括图表、序列、显示关系，也可以提供一个与主题相关的图片，在口头和非口头的层面上都能起作用。

思维导图的作用之一是它可以快速、生动、准确地表现各个概念间的关系。它让你从整体和具体两个方面思考。在选定一个主题后，你首先从大局入手，然后慢慢地涉及下面的细节。因为只用到关键词，你能将大主题浓缩到一个小小的思维导图中。复习的时候，你就只需看关键词，比逐字逐句地看笔记要快捷得多。

留出足够的空白。要做一个思维导图，就要用一张 11×17 的纸。如果手边没有，将常规的笔记本页面横过来放置，这样你就可以采取水平（而非垂直）的格式记笔记了。当然，你也可以选择在课堂上用电脑做笔记，因为电脑有能够画流程图和图表的软件来制作思维导图。

确定课程内容的中心思想。将这一思想写在纸张的中央，将其圈起来，画上下划线，用不同颜色或大字体来突出它的重要性。将其他概念都记录在中心思想的分散线上。当然你也可以选择将这些概念用圆圈圈起来。

只使用关键词。在画思维导图时，尽可能地将线上或圈中字的字数精简到单一词组。虽然刚开始的时候会显得有点奇怪，但它能促使你总结出授课内容的思想精髓。这意味着你写的东西少了，在备考复习时要看的东西也少了。用速记符号或缩写会很有帮助。关键词常常是表达了说话人思想的名词和动词，选择比较容易联系并且能帮助你再现课堂内容的词语。

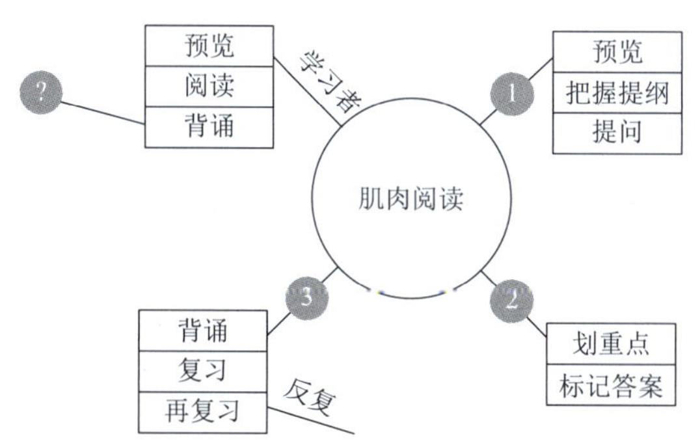

创造链接。一张思维导图不需要包含一本书或者一篇文章的全部思想。你可以将思维导图链接起来。例如，画一张概括了一个章节中五个关键点的思维导图，然后就每个关键点再分别画更详细的思维导图。在每一个思维导图中，都给出互相间的指示。这有助于解释和强调许多思想观念间的关系。一些同学会把多张思维导图按顺序钉在公告栏或者贴在墙上，用这种方法可以让人有效快速地掌握整体概念。

4. 提纲法

提纲可以表现要点和支撑点的关系。以提纲格式记笔记的一个好处是可以让你完全投入，在记录内容的同时完成整理和组织。这在知识点陈述比较紊乱的时候很有优势。

通过不停地变更，你会发现列提纲在呈现各概念间关系时的巨大作用。从学术上来说，每一个出现在提纲中的字、词、句都是一个标题，安排在不同的层次中。

- 在第一级（或者说顶级）标题中，写上课堂或阅读材料的最主要思想。
- 在第二级标题中，记录与第一级中的各主要思想相关的关键要点。
- 在第三级标题中，写下支持或解释第二级标题中各关键要点的具体数据和论据。每一级从属标题都是用来支持论述其上一级标题的思想的。

在图解各级标题的不同时可以用罗马数字（如下）：

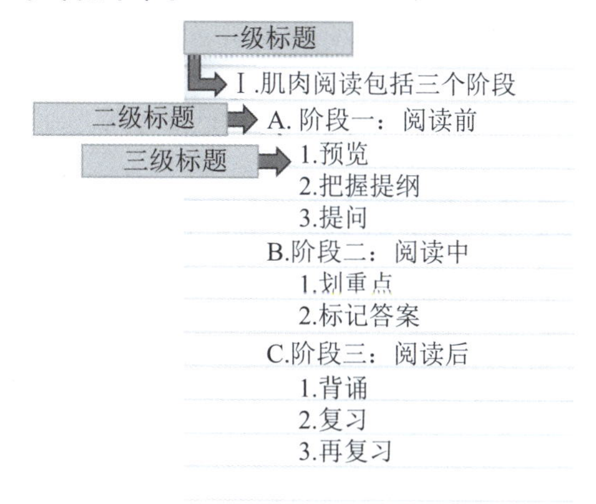

只用缩进来区别各级标题：

肌肉阅读包括三个阶段

阶段一：阅读前

预习

用项目符号和破折号区别各级标题：

肌肉阅读包括三个阶段

阶段一：阅读前

预习

用字体大小区别各级标题：

肌肉阅读包括三个阶段

阶段一：阅读前

预习

5. 结合各种格式

你可以根据不同主题自由选择不同的记笔记方法，并将各种格式相结合。只要是你觉得有用的，都可以进行变通。

例如，你可以将思维导图法和康奈尔笔记法相结合，修改康奈尔笔记法，将你的笔记页面一分为二，一部分用来画思维导图，另一部分则用于记录线性信息，如列表、图表、提纲以及公式、详细的解释和逐字的定义。如果你觉得合适，也可以在段落风格的笔记中加入思维导图。思维导图法在总结康奈尔笔记法中的笔记时也很有用。

美国一所大学的老师约翰•斯佩理（John Sperry）发明了一种笔记法，可以涵盖本文中讨论的所有格式。

（1）将活页夹装满空白纸。打开笔记本，你可以同时看见两个空白页面，一左一右。准备好在这两页的展开页上记笔记。

（2）在上课或阅读时，将笔记记在左手边的页面上。在每一个要点旁边都画上一个大的破折号。如果老师略过了一步或是出乎意料地转换了话题，别停笔。

（3）稍后，用右手页面回顾和详细阐述你之前所做的笔记。在这页，你可以完全按照自己的想法，画个思维导图或采取其他方式，写下复习中的问题、标题、可能的考试题、总结、提纲、助记提示或类比等，将新概念与你的现有知识相结合。

（4）要有序地组织思想观念，在左页笔记上的每一个破折号上编号。即便课堂上老师对概念的陈述有些模糊不清，它们仍可以在你的笔记中得到梳理。

在上课或阅读完的24小时内进行复习。最好是在下课后立即复习，然后在同一天再复习一遍。这个笔记技巧是最有效的一个技巧。用了这个技巧，会让你在之后的复习中节省很多时间。

5.4 复习：笔记流程

将复习当作记笔记过程的组成部分，而不是额外任务。要使新学的知识变得有用，就要把它们进行有效编码并存入长时记忆。而这一过程的关键就是复习。

很多同学很惊讶地发现在上完课后几分钟和几小时后，他们还是能记得课堂上的内容。他们更惊讶的是，他们甚至可以很好地读懂模糊不清的笔记。

不幸的是，短时记忆很快就会减弱。不过，如果你能尽快复习笔记，你便可以把短时记忆转变为长时记忆。这一过程用不了几分钟，常常只需 10 分钟甚至更短。

越早复习笔记，效果越好，尤其是课堂内容比较难的时候。事实上，你可以在课堂上就开始复习。抓住老师设置投影仪或是擦黑板的时间，迅速回顾你的笔记。另一个使用这种技巧的方法是尽快奔往下一堂课。利用下一堂课开始前的四五分钟温习你刚上完的这堂课的笔记。如果不能在下课后立即复习笔记，晚些时候复习一下还是很有帮助的，比如在睡觉前花点时间复习。将这一天没有复习的知识点比作滴水的水龙头，它不停地滴着，流失重要信息，直至你尽快将其拧紧。记住，如果不复习，你很有可能在 24 小时

练习 17

回顾你的复习方式

想一下自己之前曾用到过的复习笔记的方式。看下面的每一个陈述，在对应的选项（“总是”“经常”“有时”“很少”“从来没有”）前面画钩：

我下课后马上复习笔记。

________总是________经常________有时
________很少________从来没有

我每周都会复习笔记。

________总是________经常________有时
________很少________从来没有

我给笔记做总结。

________总是________经常________有时
________很少________从来没有

我会在24小时内对笔记进行编辑。

________总是________经常________有时
________很少________从来没有

在上课前，我会花时间简短复习上节课的内容。

________总是________经常________有时
________很少________从来没有

内忘记当天所学知识的很大部分。

修改编辑笔记。在第一次复习期间，搞定难辨的字迹，写出稍后可能会让你感到模糊的缩写。确保自己能清楚阅读所有要点。如果有些要点你不能阅读或者无法理解，就做个标记，询问一下老师或其他同学。确保笔记上标上了日期、课程以及页码。

在左边栏中写入关键词。要用好康奈尔笔记法并得到相应的帮助，这一任务非常重要。遵循前文描述的关键词原则，仔细回顾你的笔记，在左边栏中写下关键词或关键短语。这些关键词将会加快之后的复习过程。阅读笔记的时候，要特别注意摘取最重要的信息。

用关键词作为背诵记忆时的提示。用一张空白纸盖上笔记，留出左边的关键词部分。按顺序将其排列，并尽可能详尽地背出你对这一知识要点的理解。接着移开空白纸，对照并找出自己没有记住的要点。

做到每周简短回顾。每周都回顾一次你的笔记。回顾过程并不需要很长的时间，每周20分钟的回顾时间就将让你受益匪浅。一些同学觉得周末复习，比如在周日下午，可以让他们保持对知识和材料的熟悉度。在日程表上提前安排复习时段能帮助你养成这一习惯。

复习的时候，时不时地回头看一下整体思想。在自己背诵或重复的时候，问一些问题：“这与我的目标有关吗？”“这与我在这一领域或其他领域已知的知识有什么不同？”“考试会考到这点吗？”“我要怎么运用这一知识点？”“如何将它与我很感兴趣的要点联系起来？”……

考虑将笔记输入计算机。一些学生会将手写的笔记重新在计算机上打一遍。这样做的好处有三个：第一，电脑打出来的笔记更易阅读；第二，它们所占的空间更小；第三，输入笔记这一过程就是强迫你对材料进行温习的过程。

还有一个选择就是完全不用手写，在课堂上用电脑做笔记。但是这有个潜在缺点：电脑故障会把你的笔记全部删除。如果你喜欢用电脑做笔记，要经常存档，把文件保存到闪存盘、外部硬盘或者网上存储服务器中。

进行总结。思维导图法可以有效地总结课堂笔记和阅读笔记。画一张图，显示所有你想要记住的要点。然后就每一个要点画思维导图。画完图后，再看一下原始笔记，查看是否有遗漏。这一方法有趣而且迅捷。

另一方法是创建一本速查手册（或者说“作弊手册”），其指导思想只有一个：将所有的笔记都写到一张纸上。用你想用的笔记格式，思维导图、提纲、康奈尔笔记法或这些方法的结合都可以。这一技巧的优势在于它强迫你去摘出中心思想和关键细节，因为空间很小，容不下其他无关的信息。

想要冒险的你可以常常用一张索引卡来做速查手册，一开始可以用较大尺寸的卡片（5×7 或 4×6），慢慢地转变为 3×5 的小卡片。

有些老师可能会允许你在考试的时候使用总结单。即便不行，在备考时做一张总结单也会很有好处。总结是一个很好的复习办法。

将你的笔记缩减成总结是一个不简单的任务。你可以循序渐进地完成这项工作。沃尔特・波克，也就是康奈尔笔记法的创造者，提出以下建议。他将其称为“银币系统”。

（1）边读笔记边找出重要观点。在这些观点旁边的空白处写上字母 S。

（2）只读那些你标记过 S 的笔记。其中的一些可能比另一些更重要。在更重要的观点旁边的 S 上画一条垂直的线。

（3）只阅读标记过 $ 的笔记。在最重要的笔记上的 $ 上再画一条竖线。

简而言之，你把笔记分成了三个等级：重要、更重要、最重要。最重要的笔记可能不是很多。将这些内容写进总结。

当你复习时，对你的笔记进行评价。复习过程是跳出笔记内容而对做笔记这一过程进行回顾的好时机。一开始就要记住这些做笔记的普遍目标：

- 减少要点的课本内容
- 组织好内容
- 展示出你对内容的理解

如果你的笔记一直没能达到这些要求，那么复习一下这一章节可以帮助到你。

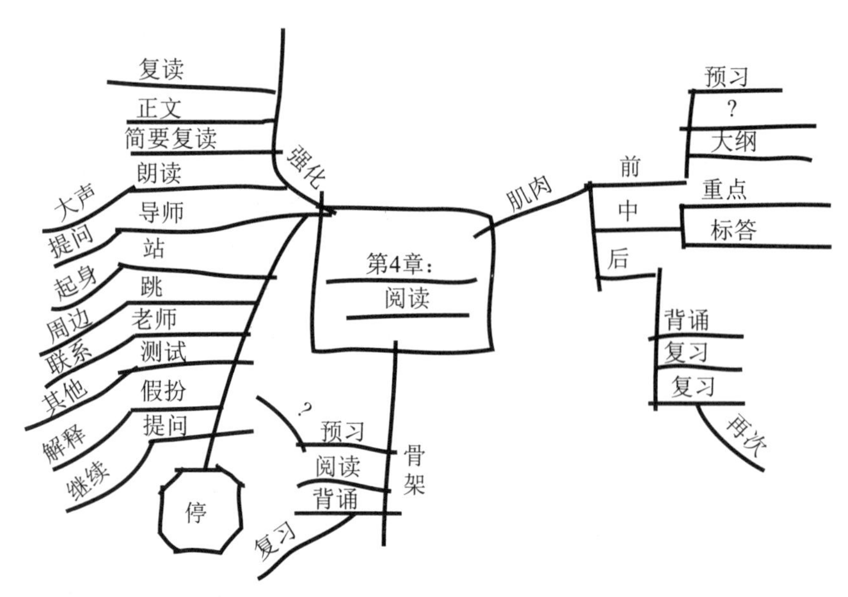

5.5 善用 PPT，巧妙做笔记

现在大家做课堂报告的时候，基本都要用到 PPT 这一工具。然而 PPT 同时也可能让你走神，忘记做笔记，甚至呼呼大睡。

有了 PPT 之后，一些学生就懒得做笔记了。不做笔记会影响学业，原因有三。

一是 PPT 并没有包含附加内容。老师或其他讲课人用 PPT 来组织他们所要讲的东西。每一页中包含的内容都只是主题、要点和要点间的过渡。然而，讲课的过程中，老师通常会讲到一些 PPT 上没有的例子和解释。除此之外，PPT 上也没有任何课堂讨论和老师在提问环节回答的内容。

二是不做笔记会让你停止学习。做笔记的行为强迫你用自己的语言来记录观点和信息，而且写下这些东西能帮助你记忆。如果停止做笔记，你的注意力就会转移，很快就茫然不知所云了。

三是笔记中可能会有明显的空白。回看笔记的时候，PPT 上的内容没有出现在笔记中。如果在复习考试的时候，这可能让你很抓狂。

为了善用 PPT，你还是需要好好做笔记，保持观察、记录和复习。PPT 只是一种引导，它不能替代你的笔记。PPT 不管多详细、多好，也不能代替你的自主思考。

试试下面的建议。它们包括在一次 PPT 课堂报告前、中、后的做法。

1. 课堂报告前

有时候在课堂报告之前，老师就把 PPT 发给大家看了。如果你有电脑，把这些文件下载下来，像预览阅读作业那样浏览一下每一页。

考虑一下将这些 PPT 打印出来，带去上课（打印的时候选择“讲义”这一选项，可以节省纸张和墨水）。你可以直接在打印的讲义上做笔记。如果少打印了几页，一定要把页码数记下来。

如果课堂上你是用笔记本电脑记笔记的，那么就不用打印了。打开 PPT 文件，在每张幻灯片底部的窗口做笔记就好。课后，你可以把这些东西都打印出来复习笔记。打印出来的讲义不仅显示幻灯片的内容，还会显示你所加的笔记。

如何肌肉阅读

- 第一阶段，阅读前
  - 预设问题
- 第二阶段，阅读过程中
  - 抓重点和标答
- 第三阶段，阅读后
  - 背诵，复习，二次复习

2. 课堂报告中

很多时候，老师只在讲课的时候才播放 PPT，不会将 PPT 打印成讲义的形式发放，也不会在网上提供电子版让学生们自己去打印。这样一来，有效率地做笔记就更加重要了。和平时一样将主要的观点和关键细节都记下来，运用你擅长的做笔记方法。

笔记的内容要选择课上的精华部分。看看每一页上都有什么内容，注意听新的观点、要点和关键细节。做的笔记太多可能让你很难跟上老师，还会让你分不清重点。

无论如何，不能局限于 PPT。记下课堂讨论中有价值的问答，即使这些问答并非课堂报告中计划好的环节。

3. 课堂报告后

如果你课前打印了 PPT 并且在上面做了笔记，那么就把打印的 PPT 和你的笔记整合起来。例如，在笔记本中标记相应的页码，或者将阅读、课堂讨论和 PPT 中的主题与要点进行总结。

打印的 PPT 能够成为有效的复习工具，可以将它们作为背诵的线索。将你的笔记蒙上，只看到每一页的主题，看看你能不能记得其他内容，包括本来的内容和你加上的笔记。

同时也考虑一下对课堂报告进行修改。如果电脑里储存有相应的 PPT 文件，那就再复制一份。打开副本，看看你是不是能将其浓缩一下。将那些你不必记忆的内容删掉，同时用你更偏好的方式来重新编排每一页。如果想要看看老师讲课的内容，就可以将之前未修改的那一份打开。

5.6 若老师讲课很快

花更多时间预习。对课题的熟悉度可以提高你抓住重点的能力。如果老师讲课速度很快，或者很难理解，在上课前就应对所要涉及的教材内容进行全面的预习。

适时做选择。老师讲课速度很快的时候，你应将注意力放在重点上。别试图把所有内容都记下来，而是选择自己认为重要的。有时你不一定做出完美的选择，甚至忽视了一个重点。别担心，跟着老师的步骤，记下关键词，在课后立即修改自己的笔记。

与同学互换笔记。你的同学可能记下了你没有记下的重点。同时，你的笔记也可能会帮助其他同学。互换笔记的复印本，可以弥补这些空缺。

在笔记中留出较大的空白空间。留出较多空间记录自己漏掉的信息。在信息缺失的地方做个标记，这样你便可以很快地回过头去填补。

课后与老师见面。带上你的课堂笔记，当面问老师是否有漏记的要点。

使用录音工具。录下讲课内容让你随时都可以再听一遍。一些录音软件还可以调整音频文件的播放速度。运用这一功能，你可以像变魔术一样放慢老师的讲课速度。

课前阅读时做笔记。在上课前，你可以就教材内容做详细的笔记。留出大量的空白。将这些笔记带到课堂上，把课堂笔记加进去。

再去听一遍讲课。很多课会在不同时段重复。这就让你有了再听至少一遍的机会，你可以在常规上课时听一遍，然后在另一个时间段讲述同样内容的课堂上再听一遍。

创造缩写符号。有些速记笔记法是专门用来快速记录信息的。虽然这些笔记系统落伍了，但是你可以借用原理。你可以自创一个速记法，发明替代常见单词和短语的单字母或双字母符号。

缩写的常见方式是去掉元音字母。例如，said 缩写后变成 sd，American 缩写后变成 Amrcn。

其中的技巧就是要清晰定义缩写并且不断使用这些缩写形式。例如，你用 comm 作为缩写，就可能存在你记不清 comm 代表的是 committee、commission、common 还是 commit 的问题。为了防止发生这样的问题，写下可以解释所有缩写符号的“万能钥匙”或图例列表。

即便是不知所云也要问出问题。很多老师都会留出一个提问环节。在这个环节，你可以就自己没记下的重点提问。有些时候，你会感觉自己在某个要点上完全找不到北，没法问出问题。这没有关系。你可以把这个实际情况告诉老师，他会指导你直至问出一个清晰的问题。你也可以选择问一个相关的问题，这可能会引导你问出自己真正想要问的问题。

请求老师放慢语速。这个办法，效果最为显著。如果请求发出后没有效果，让老师再重复一下你没有抓住的要点。

学以致用。教你在参加会议、研讨会以及工作培训时记笔记的老师一般讲话很快。在压力之下，头脑清楚、笔记简洁将会让你受益终身。

练习 18

在压力下记笔记

做笔记和其他技巧一样，都是熟能生巧的。你可以运用电视节目和视频等来训练听关键词、快速笔记、集中精力和复习的技巧。与演讲和小组讨论有关的电视节目能够很好地锻炼你这方面的技巧。纪录片也一样。

下次你看这类节目时，用纸和笔快速记下关键词和信息。如果记不过来，没关系，放松就好。在笔记中留下一段空白，继续关注节目。如果一个节目中间插播广告，就利用这段时间来复习和修改你的笔记。

节目结束之后，花 5 分钟复习你所有的笔记。根据你的笔记创建一幅思维导图，然后对一个朋友总结一下这个节目的主要内容。

这个练习可以帮助你提高听关键词的能力。因为你观看时不能问问题或者要求讲话者放慢语速，所以你必须培养自己完全投入地去倾听的习惯。

第一次如果你落下了很多内容，不要灰心。多做几次这样的练习，看看你会不会有很大进步。

另外，你还可以把一个节目录下来然后做笔记。任何时候都可以暂停节目，复习前面的笔记。

请一个同学和你一起做这个练习，对比两人的笔记，看看你俩都落下了什么。

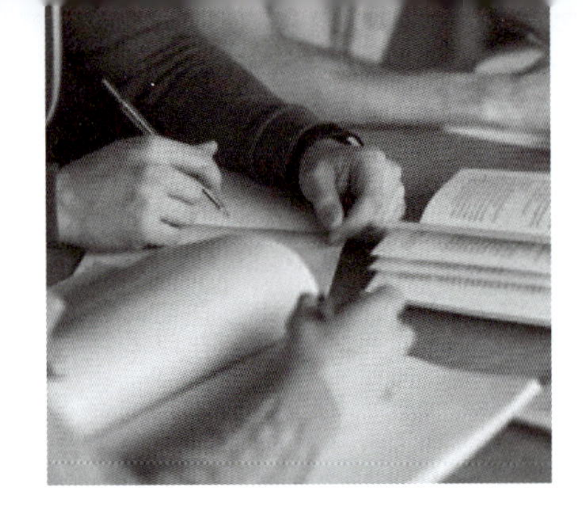

5.7 阅读时记笔记

阅读工作相关材料时记笔记同样需要采用记课堂笔记一样的方式：观察、记录和复习。运用这些技巧记笔记，以做复习和研究之用。

1. 复习笔记

这和你在课堂上记笔记有些相似。当你想记下更细节的信息，而笔记已没有空白处可以填写时，不妨写一下复习笔记。你可能会想挑出文中特别难理解的部分单独做笔记，或者对重叠的课程和教材内容进行总结。因为你没法在图书馆的书上画线写笔记，所以也需要你单独做笔记。要有效地做复习笔记，可以考虑以下几条建议。

分清主次。挑出课本中特别难理解的部分单独做笔记，或者对重叠的课程和教材内容进行总结。

运用各种格式方法。课文笔记可以采用康奈尔笔记法、思维导图和概念导图的方法。你可以将这些方法结合起来创造自己的笔记格式。将图表、表格等视觉元素转换为文字。之后又将文字转换为视觉元素。

然而，别沉迷于创造笔记格式。即使一个简单的关键词、例子列表都能成为强大的复习工具。你也可以选择合上课本，开始写复习笔记。快速写下你能记住的课本内容，别纠结任何一种笔记格式。

将文章压缩成关键引语。作者通常会将他们的重要观点插入几个关键句中。当你读书的时候，反复问自己“这是什么意思”，然后尝试能否在此页找出一个特别的句子来回答这个问题。特别注意标题、副标题以及段落的主旨句。把这些关键句逐字写在笔记里，并用引号引出来。尽可能摘录少一点的句子，但不要改变这篇文章的中心意思。

逐段压缩。假设你必须将一章、一条，或者一本书总结到卡片上，只总结一段——或者一句话——并且使用你自己的语言。这是检测你材料理解程度很好的一种方式。

从目录中寻找提示。研究你手中书的目录。在纸上写下每一个主要标题，或者将这些标题输入你电脑的文字处理文件里，包括页码数。接下来，看看你能否靠着这些目录提升自己。用你自己拟定的标题替换掉书里出现的标题。将单个文字或者短语编成长句子，并且使用对你有特别意义的词。

考虑特殊情况。笔记的风格根据材料的风格做相应的变化。如果读短篇小说或是诗歌，先一口气将整个作品读完，不记任何笔记，只是纯粹地欣赏。读完以后，立即写下你的感想。然后再读一遍，在角色、意象、形象、场景、情节和观点以及作品的其他方面做笔记。

记录数学和科学关键概念。阅读数学、科学或其他技术材料时，抄写重要的公式或等式，按照提示画关键表格，并形成自己对概念的表述，写下可能会出现在试卷中的知识点。

2. 研究笔记

在准备写论文或做演讲前做研究笔记。研究笔记的惯用工具是索引卡片。每张卡片上写下一个观点、事实或者引语，将这张卡片和出处（你在哪里发现的）的笔记放在一块。之所以这么做，是因为这样可以根据提纲里想法的顺序将卡片轻松地排序。如果提纲有变，也没问题。只需要重写卡片即可。

用电脑做笔记与用索引卡片一样灵活。只需要在每段记录一个想法、事实，或者引语，顺带标出出处。将每一段看作一个单独的“卡片”。准备好论文或者展示的初稿后，只需要根据大纲来移动段落。

记录信息源。无论是卡片还是电脑，确保所记录的每一条信息都有出处。

例如，你从一本书中找到了有用的引用，

你需要在论文中使用。逐字摘录到卡片上，或者将引用输入电脑文件夹里，除了引用，还应该包含此书的作者、书名、出版日期以及出版地和出版社。创建信息源正式表单时你可能需要以下信息——参考书目或者尾注或者脚注。

每一处信息源该记录什么信息，可以参考本文边栏处。你的导师可能有不同的参考资料，所以也可以向他们寻求帮助。

警惕抄袭。如果引用而没有标明出处，这将被看作抄袭。即使不是故意抄袭，后果也非常严重。很多抄袭都是由于引用信息不当造成的。为了避免这一问题，记住做信息源笔记的主要目的是将自己的语言和图片与别人的语言和图片分开来。因此，需要养成以下习惯：

- 如果直接引用资料，需要用引号引出来，并且记录出处。
- 如果引用资料中的图片（照片、插图、表格或者图表），记录出处。
- 如果总结或重述资料中的某一段话，需要用自己的语言表述，然后记录

小链接：记录信息源

知道如何组织和归档信息源也是一项重要的信息技能。之后应核查这些信息以便记录各种各样的出处。如果可能，将这些出处打印出来或者影印。书本的话，应该有书名页和版权页，这些都可以在书前面找到。对于杂志和学术著作，需要复制目录。

读的每本**书籍**，应该包含以下内容：

- 作者
- 编辑（如有列出）
- 翻译（如有列出）
- 书号（如有列出）
- 书名全名，包括副标题
- 出版社的名字和地点
- 版权日期
- 你引用、总结或改写的段落的页码数

每篇参考**文章**需要记录的信息：

- 作者
- 编辑（如有列出）
- 翻译（如有列出）
- 全名，包括副标题
- 期刊名称
- 刊号
- 第几期
- 出版日期
- 引用、总结或改写的段落的页码数

参考的**网上资源**，需要包含以下信息：

- 作者
- 编辑（如有列出）
- 译者（如有列出）
- 页码或者文章的完整标题，包括副标题
- 提供站点或者发行CD-ROM的机构
- 页码或者其他文件出版或者修订的日期
- 网页的网址（统一资源定位符、网址，开头通常是http：//）
- 版本（CD-ROM）

注意：网络资源可能不会列出所有信息。对于网页，至少要列出访问资源和地址的日期。

- 每一次**采访**，应该包含以下信息：
- 受访者姓名
- 受访者的职位
- 受访者联系方式——通信地址、电话号码、电子邮箱
- 采访日期

出处。

- 如果记录中的观点与某人关系密切，记录出处。
- 如果在笔记中包含自己的观点，只需在这一来源上标注“我”。

如果用电脑做笔记并且引用网络资源，要特别警惕抄袭。当从网络摘抄文本或者图片时，将这些笔记和自己的观点分开记录。粘贴时，使用不同字体或者使用引号。

以下来源无须标明。

- 公认事实（“20 世纪发生了两次世界战争”）。
- 可以轻松确认的事实（美国宪法包含一系列修正法案，即熟知的“权利法案”）。
- 你自己的观点（嘻哈艺术家是我们这个时代最伟大的诗人）。

注意：写出你自己的作品——而不是已经创作出来或者经某人修改过后的材料。如果你不知道自己该做什么，那么可以采取保险措施：标明出处。记住，别人的思想一定要标出。

反思自己的笔记。安排时间回顾研究中所用到的所有信息和观点。通过重新阅读和反思自己的笔记，便能深刻理解。可以先从总结自己主题的观点入手。在自己资料上标出同意和不同意的观点。

此外，当你开始研究时，看看自己能否找到这些问题的答案。这些问题可能成为文章的标题。

在观点、事实以及引文使用的例子这些材料中，寻找关联。此外，在你的研究和生活之间寻找关联——基于个人经验就能确认的观点。

5.8 利用“概念图”，使理论形象具体

和思维导图类似，概念图可以让你在不同概念间建立联系。但概念图相对更加正式，如果你认为思维导图太松散杂乱，那么概念图可能更吸引你。

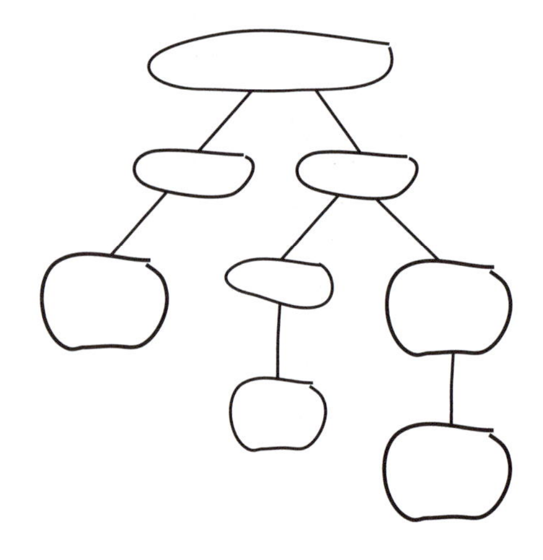

概念图由约瑟夫·诺瓦克（Joseph Novak）和 D. 鲍勃·高文（D. Bob Gowin）提出，基于大卫·奥苏伯尔（David Ausubel）的理论发展而来，是让书中的主要概念脱离书本的工具。通过创建概念图，可以将作者的想法浓缩到最简。

奥苏伯尔在《有意义言语学习心理学》一书中提到，有意义的学习，需要将新概念与命题同化于既有的认知架构中。通过创建链接，我们可以连接新概念和已有概念。

概念图可以将这一过程形象化。构成元素如下。

- 主要概念，写在页面顶端。
- 其余的概念按层级排放在列表上。概括性最强、最一般的概念处于图的最上层，从属的放在其下，具体的事例位于图的最下层。
- 在概念之间建立交叉连接，可以在连接线上写出概念间的关系。

要绘制概念图，先列出概念的名字，然后按照从大到小的顺序排列，从而形成富有意义的表述。这一理论由奥苏贝尔提出。

因为丰富的语言词汇，每个话题都可以有无数个命题。要绘制概念图，你可以参照以下几个步骤。

1. 选择中心概念

限定概念图的范围。将一个笼统的概念作为中心，这个可以是章节、文章或讲座的中心话题。用三个或三个以下的词组表述这个概念。很多概念组词都是名词，包括专业术语和专有名词。将中心概念圈起来。

2. 列出相关概念

进行头脑风暴，尽可能多地列出与中心概念相关的概念。暂时不必将概念排序。只需将其列出，还是用三个或三个以下的词组表述概念。为了方便之后整理与排序，建议将每个概念单独写在一张索引卡上，或是在文字处理器上单列一行。

3. 用层级图处理概念

按照从一般到具体逐渐演变的过程安排概念。将主要观点放在最上面，将具体观点放在最下面，构建自己的概念图。在中间位置合理安排剩余的概念。然后，圈出每一个概念。这一步需要一些时间，并且反复调整概念，直到安排合理。

4. 添加连接

画线连接描述关系的词语和概念。尽可能精简概念之间的联系。连接词通常都是动词、动词词组或者介词。

5. 修正自己的图谱

找出图谱中反复出现的概念，可以在这些概念之间建立联系。此外添加遗漏的概念，看看自己能否明晰这些模糊的关联。

避免“串联图谱”，即从上到下用直线连接。串联图谱应该是一种提示，提示自己添加概念、关联或者两者来扩大理解范围。以此，便建立了更为丰富的概念关系。

6. 概念图举例

阅读以下段落：

肌肉阅读由三个阶段组成。阶段一是在阅读前记录需要完成的任务。阶段二是指阅读中产生的任务。阶段三包括阅读后的任务。

在这一段文字中，提到的概念有肌肉阅

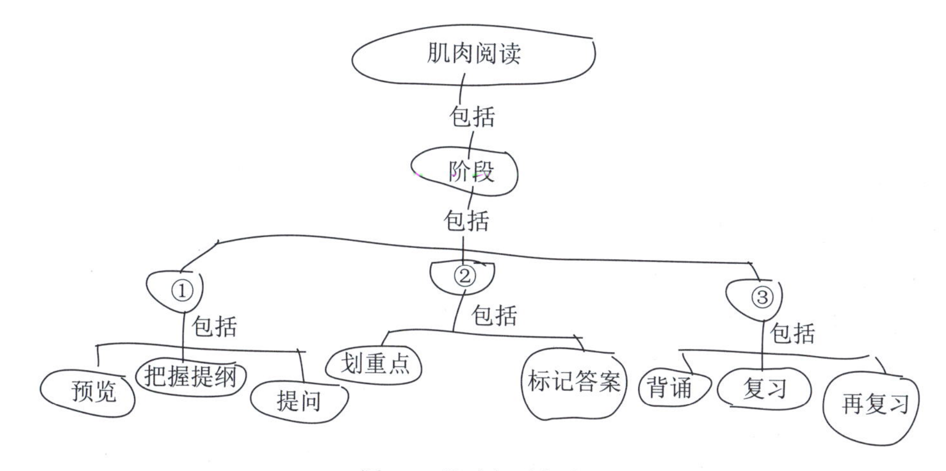

图 5.1　肌肉阅读概念图示例

读、阅读、阶段、任务、阶段一、阶段二和阶段三。关联词包括前、中、后。

以上段落的概念图如图 5.1 所示，即肌肉阅读概念图示例。

可以从一篇文章或者书的一章节中列出标题，组建概念图谱。例如，考虑到一本讲营养的书籍包含了指导如何吃好的基本框架。这一章节包含以下标题。

数量

- 分量
- 注意分量多少

多样

- 食用谷类（特别是全麦）
- 食用水基食物（特别是果蔬）

图 5.2 是基于以上标题的概念图。

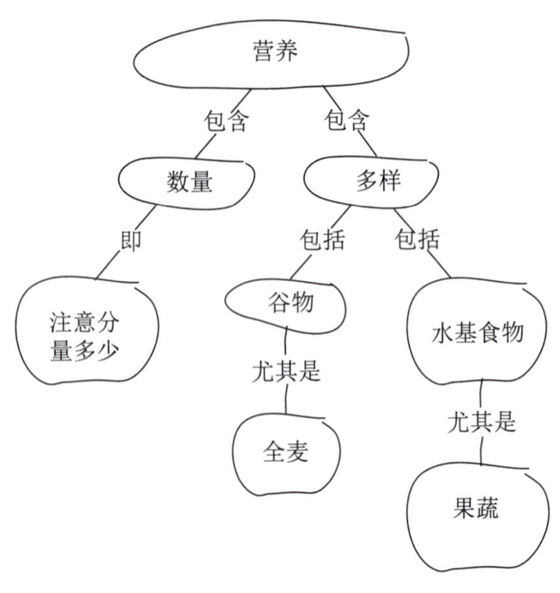

图 5.2 营养概念图示例

7. 概念图的优点

概念图的绘制可以提升批判思维能力。它可以提醒你丢失的概念或者概念之间错误的关联。

概念图的绘制也有利于“大脑开发”。做笔记的方法反映了你大脑学习的方式——这就是说，通过概念建立联系，概念之间的关联就像脑细胞之间的关联一样，当你遇到新事物，这些脑细胞就开始形成。简而言之，概念图是一种视觉提醒，提醒学习时大脑发生的变化。

5.9 高效做网络课程笔记

当学习网络课程或者需要网络资料支持时，那么就需要学习新的笔记法了。你可以使用各种方法达到此效果。

仔细规划时间和任务。大多数或者所有的网络课程并没有显示在学期周日程表上。所以这使得这些课程不得不推到了学期末。

但是一定要避免这种错误！要考虑网络课程比传统面授课程会花费更多的时间。网络课程活动众多——发送和接收邮件，参加讨论会议，评论博客，等等。每天都可能有大量新内容。

网络课程的最大障碍就是会拖延。跟上课程的解决办法是频繁地联系以及仔细规划时间。

（1）在学期伊始，就给网络课程制定一个详细的学习安排。在你的日程表上，列出每个作业的最后期限。将大项目分成几个小步骤，安排每个步骤完成的时间，一步一步完成。

（2）根据自己的日程安排表来计划在线课程。在这些课堂上投入与其他常规课程一样的精力和关注度。在这段时间，检查网上关于课后作业、测验及其他有关通知。每天检查课程相关的邮件。

（3）如果课程包含讨论论坛，也要每天检查这些论坛。看看新帖子并且回复。这些方式的意义在于及时互动，这个可以很早开始并且持续整个学期。

（4）接到在线作业，要尽快发邮件把自己的问题都问清楚。如果你想私下和老师交流，应该提前几天预约。

（5）要留给老师充足的答复时间。他们并不是天天在线上。很多老师还需要上传统的面授班，还有行政以及科研任务。

（6）在线课程材料一发布到网站上，就把它们下载或者打印出来，以防这些材料之后撤掉。

（7）尽可能早地递交自己的作业。提前完成任务可以帮你避免学期最后几周在计算机前连夜奋战。

如果你依旧拖延，那么需要记住人类心理的一个事实：情绪和行为彼此独立。换句话说，即使你不想学习网络课程，你依然可以学习。开始一项 5 分钟左右就能完成的任务。成功地完成小任务能够帮助克服抗拒心理。

做一次技术试验。验证自己是否能顺利上网课，包括网络指导、幻灯片放映、阅读、测验、考试、作业、公告栏和聊天室。向老师询问网址、邮箱地址和密码。在课程开始之前，特别是完成第一次作业之前，解决所有可能的程序错误。

如果你打算在校园使用计算机室，需要找到符合课程要求的机房。记住，学校的机房可能不允许你安装获得课程或者教材所需的所有软件。

制订一个持续的计划。根据墨菲定律，技术往往在最不方便的时候崩溃。你可能不相信这个定律，但是提前做准备仍然是明智之举。

（1）在每个科目的课堂上找到一个“技术伙伴”，也就是在你不能连接到网络或遇到其他问题时可以帮你联系老师的人。

（2）每天，将所有课程相关的文件进行系统备份。

（3）保证多余打印物品——纸张以及墨水——随时可用。不要在交论文那天发现这些必需品都用完了。

积极参与课程。你的网络课程可能包含列有家庭作业和测试日期的文件。这只是个开始。提交问题，完成任务，并且与老师和其他同学互动，这些方式都可以使你参与到这些任务之中。还有一种参与的方式，即确认这些课程为智能手机或者电脑提供应用程序。

课程资料需要做笔记。你可以将电脑屏幕上出现的内容都打印出来。这包含网上课程资料——文章、书籍、电子邮件、课程聊天室以及其他。

潜在的问题是，你可能完全跳过了做笔记。（我能把所有的东西打印出来！）这样，你可能错过一个通过复述来消化新观点的机会——这是记笔记最大的好处。结果材料只是从电脑到了打印机上，并没有过脑了。

为了避免这个问题，可以使用康奈尔笔记法、思维导图、概念图或者提纲法。记录发现和意图陈述，从材料中获取主要见解。下一步就是在文本里写下答案。之后复习和背诵你想记住的材料内容。

网络课程花的时间可能比传统面对面教学花的时间要多。网络课程往往涉及很多活动——寄收邮件、参与论坛讨论、评论博客帖子等。

网课的另一个问题是，老师只能出现在屏幕上。在教室里，你可以通过视觉和言语推测测试题。但是网络课程缺少这种线索，

这意味着你可能不会记下这些题目。你可以问问老师认为哪些资料最重要。

创建文件夹和文档。在电脑硬盘上为每一个科目创建一个目录。给每一个文件夹命名，譬如——生物 -2017 春。将与课程相关的所有文件放在合适的文件夹里。这样可以避免在技术相关方面浪费时间——寻找丢失的文件。

要仔细给每个文件命名。避免改变识别不同类型文件的拓展名，譬如 .ppt 是幻灯片格式，pdf 是 Adobe Reader 便携文件格式。改变拓展名可能带来一些后续麻烦，比如，不方便之后查找文件或者和其他人分享。

对自己负责。网络课程一般都不需要班会，没有老师或同学在场，这可能会让你失去动力。这时你需要做的是自我激励，清楚地知道学好这门课给自己带来的好处，将课程内容与专业和职业目标相结合。别等着你的同学和老师打电话联系你，自己主动和他们联系。

集中注意力。一些学生常常一心多用，边浏览网站边看电视、听声音很大的音乐或者使用即时聊天软件。在进行在线学习的时候，这些习惯会影响你的学习和考试成绩。在线学习时，要关掉电视，退出即时聊天工具，把音乐声关小。不管在哪儿上网，都要注意集中自己的精力，一心一意。

要求作业的回馈。要充分利用在线学习，写邮件要求老师给你回馈。如果可以的话，你也可以问老师能否通过电话或私下见面交流。

联系其他同学。在每个课程课堂（特别是在线课程）上跟至少一个同学建立起私下往来。建立学习小组，共享笔记，互相测验和评改论文等。这种支持可以帮助你成为成功的在线学习者。

小链接：开会时的笔记

在工作场合，笔记很重要。会议上可以进行人事任免、解决问题、进行谈判、做出决定。你的工作可能根据会议期间你所观察、所记录以及你的响应方式决定，做会议笔记时，不妨考虑下面的“四 A 准则”。

出席情况（attendance）。首先注意谁出席会议。在许多机构中，人们都希望在会议记录上了解到出席情况。

议程（agenda）。留心议程也可以帮助你更有效地做会议笔记。会议议程好似一张行车图。确保讨论沿着正确的轨道进行。优秀的会议召集人会清清楚楚写下议程，并在开会前分发给每位与会人员。记录议程，把它作为会议笔记架构的模板。如果没有正式的议程，那就自己创造一份。记得用不同的标题区分各个主要议题。

协商结果（agreements）。大多数会议的召开都为了达成某个协议——一项政策、一个工程或一份计划，记录会议的协商结果。

行动（actions）。会议上，人们通常会对采取某种行动有所表示。谁答应接下来做些什么，都要体现在会议笔记中。最后一个 A 尤为重要。问问自己，笔记中的哪些后续行动需要你的参与——拨通电话，查找事实，还是完成另一项任务？在笔记中标记出来，然后添加到你的日历中或者任务清单里，按时完成。

无论是研究小组还是项目团队，成败与否往往就在于后续工作完成情况的好坏。成员能够达成行动协议并遵守协议，是优秀团队的一大标志。你可以以身作则，动员他人。

5.10 笔记 2.0 版

想一想，如果随时随地打开随身的数码产品，都可以记笔记、看笔记，那该有多方便！今天的许多数码软件都可以满足你这个要求，而且大部分是免费的。利用在学校的时间，快快熟悉它们吧！工作后，你就可以运用它们更好地记录研讨会笔记、会议笔记和培训笔记了。

1. 从已知的软件入手

可以选择为每个课程、每份日志创建纯文本文档。把你的笔记也敲进文档中。

你可能早就拥有创建纯文本的软件了，如苹果电脑的文字编辑（TextEdit）、苹果手机备忘录（Notes）、微软 Windows 的记事本（NotePad）。

这些软件创建的文件因为没有任何格式，所以叫作纯文本文档。几乎所有软件都可以读取纯文本文档，纯文本文档占据的储存空间也很小，这都是它的优势。

2. 笔记“云储存”

为了方便调取文档，可以把笔记储存在 Dropbox（网路随身碟：www. dropbox. com）、Google Drive（谷歌硬盘：www. drive.google.com）、Skydrive（微软网盘：www.skydrive.com）等其他网络储存器中进行备份。每种网盘都会给你提供几个 G 的免费存储空间。

注册服务，创建一份测试文档，然后进行编辑。核查一下，确保编辑过的文档在所有数码设备上都能够正确显示。

3. 考虑使用在线提纲生成器和思维导图软件

越来越多的网站提供提纲生成和思维导图的功能。尝试注册，并创建你的第一份文档。只要你的数码设备连接网络，就可以调取它们。此外，只有你可以阅读自己创建的内容，除非你给予某些人一定的权限。先来试试下面的网站吧！

- Workflowy（流畅工作，https：//workflowy.com）仅用几个快捷键就可以操作，简便快捷。
- Checkvist（一个提纲生成网站，https：//checkvist.com）可以把列出的大纲转移到其他软件上。
- Online Outliner（在线大纲生成器：www.online-outliner.com）使用方便，完全免费，甚至无须注册。
- The Outliner of Giants（巨人大纲：www.theoutlinerofgiants.com）是创建大型学术文档的理想选择，内容可以导出到微软的 Word 程序中。

Mindmeister（思维麦斯特：www. mindmeister.com）和 Mindjet（思维喷气机：www.mindjet.com）让你免费创建思维导图，

进行在线储存。

TheBrain（大脑：www.thebrain.com）虽然收费，但是可以把不同的思维导图、网站和你电脑上的文档联结起来。

4. 考虑使用灵巧的笔记软件

许多笔记类应用程序具备纯文本编辑器和在线服务所没有的功能。

SimpleNote（简易记事本：http://simplenote.com）有免费版和收费版两种版本，能够让你创建文本类笔记，并进行在线储存。

NotationalVelocity（记录速率：www.notational.net）是免费软件，仅适用于苹果MacOS操作系统。储存文本类笔记，搜索迅速，可以与SimpleNote同步。

ResophNotes（便携笔记同步：www.resoph.com）与NotationalVelocity功能相同，适用于Windows操作系统。

Evernote（印象笔记：www.evemote.com）有免费版和收费版两种版本，可以复制网站文本和图片，添加脱机文件，如名片和收据的数码照片。

MicrosoftOneNote（微软电子笔记本：www.office.microsoft.com/en-us/onenote）的功能与Evernote相似，与微软Office软件应用程序结合紧密。

新软件的开发脚步从未停下。想了解更多，可以在网上搜索关键词“笔记软件”。

卓越达人记

特蕾莎·阿马比尔
(Teresa Amabile)

特蕾莎·阿马比尔是商业管理教授、哈佛商学院研究项目负责人，著有《进步原则：用工作中的小成就带来大喜悦、责任以及创造性》。

几乎有一半的美国人（52%），工作时并不开心。这是非营利性调查组织 Conference Board 于 2014 年的工作满意度调查得出来的结论。在大萧条之后的2010年，人们对工作的不满程度达到顶峰，此后这一情况仍然没有得到缓解。

员工不满意的原因可能各不相同。他们担心会失业或被机器人或海外工人取代。他们讨论好久不上调的工资以及越来越高的医保费用。

心理学家特蕾莎·阿马比尔承认这些忧虑确实存在。与此同时，她说，如果我们考虑其他因素，也许我们会从中受益。

阿马比尔研究“内心工作生活”——人们如何对工作日常进行情绪反应。她说，工人经常感觉无论他们如何努力，都落后于他人。他们拼命与众多邮件和会议同步，许多截止期限让我们感到花费了太多时间在工作上，但是成就感却越来越小。与其说是前进，不如说是停滞不前或者倒退。

阿马比尔认为，进步对工作幸福感至关重要。她的报告指出“小的成功”——日常向目标逐渐迈进——是工作幸福感的最大的可控因素。她将此称为进步原则。

阿马比尔和其他研究者基于 238 名受访者提供的 1.2 万份日记得出了这个结论。当这些人全神贯注于工作时，他们发现自己正在完成很重要的工作。甚至很小的进步也是朝向一个意义非凡的目标，这会带来满意感。

在 2012 年由 99U（99U.com）赞助的会议上，阿马比尔说道，任何人都可以使用这一策略。

坚持写工作日记可以帮助你庆祝工作中微小的进步——尤其是当你一天都非常沮丧时，你感觉自己重要的工作毫无进展时。通常你可以通过工作日记看到自己确实在进步。如果你做到了，那就持续记录。你可以通过这种方式，庆祝自己的进步。

这种日记可以让你看到自己的进步，并且记住它，可以帮助你更好地关注工作中不满意的部分。

此外，复习这些笔记可以使你在沮丧或者失望时，记起那些你一直为之奋斗的任务。这本身就很激励人心。“它可以帮助你培养耐心，因为它可以向你展示过去你一直没放弃，并且最后成功了，那些日子可能比你现在经历的要更糟糕。”阿马比尔如此说道。

另一种体验进步原则的方式就是规划工作日的各个时间段，你可以花 30 分钟专注于重要项目。这样你可以感觉到“流动”——当你沉浸在一项工作中由此带来的深深满足感。

一些公司通过设定工作日的“安静”时间将这一做法制度化。在此期间，没有会议，没有电话，也没有人会回复邮件。这是最简单却最有效果的做法，管理者可以用此提高员工的参与度。

阿马比尔谈论到一个员工在装满箱子的储藏室里安静地工作了一天。隔绝了日常分散精力的事情，这极大地提高了其工作满意度。

“不要忘记，小的成功可以积累成巨大的进步，”阿马比尔对 99U 的观众说道，“但是如果不时常回首过去，就很难确定你要前进的方向。”

特蕾莎·阿马比尔的研究内容是关于撰写日记来记录你在奋斗过程中的日常进步。养成这种习惯是践行澎湃动能的一种方式：利用“一切都是我创造的”，创造更满意的工作体验。

姓名________________

日期________________

测验

1. “澎湃动能：一切由我创造”是：
   a. 为了在学校获得成功你必须相信的观点
   b. 我们终将掌控生活的提示
   c. 你可以选择如何回应某个事件的提示——甚至该事件本身不在你的控制范围之内
   d. 以上答案都不对

2. 根据书中内容，记笔记的工具都是无效的，除非你：
   a. 在课堂积极参与
   b. 课后复习笔记
   c. A 和 B 都对
   d. 以上答案都不对

3. 在课堂上记笔记时为了“就在此地”，记得要：
   a. 和白日梦做斗争
   b. 接受自己开小差的事实，并重新集中注意力
   c. 与老师的意见不同时，在脑海中与其展开辩论
   d. 避免与老师的身体接触和目光交流

4. 做笔记的策略包括“延迟意见分歧引起的辩论”和“批判性地接受所听到的内容”。这种说法：
   a. 正确
   b. 错误

5. 基于提示栏的笔记方法叫作______方法。

6. 为了高效记笔记，要避免将思维导图与其他记笔记方法结合。这种说法：
   a. 正确
   b. 错误

7. 思维导图建议的策略包括：
   a. 留出自己足够的空白
   b. 只用关键词
   c. 将主要概念放在中间
   d. 创建链接
   e. 以上答案都对

8. 使用罗马数字只是创建不同大纲标题级别的一种方式。这种说法：
   a. 正确
   b. 错误

9. 你写论文时记的笔记叫作：
   a. 复习笔记
   b. 研究笔记
   c. 综合笔记
   d. 以上答案都不对

10. 在会议中记笔记的方法包括记录：
    a. 参会的人名
    b. 议程
    c. 会议中达成的协定
    d. 会后人们一致要采取的行动
    e. 以上答案都对

技能掠影

读完这一章，做完练习之后，对你目前的笔记技巧做个掠影。先想一想你最近一些做笔记的经历，然后做出行动，成为善于做笔记的佼佼者。

发现

我在“发现轮盘”的“笔记”这个部分的得分是……

如果要对我上一周做的笔记质量来个总体评分，我会打……

总的来说，当我的笔记……时，我觉得它们最有用。

目标

当我……的时候，我就知道自己达到了做笔记的新高度。

本章中，能给我的笔记质量带来最大改变的观点是……

行动

做笔记时，我要培养的新习惯是……

这个习惯可以通过……促进我在工作中取得成功。

读完本书时，我希望我在“发现轮盘”的“笔记”部分的得分是……

第6章 考试

为什么？

用一些简单的技巧来改变你对考试的感受，提高你的考试成绩。

是什么？

想一下你想如何改变你的考试体验。例如你想轻松地、准备充分地参加考试。之后预习这章内容，并找出三个能帮助你做到的技巧。

怎么做？

我怎么摆脱考试焦虑或者其他负面情绪？

抽出一分钟

为你正在学习的课程的下一次考试写一份学习检查表。包括测试涉及的阅读任务和课堂笔记时间。

摆脱沉迷

本节“澎湃动能”将帮助你找出你身体里的那个强大的、天生的学生天赋。这一点在消极情绪妨碍你的学业时尤其有用。

沉迷是一种瘾。当我们沉迷于什么时，我们会觉得离了它就活不下去，我们自己可能会认为保持沉迷才能令我们幸福。

我们有可能沉迷于任何事情——期望、思想、物品、自我感受、某个人、成绩、奖赏等。这个名单可以无限长。

比如一个爱车的人，车子出一场事故就好比他的人受到攻击了一样，那个不幸撞上他车子的人，还不如直接撞向他本人。

又或者有人对工作很沉迷，工作代表了他的身份，给他带来幸福感。如果他被辞退的话，很可能就会感到沮丧或抑郁。

当我们沉迷于某件事情，而它又不像我们预想的那样顺利，我们可能会感到愤怒、生气、猜疑、慌乱、疲劳、无聊、害怕、愤恨等。

假设你沉迷于物理考试要得A中，你会感到你生命的成功与否完全取决于考试成绩是否得A。考试时，随着时间一分一秒地过去，你越发努力地解题，却越陷入僵局，与此同时你的脑袋里会出现越来越响的呼声：“我必须得A。我必须得A。我必须得A!”

现在是摆脱沉迷的时候了。尝试静下来观察，抛弃功利的观念。当你观察而不是做出回应时，你会到达一个超越你自身想法的宁静之地，你会意识到你在有意识地观察。这里远离情绪的喧嚣，你可以客观地看待自己，就像看待其他人一样。

这种尝试似乎看起来遥远且很难实现，不过有三种方法你可以尝试。

首先，观察你的想法和你的身体感受。如果你感到困惑或处于困境，那就告诉你自己，“我现在感到困惑，我被困住了”。如果你手掌出汗，肚子很不舒服，那么无疑你太紧张了。

其次，练习放松。从简单的观察呼吸开始，之后进行缓慢的深呼吸，尝试把放松的感觉带进全身。

最后，尝试从更广的角度看问题，在你的脑海里构造一个更大的图景。今天的成绩对你来说，在以后的一周、一个月、一年或十年里，还重要吗？可以把这个技巧运用到你以后遇到的任何问题上。

注意：放弃对于得A的沉迷并不意味着要放弃得A，放弃对工作的沉迷也不意味着要放弃工作。摆脱沉迷，但依旧坚持你的价值观和目标。不过你知道就算你失败了，那也没什么。

记住，你比你的目标更重要，你比你的思想和感觉更重要。这些东西来来去去。与此同时，无论发生什么，你能观察的那部分总是在那里，总是安全的。

在你的沉迷背后我看到一个极具天赋的学生，释放你的天赋，摆脱对分数的执念。

6.1 不要过分看重分数

考试看起来不吓人，也许这就是我们把它们当作地雷的原因。

假设街上一个陌生人走过来问你：“有限阿尔贝P群有基准吗？”你会突然冒一身冷汗吗？你会感到肌肉紧张或呼吸急促吗？

应该不会。就算你从来没听说过有限阿尔贝P群这个说法，你也不会有什么太大的反应。但是如果在考试中碰到这个问题，你也从来没听过有限阿尔贝P群这个词，你的手心可能就会出汗了。

分数（A到F）通常是我们参加考试的动力。然而，对于分数，我们有很多误解。分数并不是判断一个人智力和创造力的标准，也不是我们为社会做贡献能力的体现，分数只是对考试结果的衡量。

有人认为从考试分数可以看出一个学生在一门课程上所学的知识，其实这是错误的。考试分数是学生在考试中取得的成绩。如果你在一场考试中因为焦虑而大脑变得一片空白的话，这个考试的分数显然不能显示你在这门课上学到的东西。反过来也是一样的：如果你的考试运气很好，每次都能猜到考题，这个分数当然也不能真正代表你学到的东西。

分数并不是自我价值的体现。但是我们总是倾向于以分数来确定我们对自己的看法。比较普遍的想法包括“要是考砸了就太失败了”和“考得不好我就是一个废物”，等等。事实上，如果你的成绩不理想，仅仅说明你考得不好，仅此而已。对考试和分数的误解会让你承受不应有的压力。

如果你考前紧张，你可能会觉得你是外界力量的牺牲品：残酷的老师，晦涩难懂的课本，复杂的问题等。另外一种选择则是问自己一些问题：我怎么能改变下次的考试体验？我怎么应对考前焦虑？当你开始问自己这些问题时，你就开始掌握主动权了。

如果你不给自己施加那么多的压力，在考试中拿个好分数就会容易许多。不要把考试看得比你作为一个人的价值还要重要。这种学业考试并不是关乎生死的重大问题。在重要考试上的失利，如高考、医学院考试、律师考试、注册会计师考试等，只意味着你要花上更多的时间而已。

不论考试失利的概率是真的很大还是被夸大，总是担心只会对自己造成困扰，乐观地面对才是对待考试的正确方法。

6.2 考前准备

学生经常说他们准备为考试“学习”。“学习”这个用词其实很有问题：它并不是一个清晰的定义，可能是“读”“写”或者“背诵”。或者这些都包括在内，或者——和这些完全不相干。

解决办法：把每次考试当成一次表演。为考试学习意味着要彩排——甚至要求更高，练习。为考试准备就像演员为首演准备一样，你要像演员一样做同样的准备。

目标是确定你要记忆的信息并且熟练使用。那些需要记忆的信息牢牢地固定在你的长时记忆里，考试时会很容易想起。

像飞行员准备飞行一样准备考试：列一张学习检查表。飞行员会在起飞前进行例行的标准检查程序。他们会标记每一事项，并进行调试。一张检查表会确保他们没有遗漏任何一项检查。如果起飞后才发现问题就来不及了。

参加一次考试就像是驾驶一架飞机。一旦起飞，你就没有时间去后悔你没有复习哪个方程式了。

检查表上要列出你复习要用到的内容。内容会有所变动，因为每一个科目都不同。比如可以列出以下事项：

- 考试的时间和日期，考试科目，讲师名字
- 阅读任务，按照章节或者页码
- 课堂笔记的日期
- 要解决的各种问题
- 主旨、定义、原理、公式、方程式
- 你需要掌握的其他技巧

记住，检查表不是复习表，上面的内容是待办事项，包含对需要学习的内容的最简单的描述。一是你需要练习的材料，二是你怎样用这些材料进行练习。这里要用到除了“学习”“复习”之外的一些内容，比如，“列出”课本章节大纲；根据笔记“背诵”重要材料，“做样题”等。

1. 找到或制作复习材料

模拟考试。根据课程材料写出你觉得会考的问题，对于小组学习来说是很不错的方法。在正式考试之前把模拟考试的习题做几遍。把模拟题打印出来，这样看起来更加像真实的考试。如果可能的话，在将要进行考试的教室完成自己出的题目。用不同的练习多模拟几次。不要怕麻烦，请记住这个学习方法在研究中被证明很有成效。

拿到以前考试的题。一门课程之前的试题可以从老师、图书馆或者辅导室那里拿到，把这个作为你的模拟试题。

要注意的是，如果只依靠以前的考试题，你很可能会漏掉老师后来新增加的内容。记得要弄清楚学校是否允许学生接触过去的考试内容，有的学校可能不允许这样做。

做一张思维导图汇总表。在准备考试的时候，有两种做思维导图的方法值得学习。

一种方法是先完全凭记忆做一张图，你会很惊讶地发现自己已经掌握了那么多内容。在你回忆不起任何其他内容时，复习一下你做的笔记和课本内容，然后在图中填上被遗忘的内容。

另一种方法就是先温习一遍笔记，挑选出关键字。然后在不看笔记的情况下画出一张你由每个关键词所想到的全部内容的图，然后再看一遍笔记，查漏补缺。

制作记忆卡。记忆卡就像是便携的试题。在 3×5 卡片的一面写上问题，另一面则是答案，就是这么简单。

随身携带记忆卡，以便你能利用任何可以利用的时间来复习这些内容。记忆卡可以用在公式、定义、理论、笔记的关键词、公理、日期、外语词组、假说以及样题上。要养成定时制作记忆卡的习惯。买一个便宜的卡片夹，按照科目好好保存。

也可以在网上制作卡片，以便你在电脑、手机或平板上使用。可以使用 Quizlet（www.quizlet.com），StudyBlue（www.studyblue.com）和 FlashCardMachine（www.flashcardmachine.com）。

2. 拟定复习计划表

许多研究表明分散式学习的效果更好。这刚好和考前集中复习相反，目标是把学习内容分散到整个学期里，而不是考前熬夜来复习。

在你的日历上为复习计划制定详细的时间表。至少提前 5 天开始复习那些将要考试的要点。这样你会有足够的时间找到问题的答案，弥补之前的不足。

日常温习。浏览下课堂笔记，然后

小提示

如何死记硬背

（尽管不应该这样）

要了解死记硬背的局限性，注意这样做的代价。如果你没有做阅读作业，或者没去上课，即使上课也没有听讲的话，死记硬背是不会起作用的。需要你死记硬背的课程越多，你死记硬背的效果就会越差。而且，死记硬背和学习是不一样的：你不会记住你死记硬背的东西。

如果你要死记硬背，避免总是对自己说“我本应早点学习”“我本应做阅读作业”或者“我本应更加细心”。这些“本应”帮不了任何忙。不如写一份如何改变你的学习习惯的“我的目标”日志吧。允许自己只是一个犯错误的人吧，然后尝试在现有情况下做到最好。

有选择性地记忆。挑选出一门课程的一些基础性的重要内容，然后反反复复地学习。例如重点复习篇幅较长的阅读作业中的主旨句、表格和图表。

制订计划。在选出需要死记硬背的内容后，决定每个问题需要多少时间。

反复背诵。死记硬背的要点就是重复，所以你要反复复习你的学习资料。

把笔记盖住，开始背诵重点和细节部分。练习册也是如此。在开始新的功课之前，先看一下上次标记的笔记和标记的重点内容。

日常温习时要特别注意两个方面的内容：一是刚学过的内容，无论是课堂上学到的还是自学而来的。二是那些比较容易记忆的内容，如方程式、公式、日期、定义等。你可以在刚开始学的时候立刻开始温习。课间可以复习一下刚做的笔记，下课后再复习一遍。

准备考试的每天都要对你所学和想要学的内容做一个评价，查看计划表上都完成了哪些。这可以帮你分析你的复习进度，对未完成的部分起到提醒作用。

每周复习。每周至少复习一遍所学的科目，每个科目至少 1 个小时。尝试把计划表上的大部分做完，并且比每天的复习更细致一些。例如：

- 复习每个总结表，凭记忆默写出来
- 做练习册上的复习题
- 解决课本上的问题
- 复习笔记重点
- 把笔记写得更准确清晰

重点复习。重点复习通常是在期末考试或者其他重要考试前一周开始的。这能帮助你整合一个学期所学的概念，并加深对学习内容的理解。

这个复习过程通常是一口气用 2 ～ 5 个小时加上足够的休息时间。记住，复习的效果会在开始后 1 个小时左右降低，除非你得到好好的休息。在超过某一个临界点之后，每隔 1 个小时的短暂休息可能已经不够让你振作起来了。这个时候就可以结束这次复习。注意自己专注程度的变化，你就会知道自己的临界点在哪里。

在进行长时间的复习计划时，应该将那些较难的科目安排在你大脑最清醒的时段，也就是复习的初始阶段。

日志13

发现陈述：了解你对考试的看法和感受

回答下列问题：

快到考试时，我发现我自己会……

要考试时，我发现最难的是……

考试的前一晚，我经常觉得……

考试当天早上，我经常觉得……

考试时，我经常觉得……

考试结束后，我经常觉得……

当我知道分数后，我经常觉得……

6.3 预测考题的方法

预测考题不仅能帮你在考试中拿到高分，还可以使你明确学习这门课程的目的，从而设计相应的学习策略。做预测也是很好玩的事情，尤其是后来发现你的预测很准确的时候。

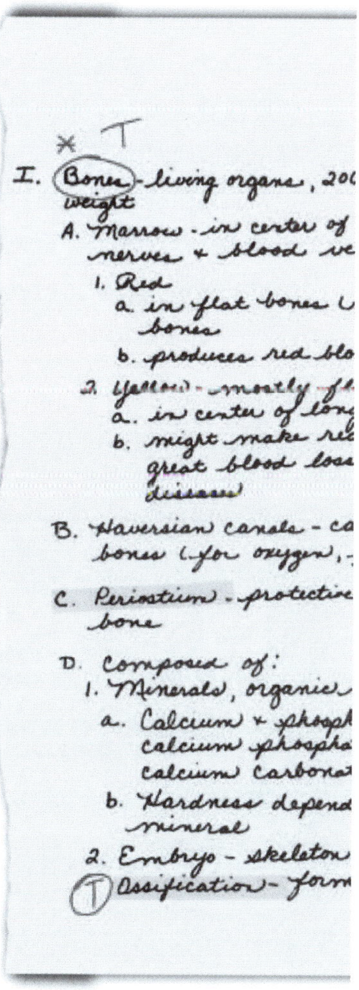

弄清楚考试的性质。尽可能地减少凭空猜测，可以请老师描述一下即将进行的考试。尽量在学期前段时间问清楚，这样你就会好好留意这门课上哪些可能是考题的内容。以下是可以提问的问题：

（1）考试将会覆盖哪些课程资料？阅读材料、讲座、实验，还是这些的组合？

（2）考试内容包括之前所有学过的内容，还是最近刚刚学习的东西？

（3）考试将注重事实和细节，还是重要的话题和关系？

（4）考试需要你解决问题，还是理解概念？

（5）你可以自由选择自己回答哪些题目吗？

（6）考试的题型有哪些？是非判断、选择题、简答、论文？

注意：为了更好地写论文，你要找出老师希望在你的回答中看到的细节。问清楚考试时间长短以及论文的篇幅限制（页数、答题卡数量或者字数限制）。在学习之前弄明白这些问题可以帮你判断多大程度上掌握了学习资料。

从老师的角度考虑问题。如果让你来教这门课，你会出什么样的考题？你还可以和同学就这个问题一起来一次头脑风暴—这对学习小组而言可是一次好机会。

在笔记和阅读材料中寻找试题。在你的笔记本上专门留出一个板块“考题”。每节课和作业之后就在上面加几个问题。你也可以用一些自己独创的代号或者图标，如T加上一个圈来标记那些你认为可能是考题的笔记内容。用同样的符号标记复习题和课本上可能会是考试题的问题。

记住课本的作者会有很多种方法提示你考试的内容。篇章概览、总结、标题、关键字列表和复习题里都有提示线索。有些课本会有配套的网站进行模拟测试。

在课堂上寻找线索。上课时，注意观察老师说的话以及说话的方式，以此来预测可能的考题。老师通常会透露一些线索。他们可能会把重点内容重复很多遍，在黑板上写下来，或者在后面的课堂上反复提到。

老师的手势有时候能够指出要点。例如，老师可能会在某处做停顿，看一下笔记，或者逐字朗读大段文字等，这些都需要你格外注意。

另外注意老师是否在某些问题上表达了强烈的观点，这些内容很可能出现在考题中。还要注意老师对学生的提问，以及其他学生提出来的问题。

如果阅读作业的资料被多次应用在课堂上，那它很可能也会出现在考题中。对于数学以及其他包含解决问题的课程，试着用不同的方法解决那些样题。

保留所有的小测验、论文、实验报告以及其他所有有分数的材料。小测验的题目通常都会在做过一些改动后出现在期末考试中。如果有以前的考试题目和平时有分数的材料，也可以用来预测考题。

应用你的预测。要设法从你的题目预测中获得最大的收益，用这些预测的题目来指导你的复习吧。

铭记此法。时刻提醒自己这句话："这些材料会出现在考题中。"

日志14

发现 / 目标陈述：停止找借口

用4分钟的时间，讨论一下你曾经使用过的各种逃避学习的理由和借口，充分发挥你的创造力。

在下面列出这些理由和借口，完成"我的发现"。

我发现……

然后，回顾这个清单，挑出你最常用的那个并圈出来，把你打算怎样消灭这个借口的做法写进"我的目标"，记得设定时间表和奖励，这样你就能更好地履行它。

我打算……

6.4 合作学习：团队协作

小组学习能让你在懈怠的时候打起精神。如果你独自奋战，即使漏掉了一个单元的内容，别人也不会知道，也没有人会告诉你。如果你向那些相信你的人表示要和他们一起学习，你的学习主动性也会增强。

如果进入大学学习让你接触到了新的文化，那么学习小组对你来说将是尤为重要的。加入一个有熟悉面孔的学习小组可以帮助你更好地度过这个过渡期。

找一些来自其他文化、种族和民族的人加入学习小组，你可以在和新朋友接触的过程中获得对于这个世界全新的认知。

没有人生来就会合作。通过学习小组锻炼你的合作技能——这在以后职场上也是相当重要的。

1. 成立一个学习小组

为你的小组选择一个重点。很多学生认为，学习小组的目标就是帮助学生更好地应对考试。这只是学习小组的目标之一，当然还有其他的目标。

心理学家乔·库西欧（Joe Cuseo）曾在他关于合作学习的研究中把学习小组划分为几种类型。例如，考试复习小组会对比成员不同的答案，并且让小组成员互相指出自己未发现的错误；笔记小组则注重比较和编辑众人的笔记，通常在一天的课程结束后就会碰面；研究小组的成员则为大家的论文和报告寻找、评估和记录相关背景资料；阅读小组则对那些考题多来自课本的课程大有裨益，在课后与同学一起对比你们画下的重点和笔记有助于提高自己对课程的理解。

寻找那些做事专注的学生。找一些你相处起来感到舒服而且和你有共同目标的人加入你的小组。寻找那些在课堂上注意力集中、积极活跃、会做笔记的人，邀请他们加入你的学习小组。

当然，还有其他的方法来招募新成员。一种是在课堂上发布一个通知，另一种是张贴广告，让感兴趣的人与你联系，还可以在上课前传报名表让大家签名。这些方法可以找到更多的人，但可能需要更多的时间来达到预期的效果，而且在筛选申请人方面没有太大的主动权。

将小组成员数量控制在 4 个人以内。关于合作学习的研究表明，4 个人是理想的小组规模。人数多的小组不容易控制。

和朋友一起学习是件好事情，但如果你们的共同兴趣是吃喝玩乐，还是不要在一起学习为妙。

开一次计划会。邀请两三个人聚在一起吃点点心，讨论一下小组的目标、活动时间以及其他的问题。当然，你们并不需要立刻做出承诺。在群策群力选择会议地点时，记得选择一个安静的会议室，并且要有足够的空间摊开学习资料。学校的图书馆有研读间，督导服务处可能也会有空间和资源供小组学习使用。

来一次试运作。在学习小组正式运转以前，不妨先试运作一次，成功的话再安排下一次。在有了几次的经验后，你就可以安排定期的例行会议了。

2. 管理你的学习小组

向老师询问小组学习的指导建议。许多老师都欢迎并鼓励小组学习。但是可能不同老师对什么样的合作是可接受的持不同态度。分享考试答案或共用一个大纲来写论文可能会被视为作弊，后果很严重。让老师知悉你们的小组计划，并且询问明确的指导方法。

角色分配。要充分利用你们的时间，可以给每次会议都确定一个组长。组长的职责是确保每次讨论都围绕着议程进行，并鼓励每位成员都参与到活动中来。另外可以指派一个人担任记录员。这个人将在小组会议时做笔记，记录下可能的考题及答案和每次小组讨论的要点。这两个角色可由小组成员轮流担任。

体会不同的学习方式。分配角色时思考下组内不同人的不同学习方法。有些人善于提问，想法很多；有些人善于收集信息，辩证看待问题；有些人喜欢回答问题并且做出决定；有些人则是实践者。有成效的小组应该让每个人发挥自己的长处。定期更换角色，这样每个人都能体会不同的学习方式。

互相教学。教别人是学习知识的好方法。将你们正在学习的资料列出主题列表，为每一个人分配一个具体的主题，然后每个人将自己主题下的内容教给其他成员。引导每个人更清晰地解释自己的部分，解决其他小组成员的理解性问题，让其他人给出自己的观点，并尝试把理论应用到课堂之外。

互相考查。在小组活动时，可以进行模拟考试，考题来自小组成员贡献的问题，完成后对比一下大家的答案。或者可以换种形式，模仿电视游戏节目，用样题测验成员的学习效果。

对笔记。确保每个成员在课堂上听到的内容是一样的，而且你们都记下了重要的内容。请其他成员帮你弄明白自己笔记上不清楚的内容。

合作做一张墙壁大小的思维导图或者概念图，对课本或者系列讲座的内容进行总结和归纳。准备大幅的包装纸，或者把几张绘画纸粘在一起。在做思维导图时，每人负责一个分支，小组成员使用不同颜色的钢笔或者记号笔。

监测效果。在为学习小组制定议程时，记得加入不定期讨论小组学习效果一项。你们能坚持每次都见面吗？小组在帮助成员在课堂上的表现方面发挥积极作用了吗？

利用一段时间来解决影响全组的问题。作为一个小组，应该群策群力让尚未准备好的成员加入小组的活动中。对于那些比较独裁的成员，提醒他小组里每个成员的声音都是同等重要的。

要解决小组成员之间的矛盾，进行一次有建设性的对话是很有必要的。对话要把精力集中在寻找解决矛盾的方法上，不要表达模糊的抱怨，像“你从来没有准备好”之类的，尽量提出明确的请求，如“你能保证下次小组会议时拿出十个样题吗？”让“问题成员”担任下一次会议的组长可能会带来意想不到的变化。

增加小组学习重点。如果小组活动进行顺利，询问小组成员是否想要讨论交通、儿童保护、经济援助和其他超出课堂范围的问题。小组成员间长久的友谊是学业成功的良好支持。

把技能用到工作中去。加入学习小组能在团队协作中培养很多技能，主持会议就是其中之一。

当你主持学习小组时，记住以下策略，将来在工作中也可以用到：

- **认真计划**。提前至少一周通知大家会议的时间。
- **确定清晰的起止时间**。尽量将会议时间控制在较短的时间范围内。如果会议只持续 60 分钟，成员会更容易按时参加。
- **制定围绕议题的议程**。在每一场会议开始时把你想完成的任务和大家达成一致。每一个议题规定相应的时间，会议期间注意控制时间，保证议程按计划进行。
- **保证组员拿到会议所需的材料**。如果你计划进行一次模拟测试，保证每个组员都能拿到相应的材料。
- **信息传达与理解把控**。如果组员们不理解某一个概念，鼓励他们提问题以帮助他们更好地理解特定概念。回答这些问题能显示出组内不同成员的理解差距，并且能提示你组内出现的新问题。
- **每一次会议都需要有一个待办事项表**。会议的最后 10 分钟要确定下一次会议的组织者和记录员。如果会议过程中有大家都无法解答的问题，指定一位组员和老师交流这些问题并将答案和大家分享。

6.5 考试中的注意事项

提前到达考场为考试做准备。这样你就有时间做一次放松练习了。在等待考试开始，和同学聊天时，不要去想“我为这次考试准备了多少”这个问题，否则可能会让你更加觉得没有做好充分准备。

1. 试卷发下后

询问监考人员考试中是否允许用草稿纸（未经允许擅自用纸可能会被视

为作弊）。如果允许的话，在这张纸上记一些辅助记忆的内容，如公式、方程式、历史事件或者其他你认为会用到但可能忘记的内容。或者在考试刚开始时直接在考卷的空白处写下以上内容。

注意考试说明。快速浏览一遍整个考卷，并对每一部分的重要性做出评估。注意每一部分的分数，并据此估算完成每一部分所需要的时间，分数较高的部分值得分配更多的时间去完成。例如，如果某一部分只占全部分数的10%，你就不应该安排20%的时间来完成它。

仔细阅读考题说明，至少两遍。仅仅因为在考试中忽略这些说明而丢掉分数是一件令人郁闷的事情。有任何不明白的地方，请监考人员做进一步的说明。

现在你已经准备好开始答题了。如果需要的话，给自己一两分钟的“恐慌时间”。注意自己的紧张情绪，并应用本章后面讲到的“摆脱考试焦虑症”中任一技巧缓解你的紧张。

先回答那些简短的问题，这会让你有成功的感觉，同时还能刺激联想，为后面较难的题目做好准备。注意调节自己的考试时间。如果你想不出答案，可以先放下。记住要按照你的时间安排来进行。

如果你对某道题的答案拿不定主意，那就通读一遍文章，在上下文中寻找线索帮你想起正确答案或者排除错误答案。

2. 多重选择题

（1）**在头脑中做出回答**。在你看选项之前完成这一步。如果你确信想出的答案是正确的，在提供的选项中寻找这个答案。

（2）**在选择答案前看完全部的选项**。有时候两个答案之间会很接近，但只有一个是正确的。

小链接：问答题中应该注意的词

下面的词经常用在问答题的题目中，它们能告诉你答案中应该包含什么内容。好好理解下面的词，如果在考试中碰到它们，一定要重点标记一下。还要在你的笔记中注意它们，找出这些词可以帮你预测考题。

分析（analyze）：把问题分成几部分，并分别对每一部分加以讨论、研究或说明，然后给出自己的观点。

比较（compare）：研究两个或者更多的对象，指出其中的相似及相异之处。

对比（contrast）：表现不同之处，站在对立面看问题。

评论（criticize）：做出判断，评估可比价值。评论通常会涉及分析。

下定义（define）：解释确切的含义——通常是涉及一门课程或科目的某个具体的含义。定义一般比较简短。

描述（describe）：用文字作图进行详细的说明。列出特征、品质及组成部分等。

图解（diagram）：画图表，或运用视觉图形表现。关键部分要加上标签并做出解释。

论述（discuss）：考虑并论证某件事情正反面的观点。讨论矛盾之处，并与其他相关事物进行比较与对比。

枚举（enumerate）：依据某一顺序列举主要部分或特点，简单解释一下每部分。

（3）**检验每一个选项**。记住，单选题包括两个部分：题干（开头的不完整语句）和多个可能的答案。每个答案和题干结合起来就会成为一个完整的语句，或真或假。当你把题干和每个可能的答案结合起来时，单选题就会变成几个是非判断题。选择那个能与题干构成正确陈述的答案。

（4）**排除错误答案**。去掉那些明显错误的选项。那个你排除不了的答案很有可能就是最好的选择了。

3. 是非判断题

（1）**阅读整个问题**，把整个句子按照语法分成不同的部分，如单独的从句和短语，然后检验每个部分的真假。如果有任何一个部分是错的，那么整个句子都是错的。

（2）**寻找限定词**。这里的限定修饰语包括"全部""大部分""有时候""很少""仅仅"等。绝对修饰词像"永远"或"从不"通常意味着这个句子是错误的。

（3）**在细节中寻找错误**。仔细检查是非题中的每个数字、事实和日期。找出被调换的数字或者被稍稍改动的事实。这些都是错误陈述的表现。

（4）**注意否定词**。寻找"不"和"不能"这样的否定词。去掉这些词之后再读一遍原来的句子，看看是正确还是错误。然后重新加入这些否定词再看一下这个句子是否更加讲得通。尤其要注意有两个否定词的句子。像在数学运算中一样，双重否定即是肯定。例如，"我们不能说契诃夫没有在短篇小说创作上获得过成功"和"契诃夫在短篇小说创造上获得过成功"表达的意思是一样的。

4. 电脑计分的考试

（1）确保你的答案对应正确的问题。

（2）在开始新的部分和进入新一栏时，核对试卷与答题纸是否对应。

（3）避免零散的记号，它们有时候看起来很像你做出的答案。

解析（evaluate）：关于准确度或质量（或两者）的判断，类似于分析。

解释（explain）：明确某个概念。从逻辑上阐明这个概念是如何形成的。或是给出某一事件的原因。

证明（prove）：以事实、例子或可靠来源的引证来证明，通常会用到在课堂上或课本中提到的事实。

说明（illustrate）：通过例子说明观点。阅读题目要求看是否需要给出图表说明（类似图解）。

阐明（interpret）：通过对其类似事件或概念的分析来说明这个新的事件或概念。会涉及解析。

列举（list）：列出一系列精准的陈述（类似于枚举）。

列大纲（outline）：列出主题、论点、特征或事件并简单解释（并不一定是传统意义上需要用到罗马数字、字母的大纲）。

叙述（relate）：展现一些概念或事件之间的联系。提供可纵观全局的大背景。

陈述（state）：精准地解释。

总结（summarize）：对较长文章做一个简明扼要的说明，一般包括主论点和结论。避免出现不必要的细节或个人观点。

追溯（trace）：展示事件的先后顺序或某一事物的发展历程。

注意这些词之间的不同之处。例如，比较和对比是不同的，评论和解释也是不一样的。如果你对这些词还有什么不懂的地方，请查阅没有删节的词典。

考试时，你可以向老师请教某一个关键词的意思。具体学校的要求请咨询老师。

（4）如果要改动答案，确保把之前的答案完全擦掉，把铅笔的痕迹完全去掉。

5. 开卷考试

（1）认真整理笔记、阅读材料和其他你需要参考的资料。

（2）在一张纸上单独列出你可能用到的公式。

（3）在每一本课本上标记目录和索引。在其他有重要内容（如图表等）的书页上用即时贴、索引旗标或者纸夹做上标记。

（4）为你的课堂笔记内容或者索引做一个简单的表格，方便查找。

（5）预测一下哪些资料会用在考试中，在阅读材料和笔记中突出相关的部分。

6. 简答题 / 填空题

（1）注意关键词和关键事实。简明扼要地回答即可。

（2）熟练掌握材料是很有用的。如果你对某一主题了如指掌，你就可以几乎下笔如飞地回答这一类型的问题。

7. 配对题

（1）通读每一栏的内容，从条目较少的开始。数一下每一栏有多少条目，看所有的栏是否一样。如果不一样，在一栏中找到能和另外一栏中的两条甚至更多条匹配的条目。

（2）找出措辞相似的条目，特别标注一下它们的不同之处。

（3）把那些在语法上相似的词配对。例如，动词和动词配对，名词和名词配对。

（4）如果要把单词和短语配对，先看一下短语，然后找出那个逻辑上能完成这个短语的词。

（5）每完成一次配对，画掉每一栏中对应的条目。

8. 论述题

做论述题时，时间的把握至关重要。要注意你必须回答的问题，并在考试过程中注意自己答题的进度。简短地回答所有的问题得到的分数可能要比完不成所有题目高一点。

准确地弄清楚题目的要求。如果题目的要求是“比较”西格蒙德•弗洛伊德（Sigmund Freud）和卡尔•马克思（Karl Marx）二者思想的异同，那么无论你多么详尽地“解释”他们各自的思想，你都只能和高分背道而驰。

答题之前先大概列一个提纲。这个提纲会加快你的答题速度，减少遗漏要点的可能性。如果时间不够，这个提纲还会帮你多拿几分。提纲要尽量简洁，以便更加有效地利用考试时间。答题时要注意突出关键词。

开门见山，直指要害。像“关于这个问题，有很多有意思的事实”这种泛泛而谈的语句会让阅卷老师产生很大的反感。

开门见山的一种方法是开头引用问题的一部分。假设这是题目：论述增加城市警察预算能否对打击街头犯罪发挥积极作用。那么答案的第一句可以是这样的：“基于以下的原因，增加警用支出并不会对打击街头犯罪产生重大的积极作用。”这句话准确地表明了你的立场，也引出了后面的答案。

之后用分论点和事实扩充你的答案，并从最有力的观点开始。注意用词简洁，避免出现无关的语句。

字迹清楚正规。老师阅卷评分带有很大的主观性。潦草、难以辨认的字迹很有可能拉低你的分数。

只在纸的一面答题。如果你在两面都写字，会出现透字，从而影响另一面的字迹。如果需要的话，可以在边上的空白处添加你遗漏的内容。答题时可以在纸的左边以及行与行之间留出足够的空隙，方便以后添加内容。

最后，如果有时间的话，检查一下拼写和语法错误，以及你的答案是不是清晰易懂。

6.6 作弊的昂贵代价

考试作弊看起来很诱人。好处之一就是我们可以在不学习的前提下拿到好成绩。

比起学习，我们愿意把更多的时间花在看电视、聚会、睡觉或者其他任何看起来比学习更有意思的事情上。作弊的另一个好处就是能避免出现即使学习了也没有考出好成绩的局面。

记住，作弊是要付出代价的。下面是你需要考虑的问题。

作弊可能导致课程无法通过或者被学校开除学籍。作弊的后果是非常严重的。作弊可以导致作业不合格、学科不及格、被停学或者被开除学籍。档案里的作弊记录还有可能成为其他学校拒绝接受你的理由。

作弊会让我们少学到很多东西。尽管我们认为有的课程没有什么大的价值，但是我们可以在其中创造价值。更深入地说，我们可能会获得一些想法或者学会某种技能，它们可能对以后的课程甚至是毕业后的职业生涯都有所帮助。

作弊浪费了我们的金钱和时间。接受教育需要大量的金钱做后盾，同时也需要多年的持续努力。作弊会毁掉我们通过多年努力才得到的教育机会。我们支付了学费，付出了精力，最后却没有得到全部应得的价值。我们欺骗了自己，也可能欺骗了将来的同事、顾客和客户。你一定不会想让一个在医学院作过弊的医生给你做手术。

作弊时害怕被抓到会加重考试时的压力。在作弊时，自己会感到紧张。即使并没有充分意识到自己的情绪，我们还是可能会对被发现而感到不同程度的不适。

违背自己的价值观而作弊同样会加重我们的压力。即使并没有被发现，我们还是会

小链接：高科技作弊的危险性

数码科技给我们带来很多好处，但是也增加了考试作弊的手段和方法。例如，一个学生把课堂笔记上传到智能手机中，然后在考试中偷看；还有学生把笔记转化成音频放到播放器中，考试的时候偷听。在一所学校，有学生用手机拍下考试的问题，发给考场外的朋友，然后那个朋友就会把答案用短信传给他。

这些学生都被抓了个现行。学校对高科技作弊手段越来越了解，也越来越警觉了。有的会在考场安装监控摄像头。有的会使用相关软件，监控考试中学生电脑上运行的程序。而有的学校更简单，严禁携带任何数码设备入场。

总之，如果你考试作弊，你很有可能会被抓住。何必要吃一堑才长一智呢？何必要冒这个风险，付出这么大的代价去运用高科技作弊呢？运用本章所说的建议，好好应对考试，做个诚实的优秀学生吧。

为这一违反自己道德标准的行为倍感压力。压力会对我们的身体健康以致整个生活品质产生影响。

考试作弊会为以后做出有违诚信的行为大开方便之门。人类会对重复的行为产生一定的适应性，作弊也不例外。

第一次开车的你是不是很兴奋？甚至有点害怕。现在开车成为你的第二本能，几乎不用思考，对开车的熟悉让你不再有第一次开车时的压力。

差不多所有的行为都会有同样的过程。有了第一次作弊，第二次就会更加容易。

如果我们在生活的一个方面放弃了自己的原则，就会在其他方面也很容易这样做。

作弊会降低自信心。不管我们有没有充分意识到这一点，作弊都会让我们觉得自己不够聪明或者说不够有责任感来独立完成考试。我们拒绝了庆祝自己真正成功的机会。

不想作弊，就努力成为一名优秀的学生吧。方法可以在本书的每一页上找到。

6.7 摆脱考试焦虑症

如果你在考试中紧张或者把原本会做的题目弄砸了，那么你可能患上了考试焦虑症。

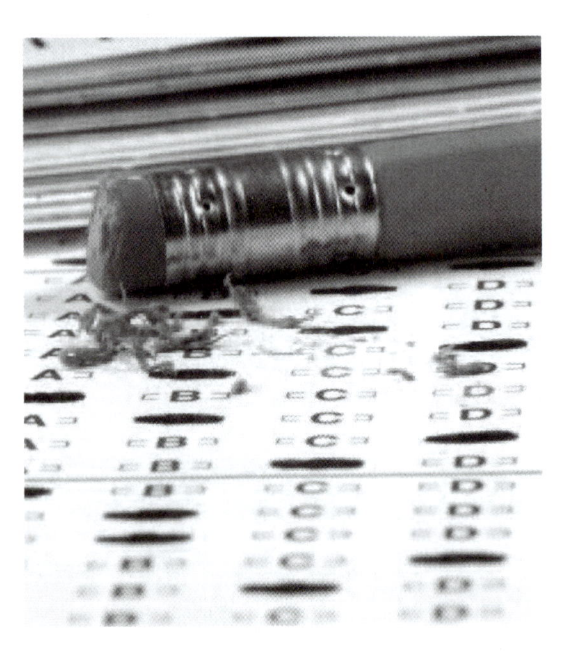

想要从容应对考试压力，可能需要你花费和备考一样多的精力。把考试当作你日程表上的“静悄悄”学科，它和其他课一样重要。

考试前的些许紧张是件好事。肾上腺素过量分泌所带来的那种微微的刺痛感和七上八下的感觉能够使人意识清醒并保持警觉。当你很自信而且放松的时候，不妨享受一下这种小小的紧张所带来的好处。

大声喊“停”。当你发现自己正被一些担心和害怕的情绪所折磨，而且你的思想越来越不受自己控制时，马上在你的大脑里大声喊“停！”。如果条件允许的话，大声喊出来会更好。

这个动作能帮助你重新把注意力集中在眼前的事情上，并重新夺回自己思想的控制权。一旦你能够打破担心或者恐惧的怪圈，那么你就可以应用下面的任何技巧。

1. 接受自己的感受

和一个考试焦虑的人说“不要焦虑”，这就像给已经烧开的锅再添把火一样。解决问题的方法只能让问题变得更糟。如果你接受这种建议便会出现两个问题：首先你会为考试担心，其次你还会烦恼为什么自己会为考试担心。

最简单地解决两个问题的办法就是接受自己的感受，什么感受都可以。害怕和焦虑只会增加阻力，你越想压抑，就越觉得有压力。

所以停止反抗压力是较好的替代办法。把焦虑看作一些思绪和身体的感受。观察这些经过你身体的思绪和感受，让它们自然地出现、爆发、消失。没有什么感受是不会消失的，你接受它的时刻就是它消失的开始。

2. 写下自己的想法

某些想法会加剧你的焦虑。排解它们的方法之一就是承认它们。花些时间列一个表，充分发挥这个方式的作用。把你对考试的感受和想法写下来，把每一个想法都写出来，不要去修改。有研究表明这样做可以缓解你的焦虑并提高考试的分数。

3. 辩证思考

你可以把上一个方法再深化一步，做一些辩证思考。对考试的焦虑通常来自“拿到不好的成绩就糟了”这个想法。但是我们算一下，4 年的学位通常需要学习 32 门课程（全日制学生每年修满 8 门），这意味着一门课的最后分数只占总平均分数的 3%。这不是不学习的借口，而是乐观看待考试的原因。

4. 自我表扬

多对自己说一些积极向上的话。很多人总是喜欢这样贬低自己：“你真行，笨蛋！你竟然连第一道题都不会做！”我们都不会对自己的朋友说这些话，但总是喜欢这样对自己。你应该选择另一种做法，那就是好好鼓励自己。把自己当作自己最好的朋友。试着告诉自己：“我准备好了。这次考试一定可以。”

5. 做好最坏的打算

与其试图阻止你的担心，倒不如先设想一下最糟糕的情况，让自己的恐惧害怕达到最荒谬的极限。想象一下如果你考试没过可能引发的灾难。你可能会对自己说：“如果这次考试不过，这门课可能也会不过，还可能失去助学金，甚至被开除。这样我就找不到工作，银行会没收我的车，我就开始借酒消愁。”这样一直想到你能看到你的预测的荒谬性。等你笑够了，就会放弃这些可笑的想法，找到对考试程度适度的担心。

6. 呼吸

把注意力放到呼吸上可以平静身体的感觉。注意感觉进出肺部的空气，还有它是如何经过你的鼻子和嘴巴的。做上面的动作 2 ～ 5 分钟。如果你的呼吸短促、轻浅，那么试着开始缓慢地深呼吸。把你的肺想象成风笛，扩展你的胸部，吸入尽可能多的空气，然后倾听自己呼气的声音。

7. 过度准备考试

表演者知道对舞台的恐惧可能会对他们的演技造成短暂的影响，所以他们经常为表演做额外的准备。音乐家可能把一首曲子彩排到无须思考就能演奏的程度。演员会反复练习他们的部分，直到他们在梦里都能念出台词。

准备考试也可以采用同样的方法，阅读、

小链接：轻松一下！

与普遍的观点相反，期末考试周其实并不是多痛苦的一周。

事实上，如果你能合理地应用本章提到的技巧，考试周也可以变得很好玩。你将会在期末考试前完成大部分的学习任务。

当你充分准备好一次考试时，你甚至可以把“好玩”作为一种技巧进一步加强学习效果。考试前一天不妨去跑步或者打一场篮球，看场电影或者听演唱会，放松的大脑工作起来才更有效率。如果你用心地为考试做了准备，那么即使在看电影时，你的大脑还是会自动运转起来。还要注意好好休息。如果你已经复习了所有的学习资料，那不需要熬到凌晨 3 点了。

背诵、复习每科的内容，直到你完全理解，然后再反复复习。数学课本上大部分或全部的练习题都要做完，没有要求做的也要做完。这样做的目的是创造在最焦虑的时候也能发挥出来的实力。

8. 关注你的身体健康和心理状态

在考试当天休息充足、保证良好的饮食并不能保证你一定会拿高分，但是在生理和心理上都为考试做好准备却能减轻你的压力。睡眠不足会影响记忆力，不要熬夜复习。一些影响情绪的化学物质也要适度控制，如咖啡因或酒精。

9. 用到工作中去

你毕业后也同样要参加不同的考试、评估和分析，许多工作都需要你准备执照考试或证书考试。你甚至可能需要回到学校重新攻读学位。尝试用这些技巧应对不同人生阶段的考试。

你的工作评价就犹如一场考试，通常你和直属上司要会面决定。评价有不同的形式，不同的组织也有不同的评测系统。问自己三个问题，你可以从这些评价里学习到更多：“我做得好的地方有哪些？”“我哪些地方可以改进？”“我现在最应该学习什么技能？”

记住，应对考试焦虑的技巧也可以帮助你自信地面对工作面试。如果面试前你感觉紧张，尝试辩证思考、自我表扬、接受最坏的情况，大喊一声“停！”也可以尝试放松心情和处理情绪的技巧。

6.8 如何准备数学考试

许多本可以拿到好成绩的同学都害怕数学考试，有些是因为过去糟糕的考试体验，有些则认为自己没有数学天分。

在某种程度上，每个人都可以学好数学。数学不只是操纵数字或记忆公式，想象力、创造力、问题解决能力都很重要。

这里有一个包含三部分的技巧，首先要克服数学恐惧，其次培养数学学习能力，最后用测试检验自己。

1. 克服数学恐惧

许多学校都有克服数学焦虑的课程，可以向辅导员询问有关信息，也可以尝试如下建议。

把数学和生活联系起来。想想学好数学带来的好处：更多的专业或职业选择机会，日常生活中也十分有用，计算服务生的小费，做到财务的收支平衡，在电脑上创建分析表格来工作等。无论是研究棒球比赛的数据、做饭，还是盖房子、照照片，都会用到数学。掌握了数学能让你在现代科技社会里生活得更自如。

偶尔停下来回顾一下自己学习的数学部分，“这部分是关于什么的内容？”“这部分是为了解决什么问题？”“人们怎么在生

活里运用它？”如许多建筑师、工程师和航空科学家每天都会用到微积分。

第一步怎么做。数学是积累运算，不同概念以某种顺序叠加。如果你的代数不好，那么你的三角学和微积分可能也不是很好。

为了保证你有足够的知识储备，如实评估自己现有的知识量。在数学开课之前，找到需要课前准备的内容，如果材料对你来说很新或很难，和你的老师交流一下，询问一些备考建议。

你对数学的看法。有时候人们对数学家的刻板印象阻碍了人们在数学上的成功。一件肥大的格子衬衣，棕色的尖头鞋，腰带上别一个计算器，上衣口袋里堆了6支铅笔。

真实情况却不是这样，数学好不意味着你是个书呆子，你会更喜欢学校，同学也会更喜欢你。

这些对数学的误解可能很可笑，但是却可能产生很严重的后果。如果数学被视为白人男性擅长的学科，那女性或其他肤色人种则可能被排除在外，鼓励所有学生学好数学可以避免种族主义和性别歧视的出现。

改变有关数学的话题。当学生们害怕数学时，关于自己的数学学习能力，他们总提到一些负面的信息。这些自我暗示包括“我解题太慢了”“我文科好，所以理科肯定不好”等。

把这些想法表露出来，辩证思考后你会发现两种不攻自破的理论：“别人的数学和科学都比我好”和“我现在理解不了这个概念，以后我也不可能理解”。这两种说法毫无逻辑可言。

把负面的想法替换为实际的、符合逻辑的想法，肯定自己的能力。“我的疑惑都能够得到解决”，“学习数学无须和别人做比较”，“任何帮助我理解的问题我都会去问”。

学会应对压力。对数学的恐惧不是只出现在脑子里的，还会导致双手冒汗、呼吸急促、胸部发紧或者轻微头痛。不要忽略这种感受，而是不加评价地去观察它们，慢慢地，它们的威力就会被削弱，这时再辅助以控制压力的技巧。

不管你做什么，记得保持顺畅的呼吸。缓慢地深呼吸能够让你保持放松。复习数学时练习这个技巧，考试时会很有帮助。

2. 培养数学学习能力

仔细选择老师。选择一个适合你学习风格的老师。同不同的老师交流，选择你最喜欢的一个。

也可以向别人寻求建议，你的辅导员可以给你些建议，也可以问问同学他们最喜欢的老师和理由。

有些时候你所选的数学科目只有一个老师，无论老师的教学风格如何，都可以用下面的方法来进行学习。

不间断学习数学。和学习外语的方法一样，如果你学习完西班牙语第一册后隔了一年再学习第二册，你不会说得很流利，想要掌握一门语言就要不间断学习，数学这门语言也是如此。

避免短期课程学习。在暑期学校里或其他短时间内学习的课程是被压缩过的课程，你会发现每周你的作业量和阅读量比长期课程要多。如果你喜欢数学，额外的压力可以是动力；如果你不喜欢数学，最好给自己多点时间去学习。选一些时间更长的课程。

成立学习小组。在课程的第一周成立一个学习小组，每位成员每周挑选五个问题和答案到小组分享。记得留下联系方式，互相可以用邮件、电话或短信联系。

课本是首要。数学课本对数学课很重要，要留下预算并尽早购买。课堂活动和课本紧密相关，所以完成阅读任务很重要。掌握了一个概念后再进行下一个，跟上阅读的进度。必要时可以降低阅读速度或重复阅读。

按时完成作业。数学优秀的同学每天都会完成作业，从课程的开始到结束，从简单的问题到难题。如果你按时完成作业，考试时就不会手忙脚乱了。

做作业时，相似的问题可以用常见的步骤去解，习惯让人感觉舒适，熟悉的步骤能够减少焦虑。

做笔记能帮助你取得更好成绩。尽管数学以课本为主，但是笔记的结构和内容也很重要。争取每节课都做笔记并按时间整理。给每页笔记标好页数。创建一个内容表或索引表以便快速查找。

另外，分开做笔记以整合阅读作业和课堂材料的内容。保尔·诺丁（Paul Nolting），《数学技能手册》的作者，建议用三个栏目分类创建一个大的表格：重点词和规则，例题，解释。每周更新该表格来复习，发现问题，加深理解。

课堂参与。好的数学成绩离不开积极的课堂参与。按时上课，按时完成作业，不要考前再补作业。如果有不懂的地方，及时询问老师、导师或求助学习小组，这些只是可用资源的一部分。合理安排作业时间，每天都要有学习数学的时间。

大胆提问。这虽是老生常谈，但确实很有用。数学里没有蠢问题，任何帮助你理解的问题都值得提出。列一个清单并带到课堂上。

积极阅读。想要充分利用课本，阅读时要准备好纸笔，以便解例题，抄写图表、公式和等式。学会用章节的导入和总结整理结构。偶尔停下来合上书，在脑海里梳理解题步骤。背诵公式之前要理解公式背后的概念。

3. 用测试检验自己

练习解题能力。复习数学需要做大量题目。看一下图书馆、数学办公室或者你的数学老师那里有没有练习题或者以前的测试题。把不会的题目分类，并加大练习强度。在你筋疲力尽之前向他人寻求帮助。

练习快速解题。给自己计时，这项也很适合小组学习。

用三步解题法解题，如图 6.1 所示。每一步里尝试用一个技巧。

模拟测试。除了练习解题，自己还可以进行一些模拟测试：

- 打印出一套题目，规定自己的做题时间和考试时长一致。
- 如果可以，在你考试的教室做模拟测试。
- 只用考试时允许的辅助材料：草稿纸和公式列表。
- 解题时用深呼吸或其他技巧让自己放松。

为了发挥模拟测试的最大用处，可用它们作为你日常作业的补充（而非替代）练习。

适当地问问题。如果你不明白某一个题型，可以向老师提问。最坏的情况也不过就是老师礼貌地拒绝回答你的问题。

字迹清晰。如果你是老师，想象你要判成堆字迹潦草的卷子的场景。让你的答案更容易被阅读。如果想更出彩，可以给关键部分画线并把答案圈出来。

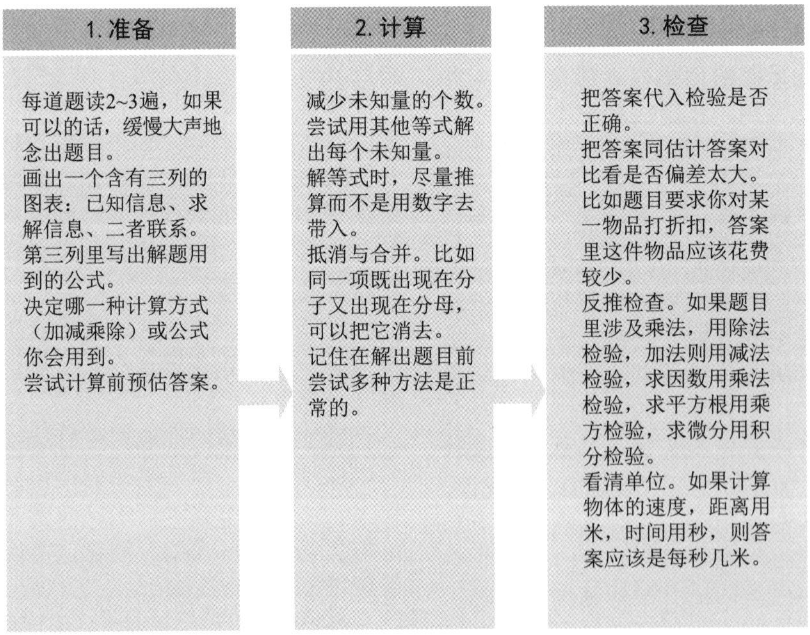

1. 准备	2. 计算	3. 检查
每道题读2~3遍，如果可以的话，缓慢大声地念出题目。 画出一个含有三列的图表：已知信息、求解信息、二者联系。第三列里写出解题用到的公式。 决定哪一种计算方式（加减乘除）或公式你会用到。 尝试计算前预估答案。	减少未知量的个数。尝试用其他等式解出每个未知量。 解等式时，尽量推算而不是用数字去带入。 抵消与合并。比如同一项既出现在分子又出现在分母，可以把它消去。 记住在解出题目前尝试多种方法是正常的。	把答案代入检验是否正确。 把答案同估计答案对比看是否偏差太大。比如题目要求你对某一物品打折扣，答案里这件物品应该花费较少。 反推检查。如果题目里涉及乘法，用除法检验，加法则用减法检验，求因数用乘法检验，求平方根用乘方检验，求微分用积分检验。 看清单位。如果计算物体的速度，距离用米，时间用秒，则答案应该是每秒几米。

图 6.1　数学题解题步骤

练习 19

如何运用学习技巧在数学上达到突破

根据你自己的情况对技巧做出改变，让它们更具适用性，或者不妨自己发明一些新的技巧。

如果你是一个视觉型学习者，你可以用红色笔来记录关键词和公式。如果你喜欢通过听和说来学习，就可以把课本里的关键部分大声念出来。如果你是一个运动型的学习者，可以采用一些“管理方法”，如用带数字和字母的小白板来学习。

更多内容和学习技巧请参考本书第 1 章内容。至少选一种新的方式来学习，并且把你将要做的步骤具体描述出来。

尽力做到最好。复习数学并没有什么独家秘籍。只需掌握一些处理压力的技巧，做家庭作业，解决不会的问题。如果这些你都已经做了，也为考试做好了准备，那就在这些方面做得更深入一些。如果你还没有做，那就尽你所能做到最好。

记住你不会每场考试都能发挥到最好，甚至今天和明天的表现都不会相同。也许你不能答对所有问题，但至少可以把当下你会的部分答出来。

当你在考试时很轻松地回答出题目时，记住享受那个时刻，那个自信轻松的状态。哪怕将来还是会为了数学焦虑，这个时刻也值得你回味。

6.9 全面发展，学好每一门课

想一想在高等教育中你需要学习的科目有多少、范围有多广。学校里的课程涵盖了从代数到动物学的一切，你将见识到这片天地有多么广阔。你面对的挑战是要在不同的学习技巧中转换，让你全面发展，学好每一门课。

高等教育中的有些科目目的一致，那就是根据观察提出理论。物理、生物和化学等学科提出的理论可以用来解释和预测自然现象。社会科学，如心理学和社会学提出的理论可以用来解释和预测人类社会的现象。

其他学科超越了理论，到了认识问题和解决问题这一步。这些学科研究的主题从纯数学这样的抽象问题到工程和计算机科学这样的实际问题。

文化学科则并不提出严谨的理论，也不致力于解决问题。它们是通过体验来学习的。读小说、看表演、看电影的时候，你是从另一个人的眼睛来看世界的。就和你通过自我体验来学习一样，你也可以通过他人的经验来学习。

要学好所有这些五花八门的学科，你需要很多很多的策略。准备某个课程的考试时，考虑一下表 6.1 中的建议，然后创建属于你自己的策略。

表 6.1 跨学科学习策略

学科范围	应对考试的策略
人文学科： 文学 公众演讲 历史 宗教 哲学 艺术	• 预习和复习每一次作业，加深你的技巧（参看第 4 章：阅读） • 随身带一本字典，列一张新词汇和词汇解析的单子，并随时更新 • 实践不同的笔记方法 • 坚持写个人笔记，你可以练习写作，寻找与你正在研究的作者及其观点的共鸣 • 积极参与课堂讨论，争取小组发言的机会
数学和自然科学： 代数 几何 微积分 化学 生物 物理	• 上一门课之前，确保你做好了全力完成这门课的准备 • 课堂笔记中，将各种原则，如定义、假设和公理等醒目地标出来 • 按照老师讲课的顺序去学习概念 • 如果有不懂的地方，马上问问题 • 不要落下任何一堂课，每天做练习题，认真检查你的作业 • 将文字题转化为图像或符号；将图像或符号转化为文字 • 在理解抽象观点的同时，也增加具体经验来进行平衡，包括实验课和学习小组等 • 不同的数学课程要连续上，这样一来，你的数学成绩就会连续不断地上新台阶
社会科学： 社会学 心理学 经济学 政治学 人类学 地理学	• 特别注意理论——就是那些解释观察与预测事件之间的陈述 • 做好心理准备，迎接复杂和自相矛盾的理论，问问老师如何去解决该领域专家们的争执 • 询问老师如何解释各种科学方法，如何运用它们在社会科学中得出理论 • 搜索当今社会科学的热点问题 • 为理论寻找具体事例，并在日常生活中寻找
外语： 学习一门新语言的听说读写	• 特别注意各种规则：语法规则、名词组合、动词形式等。每一个规则你都需要列出对与错的示例对比 • 每天花点时间来读、写和说这门语言 • 积极争取课堂对话机会，这样你立刻就能得到反馈 • 创建或加入语言学习小组 • 和已经很擅长这门语言的人交流 • 到这门语言运用得较为广泛的国家旅行 • 语言课程要连续上，这样才能保证学得好，说得流利

6.10 考试并未结束……

很多学生都认为，只要他们提交了答卷，考试就结束了。考虑一下另一种观点：直到你清楚了所有失误问题的答案并且明白了为什么会失误，考试才算真正结束了。

这种观点会为你带来很多好处。很多课程的考试都是累积性的。换句话说，第一次考试中的内容有可能成为第二次、期中或者期末考试中的问题。当你弄明白考试中的失误之处和失误原因之后，你就会学到一些东西，同时也大大增加了在这门课程以后的考试中拿到高分的可能性。

要从考试中得到更多，一定要在两个时间段内采取合适的做法：考试结束后以及考卷发回自己手里的时候。

考试结束后立刻反思。考试结束后，你最先想到的可能是小睡片刻、吃个零食或者和三五个好友一起出去庆祝一下。请暂时停止这些想法，先回想一下这次考试，因为在这个时间投入精力是未来得高分的潜在保证。

先在一个安静的地方坐下来，花几分钟的时间为这次考试写一篇“我的发现”。描述一下你对这次考试有什么感觉，你的复习策略是否有效，以及你有没有准确地预测出考试中出现的题目。

接下来写下“我的目标”。说说接下来你会做哪些改变迎接下一次考试。描述得越详细越好。

考卷发回后。如果发回来的考卷上有老师的评语，一定要重视老师对你的看法和指导。

拿到卷子首先看看总分有没有算错，并检查其他可能出现的分数错误的地方。即使是最好的老师，有时也会犯错误。

接下来，根据你考试不会的题目，考虑以下几个问题。

（1）考题是以什么为依据的——阅读材料、课堂讲义、讨论，还是其他课堂活动？

（2）考试中出现了哪些类型的题目——客观题是否有配对、是非判断还有单选，主观题是简答题还是问答题？

（3）你在哪些类型的题目中出现了失误？

（4）你能从老师的评语中得到任何对下次考试有所帮助的启示吗？

（5）这次备考用到了哪些策略？下次考试会做什么样的改进呢？

还要看一下你能不能找到丢分的题目的正确答案。要仔细分析错误出现的原因，并找到解决方法。请参考表 6.2。

表 6.2　考试失误的原因及解决方案

考试失误的原因	可能的解决方案
学习上的失误——在没考的内容上花了时间，或者在考试内容上花的时间不够	（1）请教老师哪些题目会出现在考试中。 （2）学着预测考题。 （3）和同学组成学习小组，组织模拟考试
粗心，比如没有仔细阅读或者误解了考题说明	（1）更加仔细地阅读考试说明——尤其是在考试被分成几个部分并且考试说明各不相同时。 （2）下次考试时留出时间检查你的答案
概念性失误——这些错误是由于你没有真正理解问题或者解题的基本思路产生的	（1）寻找你答错的题目的解题思路 （2）确保你完成了所有的阅读作业，认真听了每一堂课，并参加了每一次实验。 （3）向老师请教一些问题的答案
应用失误——你理解了答题的基本思路，但没有正确地应用到你的答案中	（1）重新正确地写出答案。 （2）在学习时要多花时间在例题上。 （3）预测以后可能会出现在考试中的应用题，并多加练习这些题目
考试技巧失误——比别人在某些部分失分多很多，在最后关头把正确答案改错，没有完成所有问题，从草稿纸誉到答题纸时抄写错误，等等	（1）为每一部分考题设置时间限制并严格遵守。 （2）仔细检查你的答案。 （3）找出那些在最后关头修改的答案的共通之处。 （4）只有有足够确定的理由才能修改你的答案

小链接：“F”不过是“feedback（反馈）”，而不是“failure（失败）”

有学生的作业得了 F 时，他们会这样解读 F 这个字母：“你很失败（failure）。”这样解读是不准确的。F 只意味着考试失败，而代表不了整个人生。

从现在开始，把 F 这个分数看作反馈（feedback）的代表。F 表示你没有很好地理解那些学习资料。这是提醒你在下一次考试或作业前需要做出改变。

如果你认为 F 代表失败，那你不会去改变什么。但是如果把 F 看作反馈，你就会改变自己的想法和行为，从而离成功更近一步。你可以尝试一种新的学习方式或者放弃没时间学习之类的借口。

学习任何事物，得到指导和有意义的反馈都十分重要。不只有考试才是反馈，养成和老师、导师、同学、同事、朋友、家人或任何认识你的人沟通的习惯。决定你想提高的部分，问一声“我做得怎么样？”

6.11 庆祝错误

这个标题并没有写错，这个建议也不是为了犯错误而故意提出。恰恰相反，本节的目标是鼓励我们看清错误，然后去检验、去改正。隐藏起来的错误永远不可能被纠正。以下为庆祝错误的几个理由。

错误是有价值的反馈。犯错是学习过程中的一部分。错误不仅比大多数的成功更有趣，它们还更加有启发性。

错误证明我们正在冒险。再谨慎的人也会犯错。犯错是我们拓展自己能力极限的证明——成长、冒险、学习。

庆祝错误会使我们正视错误。庆祝错误时，我们会提醒自己犯错的人并不坏，只是普通人而已。每个人都会犯错，并且掩盖错误很费力气——而这些力气原本可以用于纠正失误。这并不是建议你去故意犯错误。错误并不是结束。事实上，错误的价值在于我们能从中学到东西。当我们犯错时，我们要能承认并改正它。

错误只有在我们致力于让事情正常运转时才会出现。想象一所这样的学校：老师经常上课迟到，学生宿舍没人打扫，奖学金永远不能准时到位，管理层长期欠债，学生从不准时上缴学费——但没有人关心这些。在这所学校里，“错误”这个词并没有多大的意义。只有在人们想把事情做好时，错误才会变得明显。

庆祝工作上的错误。回想你工作上犯的一个错误并写下来。用发现陈述里的一个句子描述你怎样导致这个不理想的事情发生（比如“我发现我容易低估项目所花的时间”）。然后用目的陈述描述你在将来做什么改进（比如“我想记录我花费的实际时间，以便以后能给出更准确的分析”）。把你的感受和想法写下来能帮助你获得更有帮助的经验。

6.12 著名的失败

即使你使用了某些记忆技巧，在关键的时候也有失效的可能，如考试的时候怎么也想不起来。请记住，许多成功人士在摘取桂冠前都经历过惨痛的失败。不妨来看看下面这些例子。

美国喜剧巨匠**杰瑞·宋飞**（Jerry Seinfeld）第一次作为专业的喜剧表演者在俱乐部登台表演时，他看着台下黑压压的观众，却一句话也说不出来，仿佛被冻在了原地。

1927年，美国电视剧一代女王**露西尔·鲍尔**（Lucille Ball）刚开始到穆雷安德森喜剧学院学习表演，教学长就对她说："你还是试试其他职业吧！"

高中时，著名喜剧演员**罗宾·威廉姆斯**（Robin Williams）被选为"最不可能成功的演员"。

迪士尼的创始人**沃特·迪士尼**（Walt Disney）成名前是位报纸编辑，但是没多久就被解雇了，因为"他缺乏想象力，一个好点子都想不出"。

美国著名百货公司创始人**罗兰·哈斯·梅西**（R.H.Macy）经历了7次失败后，梅西百货在纽约终于大放异彩。

传奇诗人**艾米莉·狄金森**（Emily Dickinsonz）在世时只有7首诗得到发表。

迪卡唱片公司拒绝与**甲壳虫乐队**（Beatles）签约，并做出在今天看来令人大跌眼镜的预言："我们不喜欢他们的声音。弹吉他的乐队正走在消亡的路上。"

1954年，猫王**埃尔维斯·普雷斯利**（Elvis Presley）第一次表演刚结束，就被大奥普利剧院的经理吉米·丹尼解雇了。

美国职棒史上20世纪二三十年代的洋基强打者**贝比·鲁斯**（Babe Ruth）以他的全垒打纪录出名，但是他也是三击未中出局的纪录保持者。**麦克·马奎尔**（Mark McGwire）后来打破了他的出局纪录。

1996年奥运会，**卡尔·刘易斯**（Carl Lewis）摘得跳远金牌后，有人问他是如何让自己在赛场上保持活跃长达20年，他说："记住，人生的旅途既有成功也有失败。不过对我而言，它们都不是什么大不了的事情。"

上高中时，**迈克尔·乔丹**（Michael Jordan）被剔除在校篮球队名单之外。他后来说："我的篮球生涯中，至少有9 000次投球不中，输掉过近300场比赛。曾经有26次，大家相信我可以一球定乾坤……但我没投中。这就是我成功的原因。"

资料来源：改编自《但是他们没有放弃》（*But They Did Not Give Up*）。Division of Educational Studies，Emory University，accessed February 24，2016.

练习 20

20件我喜欢做的事情

如果你发现自己很紧张，就马上在你的大脑里大声喊"停！"，试着用令人愉快的白日梦取代那些让人紧张的想法。

创造一些紧张时能够回想的愉快画面，做个8分钟头脑风暴，想想你喜欢的事。你的目标是想出来20个，计时写下来，越快越好。

你的列表完成之后，好好研究一下。挑两个看起来不错的，在脑子里绘制一个思维导图，把关于这些活动的记忆都写下来。

之后就可以在焦虑的时候用这些想象来安抚自己了。

卓越达人记

拉里塔·布茨
（Lalita Booth）

拉里塔·布茨曾经是一位无家可归的年轻妈妈，现在她和别人一起创建了公司，担任 CEO（首席执行官）。

18 岁时，拉里塔·布茨已经是一名男孩的妈妈，丈夫在部队服役，她则独自抚养孩子。

“我前夫加入部队时，我只有普通教育水平，也没有其他工作技能。”接受哥伦比亚广播公司采访时她这样说道。那时她已经离开了父母，遭受过一位家庭朋友的性虐待，还露宿街头了一段时间。

最终，她把儿子凯伦送到爷爷奶奶家。“我过去一直和他蓝色的小 T 恤一起入睡，因为太想他，所以夜里我常常哭着入睡。”（之后她又和儿子团聚了。）

这之后她决定“开始做我以前认为不可能的一些事，证明我自己是错的”。设立巨大的目标并不顾一切困难实现它们成为她成人生活的主题。

23 岁她决定搬去佛罗里达州，进入米诺尔社区大学学习。16 岁就从高中辍学，她已经 7 年没有上学（并且一共错过了 5 年学习时间）。但是在新学校她努力学习，并在 2006 年毕业，获得了工商管理专业的毕业证书。

之后她进入一所四年制的学校——中佛罗里达大学，并获得会计和金融的双学位。随后她在哈佛商学院学习，拿到工商管理学位，在哈佛肯尼迪学院拿到国家政策学位。

从进入社区学院到名校毕业——在 6 年内完成这些——似乎看起来很不可能。但是布茨做到了。当她离开哈佛时，她还没有证明自己是错的。

她成功的原因之一是她对资金的管理极其到位，她用了 20 多个不同的奖学金来支付自己超过 50 万美元的学费。在中佛罗里达大学时，她还成立了一个非营利组织，圆梦助学项目，目标是“帮助困境中的年轻人实现美好的理想愿景”。

作为全国多个组织的咨询家和专业演说家，她的热情让她的工作更加成功。另外，她还抽出时间在美国议会的佛罗里达众议院做实习工作。2010 年，她说：“我愿意为财政部的金融教育办公室献力。”

抱负远大的人有时候也会不像我们预计的那样发展，布茨的事业转向一个不同的方向。2013 年，她成为美好生活（Exceptional Lives）的临时董事。这个非营利组织致力于“让有孩子的家庭享受更好的服务和资源”。在了解到已经有很多资源为这样的家庭服务后，布茨和同样来自哈佛的共同创始人开始了他们的工作。因为他们认为当时大部分信息都太空泛，并且现有的服务寻找途径难度较大。

美好生活通过网站（exceptionallives.org）给残疾人及其家庭提供免费的在线指导。这些帮助主要针对马萨诸塞州的居民，通过软件功能并基于一系列问题给他们提供符合自身情况的指导。

只需要 15 分钟，用户就可以了解如何为他们的亲人获取帮助。

布茨在美好生活里做志愿者，但她目前的职位是 Navitome Guidance 软件公司下 Navitome 公司的执行总监。Navitome 是美好生活组织的延伸，由相同的创始人创办。美好生活组织为残疾人及其家庭提供帮助，Navitome 则致力于帮助企业逐步发展，为员工和顾客提供帮助。

在 Navitome 网站上，布茨的个人简介里提到，许多企业和非营利组织认为他们有员工方面的问题，但是她认为他们真正存在的是程序问题。“在工作步骤清晰，工作所需工具合适的情况下，几乎每个人都能出色地工作。”

“我的工作是把复杂的问题变为简单易懂的步骤，”她说，“谁不喜欢这种工作呢？”

拉里塔·布茨选择摆脱她对“不可能”的定义。

姓名______________________________

日期______________________________

测验

1. 根据这章的澎湃动能部分，“摆脱沉迷”和“放弃”不一样。这种说法：
   a. 正确
   b. 错误

2. “摆脱沉迷”的方法包括：
   a. 关注自己的想法和身体感受
   b. 练习放松
   c. 从更广的角度看问题
   d. 以上全部

3. 考试成绩能够准确衡量你在一门课上的造诣。这种说法：
   a. 正确
   b. 错误

4. 计划“学习”这种说法是有力的目标表达方法。这种说法：
   a. 正确
   b. 错误

5. 学习检查表是：
   a. 包含关键概念的思维导图
   b. 关键概念的大纲
   c. 关键概念的简短总结
   d. 准备复习考试的所需材料表

6. 向老师了解考试将涉及的内容不是个好主意。这种说法：
   a. 正确
   b. 错误

7. 答多选题的一个技巧是在作答前读完所有选项。这种说法：
   a. 正确
   b. 错误

8. 绝对限定词，比如“永远”或“从不”，通常意味着这是错误选项。这种说法：
   a. 正确
   b. 错误

9. 做论述题的技巧包括：
   a. 准确地弄清楚题目的要求
   b. 答题之前快速列一个提纲
   c. 第一段就说明论点
   d. 字迹清楚正规
   e. 以上全部

10. 善于处理压力的人会这么想：
   a. 考前有一点压力没关系
   b. 一定要杜绝紧张感
   c. 一定不要想如果你考试没过，可能发生的最坏的事情
   d. 过度准备考试不是好事
   e. 以上全部

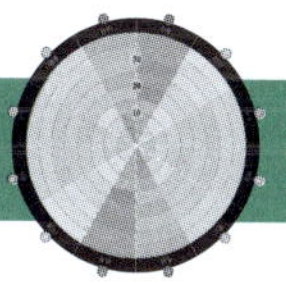

技能掠影

完成下面的句子，进一步深化你对考试的发现和目标。

发现

我在“发现轮盘”的“考试”这个部分的得分是……

考试时对我起到很大帮助作用的一个策略是……

如果我对一门考试感到压力很大，我会做出这样的反应……

目标

关于考试状态，我最想改变的事情是……

为了实现这种改变，我打算……

行动

我将培养的新行为是……

这种行为出现的信号是……

培养这种行为习惯的奖励是……

培养这种行为习惯能通过……为我增添新的职业技能。

chapter 7

第 7 章 思考

为什么？

创造性和批判性思维能够帮助你在任何一门课程甚至职业生涯中获得成功。

是什么？

你是否也曾因不知道该如何解决问题或难以抉择而苦恼？那就浏览一下本章内容，找出有关决策、解决问题和批判性思维的建议。

怎么做？

如果想要更有创造性地解决问题，更自信地做出生活中方方面面的决定，该怎样做？

抽出一分钟

花一分钟锻炼一下思维，考虑一下思想和幸福之间的关系：

（1）想一下你深爱的一个人，或者你热爱的一项活动。

（2）想象一下，失去这个人，或者无法继续此项活动，会怎么样。

（3）现在这个人、这项活动依旧是你生活的一部分，表达一下你的感谢之情。

完成这句话：我很感激……

心理学家将你刚刚完成的思维锻炼称作“品味”。如果你觉得有用，试着养成这种习惯吧。

拥抱新世界

古希腊哲学家赫拉克利特曾说："人不能两次走进同一条河流。"河流是动态的——不停地流淌、不停地变化。

你也一样。

开始读这页的你与没读的你已然不同。你大脑中的神经细胞正在彼此传递信号，形成新的联结。你肺部每次吸进的空气都是新的，体内的细胞不断地进行着新陈代谢。

身体在更新换代，行为也要跟上步伐。人生中有无数事情要求我们学会拥抱新世界：上学、学习知识、习得技能、学会技术、结交朋友、爱上他人……

创造性思考和批判性思维都敦促我们学会拥抱新世界。只有当我们愿意去潜心思考，才具有批判性思维。如果墨守成规，就很难去创造，更别提改变自己的行为。从车轮到苹果手机，一个个改变人类历史的发明之所以存在，正是因为发明者愿意拥抱新世界。

拥抱新世界并不只是个好听的概念，而是一项必备的能力，让人们在变幻莫测的工作环境中生存下去、成长起来。你的下一个职业很可能还未诞生。信息架构师、社交媒体主管、内容策略专家等都是21世纪才出现的新职业。还会有更多的机会，等待着人们去创造。

拥抱新世界，要从说话方式做起。注意下面的表达：

"不可能是真的。"

"这主意永远也行不通。"

"我们去年尝试过，失败了。"

这些话似乎"砰"的一声关上了思考的大门。我们不妨换一种说法：

"如果是真的呢？"

"怎么才能让这个主意奏效呢？"

"这次怎么做才能有所不同呢？"

要得到最大的价值，就不仅仅是听取不同的想法。这一过程有多个级别：愿意想从未想象过的；说从未说过的；做从未做过的。拥抱新世界是学习的真谛，也是本书的核心。

还要切记，拥抱新世界并不是要抛弃旧事物。接受一种新态度，并非要改变现在的习惯。其实，当接受了不熟悉的思想和经历后，才会更好地坚守自己的核心价值观。总之，你可以在拥抱新世界的同时坚持自己的原则。

检验新思想、新策略时，保留有用的做法，抛弃没用的。或许你就会发现，目前的信仰和行为已经够好了，只需再进行一点微调。而且，无论何种情况下，都可以用自己熟知的流程去体验所有未知的人生——发现新事物、锁定新目标和执行新行动。

新生的事物总是在你身边徘徊逗留。你有两个选择：抵抗和拥抱。前者只能徒增沮丧，后者却无时无刻不在带来新的机遇。

7.1 批判性思维：一种生存技能

购物、出行、做一个什么样的人，我们都有上百种选择。因此很容易迷失自己——除非我们能学会批判性思维。当我们能做到以批判的眼光看问题，就能睁大双眼做出自己的选择。

社会依赖于说服。广告商希望我们掏钱买产品，政坛候选人希望我们相信他们的立场，老师希望我们认同：他们教授的科目对我们的成功来说至关重要，父母希望我们接受他们的价值观，作家希望我们读他们的书，广播公司希望我们把时间花在听收音机或看电视机上——说服影响着我们每一个人。

一名美国人平均一年看几千部电视广告，而电视仅仅是众多通信媒介之一。作家和演说家借助广播电台、杂志、书籍、广告牌、宣传册、网站以及募捐活动走进我们的生活——他们无一不是来兜售产品、服务、事业或想法的。

这给我们购物、出行、做一个什么样的人带来了上百种选择。因此很容易迷失自己——除非我们能学会批判性思维。当我们能做到以批判的眼光看问题，就能睁大双眼做出自己的选择。

人类是理性的生物，但并不是所有人一出生就是高效的思考者。批判性思维是要后天习得的，所以我们需要在高等教育阶段学习多门学科：数学、科学、历史、心理学、文学等。知识累积起来，就能够将你造就为一名思考者。不同见地的人齐心协力，能够做出决策、解决问题。这就是解决职业生涯中的复杂情况和人际关系的基础。

批判性思维帮助我们远离废话。小说家欧内斯特·海明威（Ernest Hemingway）说过，每个想要成为作家的人都需要一个内置的“废话”探测器。这句不太文雅的话点明了一个事实：作为批判性思维者，我们要时刻警惕那些不精确、草率或欺骗性的思想。

批判性思维是永不过时的技巧。在人类历史上，很多时期，人们将废话当作真理。例如，人们曾经深信下列说法：

- 疾病是因为下列四种关键液体的失衡造成的：血液、黏液、黑胆汁和黄胆汁。
- 军队招募不同人种的士兵，会摧毁士气。
- 女性无法明智地投票。
- 人类无法造出比晶体管更小的物体了（电脑芯片诞生之前的想法）。

历史上的批判性思维者曾质疑过上述目光短浅的说法。他们将批判性思维带到了一个更高的等级。

即使在数学和硬科学领域，也只有当人们重新检验老旧的观点时，才能带来更大的进步。科学家不断地颠覆着日常思想。例如，物理学告诉我们，世界上的固体物质由真空中旋转的原子组成，真空中物质和能量是同一物质的两种形态。这一刻，世界背离了“自然法则”。因为这些“法则”只存在于我们的脑海中，而不存在于真实的世界中。

批判性思维让我们不再自我欺骗。批判性思维是从半真理和欺骗通向自由的道路。你对所见所闻所读的一切都有发问的权利。获得这种思维能力正是普通高等教育的主要目标之一。

批判性思维之所以极具挑战性，也极具回报性，是因为我们自我欺骗的能力超乎想象。一些不规范和半真半假的想法，离真理已经不远了，始作俑者却是我们自己。

在心理学课上，你会学到认知失调的理论。当事实与我们深信的观点不吻合时，我们会感到紧张不安，这就叫作认知失调。为了减少认知失调带来的不安，我们可能会否认该事实，也可能选择自我欺骗。

例如，想象一下，一个人自诩为一名高价值员工。经济困难期间，她被解雇了。上班的最后一天，她认识到，因为当初拒绝参加在职培训，才导致了现在被解雇。这一残酷的事实违背她对自我价值的认知。她会说：“我不需要参加在职培训，我已经知道该怎么做了，公司里没人能教得了我。”

成熟的批判性思维者不会拘泥于这种自我辩白，而是会问自己，“我错过了什么培训项目？我本来能从中学到什么？我被解雇之前有什么迹象吗？还是说我没有意识到这些迹象？我该怎么做才能避免再次发生这种事？”

优秀学生意识到自己的想法是模糊的、惰性的、基于错误假设上的或者不诚信的时候，愿意承认错误。这些学生很重视事实真相。当事实和深深扎根的观念相悖时，他们愿意改变观念。

批判性思维更多用途。清晰的思维能推动你在课堂内外获得成功。面临该相信什么或该怎么做时，思考技能就能起作用了。考虑一下下列应用：

- **批判性思维是我们听说读写的基础**。听说读写是交流的基础，而交流占据了我们大部分的清醒时间。
- **批判性思维能带来社会的变化**。假设法院、政府、学校、企业、非营利组织等社会机构都是某种文化习俗和趋势的产物。所有社会运动——从美国革命到民权运动——都是积极投身于所在社区、质疑身边事物的人们所努力的结果。作为批判性思维者，我们努力理解并影响所处社会的各个机构。
- **批判性思维能够揭露偏见**。摆脱偏见是与不同种族、民族和文化背景的人交流的第一步。
- **批判性思维能够揭示长期后果**。危机总是发生在思想不能与现实保持同步的时候。举例来说，生态危机是由于人们不考虑长远后果，污染土壤、空气和水造成的。如果我们的领导人能够像切罗基族的第一位女族长一样思考，今天的世界会是多么的不同。问及先人留给她的最佳建议时，她说：“向前看，把做过的事引向更好的方向。如果你是一位领导者，就要考虑决策会对未来整整七代人产生什么影响。”

将批判性思维视为全面思考。对某些人来说，批判性思维可能含有负面含义。你可以用“全面思考”来代替这个词。这两个词所指代的其实都一样：整理有矛盾的说法，权衡证据，放弃个人偏见，得出合理结论。

这就形成了一种交流：一个连续不断的过程，而非最终成品。

我们生活在推崇快速得出明确答案的文化中。这通常与批判性思维背道而驰。全面思考是检验、复查那些看起来显而易见的想法的能力。这种思考能力需要时间和意愿来说出那四个颠覆性的字：“我不知道。”

全面思考还包括检验问题的过程中愿意中途改变自己的观点。这需要勇气和超脱。问一问面对新证据，舍弃了宝贵观点的那些人，他们是怎么做到的。

全面思考是学校学习的基础：听说读写、记笔记、做测试、解决问题和其他决策形式。优秀的学生有策略来完成所有任务。他们能区分观点和事实，问题犀利、观察细致。这些学生能够阐明各种假设、定义术语、谨慎断言、遵循逻辑和证据。我们所说的“知识”，绝大部分都是上述行为的结果。这表明，批判性思维和学习是紧密联系的。

另一种全面思考——规划——能够提高日常生活质量。进行规划时，你扮演着伟大的雕塑家、画家或剧作家的角色。你不仅仅是在创作一幅艺术作品，而是在设计自己的人生。《卓越大学生成长手册》帮助你选择专业、规划职业生涯、设定长期目标，最终掌握这种思考模式。

运用本章的建议，锻炼你与生俱来的思考能力。批判性思维是身边优秀学生的一项品质。

7.2 六种思维模式

思想是通往智力冒险的道路。虽然学会高效思考的方法很多，但最终还是归结于提出问题、回答问题。

优秀学生的一个特质是，能够提出问题，并从问题中得到学习。你的头脑是位顺从的仆人，能够想出和问题同等级的答案。成为一位批判思考者，就要思维灵活、广泛提问。

心理学家本杰明·布鲁姆（Benjamin Bloom）提出了六个思维层级（图 7.1），称为教育目标分类学。每个思维层级都要求提出各类问题并解答。

第一层：记忆　我能否记起关键术语、事实或事情？

第二层：理解　我能否用自己的话解释这个观点？

第三层：应用　我能否运用这个观点达到理想效果？

第四层：分析　我能否将这个观点拆分、分类或分步？

第五层：评估　我能否评估这个观点的真实性、有效性或质量，并给出我的评估理由？

第六层：创造　我能否根据这个观点进行创作？

第一层：记忆。在第一思维层级中，关键问题是“我能否记起关键术语、事实或事情？”老师可以提出下列问题帮助你达到第一层：

- 列出成为优秀学生的三个步骤。
- 描述优秀学生的五个特质。
- 写出本书第 1 章优秀学生的名字。

练习第一层的问题，你要制作几张闪视卡，回顾自己记的阅读和课堂笔记。你也可以带着问题阅读，画出答案。或者记住要求准确背诵的定义。还有很多其他例子。

尽管记忆很重要，但记忆只是较低等级的学习，没有涉及批判性或创新性思考。你仅仅只是认出或记起过去观察过的事物。

第二层：理解。这一层级的主要问题是“我能否用自己的话解释这个观点？”通常是根据经验给出例证。这个思维层级的关键是总结能力。

假设老师让你做以下事项：

- 解释澎湃动能的要点：“想法即工具。”
- 总结创建 PPT 文档的步骤。
- 比较主张 / 断言和直观化，说明两者之间的异同。

第二层级的其他关键词包括交谈、预计和重申。这些都是跨越记忆、真正理解一个观念的线索。

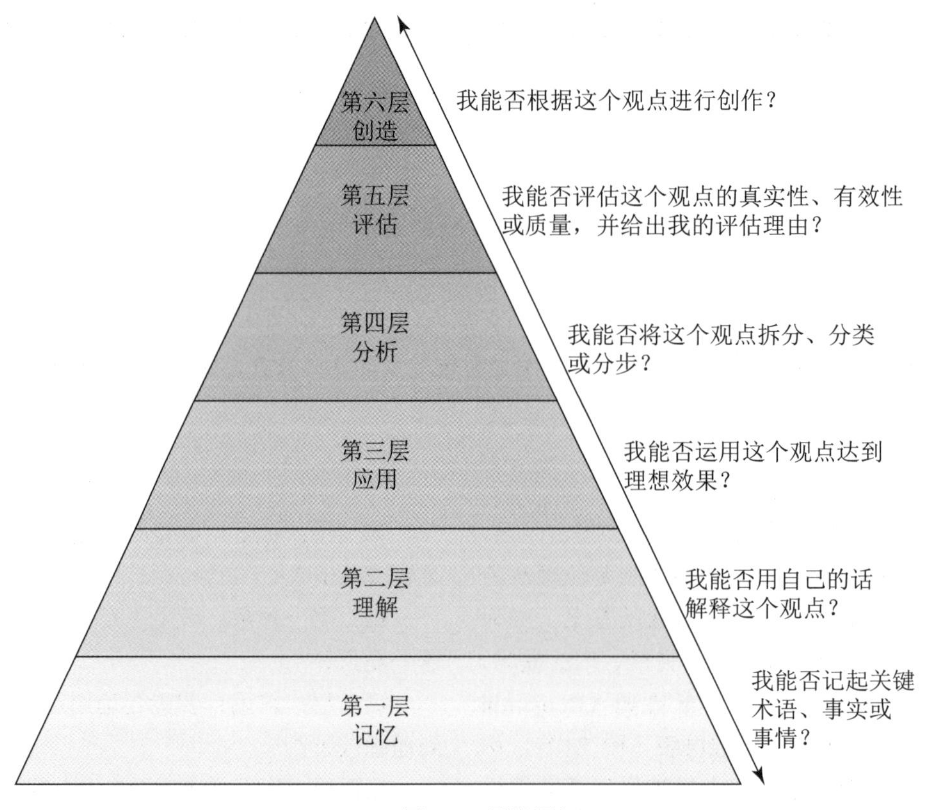

图 7.1　思维层级

第三层：应用。学会第三层级意味着问：“我能否运用这个观点达到理想效果？”这种效果可能包括完成任务、实现目标、做出决定或解决问题。

下列是第三层级思维的例子：

- 根据本章的指导方法，写一份学习成就确认书。
- 运用本章的指导方法，写一个自己的职业目标计划书。
- 描述你可能采取的行动，展示此行动所体现出的职业道德规范。

第三层级的关键词包括运用、解决、构建、规划、预测以及产生效果。

第四层：分析。这一层级的问题可归结为：我能否将这个观点拆分、分类或分步？

例如，你可以做以下事情：

- 将工作技能按创造性思维、批判性思维、合作或沟通要求分类。
- 将30项记忆技巧整理分为三个类别。
- 选一个职业目标，列出一系列准备采取的措施，然后在特定日期前实现该目标。

第四层级的其他关键词包括分类、分离、区别和概述。

第五层：评估。学会第五层级，意味着问自己：“我能否评估这个观点的真实性、有效性或质量，并给出我的评估理由？”你可以运用这一层级思维来完成以下事情：

- 判断意向书的有效性。
- 当授课老师语速快时该如何记笔记。
- 将澎湃动能按照重要性来排列——从最有效到最无效。

第五层级包括真正的批判性思维。在这一层级，你可以同意或否定某个观点，或获取更多信息之后再做判断。同时需要给出理由、给出证据解释你为何支持这一观点。

第五层级的关键词是批判、辩护和评论。

第六层：创造。想一想这一层级，问自己“我能否根据这个观点进行创作？”你可以做以下事情：

- 发明自己记录课堂笔记的格式。
- 如果你正在教授学生成功学课程，准备一系列可能涉及的话题。
- 想象你现在有足够的钱，快要退休了，写下未来想要实现的目标。
- 根据本章的观点制作PPT，运用视觉元素强调要点。

创造性思维通常包括：将一个观点拆分为几个部分，再运用新方法重组。创造性的另一个来源是先采纳多个观点，然后找出其中意想不到的联系。不论哪种情况，你的想法都具有高级水平，你所做的超越了是否认同原有观点的层级，上升到提供独特观点的级别—贡献出自己的原创想法。

创造性思维的问题通常以采取、改变、合作、构成、构建、创造、设计和开发等词语开始。你可能还会碰到下列句子：哪些改变使你……？你如何提高……？你是否能想到其他的方法来……？如果……将会发生什么事情？

寻找答案

本书的每个章节都有锻炼批判性思维的练习。完成练习并回答布鲁姆教育目标分类学六个层级的问题。想想看日常生活中需要做出哪类决定。把每次练习都看作唤醒内心思维大师的方法。

7.3 批判性思维的过程

1. 反省态度

愿意了解某项议题的各种观点。想象一下乔治•布什、恺撒•查韦斯和巴拉克•奥巴马共聚一堂，探讨重塑政府的最可取方法。想象麦当娜、奥普拉•温弗瑞和马克•扎克伯格举办如何规划职业的研讨会。寻求不同的观点时，就想象一下类似的情景。

每个议题——降低犯罪率、减少世界饥饿人口、教育孩子等，都有几十种不同的观点。然而任何问题几乎都没有一个永久的解决方法。每一代人都有各自解决关键问题的方法。我们寻找答案的过程是一场跨世纪的对话。针对每个问题，所有人都可以发表不同的看法，你也一样。

首先要有开放的思想，才能找到不同的观点。每次与他人谈话，学会愿意接受新观点——即使这个观点是你自己提出的，论据较为新颖，也要学会接受。

提出问题时，不要试图只获得一个答案，至少要找出三个答案。当你确信自己拥有复杂问题的正确答案，就更要尝试找到其他答案。每次想到一个新的解决方案时，问自己："这是一个答案，但是还有其他答案吗？"学会这种方法，才能真诚地探索，发挥创造力，突破自己。

做好准备：世界扑朔迷离，批判性思维同样错综复杂。不要试图得到井然有序、相一致的答案，因为某些答案也可能自相矛盾。

培养包容的态度。有色人种的公民自由、妇女的投票权等许多西方文化普遍接受的观念，人们都曾认为是危言耸听。而今天看似稀奇古怪的想法，也许一百年后、十年后，甚至一年后也会被人们广泛接受。记住这一点，包容的态度能帮助我们接受不同的信仰，包容新思想能改变我们的生活。

不理解，不批评。请注意，六个思维层次相辅相成。在你认同或否定某个观点前，确保自己能准确地记得，并且真正理解。优秀的辩论家通常比他人更善于总结对手的观点，这是他们必备的素养。如此一来，他们才能站在更有利的位置进行应用、分析、评估和创造观点。

仔细阅读、认真倾听、不妄加评论，才能做到有效地理解。用自己的语言表达他人的观点，深入他人的世界。当你与人交谈时，应不断修正你的总结，直到对方认为你准确地表达出了他的观点。阅读完一遍文章的时候，不妨写一份总结，然后浏览一遍文章，检查总结是否切中主题。

注意敏感话题。许多人都有"敏感话题"——会引起强烈的观点争议或公众情绪的话题，如堕胎、同性恋、死刑等。

为了能够更自如地探究不同的观点，首先要注意你自己的敏感话题。明确意图，接受自己对这些话题的感受，然后继续运用批判性思维技巧分析相关话题。记住，我们可以在坚持自我的同时做出改变，甚至改变原先的看法。可以提醒自己，人不仅仅是自己当前想法的总和。

另外，还要注意他人的敏感话题。讨论

私人话题前，一定要表现出包容和尊重。

愿意接受不确定性。一些具有深远影响的思想家用一句充满魔力的话来实践思考的艺术——“我还不确定”。

花点时间，停下来，看一看，想一想，推敲和思考不同的观点，得出的结论却是无法确定，这确实勇气可嘉，与众不同。当一个社会秉承半真半假的信念，盲目地追求确定性时，接受不确定性才能推动我们不断前进。

2. 检查逻辑

逻辑是哲学的一个分支，用来辨别有效推理和无效推理。富有逻辑思维的学生会检查相关句子，确保句子逻辑清楚、一致和连贯。

学习逻辑性思考益处颇多：有助于提高阅读、写作、语言和听力技能；避免重大决策失误；自信地参与辩论；能够清醒地投票；成为一个见闻广博的公民。

以下建议能帮助你构建逻辑思维的架构：术语、主张和论证。

定义关键术语。术语是一个词语或短语，指代一个定义清晰的概念。意义不明确的术语，会模糊不清、含糊不明。批判性思维的目的之一就是去除术语中模糊的概念，清楚地定义术语。

如果我们能首先定义关键术语，那么也能够消除冲突，或至少加以阐明。尤其在面对自由、和平、进步和正义等带有情感的抽象词语时。人们为了对上述词语进行准确定义，曾挥洒鲜血，付出巨大代价。因此要谨慎地定义这些术语。

定位术语是你的第一项任务。杰出的作家和演讲者通常留意术语。即便不留意，也有办法发现术语：

- 找出或注意听陌生的词语。
- 留意重复出现的词语或短语——尤其是出现在文章或演讲中醒目的地方，如综述、介绍、总结或结论。
- 阅读的时候，查看索引，留意文章中多次提及的词语或短语。

还要查看文章是否含有词汇表。找出文章中的斜体字和黑体字。

在你寻找线索的时候，别忘了不同的词语或短语有可能表示相同的意思。例如，在本章中，“不言而喻的真理”和“假设”就是相同概念的不同表达。

查找主张。在演讲稿或文章中，关键术语出现的这段话，就叫作主张。主张通常是完整的句子，包含一个或多个关键术语。主张的目的是定义一个术语，或阐明术语间的关系，而这些关系就是我们所谓的知识这一术语的本质。

仔细聆听演讲和认真阅读文章的关键句，就可以找出演讲者和作者的主张。关键句子通常是陈述某个要点或者做出一般性总结。

通常，演讲者和作者都会提示人们哪些是关键句。演讲者会用停顿表示强调，或在关键句前说“我的观点是……”。作者会用斜体或黑体标出关键句，或写进摘要中。

寻找论证。我们大多数人认为论证就是表达否定或争论。但对逻辑专家而言，“论证”的意思其实是一连串相关的主张。

推理论证的方法大致分为两种—演绎和归纳。

演绎推理通过从一般到具体进行论证。以下是初级哲学课上经常用到的有关古希腊哲学家苏格拉底的经典例子：

- 任何人都会死。
- 苏格拉底是人。
- 因此，苏格拉底也会死。

这三句主张论证了苏格拉底会死。注意

在演绎推理中，每个主张都像链条上的一环，任何一环出现错误或缺陷，都会打破整个链条。

归纳推理中逻辑链条的方向正好相反，由具体到一般。假设你申请一份工作，面试官说："我们曾聘用过贵校的两名学生，但结果都不理想。你也毕业于这所学校，这让我们的管理团队有所顾虑。"

这个例子中，面试官先给出具体的事例（"我们曾聘用过贵校的两名学生"），然后得出一般性结论，暗示：因此，贵校的学生不是好员工。这项论证就是简单的归纳推理。

如你所见，归纳推理也会产生错误。其一是草率地一概而论——操之过急下结论。例如，通过仅仅两名毕业生的表现不足以论断成百上千毕业于该校的学生。其二是虚假原因。你可能会发现某件事情总是发生在另一件事情之后，但这不足以说明第一件事引起第二件事。比如说，儿童词汇量增多了，蛀牙也增多了。但并不能说明词汇量增多是蛀牙增多的原因。其实还有第三个因素：随着年龄的增长，儿童学会更多的词语，长出更多的蛀牙。年龄才是关键因素，而不是词汇量。

铭记假设的力量。假设是指导我们思维和行为的信念。假设可以很简单、很普通。譬如，开车时，你的假设是所有司机都懂得交通信号和停车标志的意义。而在其他情况下，假设更为复杂，能够产生很大的影响。例如，科学家们假设世界上的事情都按照预测的方式发生。该假设让生物学、化学和物理学进步成为可能。

虽然假设影响我们的语言和行动，却常常不为人所知。人们可能长时间意识不到自己头脑中最基本、影响最深远的假设，而塑造人们生活的正是这些假设。当人们观点相左，激烈争吵，闹得面红耳赤，恰恰忘记了导致冲突的原因是各自的假设不同。

找出阐明的假设。有时，你会发现演讲者或作者非常善解人意地直接阐明自己的假设。1776 年 7 月 4 日，13 个殖民地（美国的前身）发表的《独立宣言》就是著名的例子，这份宣言包括"不言而喻的真理"：

- 人人生而平等。
- 人们生来就有生命权、自由权和追求幸福的权利。
- 政府的存在是为了保障人民的上述权利，如果没能做到，人民有权推翻政府。

随着时间的推移，人们接受的假设也会发生变化。撰写《独立宣言》的人做出假设，妇女和有色人种并不享有"造物者赋予他们若干不可剥夺的权利"。后来，美国人通过了宪法修正案和一系列法律，拓宽了原先"不言而喻的真理"所涵盖的范围。

找出未阐明的假设。在许多情况下，假设既未说明，也缺乏证据支持。假设可能在论证过程中突然出现，带来困惑。

此外，人们通常在同一时间持有多种假设，而这些假设很可能自相矛盾。所以，揭露假设的真实意思需要高超的侦察能力。

有两个步骤可以帮助你检验论证的有效性。首先，阐明假设；其次，看看能否找出例外来推翻这个假设。

思考一个陈述："我父母有一段美满的婚姻。毕竟，他们已经结婚 35 年了。"这段陈述基于一个假设：如果一对夫妻婚姻维系的时间很长，那么他们的关系一定和谐。但也可能有例外。你认识的某些夫妻可能结婚数十年，但相处并不愉快。

揭开假设，寻找例外，能够发现许多逻

辑上的错误。

3. 核实证据

除了用逻辑工具检验论证外，还要谨慎核查用于论证的证据。论据有很多形式，包括事实、某领域知名专家的评论和举例。

对证据进行批判性思维时，请提出下列问题：

- 是否所有或绝大部分相关的事实都提出了？
- 事实是否一致？
- 表述的事实是否准确？
- 是否提供了足够的范例来证明主张？
- 例子是否能够支持主张？
- 例子是否有代表性？即作者和演讲者能用其他类似的例子来支持主张吗？
- 专家可信吗？关于该论题是否拥有渊博的知识？
- 专家有偏见吗？例如，专家是否有偿为企业宣传某种产品或服务？
- 专家的评论准确吗？
- 演讲者或作者激发情感的方式是否符合逻辑，是否有足够论据？

回答这些问题值得花费时间和脑力。习得批判性思维的技巧，有助于你在所选课程和职业中取得成功。

练习 21

批判性思维情境

节省费用，构建投资组合

阅读下面的情境。写出该场景中最能展示思想大师态度的人，并给出选择理由。

约翰（John）和埃米尔（Amir）都是大一新生，参加学生成功学的课程。课后，两人经常步行去学生活动中心，喝咖啡闲聊。今天他们谈论的内容是工作。

“我们老师热衷于强调找工作。”约翰说，“道理我懂，但我们才大一，现在考虑找工作还太早了吧？”

“也不见得。”埃米尔说，“上学就是为了能找份心仪的工作。”

“你说得有道理，”约翰回答，“你上大学前，已经全职工作了几年，职业方向比我更加明确，我是高中毕业直接读大学的。”

埃米尔耸了耸肩，说：“这不重要，老兄。寻找职业方向永远都不嫌早。有些人需要花几年才能找到。所以，最好现在就开始行动。”

约翰想了一会儿，回答说：“好吧，那你是怎么做的呢？”

“我之前是网站设计师。现在是自由网站设计师，在校期间每周工作 10 ~ 15 小时。我目前服务于一家非营利组织，打算储备一定资金，以备毕业。每小时工资打了折扣，对客户来说，非常实惠。”

约翰感到吃惊：“不是吧，老兄？你为什么要那么做？如果他们雇用你，就需要付全额工资。你这不是被剥削了吗？”

“我明白你为什么会这么想。”埃米尔回答，“但我设定了明确的时限。在一项工程上，我最多以折扣价格工作 40 小时。超过 40 小时全额支付工资。客户事先就明白，也同意了，合同上写得清清楚楚。”

约翰摇了摇头，说：“去年，我在一家

五金店应聘兼职工作。对方想在培训期内付给我低价工资，培训后再涨工资。我简直不敢相信他们竟然这么提议。所以我径直离开，再也没回过头。当时我满脑子都在想——这是个残酷的社会。人们总想占你的便宜，你一定不能让他们得逞。”

参考文献之忧郁

阅读下面的情境。用两三句话总结每个人的论证。再读一遍，找到每个论证的论据。你认为哪个更有说服力？给出选择理由。

玛利亚（Maria）喜欢写作。她希望能轻松地完成课堂上布置的论文作业。却没想到，心理学课成了她的梦魇。

教心理学课程的赖特（Wright）教授是个很难对付的人，她布置了几篇研究论文，要求每篇论文至少阅读5篇参考文章，并按照美国心理学会的格式在参考文献中列出来。

玛利亚喜欢写论文，但要记录资料来源并撰写参考文献太让人头疼了。她约见赖特教授谈论此事。

“为什么非要先写文献目录呢？”玛利亚问，“太费时间了，只要在论文中提到标题和作者，不就可以了吗？人们用谷歌搜索一下就能找到引用的文章了。”赖特教授笑着说：“你不是第一个不愿意写参考文献的学生。即使有了互联网，写参考文献也很有必要。首先，参考文献意味着你仔细整理了文献来源。其次，参考文献也是文章观点的有力证据。此外，按照美国心理学会的标准撰写论文是心理学领域工作的要求。”

“但是心理学也在发生变化。”玛利亚说，“越来越多的文章在网上发表，通过文中的链接直接找到来源出处。点击一下就能找到你想了解的一切。”

“也不完全是这样。”赖特教授说，“许多文章仍然只以印刷形式出版。很多网上的文章必须付费才能浏览。只有付费浏览才能做到公平公正，但很多学生都负担不起。”

“一切都会改变的。”玛利亚说，“现在许多报纸和杂志都可以在网上免费阅读了，原来这些文章都是收费的。改变只是时间问题，可能几个月后，网上的所有信息就都免费了。我们也做出改变，摆脱参考文献吧。列出参考文献没什么意义，太……过时了。”

为什么费心规划职业?

阅读下面的情境。简要总结理查德（Richard）的论证，思考他关于职业规划的假设。假设有哪些？假设是直接阐明的还是隐藏的，还是两者都有？列出理查德的所有假设，看看是否能找出例外。

“学习成功学这门课竟然让我们写一份职业规划，难以置信。”理查德说，“课本里有一整章是关于职业规划的。这个作业毫无意义。”

“为什么这么说？”他的女友安（Ann）问道。

“因为职业规划毫无意义啊。在今天的经济环境中，你怎么做职业规划？看看就业市场就知道了，日新月异。制造业岗位都转移到中国了，或让机器人给取代了。美国的软件公司为减少劳动力成本雇用印度人工作。计算机更是颠覆了所有领域的工作。我妈妈说，她原来是打电话给旅行社规划假期旅行，现在直接在网上操作。旅行社、银行出纳员、报税员之类的工作都已经是过去式了。”

“啊！”安说，“等一下。上次我去银行的时候，也就是昨天，出纳员还在啊。我爸爸现在还雇人为他报税。”

“好，这些工作还没有彻底消失。”理查德说，“但主要问题在于，只有在能够预测事情的时候，计划才有意义；而谈及经济和工作，你什么都无法预测。所以我才不做职业规划。我现在选择的某项职业可能毕业时就不存在了，我都没那么在乎取得什么学位。在学校的时候，我只想读自己喜欢的课程。职业规划的事情，等我毕业后真正开始找全职工作时再弄清楚吧。”

安皱着眉头说：“但风险是不是太高了？我的意思是，你花了那么多钱来上课，把职业交给运气真的没问题吗？找工作没那么容易的。另外，许多人还是要凭学位才能获得心仪的工作，如律师、医生、兽医、医疗技术人员……”

理查德像在课堂上发言似的举起了手，说：“老师，我对任何这些职业都不感兴趣。毕业后，我可以做任何工作来赚钱，也可能要在几年内尝试各种工作。只有这样，我才知道自己喜欢做什么，不喜欢做什么。我想要顺其自然，不管规划不规划。”

7.4 “原来如此！”：创新思想助力批判性思维

本章将提供练习两种批判性思维的机会：聚合思维和发散思维。

聚合思维是一种缩小范围的思维过程。从所有可能的解决方法中，选择最合理的解决方法。这是批判性思维的本质。但有些人将聚合思维和批判性思维视为同一回事。

然而，聚合思维只是批判性思维的一部分。选择观点前，尽可能想出更多的观点。提出新的解决方法，考虑所有的选择，运用不同的方式定义问题。不断提问，寻找答案。

开放性思维过程称为发散思维或创造性思维。创造性思维是聚合思维的基础。换句话说，产生大量想法有助于产生好想法。从若干想法中选择、整合并提炼出适合你的想法。

记住，创造性思维和聚合思维是连续循环的过程。运用聚合思维缩小选择以后，你可以随时再运用创造性思维产生新想法。

选择运用创造性思维的时间。关键在于何时选择何种思维方式。一般来说，创造性思维更适用于策划和问题解决的初期阶段。你可以在这个阶段多待会儿。因为如果过快地缩小选择范围，有可能错过一个令人振奋的解决方法或一个新颖的观点。

培养“原来如此！”的顿悟能力。创造性思维的核心是一种称为“原来如此！”的顿悟体验。19世纪诗人艾米莉·狄金森（Emily Dickinson）这样描述“原来如此！”：“又倘使我肉体上感觉到仿佛我的头被砍掉，我知道那就是诗。”“原来如此！”是创造力的爆发，预示着原创思想的出现。突然出现一种不熟悉的模式，一段未被发觉的关系，或者是熟悉因素的反常组合等，都是一种令人愉悦的体验。

“原来如此！”的顿悟不一定会造就永久流传的诗篇或诺贝尔奖。也可能是突然受到启发，诸如谈吉他的新旋律，弄清燃油泵失灵的原因。

坚持。“原来如此！”的另一面就是坚持。思考既是娱乐也是工作。不费力气却让人感

小链接：七巧板

七巧板是一种古老的中国益智游戏，激发游戏本能进行创造性思维。此处猫的图案就是由一个正方形的七个部分重新拼接而成，用这种方法可以拼出上百个图案。七巧板还可以让我们发现未注意过的板块间联系。

七巧板的游戏规则很简单：用七块板拼出任意的图案。你可以先打乱七块板，看能不能拼回原来的正方形。你可以从广告纸板上像这样剪出七个部分，制作自己的七巧板。如果你拼出了一个自己喜欢的图案，在图案的边缘做出标记，看你的朋友能不能发现你是怎么做到的。

觉不适。“原来如此”是运气和坚持的结果，既有自发性，也需要循序渐进的过程，包括规划和行动、聚合思维和创造性思维。

依赖于开发新产品和新服务的企业需要有“原来如此！”的能力并善加利用的人。顿悟的必需技巧包括发现假设、核实证据、区别事实与观点、组织思想、避免逻辑错误等。这些技巧的要求较高，但通常很激励人，也很好玩。

日志15

发现陈述：运用发散思维进行头脑风暴，设定目标

坎蒂•常（Candy Chang）是一名艺术家，也是社区活动积极分子。她住在美国新奥尔良，附近有一所废弃的房子。获得批准后，她将房子一侧的墙壁变成一块巨大的黑板，黑板上用大写字母写着：“在我死去之前，我想……”任何路过这幢房子的人都可以拿起粉笔，补全这句话。有人这样写：

在我死去之前，我想为数百万人唱歌。
在我死去之前，我想种一棵树。
在我死去之前，我想过隐居的生活。
在我死去之前，我想完完全全做我自己。

想象一下你正路过这幢老房子，补全这句话。这么做的目的不是细想死亡，而是要发挥创造力，思考你想成为什么样的人，如何度过后半生。运用发散性思维，拓展选择和可能性。记住，这是锻炼创造力的一次练习。为达到最佳效果，可以多加检查或更改想法。

我发现，在我死去之前，我想……

7.5 思想涌现的方法

所有人都可以做到创造性思考。无论学习数学、改建房屋还是写畅销书，都可以用下面提到的技巧产生想法。

进行头脑风暴。头脑风暴是制订计划、找到解决方法、发现新思想的方法。卡在某个难题上时，头脑风暴可以帮你打破僵局。例如，如果你在每个月发工资前两天就花光了钱，你可以进行头脑风暴，让口袋里的钱多撑几天。你还可以，想出如何支付学费、找工作。

头脑风暴的目的在于找到尽可能多的解决方法。有时最疯狂、最古怪、本身看似不可行的想法，能够帮助我们解决问题。按照以下的步骤尝试头脑风暴。

- **专注一个问题或一件事情**。以提问的方式说出你关注的问题。以是什么、怎么样、谁、哪里、什么时候开头的开放式提问让问题更为有效。例如，“我理想的职业是什么？”“我理想的专业是什么？”“我怎么样才能提高关系质量？”“我现在的生活能够做出的唯一最大的改变是什么？”
- **放松**。创造力在放松的状态下能得到提高。如果你感到紧张或者焦虑，那就使用诸如慢慢地深呼吸等放松技巧。
- **制订目标，限定解决方法的数量**。设立目标可以调动你的潜意识为此而努力。
- **设定期限**。利用时钟计时，精确到分钟。尝试各种时间限制的头脑风暴。无论花费多长时间，头脑风暴都很有效。
- **兼容并蓄**。头脑风暴是建立在包容和耐心的基础上的。接受一切想法，这一阶段，没有错误答案。在纸上记下脑海中闪现的想法。数量才是你的目标，而非质量。在头脑风暴过程中，避免做判断或评价。如果卡住了，不妨想出一个古怪的方法，记下来。一个疯狂的主意可能会涌现出更多可行的解决方法。
- **集思广益**。集思广益是一个很有用的方法，集思广益有其独特的优势。每个小组成员写出解决方法，汲取他人的想法，记住头脑风暴期间不对任何人的想法做出判断和评价。

头脑风暴环节结束后，评估结果。经过尝试后再剔除古怪的想法。

再尝试请他人进行个人头脑风暴，将他们的想法写下来，然后带至更大的小组，这样能够产生更多的选择。

专注与舍弃。专注与舍弃是同一过程的两个方面。专注可以开发意识，而舍弃则使你的潜意识工作起来。你先专注一会儿，然后休息一段时间，你大脑的意识和潜意识部分就会协调工作。

专注意味着身在此时此地。专注于一个

日志16

目标陈述：运用聚合思维规划目标，养成习惯

制订目标的时候，聚合思维可以将一般性的想法转换为具体的行动计划。这种思维有助于目标的制订。人们很容易忘记自己最大的梦想和心愿，除非将其转化为日常的习惯，身体力行。

譬如，在死去之前，你想获得爱情。这是个美好的目标，接下来转换为意图，影响你每天的行为。与目标保持一致，养成具体的习惯。

为了更有效地规划，心理学研究或许能给你一些提示。用"执行意图"的格式列出习惯，采用"如果……那么……"的格式，例如：

- 如果我生气了，那么我会做三次深呼吸，再说话。
- 如果我在听别人讲话，那么我一定要等对方讲完，再说话。
- 如果我感激别人为我做的事，那么我一定要直接向那个人表达感谢。

执行意图是聚合思维有效的例证。聚合思维将你养成的习惯与能够记住的线索相联系，因此具有实践性。

现在尝试运用聚合思维。回顾上一篇日志中你列出的目标，选择其中一个，完成下面的句子：

我打算……

接下来，创建为了达成目标所要养成的习惯列表。将每个习惯作为执行意图，用"如果……那么……"的格式写出每个习惯。

项目，关注注意力集中的时间、开始走神的时间以及其他所有感觉。例如，如果你很难用电脑写论文，则可以通过听打字的声音练习集中注意力，注意敲击键盘的感觉。当你发现视觉、听觉和感觉能够集中于一点，就能够重复该体验，更容易将注意力回到论文上。

乐于发现自身矛盾、紧张和不适，观察并完全接受，不要与之对抗。寻找形成不适的具体想法，让其进入你的意识，然后再舍弃这些想法。

你不可能始终保持注意力集中，灵感可能只持续几秒钟。当你发现注意力开始涣散，不要苛责自己。其实可能正是该放开的时间了。"放开"意味着不要勉强自己具有创造力。最开始可以先练习短时间集中注意力，然后休息一下，玩棋盘游戏，出去看看天上云彩的形状，换个新场所。劳累的时候，打个小盹。托马斯·爱迪生（Thomas Edison）就经常打盹休息，接着电灯的灵感就来了。

培养意外发现创造性。"意外发现"一词由英国作家霍勒斯沃波尔（Horace Walpole）创造，引自一个古代波斯童话《西林迪普的三王子》。那三位王子总有诀窍，拥有幸运的发现。"意外发现"就是诀窍，但不仅仅关乎幸运。发现你之前没有发现的具有价值的东西，也是一种能力。你可以训练自己在这方面的技能。

历史上不乏具有意外发现的人。乡村医生爱德华·詹纳（Edward Jenner）"意外"注意到挤奶女工很少得天花，最后发现感染牛痘后就不再得天花。盘尼西林也是意外发现的。苏格兰科学家亚历山大•弗莱明（Alexander Fleming）用实验室的培养皿培养细菌，一种霉菌点青霉孢子从窗户飘进来，掉落进培养皿，杀死了细菌。弗莱明隔离了该活性成分，几年之后，第二次世界大战期间，它挽救了成千上万的人。若不是弗莱明警惕各种可能性，就不会有这项发现。

睁大眼睛观察，你可能会在周六早晨的卡通片时间想起一个会计问题的解决方法，也可能在便利店里想出学期论文的主题。多接触这个世界，下决心认识更多的人，加入一个学习或讨论小组；看戏剧、去音乐会、参加艺术展和演讲、看电影，观看你平时不看的电视节目。

期待意外发现。成功的一个秘诀就是时刻准备着在你遇到“幸运”时能辨认出来。

归档想法。人人都有想法，能够认真对待自己想法的人通常被认为是“有创造力”的人。他们不仅能识别出自己的想法，还会记录下来并进一步思考。

记录想法的一个方法是，写在3×5的卡片上。根据自己的分类方法，给卡片编号，这样就可以对照检索。例如，如果你有个制作新类型书架的好主意，可以将卡片归档为“改造”。第二张卡片可以归为“畅销想法”。在第一张卡片上，你可以写下想法；在第二张卡片上，你可以写下“见卡片321-改造”。

将引用语、即兴想法、阅读笔记、课堂上有用的想法等，收录在你的档案夹里。也别忘了收集笑话。

记日志。日志的内容不一定必须是你自己的想法和感觉。你可以记下对周边的观察、和朋友的谈话，以及任何重要的或古怪的想法。

为增强创造力，应进行大量的阅读，包括报纸、杂志、博客及其他网站。浏览主流杂志之外的发行物。成百上千的小发行量专业杂志和在线新闻报纸几乎涵盖了你能想象的所有学科。将重要文件置入公函大小的文件夹。使用Evernote、Delicious或Pinboard等在线服务，保存你想要阅读或之后查阅的文章。在电脑上创建想法文件夹。

即使时间紧迫也要保存想法。先草草记下四五个字，确保能描述想法的核心内容。你可以在一两分钟内写下一句引言。如果口袋里有3×5卡片，还可以在排队或者在等候室等候时记下你的想法。

定期回顾文件。11月份的有趣想法可能是3月份某个问题的最佳解决方法。

收集并研究资料。全方面地查看你收集到的资料，挨个儿研究，检查每个事实，避免卡在某个环节上。换个角度看问题，先找出一个解决办法，再倒回去解决。请其他人查看资料，征询他们的意见。

携带问题找出答案。在3×5卡片上写下资料、可能的解决方法或者方程式，并携带卡片。晚上睡觉前查看卡片。等公交车时再回顾一下。将这些问题看作生活的一部分，经常想想。

寻找显而易见的解决方法或者是显而易见的“真理”——然后将其舍弃。问自己：“嗯，我知道×正确。但如果×不正确，又会怎样呢？”或反过来：“如果那是真的，接下来会发生什么？”

即使一开始看起来很荒唐，也要学会将无关的事实联系到一起，找出其中的关系。小说家亚瑟·库斯勒（Arthur Koestler）在《创造的艺术》（*The Act of Creation*）中说，找到能够结合对立面的语境才是创造性的本质。

利用这些材料来进行想象。将材料精简、归类，按字母顺序排列、随意排列，或按照最复杂至最不复杂的顺序排列。倒换顺序，查看相反的情形。

有一种说法是，这个世界上本没有新思想，只有重新组合旧思想的新方法。创造性就是发现新组合的能力。

睡觉时创作。我们睡觉时，思想的某部分还会继续工作。你肯定也经历过：入睡时思考的一个问题，第二天醒来后就找到了答案。对某些人来说，那个答案可能在睡梦中、睡着前或者醒来后出现。

你可以尝试这一过程。睡前问自己一个问题，在床边准备好纸笔或者录音机等。一觉醒来就开始记录或录音，看看是否已有答案。

很多人梦醒时想到了一个好主意，却在重新入睡后忘记了。想要捕捉想法，就要在床边随时备好一个笔记本，笔记本要放在容易找到的地方。

以下是关于本杰明•富兰克林（Benjamin Franklin）如何运用该建议的故事。深夜，他昏昏欲睡时，会坐在摇椅上，右手托着一块石头，石头下面的地板上放一个金属桶。睡着，石头便会从他手中滑落掉桶里，“砰”的一声把他吵醒。手边准备好了笔和纸的他，就立刻记下想到的东西。经验告诉他，这时候的思想通常具有洞察力和创造力。

提升群体创造性思维。有时创造性思维毁于群体中。人们害怕与强势的领导产生分歧，因此他们避而不谈意见。或者历史悠久的团队常忽视新成员的想法，结果就产生了“小组思维”，没人质疑现行的观点。为激励群体创造性思维，尝试以下方法。

- **搁置你的观点**。如果你正主持召开一个会议，先让其他人发表意见。接着挖掘每个意见的潜在价值，避免做出皱眉或翻眼等带有负面反应的形体语言行为。
- **轮流领导群体**。群体成员轮流领导，这个方法适用于群体成员拥有广泛意见的群体。
- **将大群体划分为几个小组**。人们可能更愿意在小组中分享观点。
- **选派一个故意唱反调的人**。允许该成员对任何意见发表相反看法。
- **邀请嘉宾专家**。群体以外的人的新观点能激发“原来如此！”的顿悟。
- **创建意见箱**。让人们匿名提交书面意见。

提炼想法并执行。许多人忽视了创造性过程中提炼想法并执行这个部分。我们有过多少赚钱的计划但从来没有执行？我们有过多少创作的好思路但从来没写下来？我们多少次对自己说：“他们要做的就是装两个把手，涂上橙色，卖给警察局，就能赚一笔了。”但我们从未意识到“他们”其实就是我们。

天才在于行动——将灵感付诸汗水。你可以运用的一个有效方法是“发现 / 目标陈述”日志。先在“发现陈述”中写下你的想法，然后在“我的目标”中写下相关行动。

提炼思想的另一种方法是简化。如果不行的话，就打乱思想，让其变得更复杂。

最后，在想法档案夹里留出一个单独的文件夹，记录灵感。经常温习这些内容，看看有没有能够用到的东西。今天过时的论文观点可能会在来年演讲课上得 A。

相信过程。要学会相信创造性过程——即使在你看不到任何答案的时候。如果眼下没有解决方法，我们通常就不愿意面对问题。但是你要相信，最终会有解决方法，挫折和卡住的感觉往往预示着解决方法即将来临。

有时候解决方法突然“原来如此！”一晃而出。更多的时候以一系列小顿悟的方式出现。注意“原来如此！”的视觉、听觉和触觉体验。这种体验为开拓创造性思维打下基础。

将这些想法运用到工作中。2010 年《彭博商业周刊》一篇名为“首席执行官真正想要什么”的文章充分解释了创造性思维在工作中的运用。该文报道了一项调查结果：IBM 商业价值研究院调研了 1 500 名首席执行官，询问他们认为的企业最重要的领导能力。答案最多的是创造力。

文中提到的建议，有助于你在新产品、服务和工作过程中产生新想法。运用创造性思维能帮助你在所选职业中取得成功。

练习 22

探索情绪反应

我们每个人都有一些“敏感话题”——引发强烈情绪反应的话题。这些话题可能包括堕胎、死刑和资助福利项目。然后描述一下你在和别人交谈时，遇到这些问题，会发生什么样的典型反应。根据每个人的不同情况，还有许多其他例子。

查看你自己的敏感话题，用一个字或短语概括让你产生强烈情感的话题。然后描述一下你和别人交谈这些问题时具体会产生什么反应。

完成敏感话题列表后，想一想遇到其中的一个话题时，可以做什么让自己更加有效地思考。例如，在发表观点前，深呼吸，数到 5。又或者可以在观点前准备一个客观的陈述，如“针对这个话题，有许多合理的看法。这就是我的看法，我也接受你们的意见”。

7.6 态度、肯定和想象

“我态度不好。”有些人说到态度不好时，就像谈论得了流感一般。态度确实和流感一样强悍，但和流感一样无须终身忍受。你可以通过肯定和想象的方法，定期练习，端正态度。

肯定就是明确说出你想要什么。最有效的是：

- **现在时态**。决定好你想要什么，接着描述，如果已经拥有想要的东西，自己会变得如何。为达到你学习上想要的目标，可以写下：“我是优秀的学生，对自己负全责，我要快乐地学习。运用所学课程的知识，创造想要的生活。”
- **详细说明**。列出品牌名、人名和你自己的名字，包括所有你的感受——视觉、听觉、嗅觉、味觉和触觉。
- **积极向上**。避免使用诸如“不”“从不”和“不能”等词汇，不说“我演奏音乐的时候不会犯错”，而要说“我轻松愉快地演奏音乐”。

想象。这个方法是对肯定的补充，深受运动员和表演艺术家的欢迎。

首先，选择你想要改善什么，接着书面描述改善后的视觉、听觉以及心理感受，体会生活中的进步。

如果你想要弹钢琴，简要写出你能熟练弹钢琴时的视觉、听觉以及心理感受。如果你想要改善与孩子间的关系，写出你能和他们愉快交流时的视觉、听觉以及心理感受。

一旦你有想要达成的事，发挥想象力加以练习。投篮时，篮球嗖嗖入网。邀请某人出去约会时，对方说“好的”。老师分发回来的所有测试卷评分都是A。一天至少想象一次，接着看生活中会发生什么变化。

练习 23

重新规划你的态度

运用本次练习改变你应对问题的方法。

步骤一

选择生活中你想要改变的一件事，可以与任何相关：关系、工作、金钱或个人技能。简要描述你选择改变什么。

步骤二

增加更多关于步骤一中描述的想改变的信息，解释你如何实现这种变化。发挥奇思妙想，想象你将向许愿树请求实现自己一个愿望，详细描述你的愿望。

步骤三

运用肯定和想象开始实现步骤二写下的具体内容。提供至少两个能描述你愿望的主张。然后，简要概括适用于所描绘的愿望而进行的想象。请尽可能具体、详细和积极。

步骤四：

将你的新态度用于工作中。制定规划表开始练习。现在就开始第一次练习。至少设定五个其他时间和地点，用于练习肯定和想象。

以下给出的时间和地点，我打算放松并练习肯定和想象至少 5 分钟。

日期　　时间　　地点

1.______________________________

2.______________________________

3.______________________________

4.______________________________

5.______________________________

步骤五：

改变态度需要时间。通过反思过程结束本次练习。问问自己肯定和想象练习是否真的改变了你在日常生活中的言行。你可能想修改肯定和想象的内容，变得更加详细、积极和生动。写下你修改过的版本。

小链接：简单态度替换

你可以使用肯定句式将消极态度替换为积极态度，除了需要练习的想象和意愿，没有其他限制。适当修改，让态度更适合你的个人期望和梦想，然后加以练习。

- 我整天都精力充沛。
- 我定期锻炼。
- 我和不同类型的人一起工作更有效率。
- 我饮食很慎重。
- 我每天规划时间，并充分利用。
- 我的记忆力很好。
- 我考试时冷静又自信。
- 我入睡快，睡眠质量好。
- 我拥有彼此满意的关系。
- 我通过工作为他人做贡献。
- 我很容易集中注意力。
- 我喜欢自己。
- 我的收入远远大于支出。
- 我秉持利他的积极态度生活。

7.7 不要自欺欺人：15 个常犯的逻辑错误

对于失业的哲学家而言，有效推理不仅仅是打发空闲时间。学习逻辑思维大有裨益。能够逻辑思考时，你就具有更高水平的读写听说能力。

逻辑性思维能避免决策失误。你可以更加自信地参与讨论，理智地参加选举，成为消息灵通的公民。人们甚至通过学习驳斥缺乏逻辑性的观点，改善精神健康状态。

具有逻辑性地在某个论点或者一系列陈述中寻找有效论据。论点的开头是前提，最后陈述的则是结论。

过去 2500 年中，逻辑学专家列举了一些在得出结论途中会遇到的经典雷区。这些常见的思维错误称为谬误。研究谬误可能需要一年的时间。下面是入门学习的 15 个例子，了解这些知识有助于你在提出主张前避免犯错误。

妄下结论。这是某些懒人思考的唯一方法。该谬误是在没有足够论据的情况下得出结论。例如，银行职员听说学生无法偿还学贷后，拒绝学生的所有贷款申请。该银行职员听信传闻，观念僵化。此处就是妄下结论，又称以偏概全。

以下是该谬误的例子：

- 我去墨西哥度春假一直生病，墨西哥食物导致人们生病。
- 民主党想做就是增加税收和开支。
- 共和党想做就是减税。
- 经济衰退时期有更多的人想去电影院，他们只是坐在黑暗中，忘掉财务问题。

该列表中的每个例子包含两点，第二点并不一定由第一点产生。需要更多的证据才能证明其中的关联。

人身攻击。人身攻击的错误通常出现在选举时期。例如，候选人在选举期间声称竞争对手没有定期去教堂礼拜。热衷人身攻击的人试图通过巧妙的花招将人们的视线转移到不相关的问题上。

诉诸权威。专业运动员代言某品牌早餐谷物。著名音乐家在摇滚视频中使用某软饮料公司的产品。一家广告机构的宣传册列出服务过的大型公司。在不同情况下，人们通过引述权威人士的只言片语赢得信任、赚取利润。背后的假设通常是这样：名人和企业都买我们的产品，所以你也应该买我们的产品，或者，你应该接受这个观点，因为知名人士说这个观点是正确的。

诉诸权威通常充当真实论据的替代品，从而导致草率想法。如果我们做证某观点的唯一论据是诉诸权威，这时更应该深思熟虑。

错误的因果。一件事情的发生紧跟在另一件事情之后，并不意味两者间存在必然的因果关系，我们能肯定的是这两者之间可能有联系。例如，儿童的词汇量增多了，蛀牙也增多了。这并不能说明词汇量增多导致蛀牙增多。其实，蛀牙增多是由生理发育和饮食变化或个人护理等其他因素引起的。

假设你看到以下报纸标题："一名学生未通过律师资格考试，试图自杀。"你可能总结为该学生没通过考试导致抑郁，从而试图自杀。但是，这是纯粹的假设，用以下的方法来说明：两件事发生的时间非常相近，因此第一件事是第二件事的原因。可能该名学生抑郁的原因并非如标题中所述，其实是其他痛苦的事（比如与恋爱已久的女友分手）引起的。

全或无思维。考虑下面这些观点：医生很贪婪；政治家不值得相信；现在的学生上学都只是为了找份高薪工作，他们缺乏理想；无家可归的人不想工作。

以上这些观点暗含了"都"(all)这个字，掩盖了个体差异，认为群体的每个成员完全一样。这些观点也忽视了某些重要事实，如有的医生会愿意抽出时间进行免费门诊，很多无家可归的人还是孩子，年纪太小无法工作。

全或无思维是最常见的逻辑错误之一。要避免该错误，就要注意使用"所有""每个人""没有人""绝不""总是"和"从不"等词语。含有这些词语的观点往往表述笼统，需要大量论据。考虑使用"通常""有些""许多""几个"和"有时"等词语，看看能否使表述更加准确。有时这些词语隐含在观点中，如"医生很贪婪"这个观点的言下之意是所有的医生都很贪婪。

情感论证。政客竞选演讲结束时挥舞旗帜，播放母亲吃苹果派的幻灯片，将未来押在诉诸情感上。描绘如果自己不当选就会造成可怕后果的候选人正是如此。越过空洞无物和装腔作势，看看你能不能找到真正有价值的观点。

错误类比。类比是说出两者之间的相似处。有的论证是基于显著差异的类比上的。这个类比你可能在总统大选期间听过：管理一个国家就像管理一个企业。因此总统应该是拥有企业管理经验的人。其实管理国家和管理企业有很多不同，例如，企业首席执行官可以雇用有相同愿景的人，解雇没有完成企业目标的人。相反，一个国家的总统必须与当选国会议员共事，不能随意雇用或解雇。此外，企业的目标是盈利，而政府的目标是为人民谋利益。

稻草人谬误。稻草人谬误来源于将稻草人放在花园里吓退小鸟的传统。稻草人看起来像人，所以能吓跑小鸟。同样地，一个人可能会抨击看似对立的观点，但实际上该观点本身就很荒唐。例如，一些立法者抨击平等权利修正案，指出修正案要合并男女卫生间。其实支持该修正案的人并没有提及此项措施。

回避问题实质。演讲者和作家喜欢回避问题实质，用花言巧语掩盖含糊的或者是未证实的观点。考虑下面的观点：“支持个人自由是美国的传统，反对强制系安全带的法规！”无论是谁提出上述观点，都“回避”（没有回答）一个关键问题：要求司机系安全带的法规真的侵犯了个人自由吗？

混淆事实和想法。事实是经过直接观察或者给出说服力的论据并广泛达成一致的陈述。近年来，有些政客为支持减税而辩论，理由是美国发展经济，就要创造更多的就业机会。然而，减少税收并不能带来更多的就业机会。该观点几乎无法通过直接观察来证实，反而有论据驳斥该观点。

转移注意力。猎人想要猎狗停止追踪猎物，就会朝相反方向的地面上放一条熏青鱼（或其他伴有强烈气味的食物），转移狗的注意力，诱导狗去追踪虚假的线索。同样地，人们也可以通过提出不相关的问题，将思维转导向错误的方向。

例如，在一个聚会上，你认识了一个人，他对第二次世界大战史着迷并阅读了许多关于希特勒的书。正当那个人讲述希特勒掌权之际，有人走过来说：“为什么你总是谈论希特勒？你肯定是个反犹太者（对犹太人有偏见）。”这里的虚假线索是指责偏见。对关于希特勒的历史事件感兴趣和反犹太主义是两码事。

诉诸传统。诉诸传统论证有一个经典的模式：现行的信仰和行为历史悠久，因此都是正确的。这个论证曾被用于辩护国王的神圣权力、封建主义、焚烧女巫、奴隶制、童工以及如今世界上大多数地区已经取缔的诸多其他传统。诉诸传统忽略了一个事实：荒谬的思想能够持续几个世纪，直到人们意识到自己被愚弄。

诉诸群众。考虑下面这个说法。“泰勒·斯威夫特（Taylor Swift）的唱片比凯丽·克拉克森（Kelly Clarkson）的唱片销量好；泰勒 • 斯威夫特一定更好。这是一个典型的诉诸群众（ad populum）谬误（在拉丁语中 ad populum 意思是“诉诸群众”）。根本错误在于将流行性、质量和准确性混为一谈。

诉诸群众反映了人类害怕被孤立，向自己意见一致的群体靠拢。所以这个谬误

小链接：认知偏见：更多自欺的方法

逻辑错误是孤立的推理错误。相反，认知偏见是主要的思维盲区，可能导致决策和问题解决失误。

例如，**证实性偏差**是只和自己意见一致的人互动。**购后合理化**就是我们花了钱之后，为该笔消费找理由。**消极偏好**是我们更关注灾难性消息，而非积极向上的事件。**近期效应**是偏重最近的报道信息，而轻视较早的信息。

以上举了几个例子，想要了解更多例子，请上网搜索认知偏见关键词。

又称为“随大流”。下面是一些例子：

- 许多人在简历上夸大经历和资格，这是通行惯例。
- 大学生普遍酗酒，酗酒是高等教育经历的一部分。
- 同性婚姻肯定有伤风化，大多数美国人都这么想。

只用一个例子就可以驳倒上述论点：很多美国人曾经认为奴隶制是有道德的，有色人种没有选举权。结果两种看法都是错误的。

偏离本质。如果演讲者或作家做出不相关的陈述，然后根据这个陈述得出结论，就犯了偏离本质的错误。例如，“最近经济萧条是因为人们贷款太多、银行借款太多引起的，因此你不能贷款上学。”这个论证忽略了经济萧条的主要原因是贷款购房，而不是贷款上学。上述是两个不同的话题，其中一个相关陈述不一定适用于另一个。

滑坡谬误。滑坡谬误隐含的意思是，如果一件不好的事情发生，更坏的事情也会接踵而至。

- 如果持枪权利受到限制，那么所有权利也会被剥夺。
- 如果人们一直免费下载音乐，很快他们就会要求网上资源全部免费。
- 我发现越来越多的独立书店关门了，人们不再读书只是时间问题。

犯了滑坡谬误的人认为不同类型事件的起因相同。他们也认为一个特定的原因会无穷无尽地发展。事实上，这个世界要远远复杂得多，对未来的天马行空的预测最终都是错误的。

在谬误演变为致命弱点前，找出谬误（额外建议）。长久以来，人们总是自欺欺人。本文列出了部分逻辑谬误。你可以采取以下建议避免更多的谬误：

- 概述论文或演讲大纲时创建两栏图表。一栏写下你的主要论点。另一栏概括每个论点的论据。如果没有写出每个论点的论据，就会出现逻辑错误。
- 复查近期写作——论文任务、论文测试、日志等所有能找到的东西。查看逻辑谬误的举例，如果重复某个谬误，就标注该谬误的规律。写下避免该谬误的目标陈述。
- 当他人与你意见不一致时，谨慎断言。持有批判性思维的人会公平待人，尊重他人。

7.8 对网络上的信息进行批判性思考

网络上的信息来源广泛，从信誉良好的（如美国国会图书馆）到虚饰夸张的（如国家询问报），应有尽有。

人们在网上可以随意发布任何信息，包括过时的真实事件和故意发布的虚假信息。

报纸、杂志以及图书出版商常常雇用校对员、编辑和律师在出版前审查错误以及详细检查有问题的内容。

上网时，采取一些简单的预防措施，可以避免陷入错误信息洪流中。

区分观点与信息。为仔细判断在网上查阅到的信息，要记住信息与观点的区别。例如，考虑下面这句话：2008 年，巴拉克 • 奥巴马被选举为美国总统。该陈述提供的是关于美国的信息。相反，下面这句话阐述了一个观点：巴拉克 • 奥巴马当选为总统后，美国步入政治新时代。

信息指的是可以通过独立观察核实的真实事件。观点是基于事实的诠释或见解。观点包括对见解的陈述和有价值判断。获取同样信息的人可能基于该消息得出不同的观点。

有些人把互联网视为“信息高速公路”，但是他们通常忘了信息与观点之间的区别。不要以为网上看到的观点时效性更强、更合理或更准确。应运用批判性思维技能分析已发布的内容—纸质的和在线的。

检查总体质量。从整体上检查网站的特征。注意文本和视频图片的有效性以及整个网站的组织架构，看看是否能轻而易举地识别网站的特征。查看重要消息发布的时间，以及该网站更新的频率。

然后，大致浏览网站的内容。查看几个网页，查看事件的一致性、信息的质量以及语法拼写情况。所有网站内的链接是否容易导航。

也要评估该网站的外部链接。看有没有链接至声誉良好机构的网页，点击几个链接查看。如果链接无效，则可能表明你评估的网站不经常更新——该网站不是最新信息的可靠来源。

检查来源。找到负责该网站的个人或机构的详细描述。许多网站在“关于”链接中包含该信息。

一个网站的 URL 域名能提示网站信息的来源和可能的偏好。例如，营利性商业企业的网址域名结尾为 .com，非营利性机构网址域名结尾为 .org，政府机构网址域名结尾为 .gov，学校、学院、大学的网址域名结尾则是 .edu。

如果该网站要订阅信息或成为会员，查明使用你提供的个人信息的目的。带着问题和意见设法联系该网站发布信息的人。

检查文献。当你在某个网页上或者网络其他渠道看见一个主张，注意论据的类型和质量。寻找可信的例子、某领域权威人士的言论，有据可查的数据或科学研究的总结。

记住，维基百科等wikis（协同编辑网站），并不雇用编辑在文本发表前筛选错误或审查有问题的内容。因此写论文或演示时，不要依赖这些网站。此外，谨慎引用博客文章，博主通常不检查文章的准确性。

但是，这些信息来源可以提供关键词和概念，帮你找到主题相关的学术论文。

树立榜样。在纷繁复杂的网络信息中，你可以开辟出理性道路。不管是发简短邮件还是建立一个大型网站，都可以运用自己的批判性思维技能。你上传到网络上的每一个词语和每一张图片都能够展现批判性思维的特点——逻辑缜密、证据可信和尊重受众。

7.9 获得决策技巧

不管你有没有意识到，其实我们无时无刻不在做决定。即使逃避决定也是做决定的一种形式。考试前最后一分钟才开始学习的学生可能会说："我觉得这门课不重要。"为了避免这种情况，现在开始尝试以下建议。

认识决定。决定不仅仅是愿望或者心愿。"我希望能成为一名更好的学生"和"我会更努力地做好笔记，更加认真地阅读，每天复习课堂笔记"之间有天壤之别。决定是具体的，让行动更加专注。做出决定时，我们会缩小行动范围，放弃与决定相左的行为。

建立优先顺序。有的决定微不足道，不管结果如何，你的生活不会受到很大影响；而有的决定则会给你的境况带来长期影响。将更多的时间和精力放在能产生重大影响的决定上。

根据生活规划做决定。拥有长期目标的好处是，这些规划可以作为我们日常决定的基础。确定今年及这个月要达到的目标有助于我们今天做出明确的选择。

建立标准。做决定时，也要确定你想实现的最重要的东西。例如，买车时，你的目标是省钱、省油或舒适度高。这些是你的决策标准。选择最重要的目标。

在决策中平衡学习方式。为了让决策更加有效，需要找到反思与行动的平衡。花点时间进行创造性想象，增加更多选择。接着在做出选择前，认真考虑每个选择的后果。但要记住，这一思考过程并非实际经验。一旦选定，就开始行动，注意会出现什么结果。如果你没有得到想要的结果，快速倒回去进行创造性思考，产生新选择。

选择总体策略。也许你没有意识到，但每次做出决定时，你都会选择一个策略。有效的决策者能够清楚地表达策略，并从中做出选择。例如：

- 找出所有可行的选择，并从中慎重地选出一个。这个策略可以用于选

- 择相对较少的时候，而其中每个选择都能带来显而易见的不同结果。
- 找出所有可行的选择，并从中任意选出一个。这个策略有一定的风险，适用于每个选择基本相似、公平是最佳选择的情景。
- 限定选择范围，然后做出选择。例如，你要决定使用哪个搜索引擎，那就先登录万维网，访问多个网站，然后缩小到两三个选择。

与时间结盟。有时候我们会面临这样的困境：任何行动都会带来不好的结果。这种情况下，不要急于做决定。耐心等待，直到情况有变，选用相对较好的选择。

运用直觉。有的决定似乎是自发的。我们忽然灵光一现，恍然大悟。运用直觉不等于忘掉或者拒绝做决定。直觉决策通常发生在我们掌握了诸多相关事实、面对某个问题许久之后。

评估自己的决定。“后见之明”是洞察力的一个来源。按照某个决定付诸行动后，花点时间观察结果走向。反思决定是否有成效，以及你可能会采取哪些不同行为。

考虑用选择代替决定。最后一个建议涉及创造性思维。决定（decide）这个词与“自杀”（suicide）和“他杀”（homicide）词根相同。按照这些词的意思，决定永远会“扼杀”所有其他决定。这样想有点沉重。那就用“选择”（choice）一词来替代，看是否能释放你的思维。做选择（choose）时，你在表达对某个选项的偏爱。但是其他的选项在未来仍有可能发生。今天就做出选择，因为获得更多的知识和经验后，你还可以再次选择。

7.10 解决问题的四个步骤

解决问题包括四个步骤：明确问题、找到可能的解决方法、制订计划、执行计划。

第一步：明确问题。要做好这一点，就要弄清问题是什么—想要的和已有的不匹配。解决问题就是缩小这两者之间的差距。

诚实地说出你现在生活中存在的问题，

不要羞愧或自责。例如："做物理阅读作业时，我常常犯困，而且合上书后就记不得刚才读了什么。"

接着，详细描述你想要什么。具体确切："我想在阅读物理书时保持警觉。还希望能够准确地概括读过的每一章内容。"

记住，如果我们用局限的方法明确问题，只会产生更多问题。正如阿尔伯特·爱因斯坦说过，"我们创造的世界是目前为止达到的思维水平的结果。我们不能用制造问题时同一水平的思维来解决问题"。

这个观点可以用于如何在学校取得成功。例如，一名学生做笔记有困难。她认为自己的笔记太潦草了。她认为解决方法是多练习记笔记，新的目标是记下老师说的所有内容。但是，无论她写得多快、多潦草，都无法记录老师所讲的全部内容。

想想看这名学生用新方法明确问题后发生了什么。经过更多的思考之后，她认为自己的问题不是笔记的数量，而是笔记的质量。她采用了新的记笔记方式，将笔记用纸分为两栏。右边栏只记下每节课的主要论点，左边栏记下每个论点的论据。

最后，该学生发现每节课通常只要三四个核心思想，她开心无比。一开始以为记笔记的方法就是多记，但采用了新方法记笔记后，才解决了问题。

明确问题的一个简单有效的方法是，写下问题。写完之后，你可能也会发现潜在的解决方法。

第二步：找到可能的解决方法。现在开始激发创造性思维，开放思维，尽可能多地想出解决方法，越多越好。想出可能的解决方法的同时，注意收集相关信息。例如，选择下学期课程时，先收集上课的时间、地点和老师等信息。如果你还没有决定选择哪份暑假兼职，先收集薪水、福利和工作条件等信息。

第三步：制订计划。再次阅读问题的定义和可能的解决方法，选择最可行的解决方案。考虑具体的行动，缩小现有的和你想要的之间的差距。想象你要付诸行动的步骤，并按照时间顺序排列。如果你能将该计划写下来，效果更明显。

第四步：执行计划。该步骤要求抛开想象，落实行动。现在就将计划付诸行动。你解决问题的能力取决于你执行计划的成效如何。能高质量地完成计划，你就是自己成功的缔造者。

明确问题	这个问题是什么？
找到可能的解决方法	如果有多个解决方法怎么办？
制订计划	如何执行这个可能的方法？
执行计划	为什么某个解决方法比另一个更加可行？

面对问题时，尝试这四个步骤。要记住，每个步骤的顺序并不是绝对的。还要记住，任何解决方法都有可能产生新问题。如果真的产生问题，再次使用问题解决的四个步骤。

7.11 多问问题——通过询问来学习

思考源自提问。提问唤醒了我们，提醒我们注意潜藏的假设。提问激发好奇心，创造出新的可能，开创更多从未想过的选择。除此之外，老师们也喜爱学生提问题。

有句谚语说：“闻而忘之，见而记之，行而知之。”提问就是行而知之的方法。上学的一个主要原因就是提问—探索式学习过程。这个过程不仅仅是死记硬背和顺利通过考试，提问将你塑造成为终身学习者。

上学的一个主要原因就是提问。这种学习不仅仅是死记硬背和顺利通过考试。受教育者不仅要回答问题，也要提问。他们不断地寻找更好的问题，包括从未被问到的问题。

提问具有指导作用。打听方向，可以节省旅途的时间；求助图书管理员，可以节省查找所需的时间；请教学业指导，能让你的教育发生彻底的改变；询问他人的职业规划，可以改变你自己的职业规划。

提问也是改善与朋友同事之间关系的方法。提出问题是赠予他人的厚礼——一个展示对方聪明才智，同时也是你倾听他人答案的机会。

剧作家乔治·伯纳德·肖（George Bernard Shaw）深谙问题的力量。他写道，有的人看到已经发生的事情，问“为什么会这样？”我却梦想一些从未发生的事情，然后追问，“为什么不能这样？”

探索可以带领你涉足未知的领域。你的问题可能令你兴奋、迷惑，甚至让你害怕。这些感觉是你学习道路上的里程碑，意味着你的提问至关重要——也是他人忘记问或不敢问的问题。

学生常常说：“我不知道要问什么。”如果一直都不知道要问什么问题，以下是发现问题的几个方法。将这些方法运用到学科上或生活上你想要检验的方方面面。

提出开创可能性的问题。在日本，有一种称为内观的自我反思方法，有时用于治疗酗酒。这种内观法以三个问题为基础：“我从他人那里获得了什么？”“我有什么可以给别人？”“我给他人带来什么麻烦和困难？”花点时间详细并如实回答这些问题，可以让你的生活更加美好。

提问也可以帮助人们摒弃僵化、不切实际的观念：

每个人都应该友好待我。

我要是犯了错，就太糟糕了。

孩子们应该按照我说的做。

拜伦·凯蒂（Byron Katie）在她的《一念之转》（*Loving What Is*）书中建议，你提出四个问题：那是真的吗？你能确定那是真的吗？当你相信那个念头，你会做出什么反应？没有哪个念头时，你会是怎样呢？

任何时候，你都可以提出一个问题，让他人看到新的可能性。假设一位朋友走过来，对你说："他们就是不听我说。"

你仔细听完他的话，然后问："先让我确定已经明白了你的意思。具体是谁没有听你说话？你是怎么知道他们没有在听呢？"

又一位朋友出现，对你说："我工作没了，接手我工作的人的经验还不如我。怎么会这样！"

"天呐，真惨。"你说，"你失去了工作，我很难过。有谁能帮你找到新工作呢？"

一位亲戚寻求你的建议。"我婆婆快把我逼疯了。"她说。

"你和她相处得很不愉快啊。"你说，"她说了什么或者做了什么让你觉得很生气？有没有你不生她气的时候呢？"

带着一颗同情心，把握好时机，提出类似的问题。你就可以帮助他们走出抱怨，着手解决问题。

提出批判性思维问题。莫蒂默·阿德勒（Mortimer Adler）和查尔斯·范多伦（Charles Van Doren）的经典著作《如何阅读一本书》（How to Read a Book）中列举出四个不同的问题，总结了对所有书本进行批判性思考的过程。

- **整体来说，这本书到底在谈些什么？**用一句话说出文章主题，回答这个问题。接着列出相关副主题。
- **这本书详细说了什么，怎么说的？**列举出主要术语、主张和论点。再说出作者或演讲中试图解决的问题。
- **说得有道理吗？**检查观点背后的逻辑和论据，检查丢失的信息和错误信息。确定解决了哪些问题，还有哪些待解决问题。
- **这本书跟你有什么关系？**回答前三个问题后，由于接触了新思想，你得准备做出思想或行为上的改变。

发现自己的问题。学生们有时会说："我不知道该问什么问题。"无论你在学校学习什么课程，或准备改变人生中的什么方面，都可以运用下面的方法，发现问题。

小链接：尝试 15 个问题

1. 现在我最需要解决的人生难题是什么？
2. 为解决这个问题我愿意做什么？
3. 解决了这个问题我能得到什么好处？
4. 我可以向谁寻求帮助？
5. 这种情况有哪些真实事例？
6. 面对这种情况，我有哪些选择？
7. 我能从当前情况学到什么？
8. 我想要什么？
9. 为了得到我想要的东西，我愿意做些什么？
10. 我一周、一月和一年内做出的决定，会带来什么样的后果？
11. 我今天要完成的最重要的事情是什么？
12. 我现在如何充分利用自己的时间？
13. 我最感激的是什么？
14. 有谁爱我？
15. 我爱谁？

动起笔来。有时候你可以拿出纸笔，写下问题，深入挖掘知识，即使你还不知道要写什么。不要去想该写什么，拿着笔在纸上写写画画，注意写的内容，很可能会有意想不到的结果。

问问自己缺少什么。另一个方法是注意你的生活中缺少了什么，然后问问自己该如何弥补。例如，你想记好笔记，那么可以写："我欠缺的是笔记技巧。如何才能提升呢？"如果你总是感觉时间紧张，可以写："我缺少的是时间。怎样才能挤出更多时间，做想做的事情呢？"

假装成为别人。另外一种发现问题的方法是想象一个你十分尊敬的人，然后假装自己就是她，提出她可能会提出的问题。

提出一般性问题，通过头脑风暴想出答案。提出一般性问题后，你可以进行头脑风暴想出各种答案，就能够提出自己从未提出过的问题。如：

- 在……时，我能做什么？在老师上课点名叫我回答问题，我答不上来时，我能做什么？在老师没有准时上课时，我能做什么？在作业太多写不完时，我能做什么？
- 我怎么做才能……我怎么做才能选修我想上的课？我怎么做才能拓宽自己的职业选择？我怎么做才能从今天开始成为一名更有效率的学生？
- 什么时候我才能……什么时候我才能决定自己的专业？什么时候才能转学？什么时候才能和老师见面讨论即将到来的学期论文？
- 我还想了解……我的学业计划？我的职业规划？我求职的选择？我的朋友？我的亲戚？我的配偶？
- 我可以向谁询问关于……我的职业选择？我的专业？我的恋爱生活？我人生的价值观和目标？

提出问题，推动社会变革。如果你的朋友开种族方面的玩笑，你有权问为什么开这种玩笑。如果你有权选举，却被剥夺了投票权，你有权要求给出解释。提问能够推动公平正义。

提问其他想知道的事情。大多数时候，你可以简单地问自己，我还想知道什么，就可以迅速产生问题。阅读一本书中的一段文字，或听完某人讲话后，立刻问自己还想要知道什么。

将这些想法投入工作中。例如，你的团队或同事见面时，开始头脑风暴，想出这些关键问题的答案：我们为什么做这个项目？圆满结果是什么样的？我们如何衡量结果？下一步行动是什么？谁采取行动？行动到什么时候？

无论什么情况下，假定自己有足够的才智，然后提出问题，释放聪明才智。

7.12 思考自己的专业

高等教育的学生最为困扰的一个决定就是选择什么专业和学位。权衡这一抉择的利弊、代价和结果是对智力的挑战。该抉择是运用批判性思维、做决定和解决问题技能的机会。以下建议将指导你走出这个看似艰难的过程。

1. 发现选择

跟着兴趣走。你可能很期待上某门课，也喜欢完成这门课的作业。这是选择该专业的暗示。

看看你能否在多年来喜欢的课程和课外活动中找到持久的模式。找一个能够让你继续享受这种体验的专业。

此外，坐下来，拿一叠3×5卡片，进行头脑风暴，找到下面几个问题的答案：

- 课外时间你最喜欢做什么？
- 假设你正在一个聚会上与人愉快地交谈。谈论的话题是什么？
- 你喜欢解决什么类型的问题？这类问题涉及的是人？产品？还是观点？
- 你阅读的材料、观看的电视节目和其他娱乐活动，反映出你的哪些兴趣？
- 你理想中的一天是怎样的？描述一下你住在哪里，和谁在一起，这一天都做了什么？这些想象中有没有暗示你可能选什么专业？

这些问题能够发现你的“兴趣点”，帮助你选择专业。

考虑个人能力。在选择专业时，个人能力和兴趣是同样重要的。除了考虑你是否喜欢以外，还要考虑你能够脱颖而出的时间和地点。列出你“擅长”的课程、优异的作业、获过的奖项或获得认可的爱好。让你选择的专业充分发挥你的热情和潜力。

用正式的方法发现自我。“斯特朗兴趣量表”和“自我探索量表”等调查问卷与调查表旨在将兴趣和具体专业联系起来。学术顾问或就业辅导办公室的人能提供更多的相关调查表，你可以做几个问卷调查，然后和顾问讨论一下结果。记住，调查表可以帮你认识自我，其他人也可以提供有价值的看法，而要如何看待这些看法完全取决于你自己。

与长期目标联系起来。一旦决定你生活中需要什么，选择专业就变得一目了然。选择专业前，先从全局角度出发。列出你的核心价值观，如奉献社会、财务安全、职业认可、身体健康、享受生活等。同时写下从今天起 5 年、10 年以至 50 年以后你想完成的具体目标。

许多同学发现，明确自己想要什么，会让上学所投入的时间、金钱以及每天的努力变得有意义。所选专业会更加激励你上课、参与讨论、读书、写论文和完成其他作业。当你发现完成学业与实现理想生活之间有显著联系时，大学期间每天的作业也变得更有意义。

询问他人意见。生命中重要的人可能会给你的专业选择提供有价值的建议。咨询他们的意见，广开言路，认真倾听。但是，不要因为任何压力而选择一个你不喜欢的专业或职业。如果你只是基于别人的期望做出选择，最后你很可能会选择一个自己不喜欢的专业或职业。

收集信息。从学校概况一览或学校网站上找出可供选择的专业名单。这里面有很多信息。浏览并标出所有你感兴趣的专业，然后和修读这些专业的学生聊一聊。还要了解攻读这些专业所要求的课程。学习这些课程，你感到兴奋吗？留意你的“直觉”。

和教授这些课程的老师聊一聊，索要教学大纲的复印件。去书店浏览相关课程的课本。基于以上所有信息，列出你可能选择的专业名单。然后和学业指导老师或学校职业规划中心的人讨论一下。

打造新专业。学专业时，你可以不必局限于学校概况一览表上列出的专业。很多学校现在都有灵活的学习项目，允许学生自主学习。通过这类项目，你可以结合两个专业，或为自己打造一个全新的专业。

考虑辅修一个专业。你可以通过选择与专业相近或相反的辅修课程，提高自己学术项目的灵活性。一个想成为牧师的学生可以选择英语方面的辅修课，这些课程内容对布道很有好处。一个心理学专业的学生可以辅修工商管理课程，有助于将来管理心理咨询公司。有效选择辅修课程可以帮你拓展技能和职业选择。

以批判性思维看待专业和职业之间的联系。你的职业目标可能会对专业的选择有重要影响。

另外，可以选择多个专业来追求报酬丰厚的职业。即使是申请就读法学院和医学院的学生，在选择专业上也有一定的灵活性。此外，毕业后，很多人从事的工作都与自己的专业不符。将来你可以选择和目前专业没有任何联系的职业。

2. 尝试性选择

假设你今天必须选一个专业。基于你已知的专业，写下前三个想到的专业。花几分钟复查已选的专业名单，再从中选一个。

3. 评估你的尝试性选择

做出尝试性选择后，假设自己是一位科学家。将你的选择视为一个假设，然后设计一系列的实验来评估并检验该选择。例如：

- 安排和教授专业课的老师在办公室见面，咨询必修课的内容和就业方向。
- 和学术顾问或者职业顾问讨论你的尝试性选择。
- 参加与选择专业相关的课程。要记住，导读课程可能无法让你认识到高阶课程的真实课程量。此外，有些课程在选择该专业之前是不能报名选读的。

- 找找与专业相关的志愿者活动、实习、兼职或者服务性学习的机会。
- 和已选择相同专业的学生交流一下，仔细询问他们的经验和成功的建议。
- 考虑一下你打算在高等教育阶段投入的时间和金钱能否保证你完成专业学习。
- 思考选择这个专业会不会要求转入其他项目甚至其他学校。

如果你的“尝试性选择”能够帮你确认选择哪个专业，来庆祝一下吧。如果最后选择了一个新专业，同样也庆祝一下吧。

还要记住，高等教育就像一个避风港，可以检验你的专业选择，同时也允许你改变主意。厘清自己的选择时，就能获得管理员、老师、顾问和同学们的帮助。

4. 重新选择

对自己的专业选择要有前瞻性。很可能没有唯一“正确”的选择。你所拥有的独特技能很可能是多个专业的基础。

你很有可能会不止一次地换专业，也可能一生中换几次职业。高等教育的一大好处就是其流动性。你掌握通用的技能和知识可以帮你随时踏入新专业或职业。

将专业看作决定你以后整个人生的一次性选择，会增大你的压力。相反，你应该把选择专业看作一条不断发展的道路的起点，这条路上充满发现、选择和激情。

7.13 服务性学习：将思维转换为奉献

作为社会学课程服务性项目的一部分，社区中心的学生志愿者自愿承担照顾老人的义务。在另一个服务性学习项目中，历史专业学生在军人医院采访退伍老兵以记录他们的战争经验。这些学生计划与医院精神医师分享采访结果。

与此同时，商科学生在社区中心为低收入人群免费提供**税收筹划**帮助。图形艺术学生为慈善机构免费制作宣传资料。其他学生在食物合作社和社区信用合作社提供服务。

这些是美国国家服务学习信息中心（the National Service-Learning Clearinghouse）的真实项目案例，表明服务性学习的前提是：志愿者工作和其他形式的奉献工作能够成为高等教育的媒介。

充实自己，奉献他人。《卓越大学生成长手册》讲述的是充实自我、自我照顾、自私自利以及满足自我需求。这些篇幅提供的技巧和建议关注的是如何从学校、工作和后半生得到你想要的。

成功的自私自利的结果之一是奉献能力，即回馈社区，改善他人生活。

对生活感到满足的人能够与其他人分享满足感。当你感到快乐之后才能给其他人带来快乐。爱也是如此。人们拥有爱时，就更容易向他人奉献爱。你的需求得到满足时，剩下要做的事就是奉献了。给予和接收才达到圆满。

服务性学习是奉献的一种形式，给你带来项目的创意，将创意付诸行动。运用以下的建议，最大限度地利用这一过程。

了解服务性学习的要素。服务性学习一般包括三个要素：有意义的团体服务、正式的学术课程以及学生对服务过程中所学内容的反思。反思形式包括演讲、日记以及研究论文。

服务性学习的结果是双赢。一方面，学生从奉献中获得满足感，同时获得经验，指导职业选择并且培养职业技能。另一方面，服务性学习为社区增加资源，带来丰厚的投资回报。例如，学习和服务美国（Learn and Serve America）项目（由美国全国和社区服务协会 Corporation for National and Community 执行）的参与者提供的社区服务，价值是该项目成本的四倍。

寻找服务性课程。许多学校提供服务性学习课程项目。寻找学校概况一览表索引上的“服务性学习”一栏或使用关键词搜索学校网站。学校可能还有服务性学习办公室。

你也可以向全国性机构求助，获得服务性学习的机会。一个是联邦政府机构美国全国和社区服务协会（www.nationalservice.gov）。你也可以联系美国国家服务学习信息中心（www.servicelearning.org）。这些机构能够提供包括你所在州的服务性项目等信息。

充分利用服务性学习

计划进行服务性项目时，考虑以下建议。

跟随自己的兴趣。考虑世界上存在的老问题——文盲、饥饿、肥胖、成瘾、事业、贫穷等。哪个让你最有兴趣？以上哪个可能与你未来职业规划和专业选择相关？规划与兴趣之间的交叉点通常使得服务性学习更有用。

谨慎选择合作伙伴。与接触过学生的社区组织合作，确保该组织提供覆盖志愿者的责任险。

了解社区组织。一旦与社区组织接触，就要学习所有你可以学习的东西。找出组织任务陈述，探索相关历史。弄清该组织的独特之处。如果该组织在社区中有其他合作机构，也需要进行了解。

安排好交通。将服务性学习融入你的日程表中，要求你做好详细规划。如果你的志愿工作是在校外，安排好交通，留出往返时间。

评估项目的方式。在目标陈述中，制订出行动性目标和结果性目标。行动性目标说明你打算做的事以及你想服务的人数。例如，“我们打算为社区中 10 个人提供 100 个小时读写辅导”。结果性目标描述的是项目的实际影响：“项目结束之后，我们辅导的人中，60% 的人能写简历，填写职位申请。”尽可能设置目标数字，这样更容易评估项目的效果。

维持项目的长期影响。服务性学习的一个潜在缺陷就是项目时间短暂。学生收拾行李返校后，项目就结束了。为避免这种情况，确定学期结束后有其他学生或社区成员愿意加入进来代替你。

锻造可转换技能。可转换技能是可以用于任何工作的能力，如写作、编辑、记笔记、调研、监督、解决冲突以及管理项目。

列出在服务性学习期间养成的可转换技能，写简历或填写职位申请时会起作用的。在打算开始另一个服务性学习之前，考虑你想从该经历中获得的技能。

利用失误。如果你的项目没能达到目标，那就将这个项目结果看作学习的机会。写下你遇到的障碍以及可能克服障碍的方法。对跟随你步伐的人来说，你提供的建议贵如黄金。从失误中吸取教训，并与他人分享，这行为本身就是服务。

将服务性学习与批判性思维联系起来。记住，服务行为不一定会形成服务态度。学生可能会参与服务性行为，仅仅是为了满足学习要求、丰富简历。而有些学生参加服务性学习是为了对想法和行为做出长远改变。

服务性学习背后的理念是社区行动是考核学业成绩的方法，这就将服务性学习与其他形式的志愿活动区别开来。服务性课程将社区工作与课堂活动相结合。奉献他人成为学习的有力和高效的方法。

翻到本书中你使用的一个方法：发现和目标日志。根据服务性学习中所获内容以及你对所做事情的感受，填写发现陈述。接着写一份目标陈述：接下来的服务性经验中，你会做出什么改变。

针对服务性学习项目进行批判性和创造性思考，提出诸如以下问题：

- 你的服务内容是什么？
- 你的服务项目包括哪些角色，这些角色由谁承担？
- 你对这个项目投入什么知识和技能？
- 加入这个项目之后，你想获得哪些新知识和技能？
- 你从这次经历中学到了什么，能使下次的项目更加成功？
- 这次的服务性学习项目会对你的专业选择有影响吗？如果有的话，如何影响？
- 这次的服务性学习项目会对你的职业规划有影响吗？如果有的话，如何影响？

服务性学习提供一个将理论与实践、反思和行动，“书本学习”和“真实”经历相结合的机会。我们反思服务性学习经历的时候，教育就产生了，并将“书本学习”和“真实”经历转化为观点和目标。可能服务性学习作为提升思维技能水平的方法。

姓名____________________

日期____________________

测验

1. 第一层级思维回答了“我能否根据这个观点创造新的东西？”这种说法：
   a. 正确
   b. 错误

2. 第二层级思维回答了“我能否用自己的话解释这个观点？”这种说法：
   a. 正确
   b. 错误

3. 缩小针对一个问题的可能解决方法的过程称为__________思维。

4. 开拓更多选择，考虑多种观点的过程称为__________思维。

5. 关于批判性思维的建议包括：
   a. 反省态度
   b. 检查逻辑
   c. 核实证据
   d. 上述所有答案

6. “医生很贪婪”这个观点是下述哪个观点的例子：
   a. 全或无思维
   b. 摆放熏青鱼
   c. 制作稻草人
   d. 以上皆非

7. 创造性思维只对艺术家有用，对经营公司的人无用。这种说法：
   a. 正确
   b. 错误

8. 通过询问来学习建立在提问的基础上。这种说法：
   a. 正确
   b. 错误

9. 关于决策的建议方法不包括：
   a. 认识决定
   b. 建立优先顺序
   c. 平衡学习类型
   d. 立刻决策，不要耽搁
   e. 运用直觉

10. 文中建议将解决问题视为一种过程是基于：
   a. 4P ——明确问题、找到可能的解决办法、制订计划、执行计划
   b. 3C ——创造、考虑、转换
   c. 3A ——提问、同意、行动
   d. 以上皆非

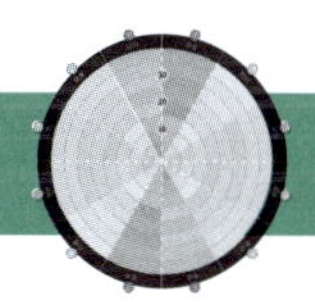

技能掠影

阅读完成本章的练习后，快速思考自己具备哪些思维技能。然后运用以下的新思考方法，继续向思维大师迈进。

发现

我在“发现轮盘”的“思维”这部分得分是……

当面临人生的重大选择时，我做决定的方法通常是……

如今，我面临的最大问题是……

可以通过……掌握批判性和创造性思维辅助我的职业。

目标

当我学习完本课程后，我希望自己在“发现轮盘”的“思维”部分的得分是……

我知道，如果我能……表明我的思维技能取得了新的提高。

成为优秀的思维者，本章给出的最有帮助的三个建议是……

行动

要把上述的建议付诸实践，接下来我将采取的行动是……

可能影响行动的障碍是……

为了克服这些困难，我将……

chapter 8

第 8 章 沟通

为什么？

对你的成功而言，你的沟通能力，包括听、说、写能力在内，与专业技能一样重要。

是什么？

回想自己曾与人发生的不愉快的冲突。然后快速浏览本章，找出帮助你在类似情况下能更加巧妙地表达情绪和想法的方式。

怎么做？

我如何按照自己的意愿和别人建立可持续性的人际关系？

抽出一分钟

经营一段良好的关系并不需要大费周章地做准备。就当作一个实验，花 30 秒时间和家人或朋友聊聊你今天最开心的一件事。让对方也试一试。

下一周每一天都坚持这么做，用“发现陈述”写下这项实验对你人际关系的影响。之后用“目的陈述”把这种倾听和倾诉变为你的习惯。

信守承诺

当你说话并做出承诺的时候，你其实是在进行一项创造性活动。很大程度上，你的承诺造就了你本身。其他人会通过你的言语或承诺了解你是一个什么样的人。通过考虑做出哪些承诺和避开哪些承诺，你也能够了解你自己。

人际关系是建立在承诺基础上的。当我们违背忠于配偶、帮助朋友搬家或及时付账的诺言时，人际关系就会随之变得紧张。

我们做出承诺时用到的语言可以被分为六个层级。每一层都是梯子的一个挡板，这个梯子则通向雄辩的大门。越向上走，你的语言就越有力。

第一个也是最低的一个挡板是“责任”。这一层级的语言包括“我应该”“他应该”“最好有人……”“他们需要”“我必须”和“我不得不”。这样的表达说明我们不能主导自己的生活。当我们处在这一层级，我们的语言就犹如受害者的陈述。

第二个挡板是“可能”。这一层级，我们开始审视新的选择。我们有新的想法、可能的解决办法以及备用措施。我们明白自己的选择可以对我们的生活质量造成很大影响。我们不是环境的受害者。这一层级的语言表达有“我可能”“我可以”“我会考虑”“我希望”或者“可能”。

从“可能”这个层级往上我们来到了第三层，“喜好”。从这里我们开始选择的过程。“我想”这种表达意味着我们在种种可能中考虑，为最后行为做准备。

“喜好”之上是第四层，“激情”。这一层级的特定语言表达有“我想要”“我对……感到很激动”和“我等不及要……”。

随着动作的开始，我们来到第五层级，“计划”。当我们用到“我打算”“我的目标是”“我计划”“我会努力去……”的表达，这已经到了计划的层级。本书里的目的陈述就是计划的例子。

第六层，也是梯子上最高的一层是“承诺”。在这层，你的语言达到它的能量顶级。“我会”“我保证”“我承诺”“你可以相信我”是常用的表达。承诺是可能到计划再到行动之间的桥梁。承诺能带来最有力量的语言效果。

8.1 沟通：打开沟通的大门

当我们在日常生活中和其他人或者大众媒体接触时，会收到上百条信息，但准确接收这些信息却不是很容易。

首先，只有一小部分的沟通是口头的，我们的肢体语言和语调也在传递信息。如果再添加一些外界因素，如闷热的屋子或者嘈杂的背景，我们能沟通就已经很神奇了。

书面表达则带来了许多不同的变量。当我们口头交流时，你的音调和肢体语言对你的意思加以补充。当进行书面交流时，这些非口头的信号就消失了，意思的传递则依靠措辞、句子结构和标点。这些方面的选择会辅助或者阻碍你的交流。

在沟通理论中，任何扭曲意思的因素被称为“噪声”。当“噪声”出现时，沟通的大门被逐渐关闭。“噪声”可以是外部的（比如教室外的割草机），也可以是内部的（发出者或接收者的情绪，比如发言时紧张）。很大程度上，有技巧的沟通意味着尽量减少“噪声”，让沟通的渠道畅通。

一个很有效的技巧就是把发声者和聆听者的角色区分开。如果同时发出并接收信息，沟通的渠道就会受阻。注意你沟通时何时是发声者、何时是聆听者。作为聆听者时（听或者读），避免转换为发声者模式（说或写）。作为发声者，直到你表达完毕再结束。

每一个人都有时间接收别人发出的信息，并在轮到自己时有机会表达自己完整的想法，这时的沟通是最有效的。沟通是双向的桥梁，当别人发言时，选择倾听，之后再选择自己作为发声者来表达。努力按这个方法去做，直到你成功完成沟通的共享意义。

练习 24

练习传收信息

这个练习的目的是让你放缓沟通的速度，明确把发声者和聆听者的角色区分开。首先在一些中立话题的谈话里实施以下方法。通过练习，你就可以在一些容易成为争论的谈话里使用这些技巧。

首先，找到一个同伴并选定话题。设置一个练习时间，完成以下步骤。

（1） 在两张 3×5 的卡片上写上“发声者”和“聆听者”。你和同伴一人挑选一张。

（2） 如果你选了“发声者”，你开始发言。如果你选了“聆听者”，那安静听你的同伴讲话。

（3） “发声者”发言完后，两人互换卡片和角色。第（2）步里的“聆听者”现在可以开始发言。在他表示已经发言完毕之前不要互换角色。

（4）持续互换卡片，直到时间结束。

完成以上步骤后进行反思。作为“发声者”或“聆听者”，你对目前的沟通技能有了什么新的认识？

8.2 选择倾听

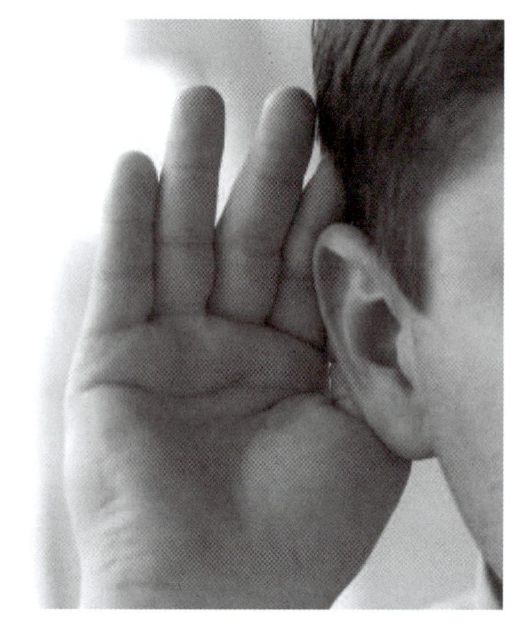

你发现了一个在交谈中不出声的人。他是在倾听吗？也许是，也许不是。他可能是在准备自己的回应，也可能只是在做白日梦。有效的倾听并不容易，它需要我们的专心和精力。当然这些付出是值得的，人们喜欢好的倾听者。推销员、经理、同事、教师、父母和朋友都是最好的倾听者。

通过有技巧的倾听，你可以了解别人，也可以了解自己。你可以通过更有效的笔记和学习小组，和同学以及教授更良好的人际关系在学校里获得成功。

要做一个合格的倾听者，先要有明确的意图，也就是要先选择好好听。做了这个选择后，你就可以应用下面的技巧，学会更加有效的倾听。

注意以下建议由非言语行为开始，包括在别人发言时保持安静。第二部分的建议包括在倾听时加入语言行为，你可以偶尔发言来更充分地接收发言者的信息。

1. 倾听时的非言语行为

保持安静。沉默并不仅仅是指在别人讲话时保持安静。在你开口讲话前沉默几秒钟，这有利于发声者调整呼吸，集中自己的思想，他可能还想继续发言。那些不停讲话的人可能是在担心一旦停下来就会失去发言权。

如果被发送的信息是完整的，这个小小的间歇会给你时间思考自己的回应，帮你避开倾听的最大障碍——倾听的同时思考答案。如果你在发声者结束之前就开始回答，那你可能会错过信息的最后一部分，通常也会是重点内容。

在某些情况下，停顿可能是不合适的，请无视这条建议。在紧急情况下，通常需要迅速行动。

保持目光接触。听他人说话时要看着对方，这样做可以证明你的诚恳，并能防止思想开小差。你可以观察发声者的肢体动作和行为。如果你避免眼神接触，可能你会错过很多信息。

这并不是绝对真理。有些文化比起其他文化更重视目光接触。有些人则主要通过倾听来学习，他们会不时地关闭视觉输入，从而做到更有效地倾听。

展示开放性。通过你的面部表情和身体姿势可以展示你的开放性。不要交叉双手或双腿，而要将身体坐直，面向对方，移除二人之间的所有障碍物，如一堆书等。

向对方发送确认信息。时不时让发声者知道你在听他讲话。表示确认的语言和非语言手势会传达给发声者，表示你对他所讲的内容感兴趣，正在接收对方的信息，并不会打断他，如点头等。

这些传达不表达你的认可。当有人对你说他不喜欢你，你的点头并不代表你同意，只说明你在听他发言。

避免分心。有时候即使你想好好听别人讲话，你也会发现自己开小差了。你待会儿想说的话或者想做的事可能会分散你的注意力。一个简单的解决方法就是，注意你的心不在焉，不要加以评判，然后把注意力重新集中在倾听上。

你也可以把让你分心的事物暂时剔除。例如关掉或静音手机，把电脑或其他电子设备收起来。发出你唯一的打算就是倾听的信号。

另外一个选择是暂停一会儿，把你脑子里的东西写下来，告诉发声者你写下来之后便可以全身心投入倾听中。

停止判断。倾听和同意是两种不同的活动。作为倾听者，我们的目标是全盘接收对方的信息，这并不是说我们有义务必须同意这些信息。如果你相信自己已经完全理解发声者的观点，那么你就可以表达自己同意与否了。有效倾听的关键是在评价之前先理解。

2. 倾听时的言语行为

向对方发送确认信息。同非语言的信息一样，“嗯”“好”“对”等词语能让发言者知道你在听他讲话，表示你对他所讲的内容感兴趣。

同样，这些传达不表达你的认可。只说明你在听他发言。

选择合适的时机讲话。听他人讲话时，我们经常会打断对方说说自己的故事、想法、建议或者评价。比如以下的对话：

“啊，我超级开心！我刚刚发现我在美国音乐名人录里被提名了！”

“很不错啊。我舅舅在美国兽医的名人录里。他工作超级有意思。有一次我碰见他正在给一头牛看病，你肯定想不到发生什么了……”

要避免这样单向的谈话，等一下再发言。这并不意味着你在倾听时要保持沉默，而是等到合适的时机再开口。

注意你的非语言反馈。你一脸吃惊的表情可能会让对方不能把想说的说完。

反馈。有时候你的解释可以帮助发声者阐明他的信息。这并不是要你像鹦鹉一样重复对方说过的话，而是要你简洁概括对方的意思。心理治疗师卡尔·罗杰斯称这种技巧为“反思”。

把发声者的主要信息作为你反馈的内容，“我看下我有没有理解你说的……”，“你说的是……”。通常另外一个人会说：“不是，我的意思是……”

当你回答正确时，对方会说：“对，就是这样。”在知道你理解了之后，他会继续传递下一条信息，或者停止发送信息。

注意言语信息和非言语信息。你可能会发现发声者的身体语言看起来和他说的话刚好相反。例如：“你嘴上说你很激动，但是身体却很诚实。”

记住，在不同的文化中，相同的非言语行为可能有不同的意思。看起来很厌烦的人可能只是用一种不同的方式倾听而已。

注意听请求和意图。在听别人抱怨时，最有效的方法莫过于寻找背后隐藏的请求。“这堂课很浪费时间”其实意味着“请问如果我积极参与课堂会学到什么呢”，“老师说话太快了”可能是在问“老师讲课很快时我应该怎么做笔记？”

我们可以把抱怨转化为意图。例如：“宿舍旁的停车场晚上很黑，我不敢去开车。”这个抱怨很可能会带来停车场的照明。

把抱怨看作请求能给我们带来更多的选择。抛弃防卫（“他又知道什么呢”）、放弃（“一直是这样子，以后也会这样”）或漠不关心（“这又不关我的事”）的态度，我们可以决定要不要答应这个请求或者要不要帮这个人把他的抱怨转化成行动计划。

允许释放情感。在倾听的过程中，有的人可能会与发声者分享深有感触的事。他们会颤抖、流泪、哭泣或者啜泣。如果你对此感觉不舒服，请试着延长自己对这种不适的忍受时间。情感的释放可以使人轻松下来，带来意想不到的见解。

多加询问。毫无条件的倾听十分难得。很多人可能从来没有经历过。他们被他人拒绝过，所以习惯性地不透露真实的想法。帮助他们摆脱这种习惯，“关于这个还有什么其他想说的吗？”询问该问题，让发声者明白你珍惜他的想法。

注意问题和忠告。问题应该是具有指向性的。然而，听众在提问的时候可能会将问题偏离发声者的本意，把谈话带向新的方向，因此，最好只提出那些能帮助发声者阐明信息的问题。当轮到你发言时，你可以把话题引向你想讨论的方向。

另外，谨慎给予忠告。不请自来的忠告会被认为傲慢甚至是对对方的侮辱。有技巧的倾听者知道人和人是不同的，他们不会假设自己知道对别人而言什么是最好的。

关心自己。人们都希望能有一个好的倾听者。但是有时候你可能会被自己关心的事情分散注意力而不想听别人说话。这个时候要诚实地告诉对方，不要假装在倾听别人讲话。你可以说：“你和我说的事情很重要，可是我现在没有时间。我们可以另外挑时间说这件事吗？”不去倾听别人讲话是完全可以的。

3. 接受倾听的冒险之旅

愿意付出精力。对眼界狭窄的人来说，倾听看起来很被动。“你说我就听着”，或者“我什么也不做”。

如果你想做一个很棒的倾听者，尝试相反的想法。把倾听看作主动的行为，这可以改变你的倾听体验。

当你努力倾听时，向对方积极地传达信息：“你对我很重要，并且你说的值得我去倾听。”人们不常得到这些信息，当他们得到时，这能对他们产生巨大的改变。

努力倾听需要你付出时间和精力。这一层次的倾听让你感觉付出了很大精力，就像干完体力活儿一样。就像锻炼是身体的历练一样，努力倾听是头脑的历练。

愿意不以自我为中心。我们每个人都通过自己的眼睛看世界，用自己的耳朵倾听。我们是自己电影的主角、自己世界的中心，我们倾向于从自己受到何种影响的角度去判断事物。

当你努力倾听时，我们跳出了这个角色。我们从舞台的中心下来进入另一个人的世界里。我们会问：“这个人是怎样的感受呢？他想要什么呢？他害怕什么呢？他喜欢什么？什么经历让他变成现在这样呢？”

这些并不意味着你同意别人说的任何观点，只意味着你要记住你的观点是很多观点中的一个。

准备好面对不适的感受。当他说话时你可能会觉得无聊、害怕、生气或难过。当情绪很强烈时，你可能很难继续听下去。

当你倾听时，接受任何可能出现的感受。观察你身体的反应，可能你的肌肉紧绷或者呼吸不畅。当这些情况发生时，深呼吸，再回到倾听的过程里。提醒你自己这些负面情绪的产生也许暗示着你并不能理解对方所表达出的内容。

沉默有时格外困难。我们尝试说点什么，任何东西都行，来填补沉默的空隙。拒绝这种想法。当我们沉默地坐在那里，我们给予了他人机会去深度倾诉自己保留的话题。

准备好迎接改变。努力倾听，接受对方看世界的方式，意味着风险。你的观点可能会受到驳斥，你可能会变得更不确信、更不舒服。最后你可能会觉得是自己改变的时候了。

当我们接触到一个新的想法，有些人会变身批判家，刺探别人的软肋，用自己与他人不同来定义自己。当我们倾听时，我们不断询问："这个想法哪里有问题？"

同样，尝试相反的想法。问问自己："如果这个想法是真的呢？"这样许多新的可能便向你打开。回想一下澎湃动能部分，"想法就是工具。"我们可以从我们看到、听到、读到的任何事物里找寻可能的价值。

有时阻止我们这么做的是对公开"荒谬的""危险的"想法的恐惧。记住，在一次真诚的谈话里，不准确的、不成熟的想法都可以讲出来。

体会奖赏。随着倾听的风险而来的是倾听的益处。深层倾听能让你们的关系进入一个新的层次并提高互信。深层倾听能带来许多思考、感受和行为上新的灵感。倾听和学习密不可分。

倾听创造了团体。当我们倾听时，他人有机会表达。当你不断尝试深度倾听时，其他人会更可能在你发言时接受你的想法。

小提示

说"我"的五种方式

"我"信息可以包括以下五个因素中的任何一个或者所有因素。要特别注意最后两方面的因素，因为其可能会包含潜在的判断或者威胁。

观察。描述事实——无可争辩的、可观察的事实。讨论你——或者其他任何人——能够看到、听到、闻到、尝到或触摸到的东西。避免在此过程中做出判断、诠释或提出任何观点。不要说"你真是个懒虫"这样的话，可以说"昨天晚上盛意大利千层面的盘子今天早上还在炉子上呢"。

感觉。描述你自己的感觉。"我觉得很挫败"要比"你从来不帮我"好听得多。说说自己对他人行为的感受对别人来说是很有价值的反馈。

欲望。说出你想要的，实现它们的机会就会大很多。不知道你想要什么，人们就无法帮助你。明确地询问。避免用命令的语气，或者使用"必须"这样的词。大多数人都希望自己对别人能有所帮助，而不是尽义务一样必须完成某事。例如，不要说"轮到你的时候就好好洗碗，否则我要你好看！"可以用"我希望能公平分配家务活"类似的语句来代替。

想法。谨慎交流你的想法。并不是所有以"我"开头的陈述都是"我"信息。"我觉得你真是个懒虫"其实就是一个"你"信息。其实可以这样表达："如果我不用这么频繁地打扫卫生的话，我会有更多的学习时间。"

意向。一个"我"信息的最后一部分是一个关于你要做什么的陈述。你要有一个不依赖他人的计划。例如，你可以说"我打算做完自己分内的家务活，留下另一部分"，而不是"从现在开始，我们要平均分配洗碗的工作"。

8.3 选择表达

很多年来我们一直在和他人讲话，而且我们想要传达的信息通常会被别人理解，有时候却不会。后者一般发生在涉及情感的时候。

我们都会遇到这个问题。在感到高兴、糟糕、难过或者害怕时，我们会有表达出来的欲望，但是情绪会妨碍信息的传达。然而，通过眼泪、笑声、砸拳头和拥抱，你可以传达很多信息。先真诚地表明自己想要与倾听者达成一致的意向，然后试试下面的建议。

以“我”代替“你”传达信息。当别人特别生气或你自己心烦意乱的时候，你往往很容易同意对方的看法。当矛盾发生时，我们经常会做出关于别人的陈述，或者称作“你”的信息：

“你太没有礼貌了。”
“你要气死我了。”
“你一定是疯了。”
“你不再爱我了。”

这样的沟通毫无疑问会造成对方的防御。这种情况下，对方的回应可能是：

“我很有礼貌。”
“我才不管。”
“不，你才疯了呢。”
“不，是你不爱我了！”

“你”信息很难被倾听。它们标记、判断、指责并假设事情可能是或可能不是真的。它们需要反驳。有时候即使是表扬也会是一个无效的“你”的信息。“你”的信息在沟通中不起作用。

当沟通涉及情感时，心理学家托马斯•戈登（Thomas Gordon）建议把陈述限制在自己身上，也就是用“我”信息代替“你”信息：

“你太没有礼貌了”可以换成“我感觉很不舒服”。

“你要气死我了”可以换成“我很生气”。
“你一定是疯了”可以换成“我不理解”。
“你不再爱我了”可以换成“我觉得我们要各奔东西了”。

假设一个朋友让你去机场接他，你开了20英里到机场，但是他没出现，你觉得他应该是晚点误了飞机，所以你又等了3小时，他还是没出现。有点疑惑又担心的你开车回了家，但是第二天你在城里见到了他。

“怎么回事？”你问。
“啊，我坐了早一班的飞机过来。”
“你也太过分了。”你说。

寻找并讨论这里面的事实信息，也就是可观察到的行为。每个人都会说你朋友让你去接她，她坐了早一班的飞机，你没有接到她的电话。但是她很过分并不是一个事实，是一个观点。

她可能会接着说：“我给你家打电话了，但是没有人接。我妈妈中风被送到了瓦利维尤，所以我就赶了最早一班飞机。”如果这样，你的观点就不合适了。

你见到朋友时可以说，“我在机场等了你好久，很担心你，而且也没接到你的电话。又生气又难过，还浪费了时间，下次你的飞机到了之后再给我打电话，我再去接你。”

“我”信息不包含判断、指责、批评和侮辱。它们不会带来更多类似的反击。“我”信息还有更加准确的特点：它们表达了我们的想法和感觉。

最开始，“我”信息可能会带来不适或者感觉很勉强。没关系，你可以通过练习不断提高这项技能。

记住，问题不会总是问题。你以前肯定听过这些“问题”。一位家长问：“你想看起来更漂亮吗？”潜在含义是：“我希望你能理个发，脱掉蓝色牛仔裤，然后打上领带。”或者在一对夫妇之间：“亲爱的，你愿意今晚看一场精彩的曲棍球比赛吗？”言下之意是：“我已经买好票了。”

我们会使用这样的反问句把我们的想法和请求变成一场对话。“你难道不觉得心烦吗？”意思是：“我很心烦。”“你不觉得我们应该把这幅画挂在这里吗？”意思是：“我想把这幅画挂在这里。”

当我们说“我很心烦”和“我们把这幅画挂在这里吧”时，沟通就会更有效果。

选择非言语信息。说话的方式有时候比说话的内容更重要。你的声调和手势是你发出的无声信息。这个信息可以支持、修饰或者反驳你的话。你的姿势、你的穿衣风格、你洗澡的频率，甚至墙上贴的海报都能否定你想说的话。

大多非言语行为是无意识的。我们可以学着意识到它们的存在，然后选择非言语信息。重点是要弄清楚我们的意向和目标。当我们知道自己要说的话并且致力于使之被理解时，我们的声调、手势会和话语一起运作，传达一致的信息。

注意发送信息的障碍。有时候害怕会阻止我们发送信息。我们害怕别人的反应，有时候是情有可原的。诚实并不意味着不关心我们的信息对别人造成的影响。机智得体是一种美德，但因为害怕而减少沟通则不是。

假设也可以被用作不发送信息的借口。“他已经知道了。”我们这样告诉自己。

对失败的预测也可能成为阻碍沟通的因素之一。“他不会听的”，如果我们这样向自己保证，这个陈述很有可能并不准确。也许别人感觉我们很生气，然后会用一种谨慎的态度听我们讲话。又或者他倾听了我们说的话，而且发送了自己的非言语信息，只是我们没有理解而已。

或者我们这样预测：“即使我跟他说了，他也不会去做的。”再一次说明，做出假设会阻碍我们发送信息。

为不沟通找借口是件很容易的事情。如果你对发送信息感到害怕或者有其他的担心，要有意识地注意到它们。不要期望焦虑会不请自走。要认识到即使自己有所担心也能很好地与他人沟通。你可以选择把它们看作信息的一部分：“我将告诉你我的感觉，虽然我担心你会觉得我的想法很蠢。”

当你求学过程中遇到问题又不想自己挣扎其中时，不妨与你的老师、朋友或者家人进行一次深入谈话，可能会帮你解决危及你教育方面的问题。

坦率。对一些消极想法念念不忘并拒绝说出来时，我们会失去判断力。一个人独享快乐而不和他人分享会降低他的满足感。因此，我们应该经常和他人分享自己的想法和感受。心理治疗师西德尼·朱拉德把开放和诚实称作“透明度”，并且对其治愈、加深关系的作用做出了详细阐述。

想象一个团体，每个成员自由地、友爱地表达自己，没有对他人的恐惧或防御。这也可以成为你的团体。

这个建议还有两个附加条件：第一，坦率地谈论问题和抱怨问题之间有很大的差别。后者通常不会去寻找答案，这类人只是想要别人知道他们很不高兴；相比之下，坦率地谈论问题从某种程度上却是寻求解决问题的方式之一。第二，避免自夸。别人并不喜欢听你常常谈自己有多少钱、女朋友有多好、你的成就有多大，或者你的家庭多有地位。分享喜悦和令人厌恶之间的区别还是很大的。

提供前馈。给人们过去的表现提供反馈能帮助他们有效学习。同样有用的是“前馈”，意味着为将来发现新的选择。

管理咨询师马歇尔·哥德史密斯建议我们首先找到你想改变的一个具体的、高影响力的行为。例如“我想做一个更好的倾听者”。同一群信任的朋友探讨改进的建议。为了达成目的，请避免讨论过去的事，只集中在你将要做的事上。不加以批判地倾听别人的观点。

畅所欲言。找寻机会去练习表达的策略。加入班级讨论，列出一个问题列表和评价供大家分享。和别人谈论你喜欢的话题，询问信息并充分理解，请别人对你的技能做出反馈。

需要时也可以向他人寻求帮助。考虑建立一个互助小组，可以是由原来学习小组发展而来的。询问小组成员是否愿意接受和提供帮助，以实现更广泛意义上的学术和个人目标。定期会面并练习制订目标，群策群力思考成功的策略。

当你能清楚地表述自己的目标并制订实现目标的计划时，记得告诉自己的家人和朋友。在适当的时候告诉他们如何帮助自己实现这些目标。你可能会吃惊地发现大家是多么愿意回应真诚的请求。

运用到工作领域。在工作中，你会经常遇到你的同事、客户和顾客。最有用的技能之一就是进行一对一的谈话。这个技能通过“闲聊”让他人放松，从而体现你对雇主的价值。这种高层次技能需要仔细地倾听和有技巧地回答。使用“我”语言和本文里的其他建议可以让你在工作上更得心应手。

练习 25

学会写“我”信息

首先选一件学校里让你郁闷的事，假设你在和这件事相关的人交谈。写下你会说的“你”信息。

现在以“我”信息的方式写下你的抱怨。

如果用“你”信息进行谈话，结果会怎样呢？

如果改用“我”信息进行谈话，结果又会怎样呢？

日志 17

发现 / 目标陈述：发现沟通方式

沟通方式能帮你发现和别人冲突的源头——也可以帮你和来自不同文化的人交谈。

想想人们口头表达自己的方式。这可以反映人们不同的偏好：

（1）**外向**——把和别人谈话看作是随后采取行动的灵感。
（2）**内向**——在和别人谈话前自己思考各种可能性。
（3）**对话**——参与讨论，在得出结论或者下决定前听取很多观点和意见。
（4）**辩论**——开始一讨论就为某一个观点而争论。
（5）**开放**——在人际关系中乐于表达自己的想法和感受。
（6）**保留**——抑制自我表现，直到友谊加深。
（7）**快节奏的谈话**——允许人们快速、激烈地讲话，中间不加停歇。
（8）**慢节奏的谈话**——允许人们慢条斯理、安静地阐述自己的想法。

这些只是不同沟通方式的几个例子。你可以想想其他的例子。

问题是，沟通方式不同的人可能会为对方的陈述做出否定的假设。例如，那些喜欢快节奏谈话的人可能会认为讲话慢的人优柔寡断，而喜欢慢节奏谈话的人可能会假设讲话快的人“爱出风头”且对别人的想法不感兴趣。

思考一下自己喜欢的沟通方式以及那些可能增强或者阻碍你与他人关系的假设条件。回想上周你和别人的谈话，然后完成下面的句子：

（1）我发现我喜欢这样的沟通方式……

（2）我发现自己经常会在遇到以下的情况时感到不舒服……

（3）当人们给第（2）个问题列出答案的时候，我会做出一些假设，如……

（4）如果不做问题（3）里列出的假设，我打算……

8.4 提高情商

第一步是本书中最有价值的工具之一，它能让其他所有技巧发挥出更大的作用，是成为优秀学生的关键。

情商管理大师丹尼尔·戈尔曼在他的《如何提高情商》一书里认为高情商包含一系列特性。

- **自我意识**——对自己的情绪有一个全面的认识，清楚自己的优势和弱点。
- **自律**——巧妙回应强烈的情绪，诚实守信，用开放的心胸接受新观点。
- **充满动力**——为达目的坚持不懈，努力达到优秀的标准。
- **富有同情心**——感知他人的情绪，主动进行关心。
- **巧妙处理人际关系**——全心倾听，有力说服，解决矛盾冲突，在变革之际成为人们的领导者。

戈尔曼下结论说："当一群从事高智商职业的天才聚在一起，要观察他们之中谁能成为最强的领导者，智商的因素就被冲淡了。"而此时此刻，情商就显得尤为重要了。

如果你情商较高，很有可能被人们形容为一个很有"人际交往技巧"的人。你非常清楚自己的情绪，深思熟虑之后做出行动，对他人表示关心，解决矛盾冲突，并做出负责任的决定。

你的情商会让你在学校和职场都如鱼得水，特别是在团队合作完成任务时。要培养你的相关技能，可以参考下列策略。

1. 认清情绪的三个因素

即使是最强烈的情绪，也只不过包含了三个因素：生理感觉、思想和行动。一般情况下，它们都产生得太快，你很少能分得清。将它们分开来看，是提高情商的第一步。

想象你自己突然处于不利的情况中，例如，上司突然对你大吼大叫。一瞬间，你的心跳就加速两倍，胃猛地缩紧了（生理感觉），然后脑中飞快地掠过一些想法：这真是太糟糕了，她讨厌我，每个人都在看着我们。最后，你采取行动，可能是盯着她或者吼回去，要么就是掩面跑开。

2. 为你的情绪取名字

有的人可能面对任何情绪都是采取一种"战或逃"的反应，而给你的情绪取名字就是克服这种情绪的第一步。取名字会赋予你一种力量。一旦你将某个名字和某个情绪结合在一起，你就有了新的认知。情商高的人一般都有丰富的词汇来形容很多情绪。你可以上网搜索一下"情绪名单"，读一读，就可以找到为情绪命名的范例，将来可以用得到。

3. 接受你的情绪

迈向高情商的另一步是接受你的情绪，对，接受一切情绪。要做到这一点也许很难，因为从小就有人教你说，有的情绪是“好”的，而有的情绪是“坏”的。现在，试一试另一种观点：你无法选择你的情绪反应，但情绪产生时，你可以选择做什么。

4. 表达你的情绪

你也可以通过表达的方式去回应任何情绪。关键在于不要因为自己的主观感受而去埋怨他人。以“我”的口吻写出你观察的、感受的和想做的事情。

5. 回应，而非反抗

高情商的关键在于，把没头没脑的反抗转化为深思熟虑的行动。看看你是否能够在生理感觉与想法产生之后，隔一段时间再做出行动。可以考虑采纳以下建议来控制你的情绪。

自制“情绪测量表”。每天数次检查自己的情绪。在一张 3×5 卡片上，写下当天的时间和你当时的情绪状况。给你的情绪打分，从 1（很放松，很积极）到 10（很愤怒，很伤心，很害怕）。

坚持写发现陈述。在你的日志中，写下日常生活中那些会引发强烈情绪的情况，详细描述这些情况以及你通常做出的反应。

坚持写目标陈述。在找出情绪的各种模式之后，你就可以清醒、理智地选择新的行动了。例如，你不会再与生气的上司针锋相对，而是保持沉默、深呼吸，直到上司发完火，然后你会说：“我会等到两人都有机会冷静下来的时候再做出回应。”

6. 用情商来做决定

在考虑做出某种选择的时候，问自己“如果我这样做了，会有什么感觉？”你可以运用“第一感觉”来预测一下某种行为是否会违反你的价值观或者伤害某人。

将情绪看作能量。愤怒、伤心和恐惧会将各种无力的感觉发散到你的全身。问问自己，怎样才能将这样的能量加以疏导，变成有建设性的动力。

8.5 团队沟通——完成小组课题

高校的学习生活包括完成各种小组课题。完成小组课题的过程可以既有趣又有益，也可能最终失败，让人沮丧。为了避免对团队的成功产生不利影响，让我们培养自己的沟通技巧吧。

1. 检查态度

小组成员对待小组课题的态度不尽相同，有些人对团队作业有抵触心理。他们一般成绩都很好，喜欢独自学习。如果加入一个团队，他们担心遇到一个独揽大权的组长，或者碰到不劳而获的懒散组员。

这些事的确有可能发生。但是，小组课题就在那里，不会因为任何人的抵触而消失，所以必须去做，在职场中，团队协作非常普遍。从模糊的想法到研制出成品，一个项目的成功需要各种专业人才的协作以及各种技能的融合。雇主希望雇用有团队精神的员工，而不是只会唱独角戏的员工。如果你能跟小组成员进行良好的沟通，你在未来也更容易获得想要的工作，做你喜欢做的事情。

有一个词专门形容良好的团队作业——协同增效。优秀大学生一定有过协同增效的经历：一群优秀的学生在一起共同协作，完成任何成员都无法单独完成的事情。

团队合作主要涉及两个截然不同的主题，如果你能辨别出它们，那么你的团队就更有可能实现协同增效。第一是取得成果，如提交论文或报告。第二是找出适合团队作业的流程来取得成果。优秀的团队会在第一次会议上解决这两个问题。此外，他们还会随时解决协作过程中遇到的沟通挑战，共同努力，完成小组课题。

2. 把握你们的第一次小组会议

在制定第一次小组会议日程的时候，可以参考下面内容。对于为时较长、内容复杂的课题，你可能需要召开多次会议商定各项内容。

自我介绍，共享联络信息。从基本信息入手。所有组员提供自己的姓名和联络方式，包括电子邮件地址、电话号码和其他任何可以联系到彼此的途径。此外还要说明自己在什么时间可以参加小组会议。找专人记录这些信息，抄写下来，发给所有小组成员。

分享自己的团队经验。你可能会和素不相识的人分在一组共同完成某个课题。为了更好地了解彼此，告诉大家自己在其他课程上做过哪些课题，坦诚地说出你喜欢什么、不喜欢什么。讨论并列明如何做才能确保团队的成功，如何避免过去在其他团队中碰到过的问题。

明确你们想要达成的成果。作家史蒂芬•柯维曾说，成功人士有一个习惯，他们总是以结束为开始，即他们首先描绘自己期待的成果，然后开始行动。

你可以采取同样的策略。向所有小组成员提出这样的问题：怎样才算课题成功？成功的结果看起来会是什么样子的，听上去又会是什么样子的？成功后，大家会有什么样的感觉？

集思广益，列出所有答案，并让一位组员记录下来。然后整理这些答案，挑出最好的词语组成完整的一句话，用以描述大家一致同意取得的结果。检查这句总结与你的作业要求是否相符，并征求指导老师的意见。

分派角色。只有组员认真履行自己的职责，小组才能取得最佳的成绩。例如，组长负责分发会议议程，召开和结束会议，监督课题进度，让导师了解课题的最新进展等。计时员要确保小组如期完成议程上要求的内容。记录员负责做会议记录，备份所有相关材料。除这类基本角色外，还可以添加任何有用的角色。

你的导师可能会指定人选担任不同的角色。如果没有，询问大家谁有兴趣或经验自愿承担某个角色。记住，在共同完成课题期间，职责可以在大家之间轮换。

除了正式分派的角色外，小组成员还会基于不同的学习风格担起非正式角色。比如，一些成员关注小组目标，常问**“为什么我们这样做”**。另一些人可能会问：

- 我们计划**做什么**？
- 我们怎么才能完成这件事？
- 假使我们换种方式做会**怎么样呢**？

欢迎任何形式的问题。不同问题的出现说明你们的小组正在进入完整的学习周期。

制订任务计划和时间表。明确结果，分配角色后，制订计划，分步完成任务。回答下面的问题：为了实现预想的结果，我们马上要做的事情是什么？这件事之后呢？谁来负责？什么时候结束？

不妨用一个简单的四列表格，记录讨论结果（表 8.1）。

表 8.1 讨论结果记录表

行动	负责人	截止时间	完成情况

按照顺序填写小组行动，填写每项行动的负责人和完成日期。完成一项行动，组长便可在“完成情况”一栏中打钩。

先拟订出一份草稿，分发给组员，进行修改和调整直到取得大家的一致同意。把完成的表格交给导师，取得反馈意见。

聪明人都知道：设定截止日期是很微妙的事情。刚刚进行小组课题的同学往往低估自己完成任务所需的时间。为了避免临到结尾拼命赶工，一定要尽早动手完成分配给自己的任务。此外，计划在截止日期之前提前几天完成课题，可以为意料外的耽搁和延迟提供缓冲时间。

在制订任务计划和时间表时，还应该明确下列问题：

- 哪些任务需要全组一起完成，哪些可以由单独的成员完成？
- 我们需要规定所使用的应用程序吗？如文字处理器、电子表格、演示软件等？
- 如果我们最后要完成一篇论文，每部分的第一版草稿各由谁负责？谁来修改各个部分？谁来汇总形成最终的成稿？
- 如果我们最后要做一次小组报告，那么该采取什么样的形式？例如，是不是要把报告分成几个部分，单独汇报？我们需要什么样的设备？在面向全班汇报之前，什么时候进行小组排练？

上述问题的答案同样要及时汇报给导师。

小链接：利用技术进行合作

计划小组课题时，不妨找些相关的工具创建、编辑和共享文件、电子数据表、图表和报告。选择的工具最好能满足团队的下列需要：

- 实时更新
- 能在共享文档中同时找到更改前和更改后的版本，并能够明确地知道哪里有改动
- 共享日程表和与课题相关的行动清单
- 发送即时消息
- 召开视频会议
- 为团队会议进行录像和录音
- 网上信息备份（利用云端技术）
- 可以用移动设备连接和获取课题文件

类似的应用程序还有很多，它们的功能和价格千差万别，但总能找到几款功能全面的免费应用程序。类似的选择有 QQ、微信、AnyMeeting（www.anymeeting.com）、Skype（www.skype.com）、GoToMeeting（www.gotomeeting.com），想要了解更多，可以利用互联网，搜索“在线协作”。

除技术支持外，“人际技能”也很重要。无论你选用什么技术进行合作，在视频会议时都要制定相关流程，确保所有人都有机会表达自己的观点。一直没机会发言的人，最终可能会失去工作热情。

网上的言谈举止也要得体和专业。团队成员可能主要通过邮件和即时消息与你接触，考虑到自己线上的表现会给人留下何种印象，避免使用可能引起误会的俚语、习语、讽刺幽默等。在一个借助网络形成的“虚拟团队”中，必要的礼貌可以为你带来积极的影响。

选择会议的时间和方式。第一次会议结束时，要商定好课题期间其他小组会议的召开时间，以及会议间隙组员应如何保持联系，可供选择的有电子邮件、短信、电话、网站等，如谷歌硬盘（drive.google.com）可以让组员共享文件。

3. 应对挑战

小组的协作需要时间磨合，不要一开始就期待凡事井井有条，步入正轨。如果小组成员间发生矛盾，那么把矛盾当作提高自己沟通技巧的机会。下面是些有用的建议。

充分利用会议时间。没有什么比突然召开会议并且无法达成统一的意见更浪费人的时间和精力了。如果你要召集会议，一定要在会议前给大家充足的准备时间，并撰写会议议程。会议讨论的内容最多不超过三项。为了方便大家集中思考，用问题陈述议程内容。例如，不要写"项目进度表"，而是"我们下次会议可以在什么时间召开？"

安排会议时，要规定会议的起始时间和结束时间，并严格遵守。

会议结束时更新行动计划，确保每项行动都有专人负责，并且在规定时间内完成。成功的会议能够充分调动组员的积极性，明确各自在下次会议前该做哪些事情。

避免有人滔滔不绝。一个人滔滔不绝地讲话不仅占去会议大部分时间，还影响其他人表达自己的观点。这种情况尤其常见于头脑风暴的过程中。可以要求成员在会议前写明自己的观点，并把所有人的观点收集在一个文档中，提前几天发给小组成员，避免一个人开会时独霸话题。把文档的内容作为讨论的出发点。

化解冲突。在优秀的团队中，任何观点都是可以被接受的。组员不会回避任何问题，任何事都可以公开讨论。新想法被提出后，组员的反应不是去挑毛病，而是探讨如何加以利用。即使最初看上去荒诞不经的策划，稍加修改后也可能变得切实可行。

其他化解冲突的方式包括：

允许情绪波动。人们可能会因为你不理解的原因生气、心痛或害怕。不要因此而评头论足。如果会议中某位组员出现了情绪波动，要表示出你的关注，并且请他表达出来。注意用语不要带有批评的口吻。可以说："看起来当前的情况让你感到有些心烦，能告诉我们哪里让你觉得不对吗？"

认真倾听。组员发言时，全神贯注地倾听。别人说话的时候不要去想自己该怎么回答，只关注接收信息。对方发言完毕后，停顿几秒钟，然后回应："谢谢你的谈话，还有需要补充的吗？"如果人们知道自己的话被其他人听到了，冲突的强度会立刻降低。

用"我"说话。当大家情绪激动时，一定不要用批评的口吻说话，如"你这么说完全没有任何道理"。相反，跟大家分享你的感觉和你想做的事情。例如，"收集到的信息不足以完成论文，我有些担心。我建议咱们找导师谈一谈，争取更多的资源"。

关注解决办法。当组员产生意见分歧时，不要争论谁对谁错。用提问的方式转化冲突，请大家共同讨论对策，如"我们该怎么平均分配工作量，让所有人都忙得过来？"

4. 最后的润色：课题会结束，友谊可长存

有些小组在完成课题后，便一拍而散了。于是，没有机会让大家共同回顾团队的经验，无法从中汲取经验教训，不利于建立长久的关系。我们应该养成下面的习惯。

- 给全体组员发送邮件，感谢每个人的贡献。
- 如果合适的话，课程结束后邀请全组成员一起聚会。
- 保留与小组相关的各种资料，交给导师。
- 撰写"发现陈述"，描述小组在哪些方面做得好，哪些方面还需要改进。
- 撰写"目标陈述"，说明在下次小组作业中你将会采取哪些不同的方式，让合作变得更加顺畅。

8.6 处理冲突

冲突管理会是你一生中最实用的技能之一。这里有几条策略可以帮你提高这方面的能力。

前五个是关于如何应对冲突的“内容”——明确界定问题，发掘不同的观点，发现解决方法。剩下的策略则是关于寻找解决冲突的“过程”，不论这冲突的内容是什么。

你可以想想如何用这些策略来处理你现在面对的冲突。

1. 关注内容

回到共同点。冲突扩大了人们之间的差异。冲突发生时，人们通常会忘记他们原本彼此同意的很多观点。

处理冲突的第一步，就是退回到共同点。列出双方之间没有冲突的事情：“我知道关于买新车花多少钱我们意见不统一，但是我们都同意确实要换一辆新车。”通常情况下这样做会使我们能正确地看待问题，并为寻找解决方法铺平道路。

陈述这个问题。使用前面提到的“我”信息来说明这个问题。告诉人们你观察到、感觉到的、想要的和打算做的事情。冲突的另一方也要这样做。

每个人可能对问题都有不同的见解，没关系，发现矛盾才是解决矛盾的开始。

记住，你对问题的说明方式很大程度上决定了问题的解决方法。以全新的方式阐释一个问题会带来许许多多的可能性。例如，“我们需要一个新的室友”就是一个只能引出一种解决方法的问题陈述，而“我们需要决定谁来打扫房间”则指出了更多选择，比如可以解决今晚谁洗盘子之类的矛盾。

陈述所有观点。如果你想减少紧张或防御感，把你的观点先放在一边，花点时间听听别人的意见，总结出另一方也能接受的观点。当人们发现自己的言论得到别人注意时，也就更愿意去倾听他人讲话。

请求完整沟通。冲突发生时我们往往词不达意。所以，在回应他人之前，你应该先做一个积极的倾听者。检查一下你有没有正确接收对方的信息，可以询问对方“我觉得你说的是……对吗？”

关注解决方法。在陈述问题之后，先想想有多少种解决方法。可以天马行空地随意想，不要抑制自己的想象力。重要的是数量而不是质量。如果你觉得自己陷入僵局，那么请重新陈述这个问题，继续集体讨论解决方法。

下一步，评估你得到的所有解决方法，去掉那些不可接受的，讨论那些可能会管用的方法，注意衡量具体实施时的困难度，你可能会突然想到又一个新的解决办法。

选出那个接受度最高的解决方法，把步骤详细分工，就“谁”在“什么时候”做“什么事”达成一致意见，并按此行事。

最后，评估该解决方法的有效性。如果这个方法可行，互相鼓励一下。如果不可行，对这个方法加以修改，或者选择一个新的解决方法。

关注将来。与其重复过去，不如探讨新的可能。想想如何在将来避免问题，表达出你想做的改变，让其他人为解决办法献策。

2. 关注过程

努力经营关系。最棘手的冲突通常发生在真正互相关心的人身上。要声明自己对另外一个人的承诺："我关心你，希望我们的关系能继续下去。我愿意做任何事情来解决这个问题。"记得请对方也做出相似的承诺。

允许强烈感情的出现。允许冲突的出现也意味着允许情绪的出现。心烦意乱、生气、哭泣都是可以的。让他人看到我们情感的力量也有助于解决冲突。这个建议在分歧极大无法达成共识的时候尤其有效。

完全表现出你的情感可以转变冲突。通常，生气的另一面是爱。当我们表达并发泄自己的不满和愤怒时，我们会发现隐藏着的真正的同情心。

注意你对"正确"的态度。有些人把冲突定义为一人胜、他人皆输的局面，只有他的观点是"正确的"。

当这种情况发生，尝试用中立的态度看待局面。把冲突定义为一个需要解决的问题而不是一场需要比出输赢的竞赛。发掘你会误解的可能性，合适的解决方法可能不止一个，对方可能只是和你的看待方式不同。放开你所谓的"正确"想法，把目标放在有效解决冲突上。

有时候这样做就意味着道歉。冲突有时是由我们自己的失误引起的。别人可能会在我们意识到这个事实并请求原谅之前就结束了冲突。

放慢沟通步调。在遇到大的冲突时，人们经常会抢着说话。词语就像子弹一样满天飞，没有人会认真听别人讲话。在这种情况下，能成功解决冲突的可能性几乎为零。

遇到这样的情况时，你可以选择只听或者只说—二者不能同时进行。这通常能让大家变得冷静平和。

如果还想要更进一步放慢沟通的步调，你们可以分开冷静一会儿。根据冲突的程度不同，分开冷静时间可以从几分钟到几天不等。

还有一个相关的建议：双方一起做一件没有威胁性的事情，也就是和他人分享不会引起冲突的事情。

通过书写沟通。面对面很难说出口的问题可以通过书面形式进行有效的沟通。当冲突中的双方通过书信或者电子邮件与对方交流时，他们会无意识地用到本文中提出的很多建议。书写也是放慢沟通步调的一种方法，因为它能保证一次只有一个人在发送信息。

这个技巧有一个弊端：他人可能会误解你写在信里或邮件里的内容。为避免类似问题，明确你不想表达的信息："我只是想自己单独待几天，不是说要永远离开你。"明确不想表达的信息在面对面沟通时也很重要。

在你寄信之前，先设身处地地想一想，如果你是收信人，信里的内容会不会被误解。如果是的话，就重写一封信，改掉那些可能引起误解的用词。

将烦恼一吐为快的另一种方法，就是写一封言语最下流、最恶毒的邮件，不要在地址栏里写上完整的收信人地址，这样能防止你不小心点击发送造成不必要的麻烦。把你心里的沮丧、愤怒、怨恨统统发泄到纸上。尽可能地恶毒、怨天尤人。等你手里的笔平静下来，再看看有没有漏掉什么。

然后毁掉这封信或删掉邮件，因为书写已经达到了目的。现在是静下心来开始有技巧地处理冲突的时候了。

尽量客观地看待问题。经过各方同意，你们可以用摄像机录下一段关于双方冲突的对话。在激烈的争辩中，双方的情绪都很高昂，这样基本上是没有办法来客观评价自己的。这时候可以借助摄像机这个不偏不倚的观察者。还有一种方法就是找一个中间人。

即使一个没有经过训练的中间人——也就是与冲突无关的人员——也能很大程度上缓和紧张气氛。中间人可以帮助冲突双方解释清楚他们的观点。中间人的作用并不是给出意见，而是使双方的讨论走上正轨，朝着解决方法前进。

考虑文化差异。文化背景不同，人们会对冲突做出不同的回应。有人会靠近对方，大声讲话，与对方进行直接的目光接触；有人则会转过目光，降低嗓音，并拉大与对方身体的距离。

如果你感觉别人开始避开冲突或者使冲突升级，想一想你的反应是不是基于文化偏见而形成的。

同意分歧。有时候，在我们说出所有必须说的事情、解决所有能解决的问题、说清楚所有的观点之后，冲突仍然摆在面前，没有解决。

那么剩下的就是要认识到这一点：分歧的存在是一个无法改变的事实。即使我们在一些基础问题上存在分歧，我们也应该和他人和平共处并尊敬他们；即使冲突并没有被解决，它也是可以被接受的。

发现自身的冲突。有时候我们所看到的外部混乱可能来源于我们的内心世界。匿名戒酒协会的创办者之一曾说：“有一句很有启迪的话，无论什么原因导致我们苦闷，我们内心一定有问题困扰。”

在生气或不安时，我们可以花几分钟的时间从自身找找原因。或许我们已经准备好要生气，等着回击别人说的话；或许我们在没有意识到的情况下自己造成了冲突；又或许别人只是在说一件我们不想承认的事情而已。

当事情发生，我们可以进行自审，很可能冲突就会迎刃而解。

运用到工作中去。如果你在工作上遇到冲突，采用本文里的建议。比如，用书写的方式放慢沟通速度，这样做会立刻降低与上级、顾客、客户和雇员之间的冲突激烈程度。

日志18

发现/目标陈述：重建一段关系

想想你的一段人际关系，可以涉及父母、兄弟姐妹、夫妻、孩子、朋友、美发师或者其他任何人。在下面写出影响这段关系的几件事。是什么困扰了你？是什么让你不高兴、不舒服？

我发现……

现在思考一下你想从这段关系中得到什么：更多的注意力？减少的唠叨？更多的坦诚、信任、经济保障还是自由？从本章中选出一条建议，说说你将怎样运用它使你的人际关系向好的方向发展。

我打算……

8.7 委婉说“不”的五种方式

一个朋友跟你说：“派对时间到了。”这时，你所有的学习计划就会泡汤。有时候，想在学校取得好成绩就意味着要学会委婉而坚决地说“不”。

大学生更喜欢做出承诺。殊不知，学会说“不”可以帮你的时间表瘦身，超负荷的时间表对你的健康和学习成绩有害无益。

你可以利用下面的五种方式学习怎样有礼貌地说“不”。

一是用批判性的眼光看待假设。无法说“不”可能来自你对失去朋友的假设——如果你说了真正想说的话。但是，反过来想一下：如果你不会说“不”，那么你就控制不了自己的时间，就给了其他任何人随意打扰你的权利。这可不是基于平等的友谊，真正的朋友会尊重你的意愿。

二是计划好你的回绝。当你不用心急火燎地找理由时，拒绝就会变得容易很多。你可以提前选一些关键词和短语。比如，“我愿意去，但是改天怎么样？”“谢谢，不过明天有很重要的考试，我想多复习一下。”或者“今晚我不想去，明天一起吃中饭怎么样？”

拒绝别人时要注意使自己的语言信息和非言语信息保持一致。坚定的口吻和能表达出信心的姿势可以增强你说出的话的可信度。

三是避免道歉和修饰语。如果拒绝别人时用这样的话语，如“很抱歉，但是我真不知道我到底想不想去”，或者“如果我说不你会不会难过？”那么你就丧失了主动权。

你不需要为了对自己负责而向别人道歉。说“不”是可以的，放弃借口，不要假设你必须解释或者为回应找理由，因为自己的原因说“不”通常就足够了。

四是等着对方的请求。不会说“不”的人通常会在别人还没有正式请求前就做出让步。耐心等待别人的请求。“派对时间到了”并不是一个问题，也不是召集令，直到你听到一个具体的请求时再做出回应，如“你愿意和我一起参加派对吗？”

五是记住，拒绝和接受是相等的。“是”和“不”是互补的，而不是对立的。对一件事情说“不”就会给你时间去做另外一件更重要的事情。拒绝看电影使你有时间写论文大纲或者读完课文的一个章节。在完成待办事项上的主要任务之后，你完全可以去参加下一个社会活动——并且好好地享受一番。

练习 26

VIP（非常重要的人）

第一步

在“名字”一栏下写出至少 7 位对你的生活产生积极影响的人。可以是亲戚、朋友、老师或者你没见过的人。（完成本项后再进行下一项。）

第二步

在下一栏，为自己对这个人的感激程度打分（1～5，“有一点感激”到“非常感激”）。

第三步

在第三栏里，为自己对这个人感激的表达程度打分（1～5，“没有表达”到“完全表达”）。

第四步

在最后一栏，用 U 来表示你和这个人还有重要事情待解决（比如还没有进行的一场非常重要的谈话）。

序号	名字	感激程度（1 ~ 5）	表达程度（1 ~ 5）	U
1				
2				
3				
4				
5				
6				
7				

第五步

现在选择带 U 标志的两个人，给他们每个人写一封信。表达你对他们的喜爱和快乐，告诉他们，他们是如何帮助改变了你的生活，你有多高兴他们这样做。

第六步

你对别人也存在着影响，写下你对他造成影响的人的名字。考虑和他们分享你很高兴成为他们生活的一部分的原因。

8.8 有效投诉五部曲

有时候建立人际关系包括提出投诉。牢骚、指责、噘嘴、呐喊、尖叫通常不会有结果。这里有几条有关有效投诉的建议。

（1）**寻根溯源**。先从那个最直接相关的人开始。在学校的时候，那个人通常是老师，把解决问题的第一个机会让给老师。老师通常会很喜欢你给出反馈。而且当你遇到问题时，他们可不知道你脑子里在想什么。

（2）**只陈述事实**，对事不对人。假设你收到如下的投诉："我花了很多精力做这个项目，你却只给我一个C等级的成绩。""你的课很无聊。""我不相信你。"

如果你只记录事实，那么你的投诉将更有分量。记下人名和日期，以及对方许诺了什么、发生了怎样的结果。

（3）**看看是否有其他办法**。学校一般都有处理学生投诉的相关政策和流程。在学校的网站和手册上找一找相关的内容。学生会也是一个潜在的资源。在很多学校你可以跟受过专业训练的老师与学生矛盾调解员聊一聊。

（4）**要求对方做出承诺**。找到一个愿意帮你解决问题的人，请他说说他将怎样处理这个问题，以及什么时候会有结果，什么时候会进行处理。

（5）**坚持到底，不要放弃**。假设有人和你站在一起，愿意帮你，向他说明你的打算，并请求他合作。

现在许多公司用语音信箱或者漫长的电话等待来避免投诉，这需要耐心和毅力，但你的付出是值得的，你的投诉值得被听到。

小链接：从别人的批评中学习

接受批评并不是一件有趣的事，尽管这些批评通常很有教育意义。下面介绍几种能帮你从别人的批评中学到东西的方法。

避免一直寻找他人的错误。如果你一直乐于寻找他人的错误，你就会听不进别人对你的建设性评价。

认真对待批评。有人会以开玩笑和大笑的方式来掩饰他们在遭遇批评时的愤怒和尴尬。然而，你的这种幽默的反应可能会让他人误认为你对自己的错误漠不关心。

接受批评。很多人并不喜欢指出别人的错误。否认、争论或者开玩笑更使得他们很难表达出自己真实的想法。你可以不同意别人的批评意见，但可以冷静地倾听。正确对待批评。不要小题大做。批评的目的是积极地改变和自我提高。反应过度是要不得的。

不带任何防备地聆听。如果你一直在筹划自己应该如何反驳，很显然，你将听不进别人的批评。

8.9 与导师沟通

面对你不喜欢的导师，通常有两个选择：一个是给他贴上无用的标签，不做任何尝试，这之后你必须“忍受”你的课程，还要和其他同学抱怨。另一个是承担起自己学业的责任，无论导师是谁。

通常我们认为学生是被招进学校的人，如果反过来看，尝试可以让导师成为你学业的一部分。关键在于有效的沟通。

对导师的情况做调查。当决定选什么课程之前，收集关于导师正式来源或非正式来源的各种信息。可以查看学校目录，校友杂志、报纸或者校报都有可能刊登关于导师的文章。另外也可以和选了同样课程的同学交流。

和导师会面并询问课程相关信息，这样你可以给导师留下印象并了解课程风格。关于导师风格的其他线索包括他展示的材料（从理论到事实）、展示材料的方式（从授课、讨论到其他课堂活动）。查看导师的网站和他过去课程的课表。

在课堂上表现出兴趣。全力参与课程，记录笔记并加入课堂讨论。关掉手机或其他电子设备，除非课堂上必须使用。

在课堂上睡觉、发信息或者做其他课程的作业既浪费你的时间，又浪费你的金钱。导师会注意到你分心并当作你没有兴趣、不努力的表现，雇主也这么认为。

课堂结束后再收拾笔记本和其他材料，快下课时导师通常会布置作业并做重点总结，不要错过这部分。

很小的细节就能透露你对课堂是否感兴趣。例如，避免发出分散注意力的噪声，打哈欠或咳嗽时用手掩住嘴。不要在课堂上穿不适宜或较为暴露的衣服，就算课堂上有你喜欢的另一半，也要尽量避免公开表示亲昵，可以留到课后。

同“无聊”的导师进行互动。在课堂上，学生会给导师即时的反馈，包括动作、眼神接触、回答问题和课堂讨论的参与程度。

如果你觉得一堂课很无聊，则尝试改变和导师的学习体验。你可以表现出很强的兴趣，多提问题，坐直，保持眼神接触，仔细记笔记。你的热情会感染导师。如果没有，你自己也会觉得课堂让你更享受。

记住，课堂上无聊的导师可能本人很有魅力，可以在他们办公时间和他们会面交流。

放开成见。可能你的导师让你想起了你不喜欢的人：讨人厌的姑姑、粗鲁的店员或者让你留校的五年级老师。你的态度取决于你自己，并不受导师控制。

同样，一个导师对于政治、宗教或者女权主义的观点同他的教学能力无关。注意到这点会帮助你放开成见。

把喜欢同学习分开。你不需要喜欢一个导师才能和他学习。尝试注意内容，忽略形式。形式是事物组织或表现的方式。如果你不喜欢一个导师的声音，你就是在关注形式。把对声音的关注放到一边，关注他的观点，你就是在关注内容。

形成对每个导师你自己的看法。你可能从其他学生那里听说过学生和导师之间的冲突。同样的导师，有的学生可能会认为他的课堂很吸引人，有的学生则会认为他缺乏魅力。自己判断这些描述是否准确。

找寻替代的导师。你可能会觉得另一位导师的风格或材料更适合你，可以考虑更换导师，在课外寻求另一位导师的帮助或者参加不同导师教授的课程。

避开借口。导师很清楚你是否在找借口，他们不会轻易上当。为自己的错误承担责任，不要试图愚弄老师。

提交专业的作业。仔细准备论文和项目，就像在工作中给老板提交工作报告一样。想象一下你的工作会决定你是否得到升职。导师通常会在一学期里给上百份论文打分。你整洁有序、结构清晰的论文会在众多文章里显得格外突出，让老师眼前一亮，让你的学

小链接：表现对导师的尊重

按时上课。在学校的尊重被称作课堂文明。准时上课，如果迟到，不要扰乱课堂，轻轻关上教室门找座位坐下。

如果你要缺课或迟到，提前告知导师，询问导师或同学你错过的内容。

如果你要提前离开课堂，在课程开始前告知导师，坐在离出口较近的位置。如果你中途去卫生间或有急事，尽量保持安静。

言语得体。在课堂上发言时称导师为“老师”“教授”等，或者导师喜欢的称呼。

每个人都有机会发言时讨论才有意义。不要独占小组讨论的发言，避免单向谈话和侮辱性的话语。当你的观点和同学或导师不同时，把自己对观点的热情同对他人的尊敬结合起来。

询问导师课外的联系方式。如果他们可以接电话，留下语音信息，包括你的全名、课程名、班级和电话。如果你的导师喜欢用邮件沟通，你的信息则要精心编辑后再发送。邮件主题开头写好你的名字、课程名和班级。邮件不宜过长，开篇切题。

同导师会面。在课外同导师会面可以节省很多学习的时间，形成受益无比的友谊。学业优异的学生经常在课外和至少一名导师保持良好的关系。有时候，导师也可以成为你的咨询师或人生导师。

和导师在工作时间安排会面。如果你要取消或换时间，提前告知导师。准备会面提问的问题列表和你需要的材料。避免提让老师反感的问题，如“我周一没有去上课，我们课上讲什么重要的内容了吗？”

业更加成功。

接受批评。从导师的评价中学习。导师的任务就是给予反馈，供学生改进，不要认为是针对你本人的评价。努力学习，下次争取更好的成绩。

如果你对课堂要求或收到的成绩持不同意见，在课后礼貌地向导师询问。在私人的环境下你的意见会受到更多关注。

利用课程评价。在许多课上你会有机会评价导师。诚实地回答。可以写下课堂里不适用于你的部分。提出具体可行的建议。也要写出课堂的优势，尽量保持积极态度，记住，你可能还会在其他课程里碰到这位导师。

如果可以，提前采取措施。如果你和导师有分歧，不要尝试在课前或课后几分钟解决问题。和导师在工作时间安排会面。会面时详述你的观点，陈述问题的事实和你想解决问题的意愿和积极的态度。提供可能的解决办法。

如果这次会面没有解决问题，尝试学校的投诉通道。你是教育的消费者，有权利得到公平对待。

8.10 真实的多样性，可贵的多样性

一个美国人从床上（近东地区的作品）醒来，穿上衣服（很可能是意大利设计的款式），把香蕉（种植在洪都拉斯）切片放在碗里（中国制造）。

早餐后她开始读报纸(用德国发明的印刷过程印在最早源于中国的纸上）。之后她打开便携式多媒体播放器（中国制造）开始听音乐（可能是古巴的乐队）。

美国有着丰富的文化多样性传统。我们吃的食物、使用的工具和语言仿佛一张由不同文化的人编织而成的毯子。

思考文化的意义。文化包含多种不同，我们可以讨论大企业的文化，也可以讨论艺术文化。男人和女人；年轻人和老人都有各自的文化。

有城市文化也有乡村文化，健全人的文化和残疾人的文化，双亲家庭的文化和单亲家庭的文化。不同区域和不同生活标准都有不同的文化。

认识到不同程度的歧视。仇恨犯罪、仇恨言论和骚扰都是典型的歧视行为。这些不能被接受。但是种族歧视、同性恋恐惧症、宗教成见和其他形式的歧视仍然以不易察觉的方式存在并侵害着我们，比如：

社会学课上大家讨论改革国家福利体系的优点。导师让一位来自保留地的同学发表他的看法："告诉我们，美国的土著居民对这个问题怎么看待？"这里这位同学就被模式化了，成为他整个民族的发言人。

大众媒体课上，大家正在讨论一个喜剧，背景设定于城市里住着非裔美国人的公寓。"这部剧彻底被洗白了，"一个学生说，"都是关于城市里的黑人，那些靠社会福利生活、滥用毒品或者加入帮派的黑人都没有提及。"这个评论显然渗透着种族的固有观点。

新学期的第一天，参加英语写作课的同学发现新教授来自波多黎各。一个学生问："我是来对班了吗？是不是有什么问题？我以为这是英语课，不是西班牙语课吧。"这个同学认为只有白人才能教授英语课。

两个学生在讨论一个名为阿里·辛格的同学。一个学生说："阿里人很不错，但是为什么他不把头发剪剪、把头巾摘了呢，看起来像个穆斯林极端分子。"但是阿里的宗教信仰锡克教要求不论男女都要戴头巾遮住头发。

认识多样性的价值。移民是一个典型的例子。政客们可能会认为移民会抢工作、拉低经济、"吃白食"。他们忘了史蒂夫·乔布斯是叙利亚移民的儿子，成立了苹果公司，为上千人提供了工作。他们也忘记了谢尔盖·布林，他和父母从俄罗斯移民到美国，是谷歌的创始人。

研究表明移民加强了劳动力，制造更多的消费需求，并且通过创办公司提高了就业率。另外，珍惜多样性的公司能够招募到更优秀的人才，通过增加他们的薪水来降低员工的流动率。

抓住机会。学校是你将会遇到的最多元化的环境之一。你的同学来自不同的民族和国家。另外，教职员工、校友、慈善家和他们的家庭都会有不同的家庭背景、教育背景、工作经验、宗教、婚姻状况、性取向和政治观点。

高等教育给你提供了克服任何形式歧视的机会。学校是文化的实验室，不同文化的人聚集到一起进行学习。学会接受多样性会让你在越来越多样化的校园和工作上更加成功。

8.11 跨文化交际

与不同种族、民族、文化的人交流需要努力达成理解。当你珍视多样性的价值时，你会发现架起沟通桥梁的方式。尝试用以下建议，再结合自己的情况加以创新。

透过不同的角度看世界。培养多样化技巧的一个方式是主动转换视角。主动从新的角度看待你熟悉的事物。

比如你和另一个人情绪激烈地争论，问问自己如果你是对方会怎么看待这件事。

深入询问更多问题，如果你是另外一个性别，会在这场争论里有怎样的感受？如果你是不同种族或民族的人，又或者你更年轻、更老一些呢？

不断进行这个练习，你会发现我们的世界有多种现实，基于我们的不同，对任何一件事都会有很多不同的解读和回应。

对特权和偏见的反思。例如有人和你说白人男性在工作中更容易会被升职，或者住在拖车场的人为此被叫作“白色垃圾”。

尝试回忆你生活里这样的事件。你因为性别、种族、年龄被优待或因为同样原因被排斥的情景。这样做后你更能够体会很多人的感受。

在个人主义文化和集体主义文化中寻找不同。美国、加拿大、西欧国家盛行个人主义文化。如果你的家庭来自这些地区，你很可能更注重个人成就。你因为在班级成绩最好、在篮球赛季拿到最多分数或者其他形式的个人成绩而受到承认、表扬，在众人中脱颖而出。

相反，集体主义文化重视合作大过于竞争。集体的进步比个人的成功更重要。成功的功劳归于大家。如果你生长于这种文化，你会更重视家庭，尊重长者。集体主义文化分布于亚洲、非洲和拉丁美洲。

简言之，个人主义文化更重视“我”，集体主义文化更重视“我们”。忘记这二者之间的差异可能会破坏一段友谊或跨国交易。

如果你生长于个人主义文化：

- 记住来自集体主义文化的人很可能更重视“面子”，这不仅仅指避免尴尬。他可能不想在一群人中突出，就算是因为他的成就这种好事。如果你对他有直接要求或者想分享可能会被看作个人批评的观点，最好留到私下去讲。

- **尊敬称谓和姓氏**。美国人喜欢用名字直接称呼他人，但在有些文化里只有家人才会这么做。第一次会面时，尤其在工作上，称呼别人的姓氏和工作称谓。非正式的关系需要时间慢慢发展。
- **在文化背景下理解信息**。集体主义文化的成员不会在文字里表达全部的意思，注意肢体动作和其他非言语交流。

如果你生长于集体主义文化，你可以把这个列表反过来，记住美国学生或者同事直接问问题并不是挑衅，而只是澄清观点。不要惊讶于别人叫你的绰号，也不要惊讶没有人问及你的家庭或者你因为个人的成绩受到奖励。在社交场合，记住不明确的提及可能并不会引起这个人的注意。练习明确地、直接地询问你想要的信息。

找寻共同点。大学生们担心的事情都很类似，学费，餐厅的食物好不好，还有学校停车场没有足够的空位。更重要的是，我们作为人类根本的目的：健康、人身安全和经济安全，这些都跨越了文化边界。

求同存异十分重要。多样性不仅是关于我们的不同，也涉及我们的相似点。在生物层面上，不到1%的人类基因组负责我们的外在特点，如肤色。在我们的基因蓝图上，所有人的相似度都超过99%。

带着文化敏感度表达和倾听。第一次同其他文化的人见面后，不要认为你已经完全理解了对方或被对方理解。就算对相同文化的人来说，同样的动作在不同的时间也有不同的含义。确保你听到的是他人表达的意思。通过听别人发言确定他人听到的是你表达的意思。

如果你和英语不是很好的人交流，你可以这样做：

- 语速放缓，耐心清晰地表达。
- 解释时不要一直重复单个单词。用简单直接的短句重述。
- 避免俚语和修辞。
- 用动作辅助表达。
- 记住英语非母语的人所学的英语课程通常更强调书写，写下你的意思或用大写字母打印出来。
- 保持镇静，避免发送显示出你很烦躁的非言语信息。

发现个体，而不是群体的代表。有时候我们说话的方式掩盖了个体间的差别，突出了刻板印象。例如，一个学生担心数学考试成绩，她会说“亚裔的学生总是把班级的成绩差拉大”。或者一个白人音乐专业学生会假设她的黑人同学了解很多爵士或hip-pop音乐。我们可以通过把他人看成个体的方式避免这些问题，他们并不是某一个群体的代言人。

找到一个翻译、一个传递者或者是一个模仿典型。在两种或多种文化间来去自如的人能给我们很大帮助。戴安娜·德·安达，加利福尼亚大学的教授，认为有三种人可以进行跨文化交际，她称他们为翻译、传递者和模仿典型。

翻译是能够做到双文化交流的人。无论他人来自主流文化还是相反文化，他都能自然地沟通。这个人可以和你分享她克服歧视、学习另外一种语言或方言、处理压力的经验体会。

传递者是来自主流文化的人。和翻译不

同，他们可能并不能做到双文化交流。但是他们珍视多样性，愿意理解文化。他们通常为老师、顾问、导师或者社会工作者。

模仿典型是某个文化里的积极案例，包括班上来自任何种族或文化的学生，他们参与课堂，表现出良好有效的学习习惯。这也包括明星、运动员和社区领袖。

虽然没有被贴上明显的标签，但你的学校里可能有人具有同样的作用。有些学校有心理咨询师或破冰项目，让新学生和同文化或种族的老师搭伴。询问学生事务处是否有这些项目。

建立支持系统。许多学生发现他们的社会适应度影响了他们的学术表现。有坚实的支持系统，如家人、朋友、教会、互助组织和心理咨询师，在学校会更容易成功。列出你现在的支持系统作为练习，把你可能建立的新的支持系统也列出来。

支持系统能帮助你弥合文化间的差距。有自己的群体作为强有力的后盾，面对群体外的人你会更加自信。

接受反馈。其他文化的人可能会让你意识到你的语言或行为有着其他含义。例如可能一个对你无害的言论对他们来说是一种冒

小链接：身体障碍学生：说出你的需求

了解相关服务。访问障碍服务中心和学生健康中心，询问以下问题：

- 是否允许汽车停靠在教室附近；
- 课堂誊写；
- 课本阅读服务；
- 科学课程的实验室助教；
- 指导性电视节目提供字幕机；
- 为听障人士提供口译；
- 盲文或语音版本的课本教材。

了解适用于你的法律。残障人士也有平等机会运用法律。在美国，人权法案和美国劳工复健法为相关人士提供法律保护。美国残疾人法案增加了最初的法律条例。

几乎每所学校都有人负责残障法令的实行。这个人被称作 504 协调员、ADA 协调员或残障服务协调员。如果你认为学校因为你的残障对你有歧视行为，可以联系这个人。

寻求调整。你不需要表明你有身体障碍，如果你的课程需要调整或需要残障服务，你则需要表明你的情况。为了寻求帮助，你需要表明你的残疾在过去对你造成的障碍。帮助导师和管理者了解你的学业受到了影响。同时提出可能的解决办法。尽早提出明确的要求。

关心你自己。许多有慢性疾病或残障的同学是有必要休息的，如果你也是这样，把休息时间列入你的日 / 周计划。

尊敬自己。你的健康如果朝着你不喜欢的方向发展，不要斥责自己。关注如何找到有效的医疗解决方案或其他解决办法。

接受赞美并定期回顾你在学校的成绩很重要。让自己接受肯定。你会在学习的过程中不断成为有天赋的优秀学习者。

犯，他们可能会直接告诉你。

避免用“我不是这个意思”“你太较真了”或者“你太敏感了”等表达回应类似反馈。接受对方的观点，记住区别你行为的意图和它对他人带来的实际影响。之后带着反馈询问自己下次怎样让沟通变得更加有效。

你可以积极地解读反馈，这是其他人相信你能改变的标志，期待和你发展更良好的关系。

如果你刚刚进入多样化的环境，不可避免会犯一些错误。只要你用宽容的态度去对待他人，你的语言和行为一定能够随之改变。

抵制歧视。你可能会发现周围有人讲种族歧视的笑话，发布种族诽谤。当这些发生时，你有权利说出你看到的，分享你的观点，交流你的感受。你可以说：“这是刻板印象，我们不需要相信。”或者“别人可能会觉得这很冒犯，我还是说些不贬低人的笑话。”

这种谈话可能是你做过的最困难的谈话，但是如果你不做，那你给人的感觉是你似乎也同意这种歧视言论。

对你坦率的评论，许多人会道歉表达改变的意愿。就算他们不这么做，你依然知道你用言行践行了正义。

改变体系。没有人是一座孤岛。我们都生活在体系里，这些体系不是总宽容不同。作为学生，你可能见过有色人种同学在课堂上被无视，可能某个种族的群体在寻求工作时被排斥或在学校组织里没有被充分代表。

一个制止这些行为的方法是指出这些行为，明确以下观点，你的表达会更有力：

- **刻板印象**是思维上的错误—对于其他文化的成员是不准确的表述；
- **偏见**是指对他人积极或消极的感受，通常基于刻板印象；
- 当刻板印象或偏见在政策和法律里体现，破坏了其他文化的平等机会，这就是歧视。

如果你的学校接受联邦资助，校方必须建立保护学生不受歧视的机制。询问你的辅导员有关学校内适用的民权法律和政策。显示你跨文化交流的力量。

小链接：你值得赞美

有些人觉得接受赞美比批评还要难。以下是应对赞美的一些提示。

接受赞美。人们有时面对赞美会说“这真的没什么”或者“这个古董？我都用了好多年了。”这种反馈会伤害你，也会伤害发出赞美的人。

换个机会表达你的赞美。直接回复别人的赞美显得不够真诚，只是出于表面礼貌。

让赞美成立。“你真的这么觉得？”这种回答质疑了赞美的真实性，并且让人听起来你好像想要更多赞美。

接受赞美和自负是不同的。如果你不确定怎么回应，就微笑着说“谢谢！”这种简单的回应肯定了赞美以及发出赞美的人。

你值得赞美，也有足够能力让别人认同这一点。

练习

27

学习不同文化

想要深度了解文化，就要积极地经历学习的循环。本次练习分为三部分，阐释了如何应用学习循环去了解文化。

第一部分：实际体会

设想一个具体的方法去和不同文化的人交流。例如参加一个你通常不会参加的校园小组的会议。或者在学校咖啡厅和一群新朋友聊天。

描述你会做什么来接触新的文化。

第二部分：反思观察

描述你在第一部分里的体验。把观察——你看到的，你听到的，你所做的——同解读分开来。另外尝试想出其他解读你观察到的事实的方式。

用以下表格进行这部分内容。示例如下。

观察	你的最初解读	其他可能解读
周二中午开始，大约半小时，我自己坐在学生会餐厅的东北角。这时候我听到的对话都是西班牙语的	我独自一人坐着是因为西班牙同学不想和我交流。他们不友好	西班牙同学其实很友好。他们只是不知道如何找话题和我交谈。可能他们认为我想一个人吃饭或学习。另外我也可以主动去和他们说话

第三部分：抽象概念化

现在，尝试把最初的解读进行提炼，发展为对第一部分体会的启迪性结论。对其他文化做一下研究，找寻能帮助你理解你的经验的信息。（你的导师或图书管理员可以给你如何找到这些信息的方法。）尽可能和不同文化的人交谈，分享你在第一部分的观察，询问他们的解读。

对你收集到的信息进行反思。这些信息是否加强了你在第二部分的解读？你在思考方式上需要变化吗？写下你的结论。

8.12 作为第一代大学生，如何交流

美国的历史告诉人们，家庭里第一个读大学的人肯定能成功。想一下以前的奴隶在国内第一所非裔美国人大学上学，退伍军人运用军人安置法案获得高级学位。从他们的经验里你可以学到如何和家人、朋友、导师、同学沟通的重要技巧。

1. 寻求学术帮助

你不需要独自奋战。你的学费让你享受学业咨询、住宿咨询、职业服务、经济补助、多文化项目、督导和咨询等多种服务。了解这些资源，询问有关第一代大学生的具体项目。

每学期同学术咨询师会面一次，分享你的成功，寻求解决问题的帮助。

重要的是立刻寻求帮助。当你觉得在课堂上受阻或不明白如何进行下一步时，立刻寻求帮助。

2. 寻求情绪支持

列出支持你的人：家人、朋友、导师、咨询师和雇主。经常通过电话、邮件或拜访的方式保持联系。提醒自己，周围的人希望你成功。

3. 解决和家人的矛盾

你带着家人的期望进入大学的班级。他们可能认为你回家后依旧是原来的你。

但是事实是你在学校一定会有所改变。你的态度、你的朋友和你的职业目标可能都会转变。你可能认为家乡的人眼界狭窄，他们则可能会批判你的观点。

这种矛盾在第一代大学生家中很常见。维持和家人的关系，给他们时间了解你的世界。和他们谈论你学到的以及这些怎样帮助你成功。同样可以采用本书中解决矛盾的建议。

4. 同导师建立良好关系

和你喜欢的导师建立长久的关系有许多益处。很多年后，导师可能会是你的心理咨询师、同事甚至朋友。

尤其可以找同样身为第一代大学生的导师。向他询问和其他第一代大学生或校友保持联系的方法。他们可以成为你的私人和专业人际关系网的一部分。

当你有喜欢的导师，在课程结束后和他们保持联系。毕业前每学期至少和他们在工作时间会面一次。谈论你目前的经历，感谢他们对你的付出。如果你在他们的课上表现优异，询问他们是否愿意以后为你写一封推荐信。

5. 回应偏见

任何校园都有可能存在歧视和偏见，问问有色人种同学、同性恋同学、移民和工人阶级、穷人家庭的同学就知道。你会发现他们之间其实有着共同点。

记住法律站在你这边。每所学校都有反歧视政策。搜索学校的网站找到具体的政策和你需要帮助时可以联系的人员。

另外，如果有人说出歧视性的话或玩笑，要声明制止。有时候他们并不知道这对你造成的影响。可以使用“我”信息：“我觉得你不是故意想触犯别人，但是你说得让我很难过、很生气。”或者“你说得并不是事实，是刻板印象，并不是我的真实情况。”

6. 分享你的经历

和高中的学生分享你作为第一代大学生的体会。邀请考虑上大学的学生去你的学校参观，另外感谢鼓励你进入大学的老师和导师。

记住，你仅仅通过分享你在大学的经历就可以帮助到很多学生。

你是成长在经济窘迫的家庭吗？那你一定知道如何用有限的预算生活。

你在高中时会打工补贴家用吗？那你一定知道如何平衡工作与学业的时间。

你所在的社区有着不同种族、宗教信仰、收入水平的人吗？那你一定知道如何适应多样性丰富的环境。

这些关于你优点的谈话可以改变很多人的生活，包括你自己的生活。

8.13 保持在网络上的安全

社交网络创造着价值。类似脸书、推特、谷歌和领英的网站都可以分享资讯、照片和个人履历。你可以利用这些网站组织学习小组、宣传活动或者联系工作同事。

在线社区的活动可能会带来意想不到的后果。对一些同学来说，网络社交剥夺了他们学习和参加其他长期目标活动的时间。有些则加入网络霸凌的行列，发布仇恨言论或暴力威胁。有些则发现网络上令人尴尬的细节在多年后依然对他们造成了影响，尤其是在找工作时。

任何时候通过网络和他人联系，你都可以通过下面的几个策略来保证自己的安全、名誉和诚信。

只发布你想永久公开的信息。互联网整体而言就是一个包括网络社区在内的大的公共媒介。避免过度分享。要学会只发布你想永久公开的信息。

记住，朋友、亲人、大学管理者、律师以及警员等任何人都有可能看到你的网络资料。不要上传那些以后可能使你很尴尬的东西（如果你受到酒精的影响，最好避免使用社交网络）。今天的谨慎可以保护四五年以后的你。

记住网络上没有一键删除键。任何你发布的信息都会在网络上留下很长时间。任何可以上网的人都可以把你的言论和照片发在网站上或者通过邮件传播毁坏你的名誉。在现实世界，你不会知道谁在关注着你。

此外，为了避免在网络社区遇上不必要的人，下面的内容也不要轻易放到网络上：

（1）家庭住址。

（2）学校地址。

（3）电话号码。

（4）你的生日。

（5）课程表。

（6）财务信息，如银行账号、社保号码，或者 eBay、支付宝等账户信息等。

（7）每天固定要去的地方。

（8）你计划要去的地方。

（9）与性有关的煽动性的图片和文字。

（10）在学校或公司的本人照片。

（11）假期计划或郊游计划。

要更好地保护自己，不要随便把陌生人加入你的网络好友名单中。

在加入各种小组时，也要谨慎判断。用“狂饮作乐”这样的名字加入小组可能会在多年后带来不良的影响。

避免在网上调情。人们可能和网络世界表现的并不一样。

使用隐私特性。很多网络社区都有阻止陌生人向你发送信息这样的设置，包括即时聊天和好友请求等。想了解更多这方面信息，请参阅网站上“帮助”“常见问题解答”或“安全特性”板块。其他保护措施包括：

- 经常查看、更新你的粉丝或朋友列表；
- 找出能读取你信息的第三方应用。如果你不熟悉该应用或不确定它的隐私条款，撤回对它的读取允许；
- 用安全密码保护你的信息，并经常更换密码；
- 设置个人信息以减少邮件提醒；
- 限制你的好友个数。在社交网络上添加同事或领导前须三思；
- 登录社交网站时，检查浏览器地址栏，确保以 https 开头。这意味着该网站的私密性和安全性更好。

控制你的网络信息量。用谷歌或其他常用的浏览器搜索自己的名字。如果其他人，例如你的潜在雇主想要在网上了解你，你可以知道他们可能得到的信息。如果有人用你的名字发布假照片，这样就可以找到他。和学校信息技术部门的人员联系如何删除这种信息。

尊重其他社区成员的隐私权。如果你想发布别人的照片，应该先征得对方的同意。尽量不要透露朋友的私密信息或可能导致尴尬的信息。

谨慎添加好友。你不需要接受所有的好友邀请或关注关注你的人。记得许多教授不会在网络上和学生联系，学校有政策禁止类似行为。脸书也属于社交网站。学生和老师之间的关系是专业的，而不是社交的。

谨慎对待与网友在现实中见面。在网络上，人们给出的信息可能有误导性，甚至是错误的，所以尽量不要在现实生活中见面。如果选择面对面交流，记得要选一个公共场所，并且带上一位你信任的朋友同行。

举报恶意内容。如果你发现攻击性或者危险的内容，请及时向网络管理员举报。很多网络社区都是允许匿名举报的。这样你可以帮助阻止不宽容、偏见、歧视等内容出现在社区里。你还可以上传一些支持接受多样性的信息。

谨记“网络礼仪”。“etiquette”这个词指的是在人际交往关系中的一般礼节。它的网络版同义词就是“netiquette”——关于如何使用电脑、手机或其他任何技术的一套行为准则。有些交流方式能让网络社区的交流变得很恶劣，包括社交网站、电子邮件或者博客。所以，创造一个友好的网络社区，请谨记下面的几条准则。

①**尊重他人的时间**。人们通常抱着节省时间的目的上网，而不是浪费时间。要顾及他们的需求，你的语言要尽量简洁明了。要养成开门见山、不跑题的好习惯。

②**注意书写**。仔细校对你的用词和语法——就像你的信息要被打印出来一样认真。有些邮件系统自带拼写检查。内容清晰准确，用网络交流作为夯实写作技巧的机会。

③**避免全部用大写字母**。这相当于现实生活中的大喊大叫。

④**邮件便于接收**。不要在你的信息中出现需要很长时间下载的图表和附件等，否则会影响接收方的电脑运作。

⑤**记住，网络信息是不带情绪的**。人们收到的邮件没有面对面交谈时的语调，也没有非言语暗示。没有这些细节，意思很容易被误解。在发送前重新阅读一遍你的信息，确保你表述清楚自己想表达的意思。

⑥**避免在十分生气的时候写邮件、短信或者状态更新，之后立即发送**。相反，可以写一个简短的草稿，不断修改，反复阅读直到你平静下来。不鲁莽发送信息是高情商的体现。

⑦**注意短信里的细节**。拼写和标点上的小改动能传达很不同的态度。“好的”通常能被人接受。但是如果说“好”，收信人可能觉得你并没有时间和他交流。拼写时尽量打全单词，避免误拼，加上一个表情或者感叹号来显示良好的态度。

⑧**考虑信息背景**。在线申请工作或和学术相关时，要格外仔细编辑、检查你的消息。用更正式的口吻表达，和你写论文的风格一致。

网络礼仪最基础的就是要记住另一边的信息接收者是人类。在敲键盘输入信息的时候问问自己：“我会面对面地对一个人这样说话吗？”

8.14 有效书写的三个步骤

有效书写是成功的关键。论文、演讲、论文写作、邮件、社交网站，甚至偶尔的短信都需要明确有力的表达。

写作在工作中也十分重要。写作能力在工作中很吃香。浏览招聘简章，看看有多少公司需要文笔好的人才。

大多数新产品和新服务，尤其是需要较高预算投入的，都会先用书面形式提出。报告、邮件、网页还有其他重要的书面材料。

没有书写技巧的人只能通过直接联系影响别人。如果你能写出一封有力的文章，你的想法会被千百人看到。

这章列出了书写的三个步骤：

（1）做好书写准备；

（2）写出初稿；

（3）修改初稿。

1. 做好书写准备

计划并列出写作任务。可以把最终任务，一篇成稿，分成可以立刻处理的小任务。计算每一步需要多久。先写下交稿时间，再往前推算。比如交稿日期是 12 月 1 日，你有 3 个月时间完成任务。预留一下缓冲时间，拟定 11 月 20 日为完成时间。计划你在 11 月 1 日之前要完成多少，再写出 10 月 1 日前要完成的任务。

选择一个主题。如果你很难决定主题，写作的进程就容易受到拖延。但是，这个阶段很难选到一个错误的主题。如果你觉得第一个不可行，你可以随后换一个主题。

采纳导师对论文或演讲的指导建议，写下你之前想好的可能的话题，从中挑选一个。如果你不能决定，用剪子把清单剪开放到盒子里，抽一个出来。为了避免在这步耽搁太久，确定一个时间点，如“我要在周三下午 4 点前选出主题”。

不必一个人头脑风暴。你可以利用小组的创造力去帮助你选题。

缩小选题范围。最常见的问题就是选题宽泛。哈丽特 • 塔布曼这个选题不适合美国历史论文，因为它过于宽泛，讨论这个话题需要上百页。如果尝试“哈丽特 • 塔布曼在内战时期作为联邦间谍的活动”这个话题，你的论点陈述就可以作为一个可行的标题。

写出论题简介。用一句话表明你的文章主题。这句话被称为论题简介，是对你题目的精炼，也帮助你理出初步的大纲。

你可能会写“哈丽特 • 塔布曼关于地下铁路的活动促成了内战时期和联邦军队的协作”。清晰切题的论题简介能让你的论文更容易完成。记住，随着你对论题的了解，你可以随时修改你的论题简介。

论题简介和主题不同。就像报纸头条，论题简介表明一个主张或描述一个行为。一般由一个包含动词的完整句子组成。“多样性”是文章主题，“文化多样性很宝贵”是论题简介。

思考文章目的。有效的书写都有其目的。讨论文章的目的，思考你想要读者或听众读完后有怎样的反应。你想让他们有不同的思考和感受，还是有所行动？

这些问题对你的写作方式有很大影响。如果你想让他们有不同的思考，则文章需要清晰而有逻辑。用事实支持论点。如果你想让他们有不同的感受，则尝试写一个故事。描写一个读者有感触的人物，他如何解决了一个大家也有体会的问题。如果你的目的是让读者有所行动，明确实施的步骤，表明这么做的好处。

为了表明目的。最好用一句话说明，如“我把成功清晰地定义为我赢得了课本出版商提供的奖学金”。

做初步调查。在开始阶段，研究的目标不是收集具体的事实，这步要靠后一些。首先你要对题目的概况有所了解。确定题目的结构，主要部分和分论点。

好比你想让读者为某一个候选人投票，你必须首先了解这个人，概括他的背景，陈述他在关键问题上的立场。

大纲。大纲有如地图，地图让你不会迷

小链接：网络写作

你的许多书写内容都会以电子邮件或者是网站信息的形式出现。你的读者可能时间紧迫，没有太多耐心。你可以通过开门见山的方式帮助他们减少时间浪费。

只写能带来结果的邮件。有些很忙的人，他们会收到很多邮件。只对需要收到邮件的人在必要的时候发送邮件。

用专业的邮箱地址，避免类似 iliketiparty@yahoo.com 的地址。

把收件人的地址空下来，直到你已经修改好了你的邮件。这样你可以避免不小心提前发送。尤其是工作相关的或者敏感的私人信息。

之后写好主题。不要提供大致描述，简单总结主题——包含你信息主旨的 1 个完整的句子。

用完整的语法、正确的句子，书写信息的主体。把重要的部分高亮，如会议的时间和日期。

在写完初稿后二次查看。尝试精简信息。太长的邮件，可能会被忽略或丢进垃圾箱。

在每个人都真的需要得到你的回复时再使用全部回复按钮。人们不喜欢收到大量信件。

为网络读者写作。《设计网络可用性：简洁的艺术》的作者提到有效的网络书写有以下优点。

简洁：去掉不必要的文字，在每一部分的开头表明主题。

可浏览性：准备好副标题和图像。让读者能够快速阅读，找到他们需要的信息。

客观：用可信的事实，去掉模糊或夸张的没有证据的表达。

这些建议可以用到你所有的商务写作当中。

路。同样，文章的大纲让你不会跑题。

拿一摞 3×5 的卡片，头脑风暴一下你想写的观点。每张卡片上写一个短语或句子。把卡片分成不同组，每组代表一个类别。之后把每一组按序排好。最后再把每组里的卡片按逻辑排好。可以不断重新排序，到你满意为止。如果你用的是电脑，可以使用编辑文字软件的大纲功能。

大纲最重要的是简洁。传统的大纲有时包括很多层级：主题、副标题和副标题下的小标题。这种大纲会让你在写初稿时抓狂。

相反，让你的大纲尽量“扁平”。用项目符号列出一个包含主题的论文标题、一些副标题。比如：

标题：建立有效的学习小组

- 寻找组员
- 安排第一次会议
- 确定小组形式
- 学习小组常见问题及解决办法

2. 写出初稿

整理你的笔记和大纲。如果你已经完成项目计划和前期研究，最困难的部分已经完成了不少。现在你可以轻松地开始写初稿。把笔记按大纲整理好，根据笔记的内容开始写。每个想法写一个段落。如果你的笔记已经按逻辑排序，相关事实会联系十分紧密。

慢慢来。有些人觉得忘记写作这件事会让写作容易很多。做一些让你产生灵感的活动。随意联想、涂鸦、冥想、做白日梦、画图、想象你要写的事、和录音器讲话……任何能让你开始创造的活动都可以。

记住第一稿是可以更改的。以后修改的时候再担心文章的质量。你目前的任务是创作材料。在第三步时你可以更改和润色。

念出来。可以用说话的方式打通思路。承认你的疑惑或想法的欠缺。然后开始说。把你的想法转换成语言，你的思路会更清晰。小说家爱德华·摩根·福斯特曾说“‘思考前先说出来’是创作的箴言。”

采用自由风格。自由风格是写作老师皮特·埃尔伯倡导的写作技巧，它能探测到你的创造灵感深处。自由风格只有一个要求：不停地写。设定一个时间限制，如 10 分钟，

小链接：和文字编辑器做朋友

学会使用微软 Word 的常用功能能帮助你快速使用其他所有文字编辑软件。可以到 **office.microsoft.com** 网站上了解最新的 Word 指令。找到搜索按钮输入“键盘快捷键 Word”。弄清怎样打开文档、创建文档、添加模板、查看更新、插入评论、打印文档和保存文档。（最后一个命令是最最重要的。）

其他经济的文字编辑软件包括 Google Docs（**drive.google.com**）和 Zoho Docs（**www.zoho.com/docs**），它们和 Word 有相似的功能。

另外一种方法是用纯文字编辑器。尽管没有 Word 的功能齐全，但它们十分便宜，可以处理常见的书写任务，和大多数其他软件兼容。NotePas 就是 Windows 系统自带的免费编辑器，苹果系统自带的是 TextEdit。

任何情况下都要和导师确定他们接受的软件和文章格式。

然后让你的笔尖在纸上或你的手指在键盘上不停地跳动。就算你觉得自己写得不好，也不要停下重写。不需要担心拼写、语法、标点问题，跑题了也没关系。尽情表达你的想法。一旦你的老师布置了写作作业，你就可以尝试用自由风格写作了。

把书写变成习惯。对许多职业作家来说，“灵感”并不是他们字典里的词。与其等灵感来临，不如把写作变成每天定时开始的习惯。计划好写作的时间，在写的过程中你就会有灵感。

尊重你的深层想法。写作里某一部分是在我们意识之外发生的。这个过程并不神秘，许多人曾说他们的想法是他们在干和写作不相干的事时出现的。通常他们在一个问题上琢磨了一段时间，遇到了瓶颈。就像一个作曲家说的，“那天我正坐在那吃三明治，突然一首曲子就在我脑海里出现了。”你可以相信你的深层想法。你吃饭、睡觉、刷牙的时候都在写作。

运动起来。写作和跑步或打网球一样，是一项体力活动。你可以和你的思绪保持同样的节奏进行运动。写初稿时，休息一下，出去散散步。把你的想法大声喊出来或唱出来。时不时地练习放松技巧并做深呼吸。

3. 修改初稿

修改 2 ~ 3 次你的文章。每改一稿都保留一份没有改动痕迹的复印件，改完最后一遍后，等 3 ～ 4 天。

开始之前计划好修改的时间，每次之间至少间隔一天，让自己有时间思考。周二你可能觉得写得十分棒，周三你就会想扔到垃圾桶里重新写了。

记住这句话，“紧写慢改”。修改时放慢速度，仔细观察。有一种方法是留一半的时间计划、收集资料和写作，另外一半时间用来修改。

修改阶段可以和你的导师预约见面。带着你最新的修改稿，和导师分享你的主题以及大纲，寻求修改意见。如果你的学校有写作辅导中心，也可以和那里的老师谈谈你的文章。

一个有效的方式是把你的文章大声念出来。我们的眼睛会填补写作中的空白。声音和耳朵迫使我们关注文章的细节。

另外一个技巧是邀请其他人修改你的文章。如果你在班级里这么做，这叫作同学互改。这不能代替你自己的修改，但是其他人可以发现你忽略的问题。记住，别人批评或修改你的文章，并不是针对你本人，只是在评价你的作品。慢慢地，你会习惯并欢迎别人的反馈。

当你修改别人的文章时，记住两条：第一，态度积极。谈论文章里你喜欢的部分。第二，给出一条具体建议。以这样的方式开头：“我认为你的文章如果……会更好。”

得到反馈后，修改你的文章并参考以下建议。

精简。找出缀余的部分。尽一切可能避免这个在任何时候都非常非常麻烦的问题，笔墨用得太多，并且这个问题很多学生在特别优秀的大学里参加不同的课程时都会有。（例子：这句话应被改成“避免缀余”）。

像对待一块你要打磨的砾石一样对待你的初稿。最后，文章的大部分都会落在地上，留下的是干净、清澈、打磨精细的作品。有时修改十分痛苦。每一个作者最终都会创作出十分聪明却对主体没有帮助的表达。咬咬牙，把这种表达剔除。

注意：为了最大化效率，先去掉最大的部分，章节和整页的文字，之后再去掉小的部分，段落、句子、短语和单词。字数不要超过导师要求的字数。

粘贴。删掉初稿里的大段文字后，文章里最初承接转换的部分也被删掉了一些。下一步是把剩下的文字在逻辑上衔接好。各段之间要具有一致性。

如果段落之间不衔接，要把各段重新排序。想象下你用剪子把一张纸剪成细条，每一条是一个论点，再用胶水把它们以有逻辑的顺序重新排列。

固定。现在是时候检查每一个单词和短语了。把读者可能不知道的单词列出解释，用直白的语言写出来。重新检查文章有无非正式的短句表达，把这些句子改写成完整的句子。

尽量采用生动的名词和动词。用太多形容词和副词会削弱文章意思，让文章过于拖拉。描述具体细节。尽量用主动而不是被动表达。

被动语态：一个项目被发起了。

你可以改为主动语态：研究组开始了项目。

冗长表达：我及时到达，明察秋毫地发现那些隐藏的事实，我光荣地大获全胜。

你可以简明扼要，就像凯撒大帝一样：我来，我看见，我征服。

含糊表达：演讲者有效利用电视媒体，明确地要求我们改变信仰系统。

你可以写得更清楚细致：那个改过自新的罪犯直直地盯着电视镜头大喊道，“看看你在干吗！你能得到你想要的吗？”

准备。某种程度上，任何文章都类似销售。如果你的文章穿着皱巴巴的牛仔裤，头发脏乱打结，鞋带松散，你的导师不太可能会买账。把你的论文格式修改正规，采用规定的行距、角标、标题页和其他细节。

询问导师文章怎样引用相关文献。你可以在现代语言协会出版的《研究报告写作手册》里找到实用的信息。也可以登录网站 www.mla.org/style 查看。

如果你从网页上直接粘贴材料到文章里，一定要标明引用，注明出处。引用邮件之前要先确认发送者的身份。记住邮件的发送者可以假装成任何人。

终稿要用质量较好的纸打印。为了更加专业，加装纸质或塑料封面。

修改。在你慢慢完成最后步骤时，再读一遍修改稿。这一次主要看更大的层面：

清晰的主题陈述；

主题句、过渡句、结论是否完整；

细节部分，支撑结论的引用、例子、数据；

句子精简；

动词充足，名词具体。

最后，检查错别字和语法错误。如果你的书写软件有该功能，利用起来。不过谨记再好的软件也有可能失误。电脑还是不能完全替代人力修改。

当你完成修改后，花点时间享受成功。你见证了奇迹的发生：清晰、有条理的思绪，这正是写作的奇妙之处。

8.15 学术诚实：杜绝抄袭

采用别人的语言或图片却不指明出处，这一行为被称为“抄袭”。抄袭意味着盗窃别人的成果据为己有，其效果等同于考试作弊。

'YOU'VE COPIED ALL THIS OFF THE INTERNET...'

高等教育包含一个互相信任的研究者群体，即彼此的演说与写作都是诚实可信的。抄袭破坏了这一信任，其后果可导致留级甚至被开除。

抄袭可以是故意的。有些学生不懂研究的步骤，等到最后一刻才动笔，也不花时间整理各种信息来源。

集体意识大于个人成就的文化会让学生很难理解为什么个人可以拥有创作作品。但是要记住，无意的抄袭也会有严重的后果。

为避免抄袭，询问导师哪里可以找到学校相关的政策。仔细阅读，弄清不懂的部分。

避免抄袭的基础是所有来源于他人的措辞、观点的次序、视觉形象都要标注来源，主要目的是明确区分自己与他人的想法。其次，你的信息来源也可以供其他人使用。以下几种方法可以保证始终如一地贯彻这一原则。

“造纸厂”的危害。网络滥用是抄袭的主要原因。有了网络，任何人都可以收集到关于某一话题的上千个网页。图片和文字很容易就能被复制。网络很容易让我们忘记哪些是公开资源，哪些是个人资源。

剽窃目前是新兴产业。在网上很容易就能搜索到售卖论文、读书报告的服务。支付一些费用，你的产品还可以定制。尽管如此，这些服务依旧是剽窃。

有些学生可能会说：“我为文字付了钱，那它就是我的。”但是这些文字是别人创作的。剽窃不只是指你从其他来源抄袭，是指你上交不是自己创作的作品。

抄袭也包括上交其他课程已经提交过的论文。如果你想采用以前的研究，先征求导师同意。

标示直接引用。如果你直接引用了一位作家或一位讲演者的话，请把这些话放在引号里。如果资料来源是网页，你可能会直接从上面粘贴内容到你的笔记里。这也属于直接引用。为避免抄袭，请明显标注这些信息。除了利用引号以外，你还可以用不同的字体或颜色来编排版式。

认真转述。除了直接引用，你还可能会选择转述其他作者的话。转述是用不同的语句重述原文，通常会使其变得简短。有些学生冒着抄袭的危险，一字一句地复制原文，然后重新安排或删减部分措辞，这也可能是严重的抄袭行为。请看下面这段话：

- 高等教育提供了学习如何学习的机会，事实上，这就是本书的主题。老板珍惜能够更快学习一份新工作的员工。这样你的学习能力就变成了一种市场技能。

以下是这段不合适的改写：

- 高等教育带来了学习如何学习的机会。老板珍惜能够更快学习一份新工作的员工。你的学习能力就变成了一种市场技能。

以下是这段合适的改写：

- 作者指出当我们学习怎样学习时，我们就拥有了被雇主青睐的能力。

其实如同直接引用一样，转述也需要指明出处。

假如你与参考资料使用了相同的逻辑顺序，即使没有转述或者直接引用，同样也需要指明资料来源。

认真总结。基于你的笔记，你可能仅仅想要用几句话或者几段文字总结你的材料。以下方法可以让你的总结更有效：

- 把你的材料反复阅读几次直至理解。
- 把你的材料放在一边，用自己的话写下总结。
- 在你的总结里只表明作者的主要观点。
- 把你的总结同资料进行对比，检查准确性。

标明特定的术语和短语。有些概念和他们的提出者紧密相连。学生自己提出这些概念，不加标注，也属于剽窃，尽管他没有复制原文的单词、句子结构，或者是文章结构。

比如这个短语，“高效率人群的七个习惯”，同斯蒂芬·科维紧密相连。他写过几本有关这个概念的书。一个学生如果想写一篇论文，题目是“高效率人群的习惯”。他采用和这个人完全不同的单词、句子、习惯内容，但是这个学生仍会被质疑其观点是原创的。如果他在文章里直接提到斯蒂芬·科维，承认科维的观点——高效率和习惯紧密相连——则明智许多。

标注每一个资料的来源。标明你引用、转述或总结的所有资料来源。对于书籍来说，细节包括作者、题名、出版者、出版日期以及页码。对于印刷品在内的文章来说，要同时记录文章与杂志的题目。如果是在学术或专业期刊上发现的文章，还要记录出版物的卷数与刊号。图书管理员可以帮助你识别这些细节。

如果资料来源是网页，记录尽可能多的识别信息——作者、题名、主办机构、外部链接、出版日期以及版本日期，以及你得到该资料的时间。

采用尾注或脚注引用资料。可以向你的导师索取格式样本。

提交本人成果。上交由他人撰写或修改的材料会对你的学业造成危害。

给自己消化研究结果的时间。如果只花很短的时间来进行研究，那么你很有可能茫然无措，毫无收获。你需要抽出时间来不断阅读和思考自己在研究中收集来的材料。这样一来，你就可以真正消化理解，并且有一些全新的思考。

你尤其要做到以下几件事情：

- 把笔记全部读一遍，别急着下笔。
- 总结关于你这个主题的主要观点，注意同意和不同意的观点。

- 寻找各个材料之间的联系，也就是出现在多个资料中相同的观点、事实和事例。
- 注意能直接回答你主要问题和次要问题的内容。
- 根据研究发现，修改你的论文主题。
- 把笔记全部放在一边，打个论文草稿。
- 寻找你的研究和生活之间的联系，看看你是否能够将自身经历和某些观点结合起来。

8.16 掌握公众演讲技能

有的人会在别人演讲时走神。想想你在听老师讲课、听演讲或者听政治家讲话的时候，你会发现我们都有这种情况。记住在他们讲话时你所想到的东西。

你的听众就像你一样。你演讲的方式决定了是否能让听众不在中途离席。掌握了演讲的技巧并加以润色，可以让你更好地与听众交流。以下技巧在任何课程里都可以使用，也可以帮助你在职场上获得进步。

演讲如写报告一样，可以分为三步：

（1）组织演讲稿；

（2）发表演讲；

（3）反思表现。

1. 组织演讲稿

选择你有热情的话题。如果你的导师允许你选题，选择你觉得感兴趣的。想象演讲的开篇是：“我今天要讲的内容是我对……的热爱。”你会选择什么话题？把答案变成你的主题。

考虑“过程演讲”。这种演讲的目的是解释怎么做某事。例如换轮胎、种芦笋或者用 15 分钟准备一顿健康的早餐。步骤要短，一步一步到一个最终的结果。这种演讲可以作为第一次演讲的内容，容易组织、练习和发表。

在过程演讲的开篇注意吸引听众的注意力。和他们建立联系。表明演讲的主题和目的，将主题同听众关心的话题联系起来。演讲的主体部分解释每一步怎么做，要有一定的逻辑。总结部分快速总结这个过程，提醒观众它的实用性。

分析观众。做演讲和写论文是一样的，开篇要写出你的主题、目的和论点陈述。之后仔细地分析你的听众，可以使用表 8.2 里的策略。

表 8.2 根据你的听众调整你的话题

当听众对于演讲话题感觉很陌生的时候……	（1）解释为什么这个话题对听众很重要。 （2）把话题与听众已经熟知和关注的事物联系起来。 （3）解释听众可能不太熟悉的词语。
当听众对话题有一定了解的时候……	（1）在演讲的开头点出这一话题。 （2）尽量找出这个话题听众不了解的方面。 （3）另辟蹊径，把熟悉的话题与陌生的话题联系起来。
当听众不同意你的观点的时候……	（1）巧妙地承认和你不同的观点，强调你与观众共同的观点。 （2）表明你的资历，以建立你在此观点上的可信度。 （3）引用专家的数据（需选择在听众中认可度高的专家）。 （4）告知听众目前的观点会造成损失，思想上细微的变化和调整会为他们带来非比寻常的收益。
当听众对话题不感兴趣的时候……	（1）解释你的演讲对于他们的重要性，他们将会从中受益良多。 （2）解释你的观点在日常生活中的实践性。

记住听众想知道你的演讲和他们的需求想法相关。要让他们知道你演讲的内容值得讨论，写下你的主要论点。然后完成下面这个句子，“我之所以讲这件事是因为……”

组织你的演讲。关于你的话题，列出 3 ～ 5 个你的听众可能会问的问题。把这些问题按逻辑顺序排列，把你的演讲再按照这个顺序组合，直接回答这些问题。

在这一阶段，你需要考虑演讲的长度。按照每分钟 100 个字的速度。记住，如果你的演讲超过规定时间会扣分。

你的演讲要简练。既能表明你的观点，但是又不至于让观众感到疲倦，适可而止，可以激起观众的求知欲望。简明扼要非常重要。

演讲一般分为三部分：开篇、正文和结论。

如何写开篇。没有清晰主旨的演讲会让人昏昏欲睡。在你的开篇就表明演讲的主旨。下面的例子就清晰地表明了主旨，以及演讲的三部分，以逻辑顺序排列。

斗狗是一项非常残酷的运动，我想要向大家介绍这些动物的境况、谁在做这件事和我们怎样去阻止这项非人道的行为。

如果可以的话，谈论你感兴趣的内容。借鉴你个人的经历，在开篇就紧紧地抓住听众的心。下面是一段关于“世界饥荒”话题的开篇：

今天，我很荣幸地站在这里为各位演讲，我将与各位探讨“饥荒”的话题。首先，我想概括一下现有的问题；然后，我会围绕“世界饥荒”进行深入的探讨；最后，我会提出我的几点解决建议。

上面的开篇，让人觉得比较平淡。重写一下刚才关于“世界饥荒”话题的开篇：

在过去的 5 年中，死于饥荒的人数比在过去的 150 年中在战争、革命以及谋杀事件中死去的人数的总和还要多。而事实上，我们并不缺少粮食。今天，我很荣幸地站在这里，与你探讨解决饥荒这一问题的方案。

尽管每场演讲总有人中途走神，但是，多数人在最开始的时候总是全神贯注的。所以，你需要在开场白的句子上标出重点，以便让听众最快地记住你要演讲的主要内容。

你可以把文章里面想要回答的问题写在开篇。给这些问题编号，写在一个表格里，或者写在一张幻灯片上。

人们可能会告诉你，你可以用玩笑开头。但幽默是一件很难把握的事，你可能会面临触犯某人的风险，或者降低了文章质量。把玩笑留到你有很多公众演讲经验的时候再去用，那个时候你也会更了解你的观众。

同样要避免很长的花哨开篇，告诉大家你有多喜欢他们，你有多激动和他们做演讲或者是你在他们面前有多么谦虚。如果你在这上面花太多笔墨，你的观众不会相信你。

先打好开篇的草稿。当你完成余下部分的时候，再回过头来修改开篇。因为在拟定正文与结论的时候，你可能会改变之前的观点。所以有时候，甚至可以把开篇留到最后再写。

正文的撰写。正文就是主体，它占据着整个演讲稿的 70% ～ 90%。撰写演讲稿的正文就如写论文的主体一样。要在主体中回答你在开篇提出的问题。

在主体中，衔接非常重要。你需要加上一些转折词或者停顿来提醒听众内容的变化。比如“另一方面”或者“第二个理由”等转折或者连接的词组。

在较长的演讲中，时不时概括前文，对下文做提示。要多引用事实论据、详细描述、专家观点和数据来吸引观众的注意力。

结论的撰写。在演讲的最后阶段，你需要总结观点。戏剧性的结尾与引人入胜的开篇同样重要！当你进入结尾阶段的时候，一定要让听众清楚地知道。切忌出现像“我的演讲到此结束”这样突然的结束语。反之，应该像这样结尾：“所以，在接下来的总结中，我想重申一下之前的三个重点……”结尾也需简明扼要，不要啰唆。

制作演讲笔记。有些职业演讲者会建议你，先全文写出讲稿，然后用关键字将演讲稿中的主要观点标注出来并制作成卡片，再按顺序给卡片做好标记。当你书写完每一张卡片， 就在卡片背面写下卡片的内容摘要，要写得醒目一些，这样即使在远处也能够分清楚每一张卡片。便于演讲时使用。

但是这种方法的缺点就是，你每次都需要整理好卡片的顺序，不能乱。所以有些演讲者更倾向于使用另一种更为常见的方式——演讲笔记。或者干脆使用“脑图”。因为用这种方法，即使长达 1 小时的演讲内容，也都可以呈现在一张“脑图”上。演讲者也可以使用之前练习的记忆方法，去背诵这样的演讲大纲。

准备演讲辅助材料。演讲通常会用到幻灯片或者是海报。如果使用幻灯片，可以通过你的手机或电脑在里面添加视频。这些辅助材料可以帮助加强你的论点，让听众更好地理解你的演讲结构。

这些是用来补充你的演讲，而不是代替你的演讲。如果你使用辅助材料太多或者是辅助材料太复杂，你的听众可能会把注意力集中在材料上，忘记演讲者的存在。为了防止这些发生，你可以这样做：

- 询问导师是否可以在演讲里使用电子技术。
- 问问自己幻灯片是否真的让你的演讲变得更好。如果你用幻灯片仅仅是因为你能使用，那你可能会让它抢了你自己的风头。
- 用尽量可能少的幻灯片。15 分钟的演讲，10 张幻灯片是足够的。
- 用幻灯片做提示，而不是直接告诉观众你的论点。可以用幻灯片作图示、添加照片、表格、难以用语言描述的概念性内容。不要期望你的观众从幻灯片上读很多的文字。
- 限制每张幻灯片上面的文字数量。用短句或短语写出关键词。
- 保持前后一致的字体。文字要足够大，观众能够看清。尽量避免用两种字体，避免大写字母。
- 颜色前后一致、简单，浅色背景上面使用深色文字。背景要前后一致，避免撞色。

创建幻灯片最常用的软件是 Powerpoint。可以到 office.microsoft.com 网站上了解这个软件。找到搜索按钮输入“键盘快捷键powerpoint”。弄清怎样打开幻灯片、创建幻灯片、添加模板、插入新幻灯片、添加图像、观看幻灯片播放、打印幻灯片和保存幻灯片。（了解和使用最后一个命令通常会节省你很多时间，让你不再紧张。）

要记得幻灯片留存备份。至少把你的powerpoint文件上传到邮箱里，发给你自己。

你可能会觉得其他的幻灯片制作软件也一样有意思，包括Prezi、Jing和Animoto，还有苹果软件的keynote。也可以尝试Zoho Docs（www.zoho.com/docs）。

克服演讲恐惧。就算是很有技巧的演讲者，想到要在观众前面讲话也可能会感到紧张，所以感到紧张时，尽量不要害怕。你可以用下面三个步骤来减少、控制你的紧张感。

首先，精心准备。透彻地研究你的演讲主题。把你演讲的主题里里外外都弄清楚能激发自信。为了让开篇给观众留下深刻的印象，可以把前四个句子记下来，反复练习。在观众面前完美地呈现让你能对后面的演讲建立自信。

其次，接受你身体的紧张感。在公众前讲话你可能会经历一些一般与舞台恐惧相连的身体感知：嘴唇发干、心怦怦乱跳、双手冒冷汗、肌肉紧张、呼吸短促、声音发颤等。处理这种感知最直接的方法是接受这些紧张意识。告诉自己：“是的，我的手是湿冷的；对，我的胃紧张得像是要反倒过来；我的脸感到麻木。”试着去否定或忽视这些紧张的事实只能增加你的恐惧。然而当你彻底接受这种紧张感时，它们也就开始减弱了。

最后，注意力要集中在演讲的内容上，而不是演讲时的姿态。米歇尔·莫特利，加利福尼亚大学的一名教授，区分了两种演讲定位。以表演者定位的演讲者认为他必须使用正式的技巧来吸引观众；相反，以交流定位的演讲者仅把公开演讲看作两个人对话的延伸，演讲的目的不是表演，而是与观众或朋友交流你的想法。

采取交流式定位的演讲态度可以减少你在公众前演讲的恐惧感。把注意力集中在你的演讲内容上，而不是你自己本身。比起你是怎样讲的，你的观众更关心你演讲的内容。忘记演讲，给观众可以使用的有价值的思想和信息。

反复练习你的演讲。在公众面前演讲获胜的秘诀是练习。用“演讲者”的声音来练习。当你练习的时候，要大声。要知道当你大声说话的时候你的声音是不同的。这能使你紧张，尽早适应这种紧张是好的。

通过声音系统听听你大声说话的时候声音是什么样子的。如果你不能在真实比赛环境中练习，至少提前参观一下场地。确定你演讲时要用到的工具，包括所有的声音图像设备都能够在演讲时使用。

在演讲开始的前几天开始练习，如果可以的话，最好在你演讲的那个教室进行练习，注意不要超过规定时间。

录下你的演讲。许多学校都有录像设备可供学生使用，记得在练习的时候使用，然后观看你的录像并做出评价，以进一步提高。

不断练习。不要像读剧本那样一个词一个词地说。当你对自己的材料理解透彻了，你就可以更加自然地说出来。持续不断地练习，直到你能在睡梦中熟练地演讲。然后再从头到尾看几遍。

注意不断重复的词和短语，如“你知道的”“类似”“真的”以及“嗯”“啊”“额”。每次在你的日常对话里用到这些词都要注意。如果你听到它们，告诉自己你不会再用这些词。

2. 发表演讲

在开始之前，先抓住听众的注意力。如果人们还在往房间里走或者仍在调整座位，说明他们还没有准备好。当所有人的目光都投放在你身上时，你就可以开始演讲了。

注意着装。你在演讲时穿的衣服所传递的信息和你演讲的内容一样重要。想一下你的听众会如何着装，根据你想要给他们留下的印象选择你的着装。

提高嗓音。演讲时的声音要保证让屋子里的人听到，不要倚在演讲台或其他地方。

保持目光接触。当你去看一个人的时候，他会变得没有那么可怕。还要记住一点，演讲者多与听众进行目光交流能让听众更容易听演讲的内容。从人群中找出几张和善的面孔，想象你是在和单独的每个人交谈。

注意非言语沟通。要注意你的身体正在向听众传达的信息。不自然的、僵化的姿势看起来很不诚实，要尽量自然。如果你不知道双手应该做什么，那就不要管它。

注意时间。在演讲过程中，你可以通过对时间的掌握来加大你的语言影响力。提早结束比拖延时间要好。

在合适的时候停顿。新手有时候会觉得他们应该分秒不停地说话。不要这样想，要给听众时间做笔记，吸收你所讲的内容。

轻松面对。如果你能够放松并享受自己的演讲，听众会和你有一样的体验。

3. 反思表现

许多学生在演讲完成之后会容易松懈下来。如果你想在下次演讲时更好，那你需要花时间回顾并反思你的表现。你按时完成了没有？有没有漏掉你原本打算说的要点？听众都听得认真吗？你有正确应对演讲过程中的紧张吗？

在日志里写下你下一次演讲准备做出怎样的改变以及你学习到的经验。记住，对自己要像对别人一样友善。你要注意到自己需要改进的地方，也要注意到自己做得不错的地方，祝贺自己能够在听众面前完成自己的演讲。

要欢迎别人对你的表现做出评价。多数人会很难接受别人对自己的批评。要意识到自己对批评的抵抗，然后放手让这种抵抗消失。倾听别人的反馈将有助于增强你的演讲技巧。

小链接：完成出色的小组展示

准备小组展示时，你可以运用下面三条策略来帮你做一次值得记忆的展示。

第一条：组织。任务到手后，尽快选出一个小组长，并交换联系方式。为策划、搜索、写作和练习展示定下详细的时间和地点。

第一次小组会议时，做一个待办事项列表，写上完成这次作业所需要的所有任务。公平分配这些任务，并注意成员个人能力的不同。比如有的人擅长头脑风暴，有的人喜欢收集资料。

阐述清楚你们的话题和论题，或者重点，然后开始着手准备。用强有力的事实、引言证明你的论题。

注意评价展示的标准。如果导师并没有给出评分标准，那么就自己建一个标准。

第二条：协调。在展示前多次调整展示稿的内容。确保展示稿在不同的展示者之间过渡自然。记录好时间，不要超时。

练习使用翻纸板、招贴画、DVD、录像带、幻灯片等视觉资料，确保它们适合展示场所的大小来发挥其最大作用。要确保文字能被坐在后排的人看清。如果是在比较大的房间里，可以考虑使用展示软件或者投影片等。

第三条：合作。得分最高的展示在团队合作和策划方面做得很好，而不是个人的突出起了作用。和小组成员认真沟通一下，不要吝惜表达自己的观点或者评价他人的观点。合作会让你们小组拿到一个好分数。

卓越达人记

奇玛曼达·阿迪奇埃
(Chimamanda Adichie)

奇玛曼达·阿迪奇埃生于尼日利亚，毕业于约翰霍普金斯大学和耶鲁大学，著有小说作品《半轮黄日》《紫木槿》。

当阿迪奇埃离开尼日利亚到美国上大学时，她的第一个室友是美国人。室友很惊讶阿迪奇埃的英语说得如此的好。

阿迪奇埃告诉她尼日利亚的官方语言是英语。

她的室友想听一下他们的“部落音乐”。

她拿出一盘玛丽亚·凯莉的磁带。

她的室友还认为她不知道怎么用炉灶。事实上她的爸爸是尼日利亚大学的教授，她的妈妈是这所大学里面的行政管理员。他们家还提供住宿和家务方面的帮助，非洲最有名的作家之一钦努阿·阿切贝就曾经住在他们家里。

在2009年一次TED的演讲上，她回忆起这次对话。“我的室友对非洲有自己的一个故事，一个悲惨的故事，在这个故事里没有非洲人和她一样，除了同情，没有其他感受。没有同样作为平等的人类的联系。”

她还回忆起在5岁前学习读书，她喜欢英国和美国的儿童读物。她7岁时开始用蜡笔写故事，她故事里的人物是白色的，他们吃苹果，喜欢在雪地里玩儿，谈论天气，尤其是太阳从云朵里露出脸的时候。

但是她住在尼日利亚。终日太阳照射，从不下雪。她吃杧果，不吃苹果。她的朋友们也从不谈论天气。对她来说，这种生活和文学上的冲突象征着一个危险的故事。

但是当她读到一些非洲作家，如钦努阿·阿切贝和卡玛拉的书时，一切都不一样了：“我意识到和我一样的人们，巧克力肤色的女孩，头发卷曲得不能扎马尾的女孩，也可以存在于文学中。”她了解到书里可以讲很多个故事，一个事件可以从不同角度叙述。

这就是阿迪奇埃大部分书里探索的主题。她的小说《半轮黄日》，就是从三个不同角色的视角来叙述：一个尼日利亚男孩，一个年轻富有的尼日利亚妇女，一个英国来的白人。

“概念化总是片面的，因为他们把你缩小为一部分。”阿迪奇埃说，“我是尼日利亚人，女权主义者，黑人，伊博人（东南尼日利亚的民族之一），但是我被定义为其中一个，其他的别人却看不到，这样造成了很大的局限。”

阿迪奇埃认为故事和力量联系紧密，任何人讲出让我们刻板化的那一个故事，那个人就主导了我们。

这就是为什么小说家和讲故事的人在这个多元世界里如此重要。任何一个地方、任何一个人都可以存在于故事里。他们让我们看到事物的复杂和多样。在阅读不同的故事时，阿迪奇埃说，“我们重获新生。”

奇玛曼达·阿迪奇埃用她的文字拥抱思考的多样性。

姓名________________________________

日期________________________________

测验

1. “澎湃动能：信守承诺”提到有力的表达阶梯。区别最低一层和以上五层的特点是：
   a. 可能
   b. 喜好
   c. 计划
   d. 责任

2. 当你不同意一个人的观点时，你也可以有技巧地倾听。这种说法：
   a. 正确
   b. 错误

3. 这句抱怨“你总是在我说话时打断我！”改为有效的请求是以下哪一句？
   a. “你几乎总在我说话的时候打断我。”
   b. “我说话的时候你有时会打断我。”
   c. “请让我说完后你再讲话。”
   d. “你为什么打断我？”

4. 根据课本内容，有效的倾听者会在另一个人发言时保持完全沉默。这种说法：
   a. 正确
   b. 错误

5. 和言语信息相反，________信息包括你的姿态、动作和衣着风格。

6. 根据课本内容，掌握公开演讲技巧的人能够消除在观众前的恐惧。这种说法：
   a. 正确
   b. 错误

7. 有效的“我”信息包括：
   a. 你的观察
   b. 你的感受描述
   c. 表明你想要的
   d. 表明你想做的
   e. 以上任意一个或全部

8. 有技巧的作家认为人们会阅读你在网上发布的全部信息。这种说法：
   a. 正确
   b. 错误

9. 从以下选项里选出有效的“我”信息：
   a. “我认为你有时很粗鲁。”
   b. “我感觉你不爱我了。”
   c. “你回家晚时我很担心。”
   d. “我恐怕我们要分开了。”
   e. c 和 d

10. 以下哪个是有效的论题陈述：
    a. 学生的成功
    b. 学生的成功依赖于可学习的技巧
    c. 学生的成功和学习
    d. 策略、学生的成功和学习

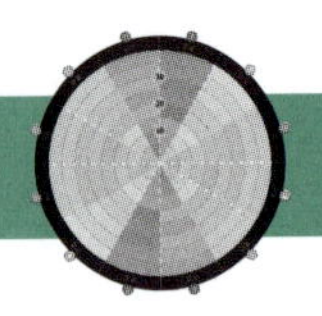

技能掠影

花一分钟的时间回顾本章，思考怎样才可以让本章的内容对自己的沟通方式产生持久的、积极的影响。首先，总结一下自己目前在沟通方面的技能水平。然后制订清晰的目标，付诸行动，提升沟通能力。

发现

我在“发现轮盘”的“沟通”这个部分的得分是……

当我对某人感到愤怒时，通常的表达方式是……

我会这样描述自己目前的情商……

目标

从本章中，我获得的最有用的倾听策略是……

从本章中，我获得的最有用的发言策略是……

从本章中，我获得的最有用的写作策略是……

上述建议能够在……帮助我在职业生涯中取得更大成功。

行动

为了采纳上述建议，并付诸行动，我将培养的三个新习惯是……

chapter 9

第 9 章 理财

为什么？

不要让钱成为你学习和生活的障碍。

是什么？

迅速浏览此章节，留意会帮助你增加收入、减少支出或能双管齐下的策略。列出三项你会考虑立刻运用的策略。

怎么做？

如果想养成良好习惯使自己以后能从财务困扰中解放出来，我要怎样做？

抽出一分钟

拿出一分钟时间搜索学校网站，找出财务援助办公室的地址、电话以及电子邮箱。如果时间比较充裕，可以与办公室的人约谈一次。

尝试做回傻子

优秀的学生有勇气去冒险。冒险有时意味着甘愿失败——即便是做个傻子。这个想法适用你，因为你已经是个傻子了。

别生气。我们大家都会偶尔做回傻子。如果你对此表示怀疑，那就回想一下自己几天前做的傻事。你知道是哪一件。对……就是那件。

那件事令人尴尬，你试图要掩盖。然后你假装自己不是个傻子。这种事情在每个人身上都发生过。

我们都是容易犯错的普通人，但是有许多人却要花许多时间和精力去掩盖自己曾经犯过的错误。其实没有人会上这个小伎俩的当——甚至连我们自己也不会。跳舞时看起来很傻没有关系，给自己的孩子唱歌时听起来很傻也没有关系。不必担忧自己看起来很荒谬，因为这其实是你在冒险试错。

这一澎湃动能同时还有个警示：冒险试错并不意味着逃避自己行为带来的责任。“冒险看起来像个傻瓜”并不是要你在派对上喝得大醉出尽洋相，不是要你行事鲁莽或干蠢事，也不是要你显得平庸。

许多活动的技巧都在于愿意去尝试新东西、去失败，然后再改正、再失败，如此往复。

以金钱举例。本章节让你思考以下这个离谱的想法：你可以不再为钱烦恼。如果你和朋友分享这一想法，他们估计会以为你被某个一夜暴富的阴谋骗住了，有些人甚至会说你是个傻子。如果你不介意他们的反应，那么其他人的批评也将无法阻止你。你可以自由地尝试不同的想法甚至犯一些错误。在这个过程中，你将学到一些完全改变你金钱观的东西。

“尝试做回傻子”意思是要认识到愚蠢同尊严、勇气、胆怯、优雅、笨拙以及其他品质一样，都是人的特性，人皆有之。你不妨尝试做一回傻子，因为每人内心中都有一个傻子，而且这已经是不可改变的事实。为什么不偶尔享受一下？

有一个方法保准可以让你避免冒险做傻子，那就是避免生活。一个从没写完一本书的作家永远都不用担心会收到负面的书评，一个不参加棒球比赛的中场手就不用担心犯错误，一个从没站在舞台上演出过的喜剧演员一定会避免自己讲笑话冷场。只有当我们适应犯错误——也就是说，愿意尝试做个傻子的时候，我们冒险时成功的可能性才会增大。

9.1 不再为钱担心

大部分理财问题都是由入不敷出所引起的。事实就这么简单，尽管我们大家总是尽一切可能让问题变得更加复杂。

解决的方法同样简单：不要过度花费。如果你花的钱比你挣的钱多，那就增加收入，或者减少支出，要么双管齐下。这一观点虽然从未赢得诺贝尔经济学奖，但如果你运用它也绝不会破产。

金钱总是比其他任何东西更容易让人产生不必要的矛盾和烦恼，而且这一事实似乎并不以拥有的金钱的多少而有所分别。一年挣 10 万元的人会觉得自己挣得不够多，一年挣 100 万元的人仍然觉得自己挣得不够多。

那如果说一个人一年能挣 1 000 万元，总该够了吧？不一定。金钱上的烦恼与挣多少无关，经济不景气的时候尤其如此。

理财的回报似乎比理财本身更要复杂。如果我们不懂得用钱之道，那也就不需要为钱负责。毕竟如果你都不知道如何换胎，也就用不着去修它了。在金钱方面，这一道理同样适用。

学生常常以“无法支付学费”为理由退学。其实，真正的理由应该是“我不知道怎么样支付学费”或者“我不认为学费花得值”。

利用本章节中的策略便能使你远离金钱带来的烦恼。这是一个大胆的声明——可能过于大胆。可是万一这是真的呢？所以要用开明的思想去接纳这一观点，然后将自己的生活当作实验室去尝试。

即使是在经济不景气的时候，本章内容也会对你有益。你的金钱状况虽然也会受到经济整体情况的影响，但更多的还是受你自己每天决定如何挣钱和花钱的影响。

你将要学到的策略其实并不复杂，事实上，它们都不是什么新方法，而是建立在你在本书日志中的一系列发现、目标和行动练习之上的。有了这些策略加之自己的灵活运用，你就已经具备理财所需要的一切准备。

理财有如下三个主要步骤：

- 如实坦白自己有多少钱，花了多少钱（发现）。
- 承诺不会过度消费（目标）。
- 采取建议——多挣钱、少花钱，或双管齐下（行动）。

如果你能坚持不懈地做到以上三点，那么你最终将能摆脱掉大部分金钱困扰。例如，单单是养成每月还清信用卡的习惯，就能够让你的财务状况有很大转变。

本章内容并不是为了告诉你怎样成为一个百万富翁，当然你也可以选择将此作为你的目标。不过本章内容要揭示很多百万富翁都知道的事情：控制自己的财务状况，而不是被它牵着鼻子走。

练习 28

财务监督 / 财务监督计划

许多人发现钱财真的不好管理，稍不留神就会花销超支，我们手里的钱就像是想趁人不注意偷偷溜走一样，而且通常都不会被发现。所以关注财务的每一个细节这一简单的动作就会如此重要——即使这是本章内容里你运用到实际中的唯一理念。

将本书中的练习作为一个观察你日常生活中资金的流入和流出的机会。目标是记录你一个月内所有的收入和支出，这听起来似乎是一项大工程，实则很简单，并且效果显著。对自己的收入和花销越清楚，就越能做出可以改变自己生活的经济决定。下面就告诉你如何开始。

步骤一：阅读表 9.1 并复制一些表 9.2（财务监督表和财务监督计划表）备用。

扫描多份表 9.2 以备每个月用。这张表能帮助你做两件事情：第一，能对自己每月资金流入流出有整体的认识；第二，能对每月的收入和支出做详细的更改计划。

步骤二：追踪自己的收支状况。

你可以自己想一下要怎样来做这一步，以确保你能准确地了解自己每个月的收入和支出。只要方法有效，任何方法都可以用，另外还要注意保持记录的简单易读。例如：

- **保存所有收据并归档。**每次买东西的时候都索要收据，放入自己的钱包、背包或者口袋里。回家后，记录收据上的购买情况。然后将收据归档，归档的文件夹上要注明年月（例如 2018 年 1 月）。每个月收到薪水时，也要留下存根并归档。如果没拿到收据的话，就自己做一张。内容详细的收据可以帮助你报税、归类自己花销（如食物分类、休闲分类），还可以用于检查信用卡账单。
- **运用智能手机上的记账程序。**如果你用智能手机，便可以用智能手机来记录自己的收支。想要找到相关的软件，只需上网搜索关键词“记账 Android”或“记账 iOS”。
- **运用电脑软件。**你可以学习用 Quicken 或类似的软件在电脑上记录自己的收支情况，将收支内容分门别类。
- **运用线上银行系统。**如果你的银行账户有线上服务，你就可以用银行的记录来帮助自己进行记录。你的每一张支票、每一次刷卡、每一笔存款，都会有线上记录。你可以用电脑上网随时随地查看你的账户变动。有些银行网站还允许你将自己的收支分类打标签。如果不太清楚网上银行的使用方法，就去银行里问一下。
- **试验一下以上给出的这些方法。**之后就用其中最适合自己的方法就好。或者你也可以自己想别的方式，只要能够准确明白地记录每个月的收支情况就行。

步骤三：每月最后一天填写财务监督计划。

拿一张空白的财务监督计划表（表 9.2），标上年月，用自己本月的收支记录填表。

需要注意的是财务监督计划表左侧的栏目包括了收入和支出的分类。（空白的格子可以继续添加你需要的分类。）中间一栏写上每个分类下的金额总数。

例如，如果你本月在食品杂货上消费 300 元，将 300 元写在食品杂货栏右侧的中间栏。如果你有一份兼职本月给你发了两次工资，你就把两次的总数写在薪水栏右边的中间栏里。表 9.1 给出了更多的例子以供参考。

记住在必要时分摊花销。例如你每个月给信用卡还款时只还一次，但你的信用卡账单的内容是分成几类的。这时记得要把每个分类的总金额分别计算，然后分别列在表内。

假设你用信用卡买了在线音乐和一件套头衫、上饭店吃饭三次、给汽车加了两箱汽油，那么在线音乐应归类到娱乐中，套头衫归类到衣服中，三餐饭归类到在外就餐中，给汽车加的油归类到汽油中。

现在看一看计划表最右边一栏，这一栏尤其重要。回顾你各项收入总数和支出的类别，如果你预计下个月想减少某项的总金额，就标注“−”；如果你想增加总金额，就标注“+”；如果维持原样，保持空白。

回到表 9.1，这是财务监督计划表的一个例子。从表中可以注意到这位学生计划减少外出就餐以及娱乐的花销（对于本学生来说为电影和 DVD 租金方面的花销），但是要增加食品杂货这方面的开支。她意识到即便有增加的开支，在外少就餐在家多做饭仍能够节省开支。

日志 19

发现 / 目标陈述：反思你的用钱经历

列出所有你最近说过的关于自己财务状况的陈述——任何陈述，例如“我的钱总是不够”“我有一些闲钱可以用于投资，该投资哪里呢”，将这些陈述写下来。

当说起我的财务状况时，我发现我……

快速浏览本字看看哪些文字跟你的陈述相符，或者哪些给出了不一样的观点。将这些记录下来，以便仔细阅读。

我打算……

步骤四：完成自己的第一张财务监督计划表后，祝贺一下自己。

你正在为有意识管控自己的财务生活积极收集所需要的数据并加以分析。不管这些数字累计起来会有多少，你已经开始有意识地控制你的财务状况。每个月坚持这么做，最终你将走向财务自由。

表 9.1　财务监督计划表样例

收入	本月	下个月	支出	本月	下个月
薪水	500		书本文具		
津贴	100		车辆维护		
存款利息			汽车贷款		
贷款	300		衣服		
奖学金	100		存入银行		
			外出就餐	50	—
			娱乐	50	—
			汽油	100	
			食品杂货	300	+
			保险（汽车、生命、医疗、住宅）		
			洗衣服	20	
			电话	55	
			房租 / 抵押贷款	400	
			学费		
			水电费	50	
总收入	1 000		总支出	1 025	

表 9.2　财务监督计划表

____年__月

收入	本月	下个月
薪水		
津贴		
存款利息		
贷款		
奖学金		
总收入		

支出	本月	下个月
书本文具		
车辆维护		
汽车贷款		
衣服		
存入银行		
外出就餐		
娱乐		
汽油		
食品杂货		
保险（汽车、生命、医疗、住宅）		
洗衣服		
电话		
房租 / 抵押贷款		
学费		
水电费		
总支出		

____年__月

收入	本月	下个月
薪水		
津贴		
存款利息		
贷款		
奖学金		
总收入		

支出	本月	下个月
书本文具		
车辆维护		
汽车贷款		
衣服		
存入银行		
外出就餐		
娱乐		
汽油		
食品杂货		
保险（汽车、生命、医疗、住宅）		
洗衣服		
电话		
房租 / 抵押贷款		
学费		
水电费		
总支出		

9.2 多挣钱

节省开支可以增加财富，多挣钱也可以增加财富。不去每天都去的咖啡店，一年可以省上千元。要求加薪或换一份薪水更好的工作可以在短期内让你多挣上万元，更不用说长期效应了。如果说你能省的钱是有限的，那么你能挣的钱可以说是无限的。

少花钱和多挣钱时人的心理状态不同。减少开支意味着不能花钱，给人一种自我否定的感觉，而增加收入意味着你可以花钱，让你觉得自己有价值，同时自己也不会在未来出现财务问题。

以下方法可以挣到更多的钱：

- 获取经济补助
- 边读书边打工
- 要求加薪
- 兼职创业
- 全力以赴做好每份工作
- 终身学习

1. 获取经济补助

在学期间，助学金、奖学金、低息贷款都可以使你不再需要全职或兼职工作，这些方式都很常见。很多学生以为自己不够资格申请经济补助，这种想法会使你损失上万元。你可以去学校的助学金办公室询问一下有哪些选择。

2. 边读书边打工

边读书边打工。在校期间如能半工半读，这种经历为你带来的收获远不止是金钱方面的。你还能得到经验，在工作场合混个脸熟，并拓展自己的交际圈。固定的收入——不管是多少——都会影响你每月的资金流动情况。

许多学生会全职或兼职。工作和学习其实并不一定会冲突，如果你细心规划，则尤为如此。可以从你的雇主那里获得支持帮助。关于时间的章节可以帮你更好地规划时间。

许多校园里都会设助学金办公室，里面有人专门负责为在校学生寻找工作机会。去见见这些人，有些工作就是专门为学生设置的。此外，常去查看你所在学校内的职业规划和工作安排服务。利用这些资源，你能为自己增加不少工作机会。餐厅服务员或者送餐员似乎不是一个体面的工作，但是小费的收入是非常可观的。其他一些工作，如图书管理员或者宿舍前台，还可以给你一段安静的理想的时间来学习。

看看你能不能找到一份和你理想的职业相关的工作。即使是最基础的工作你也能够获得非常有价值的经验。当你做了一段时间以后，看看怎样可以让自己被提拔。

3. 要求加薪

要求加薪有以下两种情况：一种是你正

在面试另一份你想要的工作；另一种是现在的工作中，你的领导在对你进行绩效考核。本段的建议可以用在任意一种情况下。

考虑潜在的奖励。有效地讨论薪资问题可以使你的财务状况产生很大的转机。比如一年可以多挣1万元的话，十年就是10万元，即使你没有获得其他的加薪机会。如果加薪加得更多——每年2万、3万、5万、10万元甚至更多，可以想象能够有多么可观的财富提升。

还可以将这些数字带来的效果想得更宽一些。写一份发现陈述，想想除了金钱的增长，还有哪些增长。例如：我发现我能够……

- 平静地偿还债务。
- 带着家人或好朋友一起去旅行，一起快乐，增进彼此的感情。
- 享受工作，因为我辛勤的工作配得上我的工资。
- 享受工作被认可的感觉。
- 让我的朋友和家人为我感到高兴。
- 坚持自我，并得到老板的尊重。

深思熟虑。在要求加薪之前，先想想有哪些想法会阻碍你的行动。举几个例子：

- 我的老板会说没有加薪的预算。
- 我在现在的经济环境下能找到这份工作纯属幸运。
- 我非常不擅长提需求，尤其是涉及钱的时候。
- 只有老板最喜欢的人才能加薪，我们其他人实在是运气不好。
- 如果我要求加薪而被驳回，那意味着我真是太没用了。
- 我要求加薪从来没有成功过，以后也不会成功的。

日志 20

发现 / 目标陈述：思考你的财务监督计划表

已经尝试用这些方法去监督自己的财务生活后，再花上一点时间回顾自己正在学的技巧并利用自己的钱打造更好的未来。现在完成下面的陈述。

在监管自己的收入和花销一个月后，我惊讶地发现……

只要是涉及钱，我就能熟练地……

当涉及钱时，我不是很擅长……

要增加收入，我可以……

我要在……少花钱。

考虑到目前能改善我财务状况最有力的方案后，我打算……

当上面任何一个想法出现在你脑海中后，你在参加会议时要求加薪都会变得很困难。

记住，面试者和上司用的都是一套标准的沟通策略，无论经济形势好与坏：他们来面试时都已经预想了一个薪金范围，然后他们会从最低的薪金给起。

所以要记住一点：薪水是可以商量的。你不一定非要接受给出的第一份薪水。

另外要记住，交涉薪水是有技巧的，人人都能学会。继续往下读，你会学到更多技巧。

设法了解到你目前工作的薪金范围。获得相关信息后，你就能知道自己目前的薪金是不是过低了。

可以从上网查资料开始。美国的职业资讯网（Career InfoNet，www.careerinfonet.org）有相关信息；点击职业信息。也可以用你惯用的搜索引擎，搜索薪金范围。

另外，还可以通过同领域的朋友了解，咨询那些已经在做你想做的工作的人。

还要注意，同一种职位的薪金也会因为地域而有所不同：大城市与小城市不同，发达地区与欠发达地区不同。

知道你自己想要什么薪金。想明白自己想用多少钱维持怎样的生活水平，在此基础上再留一点富余。如果你想找的工作和目前的工作类似，则应该至少考虑10%的薪水提升。

与此同时，还要将雇主能提供的其他好处都考虑在内。要想好一个期待的薪金范围，而不仅仅是一个数值。

找合适的时机。如果正在申请一份工作，不要过早地谈论薪资。要等到面试官已经决定要你了——一般是在第二次或第三次面试的时候。这时公司一般愿意多花一些钱，尤其是当你与这份工作非常契合时，因为他们会担心你被别的公司抢走。

如果你希望你现在的工作能加薪，就要考虑自己最近是否有很好的表现，在工作上是否做出了很重要的贡献。

让对方先提出一个薪金数。当开始谈论薪水这个话题时，坐在桌子另一边的人很有可能问你：你的期望薪资是多少？

这时你要谨慎。这个问题很棘手。说得太高，可能会直接拒掉你。说得太低，会破坏你的可信度，并且你的薪水会在很长一段时间内被困在一个很低的水平。

你没有义务一定要马上回答这个问题。你可以说：我们可以讨论一下，您觉得多少钱合适？

面试官给出的答案一般会是期待范围内比较低的位置。如果他给出的薪金在你期待的范围内，你就说：我觉得这个数还可以，怎样可以让这个数字到……？话结尾的数字要接近你的最高期待值。这样你才有空间与对方沟通，与此同时你也能更了解面试官和主管对你的期待。

请求一个表现评价。以书面形式询问是否可以安排一个时间。这可以使你有别于其他申请者或者员工。这给出了一些信息：第一，你很自信你能为你的老板创造价值；第二，你愿意花专门的时间来评估自己的工作。

谈论福利。沟通薪资时一般都有机会谈论福利。根据公司和职位的情况，福利有可能涉及医疗保险、人寿保险、残疾方案、公司用车、旅途费用报销、退休计划和学费报销等。

4. 兼职创业

还有一个方法，就是自主创业。考虑一个自己能提供的兼职服务——从养花到计算机咨询所有可以参考的职业范围，任意服务都可以。学生可以有许多方式增加收入，如跑腿、教授吉他课、家教、设计网站、遛宠物、整理车况或照看房屋。收费要合理，服务要无懈可击，还可以让客户把你推荐给其他人。每个月多挣几百元就会让你的财务体验有所不同。

向助学金办公室寻求帮助，问问有哪些

可以在家里或通过互联网完成的工作。越来越多的公司雇人在线为客户服务，很多咨询师也这样工作。

俗话说：利润来自价值创造。为了提高创业的成功率，要认真思考潜在的客户或委托人想要什么。他们需要解决什么问题？他们担心什么？他们希望得到什么好处？你的产品或服务要满足他们的需求。

这种方法比长篇大论告诉别人你擅长什么要有效得多。你要让他们更情愿地付费：告诉他们你擅长什么之前，告诉他们你所能创造的价值是什么。例如你可以说：我能帮你吸引到更多的流量，因为我擅长把网站做得看起来很专业。再比如：我可以帮你卖出更多产品，因为我擅长给邮件起引人注目的邮件标题，并使邮件内容很有号召力。

在你找到能成功的创业点子前，可能需要几番尝试，这同样也是一段宝贵经验，你发现了人们关注什么、愿意买什么。

5. 全力以赴做好每份工作

一旦找到了工作或开始创业，就要努力做到最好。一段积极的工作经历会让你接下来的几年都受益，你可能因此找到其他的工作，获得推荐或认识一些大人物。

让你自己变得不可替代。优异地完成工作，建立关系，积极合作，不断输出成果。只要可能，要超越你的工作目标。为提高收益、降低成本、解决问题、提高效率献计献策。然后要求自己被分到可以实现自己想法的团队中去。

最后，以长远的眼光看待这些事情。如果你的工作有利益又有意义，那再好不过。但是如果不是的话，请记住任何工作都能帮助你达到学习的目标并成为一名出类拔萃的学生。

6. 终身学习

不断磨炼自己找工作的技能能够最大化你的挣钱能力。可以寻求学校职业发展中心的帮助，另外本书下一章关于事业和找工作的部分也会对你有所帮助。

你的教育正在帮你积累能为自己的后半生带来收入的知识、经验和能力。根据美国劳工部的数据，获得学士学位的人的周平均工资是 1 101 美元，只获得高中文凭的人周平均工资是 668 美元。另外，有学士学位的人也更不容易失业。

当你毕业后在自己选择的行业里寻得一份工作，请坚持继续学习。想办法获得额外的技能或证书帮助自己获得更高的薪金或更令人满意的工作。

小链接：不要求做预算

关于财务监督计划表还有一点需要留意：这张表并没有让你做预算。做预算就像做节食计划，往往都会执行失败。很多人一提到做预算就会犹豫不前。因为预算让人联想到不满足、单调和负罪感。一想到预算，他们脑海中就会浮现《圣诞颂歌》里吝啬的埃比尼泽·斯克鲁奇哆嗦着皱巴巴的干柴一样的手尖叫：“你太失败了！花太多钱了！”

财务监督计划表并不是基于这样一条思路的。表上没有地方要求你做预算，也没有人对你指指点点。你不需要做预算，只需要在你下个月想加的部分加，想减的部分减，没有额外的要写，不必感到羞愧，也没有人会指责你。

9.3 少花钱

控制自己的开销是你立刻就能做到的事情。从下面的清单中选用一些点子，你自己还可以想更多的点子。

查出大宗消费项。当你要找出削减开支的项目时，就从大宗消费项开始。例如你选择公寓的地址，这个决定做好了能为你节省上千元。有时，住在离学校稍远点的地方或者一所小点的房子，公寓都会便宜许多。你还可以找个室友分摊房租来减少这方面的开支。还可以提出为房东做修缮或修理的活儿，以此抵消一部分房租。按时支付房租，谨慎对待家具财产。

汽车也是消费的高支出项目。先算上买车或租车的钱，然后再加上支付停车、保险、修理、汽油、维护还有车胎的钱。你甚至可能发现走路、骑车、坐公交、坐校园摆渡车还有偶尔打车会更加划算。还可以拼车，找有车的朋友分摊油钱。

记录自己的消费情况，找出自己主要在哪些方面花钱。然后在不影响你花必须花的钱上—比如房租和学费—选择减少一两个方面的开支。

查出低消费项。是否减少或停止在低成本物品上的采购将决定你是深陷债务还是存下了钱。例如，每天在咖啡店喝咖啡花掉的20元，一年累积下来能有7 300元。这笔花销足以让每个人为之一震。

货比三家。价格差异是非常大的。多到周围逛逛，等换季甩卖，多用优惠券。还可以去二手店、旧货店和拍卖场看看。

在花全价购买一样新物品之前，想想是否可以买二手的。你可以在零售商店或网上去淘“二手”的服装、CD、家具、体育器材、音响设备以及电脑硬件等各类物品。

还可以上网比价，比如雅虎购物、(Yahoo! Shopping，http：//shopping.yahoo.com）和谷歌产品搜索（Google Product Search，www.google.com/prdhp）等网站。

找学生优惠。电影院、剧院、餐馆、酒吧、购物中心等有时会有学生优惠。看看校内商店买软件有没有折扣。另外，问问银行可不可以开有网上银行服务的学生账户，服务费和存款额要求应该都会更低。每周上网查询你的收支情况，以免自己透支。

关注质量。长期使用某样东西时，价格最低廉的不见得都是最划算的。有时候，稍微贵点的物品能用得久一点，才是最佳选择。事物本身所具有的价值和花在它上面的广告费其实是没有关联的。仔细检查一下自己所购买的物品，看看它们的质量是否都是好的。

自己做饭吃。光这一条建议就能把深陷在预算问题中的你解救出来。去逛逛杂货店，而不是下馆子。还要多攒优惠券，注册打折会员卡。

如果你能稍稍做个菜单计划的话，做饭并不需要花太多时间。列一个清单，上面能有5道最喜欢的家常菜就行了，然后学会怎么去做，还有就是常备做这些饭菜需要的配料。买大包装还能更省钱。

如果你住宿舍，看看在吃饭上有哪些不同的选择。有些学校给不住校的学生提供用餐计划。这些计划一般比你在学校餐厅吃饭要便宜。

还可以上网找优惠。很多网站都有优惠券，如Groupon（groupon.com）和Living

Social（livingsocial.com）。

减少通信开支。如果你平时用手机，读读你最近的手机账单，看看上个月你打了多少分钟电话。也许你可以换一个比较便宜的手机，少打一些电话，少发一些短信，用便宜一点的套餐。

上网研究一下不同的手机套餐，看看是不是可以通过换运营商节省开支。另外还可以考虑办理家庭通话套餐，可能会比每个人单独办一个套餐要便宜。除此之外，考虑一下自己是否既需要一台座机又需要一部手机。取消座机立刻就可以省一笔钱。

还要关注那些能通过网络传输你语音信号的选择。这一技术被称为互联网协议电话（voice over internet portocol），Skype（www.skype.com）就是一个例子。用互联网协议电话打国际长途会便宜得多。

节约能源。要在水电费上面省钱，就要随手关灯，与此同时还可以节约能源。冬天关紧门窗保暖，夏天清早打开窗户让屋里吹进凉爽的空气，然后关紧门窗尽量维持较低的温度，空调开到22摄氏度或以上。天气凉的时候，穿暖和点，室内温度调至20摄氏度或以下。天气热的时候，洗冷水澡，洗快一点。

拔掉所有没在用的电器。微波炉、音箱、手机充电器等电器，只要插着电，无论你是不是正在用，都会耗能。另外，把电脑设备插在一个可以关电源的接线板上。

针对每个月里那些会有波动的费用做预算计划，如供暖费。这一计划能算出你每年的平均花销，你只需要每个月支付同样的费用就行。

用现金支付。不想付利息，那就用现金交易。如果身上没有现金，那就不要买。用信用卡支付会更难管控自己的花销。你很容易就会因为这个月用信用卡买东西透支了下个月的钱。

延迟消费。如果你计划采购一样东西，第一次去逛商场的时候，先把信用卡放在家里，空着手去了解清楚所有的情况。然后再回到家里，等自己资金比较充裕的时候再做决定。当你准备要买的时候，再等一个星期，即使是售货员在向你热情兜售。许多当时觉得十分必要的东西可能你以后想都不会再想它。

控制自己在娱乐方面的花销。把钱花在找乐子上固然很快活，但也会让自己的存款很快就告急。当你要花钱娱乐的时候，问问自己这钱花出去后能有什么好处，是不是可以有花更少的钱得到同样效果的方法。例如，

小链接：免费的乐趣

有些时候似乎会觉得只有花钱才能享乐。这显然是不对的。在学校和小区里找找免费的娱乐项目。如果找不到，说明你还没有发挥足够的想象力。这里给出一些建议。如果你觉得这些都很傻、很无聊，那就自己想一些更好的主意。

逛书店。

看护儿童志愿者。

画画或填色。

锻炼身体。

找志趣相投的人，成立一个俱乐部。

做按摩。

和朋友一起做瑜伽。

玩飞碟高尔夫。

为约会对象做晚饭。

在公园野餐。

长距离散步。

骑自行车。

听自己很久没听过的音乐。

做烛光浴。

玩棋盘游戏。

扔鸡蛋。

试开新车。

献血。

坐在床上吃早餐。

杂志可以在图书馆免费读，大部分图书馆都可以免费外借 CD、DVD 等。

使用信封系统。看完每个月的收支后，每星期把一定的钱拿出来，装进标有“娱乐 / 餐厅”的信封中。当信封空了以后，本周就不要再在这方面消费了。如果你用网银，看看是否能为不同的开销分别建立一个单独的账户，如果可以，往每个账户里放固定的钱。这就变成了一个电子版的信封系统。

不要和阔少爷攀比。当你看到别人花钱时，记住，你只是个不清楚来龙去脉的局外人。有些同学家境富裕，也有人每年假期跑去国外度假，但旅途费用靠的都是高利息的信用卡。如果你感到有压力，觉得非得要大把花钱才能跟上周围朋友的潮流节奏，那你最好还是改掉这种花钱的强迫症吧，想想如果长期这样下去你得花掉多少钱。或许你该到周围逛逛认识些新朋友了。

省下的钱用于紧急情况和减少负债。如果你运用了以上列出的省钱建议，你会发现你的财富大幅增长。祝贺一下自己，然后想想看这些多出来的钱可以用来做什么。你可以建立一个备用基金，以帮助你渡过未来可能的难关，还可以多还些信用卡和贷款以减少负债。

少花钱，感受其中的力量。刚开始，减少开支会很难。没关系，慢慢来。少花钱并不是要你牺牲快乐，而是要你获得一些金钱买不来的东西——满意自己对财务情况的把握，不必为未来的财务安全担忧。你从随意挥霍里省下的任何一块钱都可以用在你真正需要的地方。

练习 29

试着挣点钱

看看自己能否利用这本价值比成本多好几倍的书创造经济收益。仔细阅读本书，找出能够卓有成效地帮助自己攒钱或增加收入的建议。例如：

（1）应用有关职业规划和找工作的建议，迅速为自己找到下一份工作，尽早赚钱。

（2）应用有关简历写作和面试的建议，谋求一份薪水更高的工作。

（3）应用本章的建议，减少月开支，增加存款。

把你在读完本书后想到的一些能多赚钱的点子写下来。

9.4 经济不景气的时候怎么赚钱

经济总体不景气的时候，不仅收入不高，开支还不少。而如果你打算回学校读书，也会面临这样的烦恼。

但是**长期来看，你的经济状况如何主要还是要看你平时的理财表现**。不景气的时候，良好的理财习惯能够帮你渡过难关，而且这种习惯在毕业、经济反弹以后，依然能够帮你好好管理自己的财富。

如果经济不景气，我们必须面对这个现实，自己也要认清局势。抵押银行和对冲基金经理的欺诈行为确实怎么谴责都不为过，但是如果你的银行卡透支严重、储蓄账户空空如也却还觉得自己把钱管得好好的，可就是另一码事了。

改善理财行为的第一步就是要承认一个事实——自己现在的理财努力都是无用功，所以才要做出改变。想要摆脱理财困惑、克服理财恐惧，一定要保证自己了解充分的信息。现在就要开始整理自己的每一笔开支和收入，这样，你就清楚自己花了什么钱、挣了多少，进而从下面的这几种策略中选择一种、迈出下一步。

1. 少花钱，多存钱

花钱越少，手里的钱就越多。你可以用省下来的钱支付每月账单、还清信用卡，还可以建立自己的紧急基金，万一有一天失业了还有点儿保障，或者当作继续读书的助学金。

理财作家苏兹·奥尔曼推荐了三种随时都可以用的减少开支的方法：①拿出一天，一分钱也不花；②拿出一周，不刷信用卡；③拿出一个月，不出去吃饭。这几条只要能做到一条，就能够让你有所体会，打开思路，找到其他少花钱、多存钱的办法。

2. 保证自己的储蓄有良好的保障

美国联邦存款保险公司（FDIC）大力支持民众建立自己的个人储蓄账户。美国国家信贷联盟署（NCUA）也为信用合作社的成员提供类似的存款保护服务。如果你的储蓄有类似机构或项目的保护，你存起来的每一分钱都是有保障的。你可以查看自己的银行结单，看看自己的储蓄保护状况，还可以上网查看，网址为 www.fdic.gov/edie/index.html。

3. 还清信用卡欠款

如果你不止一张信用卡有欠款，先找到利率最高的那张，然后尽量还清这张信用卡的欠款，其他的信用卡少还点儿也没关系。不断重复这个过程，直到还清所有信用卡的欠款为止。

4. 先存款，再投资

只有输得起，才能炒股。你在开展投机活动之前，一定要保证存够生活 6 个月的钱，不然万一失业了就坏了。然后你还要考虑清楚未来 5 年内向完成学业要花多少钱、平时各种开支要多少钱。在从事高风险理财活动之前，先把这些开支的数额存够才可以。

5. 工作中做到最好

经济不景气的时候容易失业，但是要解雇公司最好的员工，公司还是会纠结再三，所以如果你现在在工作，就要想办法变得不可取代。要想办法培养起让自己更有价值的本领、积累起更宝贵的经验。

不管你做什么工作，一定要尽可能高产。要想办法增加销售、提升质量，或者提高效率。每天都要问问自己怎样通过解决问题创造更高的价值、降低成本、改善服务或是吸引新客户、新顾客。

6. 考虑自己的下一份工作

做好职业规划，想想下一份工作想做什么、需要拥有什么能力才能得到这样一份工作、怎样才能培养起这样的能力。要紧跟行业发展潮流，可以问问已经在这个行业里工作的人，让他们帮着你做做信息性面试等。

即使已经有一份工作，你可能还是想积极地开始物色下一份工作。一定要抽空建立起自己的人脉和信息网络，多去宣讲会，了解清楚现在行业里有什么职位空缺。

要记住，即使经济总体不景气，也并不一定会决定你个人的职业前景。大家都在说“找不到工作啊”，可能他们实际上是想说“我们现在找工作的方法不管用”。这两种说法是完全不同的，第一种抹杀选择，第二种创造选择。你可以去学校的职业规划办公室，学习找工作的新方法。

7. 了解失业救济金

失业救济金是有上限的，可能不够填补失业导致的工资上的损失。但是，只要配合其他的努力，救济金能缓解失业带来的冲击。如果想具体了解你所在州的失业救济金政策，可以上网访问网站 www.servicelocator.org，打开网页后单击“失业救济金”，输入所在州即可查询。

8. 要有医疗保险

如果忽然生病或是长期住院，会产生大量开销，但是医疗保险能弥补所有开销或者至少是其中的大部分。有可能的话，尽量通过学校或公司为自己办理医疗保险。

也可以办理私人医疗保险，如果失业了，比起延长雇主方面办理的保险，这种办法成本更低。你可以上网访问 healthcare.gov，搜索平价医疗法案规定的你所在州的医疗保险交易所。[①] 你还可以在网上调查了解一下自己所在行业有哪些较好的保险经纪人，很多经纪人会为客户提供免费服务，但是最好还是确认一下。

9. 寻求值得信赖的帮助

拒绝那些搞债务整合的人提出的彻底还清债务的建议。他们不会告诉你他们自己的费用开支很大，也不会告诉你这样做会导致你的信用评级下降。你应该寻求美国国家信贷咨询基金会（网址为 www.nfcc.org）的帮助，或者找一个获得这个组织认证的信用咨询师。要找一个收费诚信、愿意和你所有的贷方打交道的人，而在你真正得到帮助之前，不要提前支付任何费用。

10. 写下你的计划

列举出可以减少开支、增加收入的具体方法。如果你有家人，可以将列出的清单贴在大家都可以看到的地方。将计划付诸笔头能够增加自己掌控财富的感觉。定期检查自己的计划，保证自己好好地执行计划，保证大家都支持你的计划。

11. 积极地应对压力

手头紧的时候，有的人会以抽烟、酗酒、暴饮暴食等不健康的方式排解压力。但是最好用更好的办法应对压力，如锻炼、冥想、好好睡一觉，这些办法会产生意想不到的效果。

---

① 这是一种在线市场，可供消费者对比，购买个人保险方案。

应对经济压力，社会支持永远是坚强的后盾。如果你因为失业、穷困潦倒而忧心忡忡，要经常联系朋友和家人，多和他们沟通接触，一起从事有益身心健康的活动，如一起锻炼、准备健康餐等。

12. 选择性地阅读相关报道

经济不景气的时候，报纸上铺天盖地都是负面新闻和极端报道，但是要知道，这只是媒体竞相吸引眼球的一种手段。为了增加发行量，它们可能会刻意用一些夸大其词的悲观标题。

理性地对待财经类新闻。经济衰退会给生活带来痛苦，但风浪总会平息。十年前的次贷危机，背后的原因是投机行为，而不是创新力的缺乏。只要你能创造有价值的新产品和新服务，你就能取得收益。

为应对压力，你可以选择不去关注充斥恐慌情绪的文章和节目。甚至在收看新闻时，你也可以避免受到恐慌情绪的影响。不要去谈论经济存在的问题，而是多谈谈如何理财，如何促进个人的职业发展。即便是出现了经济大衰退，还有一种方法帮你应对巨大的压力，让你的经济状况更为稳定。

你可以谈谈人生除了花钱以外的其他意义。在家里吃而不是下馆子能够增进家人间的感情，同时每周、每月、每年省下不少开支。同样地，空出时间坐下来静静地聊天而不是去嘈杂的酒吧也能够增进朋友间的友谊，还能省钱。寻找免费的娱乐活动可以带来意想不到的乐趣。放弃一次昂贵的度假旅行可以让你用省下来的钱来还债，并且空出时间来培养有趣的爱好。如果晚一年再买新车，你就有钱去支付其他的技能培训。

遇到手头十分紧张的时期，不要有消极情绪，请把它视为一个坦诚应对你真实经济状况的机会。要学会有意识地理财规划，而不是大手大脚花钱。学会平时花销不超过个人经济负担范围是一项让你终身拥有理财思维的技能。

9.5 保持良好的信用记录

信用卡具有小巧便利的特点，是一张犹如定心丸一般的小塑料片。这个月没现金了？挥一挥你的信用卡，在柜台处轻轻一划，这样就 OK 了。你的烦恼就能烟消云散——直到你收到账单。信用卡通常都会收取很高的利息，有时能高达 30%。

美国家庭平均信用卡负债 15 355 美元。每年利息就要还 6 658 美元，约为平均家庭收入的 9%。

当面对高额信用卡账单和飞升的利率

时，有些人会晚还款甚至不还款了，这样会导致信用记录受损。

良好的信用记录会让你受益终身。有了这份无形资产，你可以在任何需要的时候去贷款。相反，不良的信用记录可以让你买不了车也买不了房。可能你还要支付更高的保险费，甚至可能在求职时被回绝。为了保持良好的信用记录，只在真正需要的时候才借钱。如果你借了钱，一定要还，而且还要按时还。这在管理自己的信用卡和学生贷款时都尤为重要。

1. 善用信用卡

要物尽其用。当然信用卡也有一些潜在的好处，如有了信用卡，你就不用随身带一大堆现金，在紧急的时候信用卡还是很方便的。持有信用卡也是为自己建立信用记录的一种方法。有些卡还能有回报，如能累计飞行里程还有租车折扣。

但如果使用不当的话，那就可能会带给我们还不清的账。以美国联邦贸易委员会的报告为例，假设你用信用卡买了 1 500 美元的东西，利率是 19%，如果你每个月只付最低还款额，虽然你并没有拖欠付款，也没有再用这张信用卡买其他东西，但你也需要 106 个月来付清款项，且其中 889 美元都是利息。

信用卡债务有可能严重影响其他活动——还清学生贷款、买新车、买房子、存退休金等。

坚持每月还款。卡里有未清余额说明你过度消费了。要防止此类事情发生，就得清楚自己每个月会用信用卡消费多少，再备相等数量的现金。这样你就能每月按时还款且不被追加利息。光下面的一条建议就能让你的财务生活从此改变。

如果你的未清余额已经累积到相当数量，那就去银行咨询能以低额利息贷款的方法。拿贷到的款去还清信用卡账，并保证再也不让自己的信用卡账越积越多。

细读信用卡条款。是否能办到一张利率低的信用卡会有很大不同。假设你有一张额度为 8 000 美元的卡，年利率 16%，则每年利息为 1 280 美元。如果你的信用卡年利率是 4.9%，年利息就只有 392 美元。要多比对不同的信用卡条款。

条款一定要仔细看。谨防有的信用卡会提供低息还款率。但这些利率都是暂时的，几个月后就会双倍甚至 3 倍增长。还要仔细查看年费、滞纳金，以及隐藏在这些印刷精美文件下的其他收费项。

尤其要小心针对学生的优惠政策。要记住，那些愿意在校园内分发信用卡的公司可不是美其名曰为你提供教育服务的，它们是在做生意，是要靠收取你的利息赚钱的。

避免预支现金。因为利息高和手续费贵，所以信用卡并不是很好的备用现金来源。即使你是在 ATM 机上预提款，那也是借来的钱。不如办一张借记卡与常用账号绑定，需要现金的时候用借记卡就行。

核查消费记录明细。把自己每个月的信用卡收据做个归档，在收到每张卡的账单后，同收据核对是否都准确。虽然说账单很少会出错，但也是可能发生的，除此以外，还要检查明细表中显示在你账户上扣除款项的利率和费用。

信用卡公司很可能未通知用户就更改协议条款。仔细浏览账单，确认各项内容是否有变化，包括滞纳金、服务费、信用额度等。当你收到条款变更通知时，一定要仔细阅读。如果你发现某公司的费用总在增长，就注销该公司的信用卡。

只用一张卡。要想使自己的财务生活简单化，同时还能管理好自己的信用卡，那就最好只用一张卡。选择一种免年费且利息最低的卡。要清楚自己的底线，选择要灵活。

如果你有好几张信用卡，先还清利息最高的卡，然后把这张卡注销。

拿到自己的信用报告。信用报告记录了你的付款历史以及信用情况，你每年有权得到一份免费的信用报告。问问银行怎么拿到这份报告。另外也可以从网上得到报告，网址：www.annualcreditreport.com。该网站由三个覆盖全国的消费者信用报告公司建立——艾可飞（Equifax）、益百利（Experian）和环联（TransUnion）。仔细阅读你的信用报告，确保没有谬误，没有用你名字开的假账户。现在就查一下，以防日后出现财务问题。

保持你的良好信用评分。无论什么时候，如果你想借一笔款，放贷方都会先查询你的

小链接：常见的信用术语

年费（annual fee）：使用信用卡每年所需缴纳的费用，有时也称会员费（membership fee）或参与费（participation fee）。

年度百分率（APR）：账户上未付账款的应付利息。年度百分率等于周期性利率乘以一年内的计息次数。

到期余额（balance due）：未偿还给信用卡公司或其他贷方的欠款。

余额代偿（balance transfer）：把在一家贷方产生的债务转移至另一家贷方。

破产（bankruptcy）：借款人依照法律程序宣布无法偿还债务。宣布破产后，人们可以把自己所有的资产转交给法院指定的信托机构，制订全部偿还或部分偿还的还款计划。破产程序可以保护破产人不受到债权人的骚扰，但会降低自己的信用评分。

信用评分（credit score）：反映你还款和按时付款历史的三位数（也称 FICO 分数，FICO 是第一家创办信用评级的菲尔埃萨克公司的首字母缩写）。这个分数从 300 到 850 不等，分数越高，证明你的信用评级越好。

违约（default）：借款人没有按照规定如期还款，或违反协议其他条款的情况。借款人违约时，贷方可能委托代收欠款公司上门讨债，这会严重影响借款人的信用评分。

信贷费（finance charge）：使用信用卡产生的全部费用，包括利率、周期性利率和其他费用。预付现金和余额代偿收取的信贷费不同于未付余额收取的信贷费。

宽限期（grace period）：信用卡持有人偿还所有欠款后，享有一定的宽限期，在此期间内的任何支付行为都不会产生还款利息。如果没有宽限期，每次支付行为都会产生信贷费。

利率（interest rate）：借款人借款所应付的年费，通常按照欠款的百分比收取。

最低还款额（minimum payment）：为了避免账户违约，你必须偿还的金额通常是未偿还欠款的 2%。

到期还款日（payment due date）：贷方必须收到还款的日子——不是邮戳日期，也不是你网上进行付款的日期。仔细检查你的记录，因为信用卡公司有时会更改还款日。

周期性利率（periodic rate）：一段期间内的利率，如一天或一个月。

信用评分。评分越高，你就能以越低的利息借到越多的钱。保持良好的信用评分有以下方法。

- 按时付所有的账单。
- 持续使用已有的信用卡，避免总办新卡。
- 每月还清信用卡负债，时间用得越长的卡越要及时还清。
- 如果不能还清，在最低还款的基础上尽量多还。
- 贷款时不要超过你的承受能力。
- 不用信用卡取现金。
- 不要做出让信用卡公司会降低你信用额度的行为。

2. 用好学生贷款

大学学位投资是你能做得最好的投资之一。争取一个上大学的机会并不一定会把你弄得身无分文。你可以把这项投资做到各项贷款尽可能低。

选学校时要留心费用问题。如果你想转学，正确的申请方法可以帮你省下上万元。择校时除了要看学校的声誉，还要留意费用和学校能提供的助学金情况。

尽可能避免负债。管好自己债务的一个最保险的方法就是避免它。如果你需要贷款，也要在奖学金、补助金、薪金、亲朋好友的馈赠及私人储蓄都不够的情况下再去贷。预测一下第一次需要还款时你是否能还上，之后每次有没有足够的钱还款。

另外也要设定毕业时间目标，你上学的时间越短，负债也就越低。

谨慎贷款。询问助学金办公室能否获得联邦政府提供的固定利率低息贷款——史塔福贷款（Stafford loan）。如果申请到有补贴的史塔福贷款，在学期间政府会替你支付利息。没有补贴的史塔福贷款虽然没有这个福利，但仍然是最便宜的学生贷款之一。任何人都可以申请史塔福贷款，所以申请其他贷款前一定要先充分利用好史塔福贷款。想要了解更多贷款信息，可以查看网站 www.studentaid.ed.gov。

如果你的家长帮你付学费，他们可以考虑申请学生家长贷学金（PLUS Loan）。该贷款对收入没有限制，孩子教育所需的所有费用，家长都可以得到贷款。这笔贷款的借款人是你的家长，不是你。最新的贷款选项可以让家长在你的学业结束后再开始还款。

尽可能不要找私人公司借款。这些公司通常利率很高，且贷款条例对学生不利。然而，很多贷款公司总是设法招徕学生。为了避免上钩，你要认真计算自己需要还多少利息。可以用在线工具来计算，例如学生贷款市场协会（Sallie Mae）的学生贷款还款计算器（http：//smartoption.salliemae.com/Entry.aspx）。

选择贷款时要注意还款方式有哪些。借款方有可能让你延长还款时间或根据你的收入调整每月还款额。

另外，如果你同意在一所位于低收入社区的公立学校里教几年书，或者在乡村地区做几年护士，有的借款方会减免一部分贷款。

要及时还款。贷款后一定要记清楚每笔贷款的第一次还款是什么时间。所有的还款都要足额、及时。不要想当然地认为你找到工作以后才需要还款。错过任何该付的钱都会影响你的信用评价。

咨询助学金办公室能否把各个贷款合并，如果可以，合并后每个月只需要还款一次。合并贷款能更方便自己掌握贷款状况，进而能更好地保护信用评分。

日志21

目标陈述：营造全新的理财体验

你现在就可以拥有全新的理财体验。即使你已经处于负债状态，只能“蜗居”在宿舍，每天靠吃泡面度日，也不例外。如果不相信，那就继续读下去。

记住，对于理财，你有两种方法可供选择，任何一种方法都可以给你的财务状况带来极大的改善。

第一种是计划**支出**，例如：

- 今年的 12 月 31 日之前省 5 000 元，买一台新电脑。
- 2020 年 1 月 1 日之前省下 30 000 元，付一辆车的首付。
- 2025 年之前省下 100 000 元，付一套房子的首付。

第二种是养成与金钱相关的新**习惯**。这与具体的支出没关系，不是要在某个日期前存够多少钱，而是一种习惯，是你每天、每周、每月都会做的事情。例如：

- 将每笔收入的 5% 存入专门的银行账户，用作紧急开支。
- 吃饭和别人 AA 制，并且不吃甜点，把这笔钱省下来。
- 在电脑上看电影，不去电影院，把这笔钱省下来。

第一种方法可能会需要大量的金额投入，而且需要取决于你目前的收入状况。

比较而言，第二种方法与你的收入水平无关，节省的开支数量不定。你可以设定目标，存下每笔薪水的 5%，不管这笔薪水是 50 元、500 元还是 5 000 元。这种习惯可能在近期内看不出显著的效果，但几十年后，你的净资产就会发生很大改变。

现在，在下面的空格内至少写出三个财务目标，清楚地标明哪个是支出目标，哪个是习惯目标。设定习惯目标时，确保它是一个可以被观察到的行为。

目标 1

目标 2

目标 3

小链接：如果遇到问题……

在实现财务目标的过程中，你可能会遇到困难。财务问题是很常见的，要选择能保护你未来的解决办法。

获取准确的数据。拿出你近几个月所有的收据和银行流水。确定几个月以来，你究竟流进了多少钱，又流出了多少钱。看看能否找到财务状况出现问题的关键点。

向债权人如实说明自己的情况。判断自己一个月究竟可以承受多少还款额，并与债权人确认此额度是否适合自己的实际情况。

做信用咨询。很多城市都能找到专业解决财务问题的咨询机构。

改变消费习惯。如果你一贯花销过大（或挣得太少），那么应该寻求改变。本章给出了很多相关建议。

确保钱财的安全。谨防其他安全漏洞，定期检查你的在线银行账户。使用的网站域名应该以 https：// 开头，而不是 http：//，多出来的 s 是安全（secure）的意思，这意味着你发送的任何数据都是经过加密的。

9.6 教育投资是值得的——你也支付得起

教育是能购买到的非常独特的物品——它是少量你能购买到的有终身使用价值的物品之一。它不会生锈、不会腐烂、不会分解、不会耗尽。它不会被偷走、被烧毁、被他人占有、被毁坏。一旦你拥有学位，没人可以拿走它，这就使得教育投资成为比房地产、黄金、石油、钻石或股票更安全的投资。

从高等教育获得的价值要从你支付的学费能买到的所有服务和资源考虑：帮助你选择课程和专业的专家建议；去学校保健中心咨询的服务；职业规划和工作安排中心，甚至毕业后你还可以去那儿；参加在某个中心场所举办的体育、艺术和娱乐活动；去学生中心进行社交活动，等等。

如果你住在校园里，你还能有个提供食宿的公寓，而且比住一般旅店还要便宜。

同时，你还可以去听课。

想象一下，不是学生的人如果要享受这一系列服务得花多少钱。你会发现，高等教育其实是很划算的。

高等教育的好处远不止这些。来自美国大学理事会（CollegeBoard）2005 年的一份研究显示，受更高水平的教育和以下这些有关系：

- 更高的就业率
- 医疗保险率更高
- 更高的收入
- 更高的工作满意度
- 为政府创更多的税收资助图书馆、学校、公园等其他公共设施建设
- 对低收入保障依赖更低，例如不需要依赖发给失业者或贫民的食品券
- 志愿工作参与率更高

总之，教育于个人、于社会都大有好处。它值得大家去做定期投资，帮助自己掌握新技能，实现目标，从生活中收获更多。

上百万美元的各种资助金在等着接受高等教育的人去争取，但是只有善于寻找经济资助的学生才会拿到助学金。

供自己上学的办法有很多，你的经济需求就决定了你能得到的资助类型或程度。通常，经济需求等于你上学的费用减去你能支付的适当费用。

典型的助学金一般包含以下三种主要的援助内容：

- 你不需要偿还的奖学金、补助金等
- 你需要偿还的贷款
- 工读项目

很多助学金都包括以上三部分。

想要获取更多的信息，就要定期咨询助学金办公室。也可以上网查看，可以在 http：//studentaid.ed.gov 网站上查看网上学生帮助。

记得每学年都要申请助学金，即使去年你的申请没有结果。支付教育开销的过程中，你可以用到很多本章的内容。

练习 30

计算上学的每小时支出

确定上学究竟要花多少钱。按学期、季度或学校采用的学制填写以下空白处。

注意：只包含与上学直接相关的花费。例如，在“交通费”项下，只需列出你上学放学花掉的油费——而不是你整个学期花费的油费总量。

学费 ¥________

课本 ¥________

服务费 ¥________

交通费 ¥________

衣服 ¥________

食物 ¥________

住房 ¥________

娱乐 ¥________

其他（如保险、医疗等）费用 ¥________

小计 ¥________

如果不上学的话每学期本来能赚到的薪水 ¥________

总计（A） ¥________

现在，计算出每学期你有多少节课，即用你每周安排的课堂量乘以每学期的周数。把数字写在下面：

总计（B） ¥________

用**总计（B）**去除**总计（A）**，把结果写在下面：¥________

算出来的就是你每次上课所花掉的钱。

在另一张纸上写下你对这一数字的反应，并记下自己在知道所受教育的每小时成本后想要改变的一切。

9.7 未雨绸缪

1. 为突发事件预留存款

从你每月的工资中拿出一部分，立刻存进储蓄存款账户当中。一开始，你可以每次拿出工资的 5% ～ 10%。过段时间，再试着每月拿出更多的钱存进账户。

预留这笔存款最主要的目的就是应对可能出现的突发事件、紧急事件，不管是一笔巨额的汽车维修费、预料不到的医疗支出，还是突然丢了工作。保险起见，这笔紧急事件预留金的数目至少需要相当于你 6 个月的生活费。你要清楚一点，随着年龄的增长，你的生活费也会相应增加。因此，为紧急事件多存些钱便是明智之举。

如果你打算开始存钱，请把钱存入储蓄存款账户中。此类账户有诸多好处。其一是你的钱较易存取，也就是说，你可以随时取出账户中部分或全部存款，立马拿到现金。此外，储蓄存款账户的利率往往比活期存款账户要高。

选择开户银行时，一定要确保该银行属于美国联邦存款保险公司（FDIC）。这就意味着该银行高达 250 000 美元的存款处于联邦政府的担保之下。即便该银行倒闭了，你的存款也还是安全的。

请记住，各银行之间的利率、最低账户余额和交易手续费差别极大。做出决定前，一定要谨慎地做好调查。

2. 为长期的目标预留存款

预留了紧急事件存款后，你可以开始为长期的目标存钱，如退休或子女的大学学费。

你可以考虑把钱放入存款单、储蓄债券或国库证券（即联邦政府发行的短、中、长期证券）。在取款方面，它们不如储蓄存款账户自由，但相比之下，是低风险、较高收益的储蓄方式。

3. 为晚年生活预留存款

退休这件事情需要我们尽早考虑。设想一下，等你到了 65 岁，在理想情况下，你会希望做什么呢？全职上班？做兼职？报班学习？放松？旅行？开启新事业？随着时间的推移，你可能会想做上面提到的某些事，或者全部都想尝试。

一旦你对晚年生活有了展望，思考一下实现它们的钱从哪里来。

如果你的工作单位加入了 401K 计划或者其他的员工养老计划，并且需要你缴纳一部分养老金，那么你如实认缴就好。如果你的单位没有加入类似的养老计划，就自己为自己开设养老账户，每个月往账户里存钱。开户之前，请先找独立的注册财务规划师咨询一下，你要确保你咨询的人不与任何相关公司或产品有关联。

练习

31

预留存款，支付学费

本练习旨在确保你有足够的钱供你上学。为此，你需要预估每个学期在校期间自己的收入与支出情况。如此一来，你就能在出现资金问题之前，早早发现可能问题。提前考虑好事情，你就不会遭遇资金紧张，顺利地完成学业。充分利用本练习需要牢记以下几点。

首先完成理财控制 / 理财计划练习

完成本练习需要理财控制 / 理财计划练习中得出的数据。

复印几份下面的空白表格。每个学期，你的收入、支出、课程计划都可能变化。不用担心，手头多准备几份空白表格，以便随时更新你最近的信息。

完成表格。首先，定好到毕业前的花销数额。单单完成这一步，你就能在本练习中有所收获。然后，填写下面的表格。

使用你最近的理财控制 / 理财计划中的数据作为起点。例如，一个季度包含三个月，就把理财控制 / 理财计划中的总收入和总支出乘以 3。

对表中数据进行微调。预测你的财务状况各个学期可能出现的变动。如果预测收入，可以考虑奖学金、借款、补贴、勤工助学项目以及毕业前可能增加或减少的父母资助。预测支出也是如此。例如，如果你某个学期打算换一辆车或搬到更贵的公寓，就需要调整该学期的预计支出数额。

标出盈余和亏损。如果你认为某学期的收入会超过支出，你就会有出息盈余。用加号标出该学期盈余的数额。如果是支出超过收入，也就是会出现亏损，请用减号标出亏损的数额。

写下你的发现和计划。如果你觉得某个学期会出现亏损，把这个发现写下来。然后尽可能地想出解决方案。思考有什么方法可以开源、节流，或者既开源又节流。复习本章给出的具体建议，写一个计划，列出你会采取的做法。把这些计划转化成具体的行动，并添加到待办事项或日历上。

分享本练习的成果。去见家人或是财务补助办公室的工作人员时，带上填好的或者空白的表格。这能帮你形成一个清晰明确的框架，以便更好地说明自己当前的经济状况并做好未来的规划。

毕业日期____________

学期	估计收入	估计支出	盈余 / 亏损
2019 年秋季	3 000	3 500	-500
2019 年春季	3 000	3 250	-250
2020 年秋季	3 300	3 250	+50
2020 年春季	3 300	4 000	-700

毕业日期____________

学期	估计收入	估计支出	盈余 / 亏损

我发现……

我计划……

4. 谨慎投资

投资私人股票、企业债券或共同基金存在风险。如果你能定期存钱、每月足额还款、有充裕的时间理财，再进行投资活动。即便如此，投资时也请量力而行，起码留出基本的生活费。

与别人谈起投资时，有人会向你提供一些“可靠”的投资情报。请用怀疑的目光看待这些消息。即使是与共同基金、对冲基金打交道的专业人士也很难保持常胜不败。

一个比较保险的选择是投资指数基金。指数基金费用低，且基本拟合标准普尔指数500等股票市场指数的收益。投资指数基金的人不打算获得巨额收益，而是长期不断的收益。

如果决定投资，请把握时间。越早投资越好，这种做法能够让你享受复利带来的好处。打个比方，你以8%的利息投资500美元，30年后，这笔钱将会涨到5 031美元。如果利息和投资年数不变，投资1 000美元，最终会变成10 063美元。

5. 谨慎购房

传统的美国梦包括拥有一套房子。不过，负担不起的话，买房会变成一场噩梦。最近的一次经济衰退中，许多买了房子的人都负债累累，无力偿还。有些人需要偿还的房贷数额比他们房子的市场价值还高。

通过贷款的方式买房是一种不明智的投资。如果你能支付首付，并且每月还完房贷后，还有余出的钱，再考虑买房。

6. 谨慎购车

虽然汽车有很多好处，但买车也不总是最明智的投资。一辆车，在你买下的一瞬间，其价值就立马下跌。汽车的折旧换新价往往低于车贷数额。

如果你借钱买车，请把要支付的利息降得越低越好。能选择三年期的贷款，就不要选择四年期或是五年期的贷款。

选择有保证的二手车，选择具备生产商而不是销售商保修单的二手车。

请贷款买车，而非租车。如果你购买三年车贷，还完贷款后，你每月开车就无须另外支付费用。如果你租车三年，那么最后，这辆车就不属于你。另外，你还可能转而租别的车。

7. 订立合同需谨慎

签订任何合同之前都要仔细阅读合同细则。有疑惑的地方就提出来，直到把所有疑惑都解决了为止。

保持警惕。如果签合同的人对你说：“这就是普通的租赁协议，我怎么可能在你眼皮子底下搞鬼？你肯定一眼就识破了。”千万不要轻易相信。

签了合同或租约后，再从头到尾读一遍。如果感觉签了后有点后悔，思考有没有可能反悔。有时候，动作够快的话，解除合约还是有可能的。记住，要写书面解约声明。

假如无法解约，请考虑寻求法律援助。登录学校网站，查看有没有针对学生的相关法律服务。另一个方法是请不收费或者收费低的律师，一般求助人收入低于一定水平，这种律师就会免费提供帮助，或收取很低的费用。

对待长期购买协议，要格外小心。买一套好看的厨具，你可能每天只需要花72美分，但分期付款三年，这笔钱就会高达78美元。在那行虚线下面签上你的名字之前，一定要清楚你总共要花多少钱。

8. 购买保险要节制

为你的汽车、房子、健康和生命投保，以规避未来可能出现的个人财务困难。如果住在公寓里，发生火灾或盗窃时，请考虑利用房东的保险保护个人财务。

如果你有配偶、孩子，或者任何依靠你收入的人，人寿保险就显得尤为重要。人寿保险基本分为两种：定期寿险和终身寿险。定期寿险费用最低。投保人去世后，保险公司给付保险金。

终身寿险费用比较高。同样地，保险公司在投保人去世后支付保险金，但同时，这种保险能够像储蓄存款一样累计收益。选择购买费用较低的定期保险的话，你剩下的钱可以用来投资，从而带来更多的收益。不过，投保方案五花八门，选择的时候一定要谨慎。

如果你总是用到车，就一定要购买汽车

保险。车保价格有高有低，一定要货比三家。问一问对驾驶习惯良好的学生或司机有没有相应的折扣。

找一个独立的保险代理人或保险经纪人，帮你在各种保险方案中做出选择。问一问在同一家保险公司购买多个保险是否可以享受折扣。问一问如果选择较高的免赔费用，能否少交保险费用。有任何不懂的地方就提出来。如果你的代理人不能回答你的疑惑，就换 个代理人。

有些学校以较低的价格为学生提供健康保险。去看看学校有什么投保选择。另外，别忘了去问问你的工作单位和平价医疗法案（healthcare.gov）有没有提供什么投保方案。还是那句话，有任何不明白的地方，就去找一个独立的保险经纪人，给你介绍你所在的州的投保方案，以方便你做出选择。保险经纪人通常免费为客户提供服务。记住找他们之前，问清楚他们是否不收取费用。

任何人都有可能生病受伤，需要做大手术。购买健康保险让你有备无患，更好地应对未来的意外支出。

9.8 使用工具管理财富

使用工具跟踪你的财务状况，让你放心理财。以下列出的电子工具和纸质工具能够提供给你 个入门的思路。

1. 学会使用电子表格软件

使用微软办公软件中的电子表格（Microsoft Excel）等软件，你可以在表格的行、列中输入数据，并进行各种公式运算。

你可以在微软电子表格软件中制作预算、收入报告、支出记录以及投资预测。许多组织使用电子表格跟踪其财务状况。掌握这类软件能给你的个人简历添上极具竞争力的一笔。

登录网址 support.microsoft.com，在搜索栏中输入键盘捷径电子表格（*keyboard shortcuts Excel*），你就能找到一系列电子表格指令。根据这些指令，学习使用模板、输入数据、分类数据、运用公式、打印表格以及保存表格。

还有其他的公司提供指令、功能与微软电子表格类似的软件，比如 Zoho Docs（网址为 www.zoho.com）。

2. 尝试其他应用程序

在大多数基于网络的应用程序中，你都可以打印活期账户和储蓄账户的交易记录，对交易进行分类，制作预算和预测，以及留存各类财务记录。Buxfer 和 Mint 都属于这种程序，不过使用时可能会收取一定的费用。

相比上网，你也许更倾向于把应用程序下载到电脑、手机或是平板上。Mint 有电脑版，还有一个比较受欢迎的是 Quicken。

3. 管理你的财务文件

你也许会用笔记本和文件夹管理你的课程作业。对待财务文件，你也要像对待作业一样上心。这能帮助你按时支付账单，放心理财。

可以制作纸质的财务管理文件夹，或是在电脑上建立电子版。一开始，可以建立以下文件夹，随后再根据个人的情况做出调整。

活期账户和储蓄账户的**银行对账单**。

当月到期的**账单**（这个文件夹要每周查看一次）。

助学金——你申请表的复印件、奖学金记录、补助、勤工俭学收入、还款记录、与财务援助办公室工作人员交流时的笔记。

保险——人寿保险、健康保险、车保、租赁的房屋保单等。

大件商品采购——购买大件商品（如电器和汽车）的发票和保修单。

学业——课程完成后的笔记及其他记录、修过的学分、课程分数。

税款——W-2 表格[①]、工资单存单、纳税申报表复印件。

你还会有一些还款账单记录、小额购物记录等财务文件，这些文件不属于以上一类。请将这些文件按月份和年份归档到文件夹中。国内收入署（Internal Revenue Service）建议你将这些文件保留 7 年。

4. 使个人理财自动化

把你的活期账户看作一种收文篮。首先，将工资和个体经营收入存入活期账户，再转存到储蓄账户、退休账户，或者用于将来的重大支出的账户（如买车）。

预约个人理财顾问，了解如何在每月固定的日子让存款自动转账。另外，为你的活期账户设置一个透支额度。

5. 保护你的钱财

保护好你的社会保险号、银行账号密码等个人信息。有人会盗走你的个人信息，偷走你的钱财，甚至假冒你的身份（又称为身份盗用）：

- 只把个人信息告诉你信赖的人或组织，如报税员、会计员、认识的雇主。
- 删除所有索要个人信息的邮件或短信。
- 在网上分享个人信息的时候，只授权通过你信任的组织网站。
- 在理财网站上设置安全系数高的密码，并且每年至少换一次密码。
- 粉碎所有 7 年以上的财务文件。
- 核对所有的银行卡和银行对账单，确保对账单中的所有交易都是由你本人操作的。
- 核对对账单后，如果发现有非本人操作的交易，立即打电话给银行。如果大笔金额被盗用，请通知警察。

① 美国公司雇员的报税表。

9.9 你的钱财和你的价值观

想审视一下自己的价值观？那就看看你理财的方式吧。

当你拿出信用卡或现金时，也许你并没有想那么多。不过，你的价值观时时刻刻都在发挥着作用。

例如，你在快餐上花的钱，说明你有多看重方便；你在衣服上花的钱，说明你有多看重外表；你在学费上花的钱，说明你有多看重教育。

任何价值观都包含两个方面，一个是无形的，另一个是有形的。

无形的方面就是你对生活中什么是最重要的信念。你可以问自己“我为什么想要那个”。一直问，一直问，当这个问题不再有任何意义时，你就可以找到自己的价值观。

例如，你想和别人约会。你为什么想约会呢？也许是你想找到一个人能真正地倾听自己，并和自己分享最深的感受。为什么你想要这个？也许是你想要爱别人并且被爱。如果有人问你为什么想要这样，你可能会说：“因为……呃，我就是想要啊。”这时，你已经无法回答“为什么”这个问题。因为对于你来说，爱就是原因。你渴望爱就是因为爱本身。爱就是你的价值观之一。

有形的方面就是行为。如果你看重爱，就会去行动，去认识新的人，培养亲密的友情。你会寻找人生伴侣，建立长期的关系。这些行为就是你看重爱的有形证据。

当我们的行为和价值观相符时，内心就会感到平静。不过，我们的行为不一定总是符合价值观，甚至有可能产生冲突。你可以从花钱这个问题上去寻找一些例子。

例如，有人说他看重健康。看看他的花销，他上个月花了500多元买快餐。这就是行为和价值观的冲突。所以他要么改变自己的价值观，要么改进自己的行为。有的时候，我们工作太多，挣了钱，买了东西，却没有时间享受。这就陷入恶性循环。

有时候我们可能活在不属于自己的价值观当中。这些价值观可能随着别人的眼光或者铺天盖地的广告悄悄潜入我们的思想。电影、电视和报纸杂志让我们眼花缭乱，灌输一种从购买中获得快乐的价值观，更大的房子，更好的车，更精美的衣衫。所有的东西都花不少钱。追求这种价值观有可能让我们负债累累，或者选择那种高薪但违背我们价值观的工作。

钱财给了我们很多批判性思考的机会。例如，要是你花钱买了电脑游戏或电子产品，而没有买书本等教育资源，你可能花很多时间玩游戏，觉得放松开心，之后终于打通关了；而如果你在学校表现好，毕业时分数比较高，学到让你受益一生的技能。

要想让行为与价值观相符，可以在花钱的时候问自己一个问题：这次花钱行为和我的价值观相符吗？假以时日，这个问题可能改变你的行为，让你生活大变样，心灵更为平静。

记录你的收入和支出也可以让你清醒地看待自己的财务状况。你需要有目的地支配钱财，诚实地面对自己。让自己的钱财符合自己的价值观。

卓越达人记

里奥·巴伯塔
（Leo Babauta）

里奥·巴伯塔于2007年创办了自己的“禅习惯”网站（zenhabits.net），“禅习惯”一直位居全球热门博客前25名，每个月有超过100万访问量。

我的生意起步并不早——在2007年我把“禅习惯”做成生意的时候，我已经30多岁了，已经在各种各样的工作中摸爬滚打了17年。

所以当我开始的时候，我并不知道我在做什么（现在仍然不知道，但是比一开始知道得多点了）。我想尽一切办法赚钱，让我的网站更受欢迎（我当时认为这是重要的）。其中有些方法成功了，有些则没有。

通过试错，我学会了一些对我有用的原则。我把它们分享给大家，不是为了证明我比任何人都好，只是为了展示一个可能对你有用的例子，为了表明做正确的事情可以获得商业成功。

以下是我的经营方式。

读者至上。这是我的首要规则，而且此条规则十分适用于我。当我有一个问题（“我是否应该推广X？”）时，答案总是：“我的读者想要什么？什么是最能帮助他们的？”当我需要在赚更多的钱和满足读者的利益之间做选择时，选择是显而易见的。我根本不需要选。

信任就是一切。我拥有的最有价值的资产就是我的读者们的信任和关注。如果他们不再信任我，他们的注意力就会很快转移。这个列表中的其他内容都基于前两个原则。

通过帮助赚钱。我推出了我认为能够真正帮助人们的产品和课程，这就是我赚钱的方式。而且这种经营方式真的对我很适用。人们都很高兴，因为他们的生活更美好了，我也很高兴，因为我所获得的一切都是源于让人们的生活变得更好。这就叫作双赢；我们的生活都变得充实了。

只有文本——没有社交媒体按钮、弹出窗口、下拉菜单，或是任何让你分心的麻烦事物。这一切回归于信任——人们来我的网站是为了阅读能给他们的生活增添价值的东西，不是为了被强迫着去社交网站上分享链接或是订阅我的电子简讯。当然，我的网页下方也有订阅按钮，但是它并不是强迫性的，而且我也没有许诺任何花里胡哨的下载。当你的网站有弹出窗口或下拉菜单要求人们订阅时，这很烦人。

没有广告和连属营销。这两者都是一样的，真的。当你作为附属品去推销某人的产品时，它只是一种隐藏的广告形式。我应该注意到，在放弃这种形式之前，我已经做了几年的广告，做了连属营销。我为什么要放弃？因为我意识到（通过试验），这种商业模式下的盈利状况是非常糟糕的。你不光收入很少，还失去了信任。这是一种反面营销案例。

承认错误。我曾经做过很多过度宣传，做过联属营销（只是几次），做过广告，我也曾请大家分享我的作品，到处拉票。这些都是错误的，但我从错误中吸取了教训，并且尽力不再重蹈覆辙。

不要好高骛远。我不是什么行业大佬，我只是一个有妻子和六个孩子的男人，我只不过是通过一个个地改变小习惯来改变自己的生活。当你只是想做你自己的时候，你就不会失败。

忘记统计，专注于帮助。在早期，我痴迷于网站的数据统计。我每天都要检查我的网页流量统计服务器，看看所有的流量都是从哪里来的，试着把我的数据弄清楚。但事实是这样的：你知道这些数据也没什么用，它只会让你更焦虑。大约3年前，我把网站的数据跟踪器都卸载了，现在我无忧一身轻。我只需要关注真正重要的事：尽力帮助别人。

里奥·巴达塔的经营方式虽然看起来很愚蠢，但却是独特而有效的。

来源：改编自《我的生意经》（*How I Conduct My Business*）http：//zenhabits.net/conduct/，最近访问于2015年2月2日

姓名____________________

日期____________________

测验

1. 本章中介绍的主要理财步骤有：
   a. 专注于开源，然后尽量多花钱
   b. 专注于节流，不用考虑赚了多少钱
   c. 开源，节流，或既开源又节流
   d. 以上都不是

2. 根据课文内容，决定你财务状况最大的因素是什么？
   a. 整体经济状况
   b. 个人信用卡利息
   c. 联邦赤字
   d. 你的日常行为
   e. 以上都不是

3. 私营企业提供的学生贷款比联邦政府的好。这种说法：
   a. 正确
   b. 错误

4. “澎湃动能：尝试做回傻子”的要点是做好各项事情需要愿意接受新事物、坦然面对失败、敢于试错、屡败屡战。这种说法：
   a. 正确
   b. 错误

5. 助学金的三种主要形式不包括：
   a. 不用还的钱
   b. 必须还的钱
   c. 勤工俭学收入
   d. 全额奖学金

6. 高效使用信用卡的策略不包括：
   a. 选择没有年费且利息低的信用卡
   b. 每月全额还款
   c. 避免预支现金
   d. 使用多张信用卡，以便平均未偿还的欠款
   e. 以上都对

7. 本书建议你在储蓄紧急事件预留金之前，为像退休这样的长期目标存款。这种说法：
   a. 正确
   b. 错误

8. 根据课文，因经济困难辍学的学生如果想要得到补偿，可以说自己遇到以下哪个困难：
   a. “我负担不起。”
   b. “我不知道怎么支付。”
   c. “我认为钱花得不值。”
   d. a 和 c
   e. b 和 c

9. 本文建议你花钱时提醒自己要适度消费。这种说法：
   a. 正确
   b. 错误

10. 根据课文，节流最好的方法是看看一年中有多少次小额物品消费。这种说法：
    a. 正确
    b. 错误

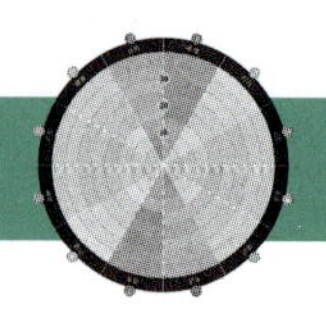

技能掠影

回顾本章内容，亲身体验具体的理财方式，思考自己的理财技巧。然后，想一想你能采纳的最有效的建议，掌握更多的理财技能。

发现

我在“发现轮盘”的“理财”这个部分的得分是……

目前我主要的收入来源是……

我每个月最大的三笔花销是……

目标

我计划……年……月毕业。

明年我准备……时交学费。

学会理财可以在……方面有助我的事业发展。

行动

为了达到理财的新境界，我要养成的最重要的习惯是……

培养这个习惯的触机是……

培养这个习惯的奖励是……

chapter 10

第10章 下一步

为什么？

你可以运用本书介绍的技巧设定自己毕业的课程目标以及终身学习目标。

是什么？

想象自己在毕业典礼上——你走上讲台，光荣地接受学位证书……再设想毕业后的一年里，你最可能做些什么。预览本章，找出能帮助你把憧憬变为现实的攻略吧。

怎么做？

无论在人生中的哪个节点，我都能够学会我想要的技能、掌握我想要的知识……

抽出一分钟

抓住机会做一些对你的未来大有裨益的事情吧。

例如：

1. 登录学校网站，查看学校就业中心的信息。

2. 跟导师预约时间，交流专业选择的流程。

3. 头脑风暴，想出一系列创业的点子，这些点子可以现在就做或者是毕业以后做。

澎湃动能

坚持不懈

大多数学生都期望顺利完成学业，取得学位。如果你向毕业生们咨询成功的秘诀，他们会献出许多妙计。但是，我们有时会忘记坚持的力量——那就是日复一日，做好不起眼的小事。

习惯如何才能起作用呢？譬如，为了身体健康去锻炼是一个不错的主意。但是，如果你只去过一次健身房，肯定不会有什么用处。人脉网是找到工作的最好途径，但如果你仅仅同一个人说起要找工作，肯定也毫无意义。所以，只有在你坚持不懈的时候，攻略的效果和习惯的力量才会展现出来。

研究表明，运动员、音乐家等表演艺术家要经过大约 10 000 小时的刻意练习，才可能赢得国际比赛。看本书介绍的名人传，你将发现许多例子是关于刻意练习的——坚持不懈的别样表达。

以亚伯拉罕·林肯为例，1831 年、1833 年他经商失败。他曾分别在 1832 年、1838 年、1840 年、1843 年、1855 年、1856 年和 1858 年参加竞选，但均以失败告终。在 1860 年，林肯成功当选美国总统。

《哈利·波特》手稿曾被多名编辑拒绝出版。但它的作者 J.K. 罗琳坚持不懈，终于找到一家肯合作的出版商。《哈利·波特》一经发行，销量便势不可挡，达到 4.5 亿本。

2006 年，Def Jam 唱片公司与当时还是学生的斯坦芬妮·杰尔马诺塔签约。3 个月后，这家美国著名的唱片公司认为斯坦芬妮的音乐风格不适合大众口味，因而取消了与她的合约。自那之后的几年里，斯坦芬妮奔波于各个小型俱乐部进行表演。虽然收入微薄，但她从不抱怨，一如既往潜心磨炼自己的演唱技巧。终于，她的才华被世人发掘。后来，她与另外一家唱片公司签约，并有了一个新的艺名——Lady Gaga。

许多优秀大学生的品质都与坚持的精神息息相关——能力、勇气、自我引导等。为了能启动并维系本章的澎湃动能，请记住四件事情。

第一，坚持不懈不是积极的思考，也不是高唱精神赞歌。当你能够直面事实，认清自己当前的能力时，才能更好地坚持为自己补充能量。接受自己，包括所有的优点和缺点。这样，你才能更加从容地面对挫折与失败，从错误中汲取经验，然后再次踏上征程。

第二，坚持不懈不是盲目地下定决心。如果一种攻略不成，那就放弃，另谋他径。盯住你的目标——你的战利品，而赢得它的途径和方法可以灵活处理。如果第一个计划失败了，那就进行第二个、第三个……

第三，坚持不懈不是单打独斗。生活没有独角戏。我们都是社会性动物，在群体中才能发挥最大的力量。坚持不懈的关键之一，是找到那些已经实现你想要实现的目标的人。与他们相处，向他们请教。他们是鲜活的例子，向你证明你的目标能够实现——只要你懂得坚持。

第四，坚持不懈要求我们抵抗及时行乐的诱惑。当我们看到标榜“立竿见影”的药物广告时，当我们阅读声称可以在几周内、几天内，甚至几个小时内扭转我们生活的自助书籍时，当我们观看一部主人公在区区 90 分钟内克服万难、功成名就的励志电影时，我们很容易忘记坚持不懈远没有那么简单，它需要一点一滴的激励，需要抗拒诱惑的恒心。

优秀大学生不断磨炼自己的批判性思维，识破一切虚假和夸大的谎言。他们知道，自己正在进行一场漫长的游戏，没有捷径，更没有权宜之计。他们懂得，获得学位的过程就像马拉松比赛的训练。他们明白，每次课堂出勤和每次完成作业都是一次小的成功，引领自己走向最终的胜利。

《卓越大学生成长手册》帮你最终得到你想要的东西。整个过程没有一丝神秘：发现你想要实现的结果；将之设为你的目标；朝着目标行动。

然后，坚持下去！

10.1 利用通用技能，开始你的教育

在与学业导师见面时，许多同学可能会说："我选了普通教育和自由艺术课程。我没有获得市场竞争力的技能。"再想想这句话。

几乎没有哪个词比"技能"更让人误解了。谨慎定义好"技能"这一词，我们会在职业规划上受到立竿见影的积极影响。字典上技能的定义是："能把某件事情做好的能力，通常由训练或经验获得。"

职业技能是通过正规学习或在职培训获得的。譬如，修光纤或做脑部手术被称为职业技能。

然而，通用技能是通过在教室内外获得的经验所掌握的。通用技能能帮助人们在任何工作岗位上获得成功——不论他们已经掌握何种职业技能。甚至你的第一份工作还没开始，你就已经在获得这些通用技能。

可能你曾听到别人这样说过："她真的很聪明，而且很清楚自己在做什么，但就是人际技能不怎么样。"人际技能——如倾听和商谈——都是通用技能最典型的例子。

1. 在任何情形下都能成功

通常我们自己都看不到这些通用技能，问题源于我们早已假定任一技能都只能用在唯一的某个情形中，如在学校读书或做某一具体工作的情形。这样想就人为地限定了各种可能性。

试着改一改，想想自己学习上的成功都得益于平时的哪些习惯，分析自己的习惯，找出这些特别的技能。接下来用头脑风暴的方法列出用得到这些技能的工作清单。

就像一个写研究报告的任务，这需要有下面这些技能。

（1）**计划**——设定完成纲要、初稿、二稿和定稿的目标。

（2）**管理时间**以达成目标。

（3）**采访**那些对自己论文的主题比较了解的人。

（4）**研究**时要利用互联网和学校图书馆，查找重要事实和观点写在论文中。

（5）**写作**时要用新颖的方式提出事实和观点。

（6）**编辑**草稿使论文清晰准确。

现在想想哪些工作会需要这些技能。

例如，你可以将自己写论文的技能用到可能会从事的记者报道、应用写作或广告文案中去。

你还可以把自己的编辑技能运用到杂志或图书编辑等出版领域。

采访和研究技能有助于你进入市场研究行业。有规划能力、时间管理能力、按期完成任务的能力能让你在以上提到的任何岗位上取得成功。

同样地，想一想一个岗位的通用技能也能够用到另一个岗位。假如你在一家电脑经销公司做行政助理，该公司销售多种多样的硬件和软件。你负责接听潜在顾客的电话、

帮助现有顾客用他们的电脑解决问题、参加同事推销新产品的会议。那么，你就在获得销售、顾客服务、团队工作的技能。这些技能可以帮助你获得电脑制造商或软件开发商销售代表的职位。

基本的一点就是要受启发于“通用”。差不多你在一种情形下的成功技能到不同的情形中也是“通用”的，能够帮助你获得成功。

通用技能的概念在高等教育和职场之间创建了一个强有力的链接。技能是任何工作的核心元素。上任何课时，列出你正在学的具体技能以及你如何将这些技能运用到职场中去。几乎你在校园内学到的技能日后都能运用到职场中——如果你能坚持追求这种思考方式的话。

2. 关注“4 个 C”

通用技能有数百个。要获得能促进成功的技能，要考虑技能的四个类别。正巧，每个类别名称都是以字母 C 开头。

（1）**创造性思维**（creative thinking）——公司一般会比较看重对新产品、新服务有创造性想法，并能将这些想法付诸实践的人。

（2）**批判性思维**（critical thinking）——具有批判性思维的人能够准确地陈述问题，考虑多种可能的答案，并用逻辑和实证去检验这些答案。批判性思维者在决策和问题解决方面表现突出。

（3）**沟通**（communication）——无论你在哪里工作，善于表达、倾听、写作以及阅读都能让你受益匪浅。这意味着无论听众是谁，都能知道沟通的目的、找到实现目标的方式。

（4）**合作**（collaboration）——团队合作完成的项目。如果你能和不同的小组一起工作，制订目标并能实现这些目标，你将会因为掌握的这项技能受到老板的垂青。

“思考”和沟通两个章节都是以“4 个 C”为策略。

3. 将品格作为一种技能

品格会融合其他技能，组成一个大背景。这就是第 5 个“C”（character），指的是优秀大学生的品质：努力、灵活性、学习主动性、友爱等。

用人单位谈到的“职业道德”就是品格。没有品格的人只能达到用人单位的最低要求，他们没有精力、热情，也不努力。他们的言语和非言语行为经常传达出一种信息：我真的宁愿去别的地方。

如果你想在下一份工作中获得发展，未来有新的事业选择，那么就掌握以下品格技能吧。从简单的行为做起，增强人际关系，建立积极的个人形象。

（1）**微笑**。微笑的力量显而易见，但人们常常忘记。微笑的同时要保证有眼神接触、放松、保持接纳的姿势，这样会向对方传递一种无懈可击的信息：我很高兴你来了。我很关心你接下来要说的。

（2）**握手**。你早已了解握手要如何表达坚定、友好的意思。然而，关键是要在职场持续表达这种意愿，即使对象是你不熟悉的人。通过接触而产生的人际关系能够减少人们的防御，这时就能够顺利展开积极的对话了。

（3）**闲聊**。和新客户、新顾客、新同事见面经常意味着要闲聊。请记住，人们很享受谈论他们自己。如果你第一次见某个人，你们在同一个组织工作，那么这就是可以谈论的点。你可以问他 / 她的事业如何发展到这一程度。然后放松，多问几个问题，让对方开口。

（4）**社交**。如果你的老板、顾客或客户邀请你去某个社交场合，要坚持去参加。即使你在社交场所觉得不舒服也要如此。将社交看作练习新习惯的机会。

想要获得更深一层的友谊，你不仅要定期地参加社交，还要邀请别人喝咖啡、吃午餐或是晚餐。寻找和同事非正式交流的机会，但是要用专业的语调。

（5）**存同求异**。如果有人表达的观点和你的相左，你可能非常想说类似的话：

①我完全不同意。

②我曾经试过，但失败了。

③这个想法没用。

以上的几种表达不利于理解，更不利于

练习

32

认识你的技能

这项练习能够发现你的技能，总共有五步。你可能需要1个小时完成这个练习。

步骤一：列出近期的活动

回忆你过去一周或一个月的活动。写下尽可能多的活动，包括工作相关的活动、学校活动以及爱好。至少花10分钟完成这个步骤。

步骤二：列出奖励以及认可

列出过去一年里你受到的奖励或其他对你成就的认可。譬如，奖学金、运动奖或是志愿者工作的认可。同样地，至少花10分钟完成这个步骤。

步骤三：列出工作技能

回顾你刚刚创建的两个清单，然后花10分钟时间列出做这些活动、获得这些奖励和认可需要的任何专业知识。譬如，教法语课需要法语的实用知识。列出所有属于这个类别的技能，将之称为“职业技能”。

步骤四：列出通用技能

再次回顾你的活动清单。花10分钟找到“通用技能”的例子，即这些技能可以应用于各种各样的场合。譬如，发表演讲或是在电脑销售店做销售员职业都需要说服别人的能力。修理汽车意味着你能够处理细节、进行检修。列出所有属于这个类别的技能，将之称为“通用技能”。

步骤五：回顾以及计划

现在，你已经对你的技能有了深入的了解。回顾你在前面几个步骤里创建的清单，看看你是否又想到了一些新的内容。每年至少更新一次你的职业技能清单和通用技能清单。在你写简历、准备求职面试以及做其他工作计划的项目时，这些清单都能派得上用场。

建设性的否定。

练习用一些表达"存同"的句子来替代以上表达。下面是一些例子：

①我看得出哪里可行，因为……

②我喜欢这个观点，因为……

③你可不可以也考虑一下……

这并不意味着你必须同意别人所说的任何话。但这确实意味着你是最先"求同"的。在信任的基础上，人们能够坦然接受否定意见。

帮助别人获得他们想要的。在《给予与索取：成功的改革性方式》这本书中，亚当·格兰特解释了在职场建立两种人际关系的区别。

索取者倾向将竞争放在首位。他们可能会说我们生活在"狗咬狗"的世界。他们在职场主要关心的问题是升职以及成就获得认可。

给予者分享观点、资源以及人脉。正如他们欣然接受别人的认可一般，他们会将功

小链接：65 个通用技能

说真的，通用技能数得出来成百上千个。想了解更多的话可以 在 O*NET OnLine（www.onetonline.org.）这个联邦政府的网站搜索一下。你将找到工具来发现你的技能，并将它们与特定的职业相匹配。想了解其他职业信息以及求职信息，上 CareerOneStop（www.careeronestop.org）网站。

在你读下面通用技能的清单时，注意一下本书讲了多少种。将那些对你的职业生涯非常重要的通用技能用下画线或高亮标示。

自我发现和自我管理技能

（1）准确评估自己现阶段的知识和技能。

（2）找机会获得新的知识和技能。

（3）选择和运用学习策略。

（4）获得新的态度和行为，展现灵活性。

时间管理技能

（5）为项目结果安排最后期限。

（6）为有关目标的任务安排时间。

（7）选择高科技手段，将其运用到有关目标的任务中。

（8）选择需要的材料和设备来达到目标。

（9）设计其他的程序、步骤或系统来达到目标。

（10）独立完成目标。

（11）为团队规划项目。

（12）同时管理多个项目。

（13）监测达成目标的进度。

（14）坚持不懈以达到目标。

（15）按时完成项目，提交结果。

阅读技能

（16）阅读中找出关键点和主题。

（17）阅读中注意细节。

（18）从多个信息来源汲取观点和信息。

（19）在阅读中发现解决问题和达到目标的策略。

（20）在阅读中进行理解，按照指导办事。

记笔记技能

（21）根据口述资料、打印资料和网上资料记笔记。

（22）用图像、表格和其他视觉手段来总结和理清信息。

（23）利用纸笔和数码工具组织信息与观点。

劳拱手相让。他们从指导、鼓励他人中获得能量。长远来看，这些品质会帮助给予者获得成功，上升到组织的高层。

顺便说一下，帮助他人获得他们想要的并不包括向他们提供建议。如果你不请自来地给他人意见，可能会给人傲慢、粗鲁的印象。

你可以考虑一下辅导。能够产生有效辅导作用的对话都基于四个问题。这四个问题首字母缩写为GROW，你很容易记住：

①你的**目标**是什么：你想做到什么职位？

②**现实**如何：你现在是什么职位？

③你有哪些**选择**：你如何能够弥补现实和理想之间的差距？

④你的**方向**是什么：你接下来要如何做，你会专门做什么？

表达欣赏。有一种既简单又免费的方法可以提升工作士气：告诉别人你欣赏他们。

别人获得巨大成功时，我们中的许多人

（24）通过图书馆或网络途径找到信息进行研究。

（25）从田野调查或第一手资料中收集数据。

（26）评估学校或职场的个人表现。

（27）利用考试成绩或其他评估结果来改善自己的表现。

（28）在学习小组和项目团队与他人合作。

（29）应对压力。

（30）应用科学结果和方法解决问题。

（31）运用数学进行基本运算解决问题。

思考技能

（32）运用思考，创造新观点、新产品或新服务。

（33）运用思考，评估观点、产品或服务。

（34）评估口头、印刷或网络资料。

（35）运用思考，找到改进产品、服务或程序的方法。

（36）选择适当的决策策略。

（37）选择符合道德规范的行为。

（38）准确认识问题。

（39）诊断问题来源。

（40）提出问题的解决方案。

（41）权衡解决方案的代价与收益。

（42）选择并实施解决方案。

（43）解释需要用于解决问题或决策的信息。

沟通技能

（44）分配、下发任务。

（45）教导他人。

（46）咨询意见。

（47）提出意见。

（48）编辑出版物。

（49）就人们的表现好坏做出反馈。

（50）对非语言的信息做出理解和反应。

（51）采访别人。

（52）主持会议。

（53）领导项目小组。

（54）全心倾听（不带任何偏见，专心）。

（55）避免冲突（化解紧张局面）。

（56）解决冲突。

（57）对抱怨做出反应。

（58）与多元化的观众交流。

（59）写作。

（60）编辑。

理财技能

（61）监控收入和支出。

（62）募集资金。

（63）减少开支。

（64）预估成本。

（65）准备预算。

记得去表达赞赏。但欣赏别人小小的胜利也同样重要：一场成功举办的会议、一封优雅动人的邮件、一次圆满结束的销售活动。

上述的事件发生时，我们要学会表达欣赏。同样地，要当着同事的面，描述自己欣赏的具体行为。人们会记住你的这一举动。

4. 学习新技能

在一生中学习新技能的能力本身就是一项技能。乔希·考夫曼在《关键20小时，快速学会任何技能》这本书中建议了如何让学习既有效率又有意义。

定义技能。在你已经学会了某项新技能时，陈述你将要做的事情，陈述要具体。譬如，“利用Wordpress.org这个网站建立带博客的基础自主网站”要比“自己建立网站”这个陈述具体。一次只专注于学习一项新的技能。你可以以后再学习别的技能。

除此之外，定义你的目标表现等级。不要想一步登天，在学一个新的技能前就想要自己的表现无与伦比，相反，你要设定一个短期内可以达到的目标。譬如，想要获得写作技能，你开始的表现目标可能是写出400词的博客帖子，从而吸引更多人关注。一旦你达到了这个写作目标，你可以定下更高的目标，譬如写更长的博客帖子，甚至是写一本薄薄的书。

定义关键次级技能。演奏乐器、写作出色、公众演讲等大技能可以分为许多小技能或次级技能。譬如，弹吉他就包括：

（1）摆好弹吉他的姿势。

（2）调弦。

（3）将手指放在琴颈上形成不同弦音。

（4）拨弦或挑弦组成不同的音。

一旦你将次级技能分离开来，你每次都可以学一个。

记住，一些次级技能要比其他次级技能更重要。一些次级技能甚至能够决定你是否实现自己的目标。其他的是可选技能。要区分这些次级技能，得做一些调查。浏览几篇文章、几本书或几个网页，了解你想学习的这项技能。如果有可能，你也要跟那些已经掌握这项技能的人谈谈。

几小时的调查之后，你会发现某些次级技能出现频率要比另一些高。因此，这些次级技能便是你应深入学习的。将每个次级技能分为一系列“跬步”，并将它们合理排序。

尽管收集信息很重要，但不要在这一步上止步不前。足够了解每项次级技能之后，就要决定如何练习以及犯错时如何自我纠正。尽早地开始练习吧。

抽出时间练习。你将需要大量的时间来练习，这些时间很关键，通过练习你能够获得明显且持久的进步。考夫曼推荐20小时练习（大概每天进行40分钟练习，持续30天）。开始练习时以20小时为目标，有需要时再进行调整。

在接下来的一个月里，你要拿出日历，在上面每天写上计划。做这样的练习可能需要你取消或延迟一些活动。如果你不愿意做这些练习，那就实话实说。也许学习这项技能不是你目前的重点。

让练习变得简单。在学习一项新技能时，要定下成功完成的目标。设计你的环境，让练习变得简单。如果你想练习弹吉他，那么将吉他放在一个你轻易够着的地方。如果你想建一个网站，那么打印出来分步操作指南，将指南放在电脑旁边。

你同样要消除干扰。找一个你可以集中精力的安静地方。关闭手机、互联网以及电视（除非你需要这些作为练习工具）。

练习。首先学习你想要学的第一个次级技能。有可能的话，在相应的背景下练习。譬如，如果你想开始练习瑜伽，那就尽可能花许多时间在瑜伽垫上。如果你想掌握网球发球技能，那就去网球场练习。

如果有可能，请一名教练教你。教练可以观察你的表现并提供及时反馈，从而加快你的练习进度。

练习初期是最让人沮丧的。问一问别人，了解他们在学乐器或一门外语时的早期经历。他们会告诉你在学会技能前会忘记一串音符，会犯许多错误。

学会接受技能学习初期的不适。坚持不懈，终有一天你的这些经历会获得你想要的回报。

练习 33

计划发展新技能

该练习基于布鲁姆教育目标分类中的思维六个级别之一——分析。你将描述一项你想学习的技能，将之分为一个个小小的行为，然后制订一个计划来练习这些行为。为了让你有所准备，请先读一下这篇关于通用技能的文章。

步骤一：定义你想要学习的技能

想一想你想做的新事情。这个事情要具体并且专一。选择一项你能在20小时的集中练习后真正掌握的技能。例如你可以学习如何：

（1）盲打。

（2）网球发球。

（3）烹饪五道菜，用普通但不多的原料，20分钟内准备一道菜。

（4）使用 Adobe Photoshop 编辑图像。

（5）做20分钟瑜伽练习，拉伸肌肉、增强肌肉力量。

（6）春假旅行在墨西哥时，用西班牙语订酒店、订餐和购物。

在这里描述你的技能：

步骤二：定义关键次级技能

接下来，分析你刚刚描述的技能。将之分解为许多更小的行为或次级技能。譬如，做一顿饭，这个技能包括选择原料、用特别的方式进行组合等次级技能。学习削、剁、切片、切丁、煮、烤、烘焙、爆炒或油炸可能也很重要。

列出你打算要学的次级技能。有逻辑地安排这些次级技能的学习顺序，从最简单到最复杂依次学习。如果有可能，请一位教练或老师，他 / 她能观察你次级技能的练习并给予及时反馈。

注意：你可能需要几小时的调查来完成这一步。因此，你需要安排好时间来做这个调查。你同样需要安排时间返回这个练习，完成接下来的步骤。

步骤三：抽出时间练习

仔细查看下个月的日历（或者未来具体的某个月）。每天安排45～60分钟完成你清单所列的次级技能的练习。

步骤四：让练习变得简单

设置你的环境，让练习变得更便捷。譬如，如果你计划准备几道新菜，那么要确保你已经有所需的锅、烤盘、厨具以及原料。

步骤五：练习

当你开始练习时，先从清单上的次级技能练起。重复这个行为，一路纠正所犯的错误，直到可以熟练掌握这个次级技能。之后，你可以继续练习清单上的下一个次级技能。如果你有一名教练或老师，邀请他 / 她来指导你的一些练习环节。

步骤六：反思学习新技能的经历

在练习20小时新技能之后，创造性、批判性地想一想你从这次练习经历中学到的东西。你是否满意自己的表现？这个技能在20小时内学会是否太具有挑战性？你是否能够定义所有的次级技能并且将它们按照难易程度排序？你知道如何更有效地练习吗？写下你的发现，总结你在这次练习中的思考。在这之后，写下目标，描述你将如何将这些思考运用于未来新技能的学习中。

10.2 通往毕业之路

学生对成功有着各种不同的定义。对大多数人来说，拿到学位肯定是其中之一。《卓越大学生成长手册》的每一章都介绍了一系列的攻略，帮你实现目标。下面同样是一些在你顺利毕业前可以一直采纳的建议。

1. 为了最终完成学业，你今天的目标是什么

坚持不懈，关键是需要明确地知道自己想从教育中获得什么。一些学生接受高等教育，但目标不够明确。这类学生很容易跟学业脱节，让其他活动占据自己生活的主要地位。

优秀大学生的成长过程能够帮助你坚持完成学业而不是半途而废。你在制订一周计划的时候，用“发现陈述”来完成下面的句子：

- 我最想从学校中获得的是……
- 我还想要得到的是……
- 为了得到我想要的，这学期要实现的目标是……

这样写可以让你更加清楚做事的优先次序。现在，放大画面，来一次目标特写。每月至少完成一次下面的目标陈述：

- 为了实现这学期的主要目标，我打算这个月完成……
- 为了完成这个月的目标，我打算这周完成……

最后一句话的答案，应该是可以列入日常任务清单或日程中的具体任务。

有计划，才能坚持下去。目标只有在指导我们此刻的行动时，才可能实现。把顺利毕业定为目标，问你自己：这个目标在今天对我意味着什么？

2. 充分利用各种服务

读完下面的内容，你再也不会觉得孤军奋战、没人支持了。有五花八门的学生服务等待着你去体验。它们都是为了帮助你取得成功，其中许多服务也都是免费的。

说出一个你现在正面临的问题：经济紧张、跟老师发生冲突或者其他任何可能会影响你顺利取得学位的问题。学校提供的某项服务很可能正好可以帮助你解决问题。

首先，在学业方面，学校鼓励你去咨询你的学业指导。如果你想按时毕业，最好在毕业前一直与学业指导保持联系。学业指导的任务就是帮助你适应高等教育环境，选择专业，选择完成学业所需学习的课程。

刚进入第一学期，你就应该约见学业指导。此后，只要你还没毕业，每学期就应该至少约见他一次。每次会面前，你都要好好准备，列出你的问题和你感兴趣的课程。

你的学校还可能提供下列服务：

- 儿童保育
- 健身和体育中心
- 计算机实验室和求助台
- 咨询服务
- 职业规划服务
- 助学金

- 法律援助服务
- 安全服务
- 特殊和残障人士服务
- 学生健康诊所
- 辅导
- 学生组织和课外活动

查看你的学校网页，找出哪些服务符合你的需要。此外，许多服务都有当面解答和在线咨询两种形式。

需要帮助时立刻寻求服务才是关键。马上行动，不要让小问题发酵成会影响你毕业的大障碍。

3. 多与人接触

对刚入学的新生来讲，学校可能是个可怕的地方。年纪大的学生、来自其他背景和文化的学生、非住校生和身有残障的学生也可能会觉得无法融入大学的生活。一些人上了几个月的课，却还有种正站在门外、不安地向内张望的异样感。

能够克服孤独的学生更容易待在学校，完成学业。让我们从计划与人接触开始吧。写一份“目标陈述”，承诺每周与三个原先不认识的人见面。写出具体是哪三个人，你打算怎样与他们接触。譬如，向同班同学介绍自己；早一点去课堂，通过讨论之前的作业认识同学；晚一点离开课堂，与同学讨论课上的内容。

你的老师们也必须包括在接触的对象之列！在课堂外约见你的老师。你会发现原来有这么多人希望看到你的成功。坚持完成学业的学生更倾向于与老师建立起长远的关系，让老师成为自己的良师益友、导师或人生教练。老师可以帮你写推荐信，成为你找工作的人脉。

练习 34

专业预选

步骤一：发现选项

查看你们学校的专业目录或者上学校网站查看。复制一份这个清单或者打印出来。至少花 5 分钟时间通读一下学校开设的这些专业。

步骤二：做出预选择

接下来，划掉你早已知道、不太适合你的专业。如此一来，你将会删掉清单里一半以上的专业。浏览一下剩余的专业，在你感兴趣的专业旁写上“是”，在你不太确定要考虑的专业旁写上“也许”。

现在，关注那些“是”的专业。看看你是否能将它们缩小到三个。将它们列在此处：

最后，在你现在最感兴趣的专业旁标上星号。这就是你的预选择。

步骤三：评估你的预选择

恭喜你做出了选择！现在花几分钟时间反思一下这个选择。这个选择是否与你的兴趣、技能以及职业规划相符呢？设定一个目标，通过课外试验来检验你的专业选择。譬如，实习、田野调查、国外留学项目或兼职计划。注意这个试验可能确认你的预选择或者导致选择新的专业。

4. 用奖赏点亮你的道路

用许许多多的小“胜利”来装扮你通往毕业的长路吧，它可以帮你坚持下去。你应该定期享受一些犒赏——无论最近你是不是资金紧张，无论孩子是不是变得脾气乖张，无论工作和学习是不是让人筋疲力尽。

特瑞萨•阿玛贝尔和史蒂文•克雷默在《进步法则：步步为“赢”，点燃工作中的喜悦、敬业度和创造力》（*The Progress Principle*：*Using Small Wins to Ignite Joy*，*Engagement*，*and Creativity at Work*）一书中说，在有意义的工作上每天取得一点进步才是我们最重要的动力来源。这一理念同样适用于学生。记录你在学业上取得的成绩，不管这个成绩看上去多么微不足道。每天花 1 分钟时间，留心自己哪些事情做得出色——可能是突击考试取得高分，可能是一份条理清晰的论文，可能是听众反响良好的一次报告或者其他任何让你感觉开心的事情。

在你成功地完成一项任务，与顺利毕业更近一步时，停下来，回想你的每次成功，然后记住它。与家人或朋友分享，接受他们的褒奖，也接受你的自我称赞。

请注意，“进步法则”和典型的问题解决策略不同，后者是找到哪里出错，然后动手处理。进步法则需要你找出哪里正确，然后为之欢庆。

撰写“发现陈述”，回答下面的问题：

- 从一开始，获得学位让你最兴奋的是什么？
- 什么时候你上学的积极性最强？
- 在学校做的哪些事情让你感到骄傲？
- 学校里的什么事情让你觉得最有动力、最有趣？

时刻谨记当初选择读大学的初衷，重新燃起自己的学习动力，坚持不懈，直至顺利毕业。

5. 平衡时间与金钱

谨慎平衡学业与工作的关系。如果你是全日制在校生，那就要把学习当作每周 40 小时的工作一样对待、一样投入。（如果每在课堂上花 1 小时，你都用 2 小时来继续学习，那么你一周在学习上花的时间将超过 40 小时。）当然，这就会限制你在工作上花费的时间。

同时，也要为完成学业制订一份收支计划。结识学校助学金办公室的员工，定期跟他们会面，询问如何获得补助、贷款、奖学金、勤工助学的机会和其他经济援助。一直到毕业以前，每个学期的学费和生活费从何处而来，你应该做到心中有数。

6. 调整对策

《卓越大学生成长手册》向你保证：本书的各种攻略一定有用处，除非不适用于具体的情况。某个策略适用于某堂课、某位老师，而碰到另外一堂课、另外一位老师时，很可能就失灵了。没关系，我们换种新的对策就可以了。

这是你运用创造性思维和批判性思维的大好时机。通往毕业的路上，你要不断地问两个问题：我正从学业中得到什么？怎样做才能有更好的结果？

观察身边的人，或许你会找到答案。每逢你遇到优秀的学生，观察他们，了解他们做了或说了什么促成了他们的优异。然后，效仿他们的行为，看是否适用于你。同时，找出其他学生身上的不良习惯，引以为鉴。

此外，观察自己什么时候“最学生”——感觉学习既轻松又有趣。注意哪些态度和行为创造了成功，把它们作为你通往毕业之路的指明灯。

10.3 转到新学校

如果你曾选择转学，那么不是只有你一个这么选择。《纽约时报》杂志报道称，大约有60%的大学毕业生都是转校生。

你选择一个新学校的方式会对你的教育生涯产生重大影响。这种说法真实可信，你可以选择从社区大学或技术学院转到四年制大学，你也可以选择读研究生。

即使你不打算再经历一遍选学校的过程，你也可以参考下面的观点来评估你目前的学校。

1. 知道关键术语

由于你要开始调查学校，你需要花几分钟时间复习一下几个关键术语。

资格认可（accreditation）是评价学校提供的一些项目优点的过程。获得资格认可的学校被认为满足美国律师协会等专业组织设立的标准。

合作协议（articulation agreements）是列明一所学校接受的对等课程的官方文件。

减员指的是在某段时间内从学校退出的学生人数或是从学校提供的课程中退出的人数。文科副学士（AA）或是理科副学士（AS）是给二年级大学生提供的证书。修满两年课程拿到证书的学生要比没有该证书的学生更易转学。

CLEP是大学考试项目（college level examination）的英文缩写。通过CLEP考试，你就可以挣得相应技能和知识的学分。

等价课程（Course equivalents）是你已经上过，同时其他学校接受作为毕业要求的课程。

先修课程（Prerequisites）是一所学校要求学生在入学前、上某些课程前或者是在毕业前完成或修习的课程。相比之下，并修课程是你同时要求或允许修习的课程。

2. 收集信息

要调查学校，从出版物开始。你可以打印学校目录、学校网页等。接下来，联系别人，如学业指导、顾问、学校其他工作人员、你所调查学校在读或已毕业的学生。联系新学校的指导教师，找到相应的招生和毕业要求。

利用你的调查挖掘你正在调查的每所学校的关键信息：

- 位置
- 学生人数
- 班级规模
- 课外联系老师的可能性
- 全职教师的比例
- 入学标准
- 你感兴趣的学位
- 学费以及其他费用
- 住房计划
- 助学金
- 宗教信仰
- 学生和教职工的多元化
- 课程要求
- 保留率（多少学生在大一入学后回到学校）

为了更多地了解一所学校，你不能光看统计数字。譬如，“30%的学生是有色人种”这句话并不能告诉你具体民族或种族的人数。

同样地，你可以转到一个宣传“学生 - 导师比例为 15 ∶ 1 的学校”，但你可能会发现这个班有 100 人。

记住任何关于平均班级大小的陈述只是——平均而已。为了获得更多的细节，要问一下你进入小班级的概率是多少，尤其是在最后一学期的时候。

3. 参观学校

参观你最感兴趣的两三所学校。参观校园，有机会就坐到教室里去。深度参观校园：教室、实验室、学生宿舍楼、书店、咖啡馆、图书馆、运动设施、学生中心。同样要了解娱乐途径，譬如展厅、电影院、画廊以及音乐大厅。在你完成“正式”参观之后，在学校操场走一圈，到处看看。想要了解更多，暑期在周围社区工作一阵子或是在你转学前在这个学校修习一门课。

除此之外，整理目前你的学术状况，包括你的成绩、完成的课程、获得的学位以及绩点。标准化测试非常重要。这些测试包括学业能力倾向测验（SAT）、美国大学测验（ACT）、研究生入学考试（GRE）以及你任何大学先修课程的成绩。

4. 选择你的新学校

在你整理所有信息的时候，记得你对一所学校的印象不是局限于干巴巴的事实描述。你也要注意你的才能以及直觉——你觉得一所学校有吸引力，而在另一所学校面前犹豫不定的“直觉”。这些感觉对你做出的选择非常重要。

花时间感受你的直觉。你在更大背景之下做选择也是有益的。想一想你在本书中通过做练习和日志来明确的目标、价值以及长期目标。想一想那所学校最可能支持你所建立的大部分发现以及目标。

在你选择新学校时，考虑家庭成员以及朋友的需要和愿望。寻求他们的指导意见和支持。如果你让他们参与做决定，他们就更有可能影响你的成功。

在某个时候，你将选择一所学校。记住没有所谓的“正确”选择。你可能会在许多学校获得成功——大概在你现在的学校也可以。使用本书的建议来练习自我负责。不论在哪个学校学习，都要掌控你的受教育过程。

5. 在新学校获得成功

愿意再次开始。一些学生对待转学采取“到过就做过”的态度。由于之前在高等学校深造过，他们认为自己不需要新学校提供的培训、建议或是其他学生提供的服务。

换个思路想想。因为你的学费以及其他费用可以让你享受到所有的服务，所以你倒不如利用好它们。这样一来，你可能会发现你在调查学校时没注意到的一些机会。至少，你见到的人都支持你转学。

你在高等学府的最初经历会成为你的优势。承认这些优势，即使你要在新学校再次开始。在庆祝你过去的成就时，你可以探索成功的新途径。

联系他人。在你的新学校，你将会与早已建立社交网络的人在一个班。为了避免不合群的感觉，寻找机会和人多接触。参加学校小组、参加课外活动、考虑在一些学生组织做志愿者。建立社交联系会让你顺利适应新的学习环境。

检查学分。如果你计划转学，尽可能早地与新学校的导师见面。问问你已经获得的学分如何才能转到新学校，这可以节省大笔的学费。了解一下你之前在职场或当兵时的学习能不能获得学分。如果你大学考试科目（CLEPs）或大规模在线开放课程（MOOCs）成绩出来了，你也了解一下是否能转为学分。

没有学校课程设置是一模一样的，所以学分多少常常涉及转换。在一些情况下，你能够说服教务主任或是招生处接受几门你以前修过的课程。为此，你需要将你的课程大纲准备好放进文件夹里。找你的导师帮你。留意那些能让你准时在新学校毕业拿到学位的细节。

10.4 开始进行职业规划

许多人做职业规划就像淘金。他们仔细筛选、清理尘土、丢开石头。他们期望一夜暴富，一举收获完美职业。

不要将职业看作你的一种发现，而是当作你的一种选择。你“找”不到正确的职业，你只能“创造”正确的职业。

这两种方法有很大差别。想一想只有一种职业选择是“正确的”会让你感到焦虑：“我是否选择了正确的职业？”“如果我选错了怎么办？”

将职业看作一种创造能够让你放松。你不用为找到所谓正确的职业而焦虑，你可以考虑多种可能性。今天选择一种职业，之后你可以再次做选择。

在采纳这种观点的同时，你不能再认为职业选择一生只有一次，你要开始将其看作一系列的实验。回报便是终身学习和长期满足。

1. 重新思考爱好的作用

一条常见的职业建议便是“跟随你的爱好”。换句话说，根据你的爱好选择一个职业。

享受你的工作很重要。然而跟随你的爱好这条建议却遇到一些阻碍。许多人没有明确的爱好。爱好也不总是排在第一位。你会发现在掌握一门需要的技术之后你在任务中获得的乐趣也在增长。

在竞争激励的就业市场，除了爱好之外还有其他两个因素可以让你受益。

一是你的技能。譬如，有些人喜欢弹吉他，但是达不到如音乐家一样登台演出的水平。对工作有爱好和技能卓越能挣钱养家是不同的。

二是市场需求。除了思考爱好什么，还要问你自己：在职场什么技能较有价值？我可以做些什么解决一个问题或者为老板、客户或顾客创造价值？

寻找爱好、技能和市场需求三者的交汇点。同时谨记，能让你有满足感的工作并不是只有一个。

2. 像企业家一样思考

企业家拥有自己的生意。一个企业家的目标有盈利等。盈利通常意味着冒险——提供产品或服务，努力确保人们会购买。

也许你不把自己看作一位企业家。你或许宁愿找一份薪水稳定的工作、余生有所保障就足矣。尽管你的目标很传统，但你可能发现很难实现。提供长期保障和一般福利的工作要比过去难找。

即使你并不打算成为一名企业家，但像企业家那样思考是一个解决办法。不依靠现任老板，而是通过以下方式掌控自己的职业：

掌握职场中的重要技能；

成为你所在领域的专家；

联系那些对你找工作有帮助的人；

省钱，为紧急事件、医疗保健、退休等提供保障；

为你可以销售的产品或服务想出更多的点子；

在兼职或在工作之外做的项目中测试这些观点。

日志 22

发现陈述：列举法制订职业规划

体验如何来制订职业规划吧，现在就开始！把这次日志作为职业方向的一次规划，而不是详尽的职业计划。同时谨记，每当你学到更多的技能、挖掘出更多的兴趣、开发出更大的就业市场时，就要来对你的职业方向进行一次改变。

当然，有很多方法可以用来发现新职业，设定新目标。今天，我们体验其中一种——列举法。

提示：为了更好地完成本篇日志，你可能需要做一定的准备，如先了解不同的职业和相关的工作职位，查阅《职业展望手册》（http://bls.gov/ooh）等。

列举自己的技能

在学校里、过去的工作中和志愿服务的经历中，哪些是你经常用到的技能？请列举出来。

列举工作

列出那些需要上述技能的工作，具体到职位名称。

列举公司

或许你已经中意某些公司或非营利机构，列出它们。

如果你想自主创业，那么列出你准备销售的产品或提供的服务。同时，写出你打算给自己的公司、产品或服务起什么名字。

列举你的人脉

最后，列出你拥有的人脉，包括任何可以帮助你找到心仪工作的人。他们可能是原雇主、现任雇主、室友、同学、老师、朋友、亲戚，也可能是职业规划办公室的咨询人员，或正在你感兴趣的领域中工作的历届毕业生。

有计划地约见人脉网中的五个人，对他们进行非正式采访。

我会联系……

1.______________________________

2.______________________________

3.______________________________

4.______________________________

5.______________________________

3. 利用职业规划，挖掘更多选择

找到学校的职业规划办公室，请咨询师帮助你挖掘更多的可能性。参加职业规划研讨会，参加人才招聘会。

同时，通过评估帮助自己发现更多的才能，并明确了解哪些工作需要这类的才能。类似的评估可能有不同的名字，如职业兴趣测试、职业能力倾向测试、技能量表等。虽然测试结果并不能决定你要做什么，但至少可以提供一些启发，让你去思考不曾有过的想法，并建议有用的跟进方式。

4. 描述你理想的生活方式

除了选择职业的内容，你还有许多选择可以将工作融入生活中。你可以全职，也可以兼职；你可以在大型公司上班，也可以在家里工作，只要30秒时间从卧室走到书桌前就行。

闭上你的眼睛。想象你毕业后完美的一天是什么画面。清晰想象出：

- 你的工作环境
- 你的同事
- 你那天的预约以及待做事项
- 你工作环境中其他看到的和听到的

将工作和生活方式相匹配非常重要。这包括你时间的灵活性、每天与你见面的人数、工作的多样性以及将工作和其他活动平衡的方法。

5. 测试自己的选择，同时也接受自己的变化

一旦自己有了职业选择，就要想办法把选择转化成职场经验。例如：

- 与从事自己目标职业的人联系，问问他们关于这项工作的问题。
- 在自己感兴趣的行业中选择实习或志愿工作岗位。
- 找一份目标职业的兼职工作或暑期工作。

如果你很享受这些经历，就说明你做了一个明智的选择。而且你见过的人无形中会成为你的资源，他们将来会推荐、提名或聘用你。

如果你不喜欢这样的经历，那就庆幸自己对自己有了更深入的了解。现在，你可以重新考虑首选职业或者向新方向发展。

小链接：另一个选择：不做职业规划

每次提到职业规划，一些人可能就会想到“长篇累牍”，以及一个个目标、一个个截止日期和一项项行动。这是职业规划的一种，适用于在稳定型行业工作的人。但是，类似的行业越来越少了。

我们还可以考虑另外一种可能：不做职业规划，至少不做传统意义上的职业规划。今天的经济环境下，一些原有的工作在不断被淘汰掉，不曾有过的工作也在不停地被创造出来。在职业不稳定的今天，我们可以通过另一种方式来应对。

选择你的方向而不是你的终点。列出你的价值观，不要去纠结你想在未来几年做哪些具体的工作。工作对你的意义是什么？哪些事才是最重要的？问问自己：

你喜欢自己的工作接触最多的是什么？人？想法？具体的产品或东西？

你想管理别人，还是只对自己负责，只面对少量客户？

什么事情是你做得最好并且最喜欢做的？你通过什么能给人们创造最大价值？

写出你的答案，每年修改一次。

向那个方向迈出新的一步。选择方向后，决定你马上能做的事情。建立一个目标，立刻采取行动。譬如，如果你想自主创业，那就联系某位成功开创自己事业的人士，询问更多的信息。

思考所学，选择你的下一步。朝着目标采取行动后，写一份“发现陈述”。思考你从中学到了什么。总结经验教训，回答接下来该怎样做才能朝着你理想的职业方向前进。

坚持行动，然后反思结果。无论发生什么，你的职业方向都将是灵活稳定的。

诚实面对自己不要想做的事情。工作中的一些步骤可能是你讨厌的。这是很有价值的信息。在“发现陈述”中写下工作中你不喜欢的具体事情，然后在“目标陈述”中写下你将在以后如何避免这类事情。

接受意外。留出一天时间做那些你平常不会去做的事情，譬如，读一本你通常不会读的书或是去一个你通常不会参加的报告；上一门和你专业完全不相干的课程；和别的专业的人一起吃饭；邀请两个朋友一起吃晚餐，让他们两个人邀请一个你不认识的人也来聚餐。这些经历会让你感受不一样的职业方向。

10.5 动手制作简历

即使近期没有找工作的打算，现在就动手写简历也是有百利而无一害的。动手制作简历，每个学期至少更新一次简历。

1. 为了写就理想简历，开始发展技能

为了从教育中获得最大价值，你要想想毕业时你想要什么样的简历。知道你想成为什么样的人，之后选择你想要获得的技能。

写下发展某些具体技能的目标，之后列出为了获得这些技能你需要采取什么行动。在待办事项和日历中写下相应行动的提醒，这样你就能真正实现目标。

你的许多计划将包括上课。除此之外，找到在课外获得和使用技能的方式。报名实习以及服务学习项目等和专业相关的活动。找到和你的职业规划相关的兼职。抓住每一次机会了解理论并将之运用到职场中。这些经历将帮助你发展一门专门技术、建立工作网络、实现工作之间的无缝衔接。

2. 记得写简历的目的

对于雇主来说，简历有个主要的功能：筛选出可以来面试的人。因此，你需要在简历中加上足够的细节以让潜在雇主赞叹说："这个人听起来很有趣。我们面试一下他吧，也许能发现更有意思的东西。"

有效的简历会阐明自己是如何为潜在雇主提供价值的。有效的简历也提供了你能实现这些价值的证据。让你简历中的每个字都服务于这个目标。

为了写出一份有效的简历，想一想你的读者。想象一下这个画面：雇主要看数百份简历，时间有限，只会用 20 秒钟的时间迅速扫视每份简历，然后决定是否面试。所以，记住简历要简洁。雇主不会去看你的附件以及大量细节描述。

你的目标是通过第一关。干净、整齐、语法和标点正确是必要的。达到这些要求，之后用以下的策略来让你的简历给别人留下更深的印象。

问自己：站在雇主的角度上，什么样的应聘人是这份工作理想的人选？你的简历就是用来回答这个问题的。

3. 删除无意义的内容

简明扼要。一页简历足矣。太长的简历说明应聘者对于自己的工作经历没有整体的概念，更不知道该如何向别人说明。

除此之外，查看简历的人很可能时间有限，只会用几秒钟的时间迅速扫视每份简历。所以，不要写整句或整段的话。项目列表的方式更适用于写作简历。如果你在申请具体的职位，一定要在简历中加入招聘启事中的关键词。

简历的主题通常包括"工作经历"这一项。这里你可以对你的工作经历给出相关的细节描述，以时间顺序先从最近的职业开始。

许多简历都会在这一部分出现问题。避免常犯的错误，记住这里的主要内容应该是你成就了什么，而不仅仅是你做了什么。

只要可能，就用动词开头，如"管理三个员工""开发潜在客户""撰写演讲稿并编辑年度报告""设计新流程，有效地减少

了 20% 的产品费用”等。

动词与你的技能直接相关，所以尽量把你选择的动词与要找的工作联系在一起，并且准备在面试中进行详细说明。

不要说空洞的话。像什么“在压力下取得成功”“具有高度的自我激励性”或“有很强的战略思维”之类的形式化语言只不过是在含糊不清地堆砌词语和短语，没有任何实质意义。很可能你的简历就因为这些话被淘汰出局，直接被丢到垃圾桶里去。

简历中“教育经历”部分同样要强调自己的成绩。列出所有你取得过的学位，获得过的荣誉和奖励。如果你的平均分很不错，那么也可以加进去。

如果你还没有毕业，也要在简历上注明，包括什么时候毕业、将要取得什么学位。

4. 寻求反馈

准备多份简历草稿。询问朋友或家人的意见，你的简历是否清晰明了，是否让人信服。同时，也请他们挑出其中的语法错误和错别字。

此外，寻求学校职业规划中心的反馈，根据它们的建议完善你的简历。总之，不断寻求反馈，不断地修改。

10.6 挖掘隐藏的就业市场

如果人们说“没有空缺职位”，他们的真正意思可能是“我现在找工作的方法不管用”。这两种表达意思有天壤之别。第一个是没有选择，第二个是创造选择。

其中一个选择就是网络，互联网很强大，能够发现隐藏的就业市场。通过一些网络技能，你能在招聘广告还没有刊登出来之前，就发现空缺职位的存在。（许多人永远做不到。）

一些人听到“网络”这个词就皱眉头，他们认为互联网低俗、浪费时间。实际上，互联网不仅有效还有趣。如果你要把某样东西交给和你见面的人，比如有用的信息或是自我介绍，你不仅给他们的生活增加了价值，你自己也如此。

1. 像雇主一样思考

想象自己是一家小公司的招聘经理，或

是一家大公司的人力资源主管。你们公司现在有一个空缺的职位，需要你尽快找到合适的人选填补进来。你会更愿意招聘你已经认识的人。然而，如果你不认识符合条件的人，你会愿意通过以下招聘途径来招人。

（1）在人际网中找人推荐。

（2）和直接联系你且表现符合条件的人交谈。

（3）刊登招聘广告，最后联系招聘代理机构。

现在考虑一下人们找工作的传统途径：

（1）盲目地回复报纸或网站上刊登的招聘广告。

（2）寄出的简历以及封面很普通。

（3）联系招聘代理机构。

花一分钟时间比较一下这两种途径。人们招聘以及应聘的途径让人沮丧，这毫无疑问。

我们要学的一课是像雇主一样思考。激活你的人脉网络——那些你已经知道的人。

2. 发现你的关系网络

你可能不相信自己拥有关系网络。如果这样的话，你就注意一下这个想法，然后放弃这个想法。“每个人”都有关系网络，关键是发现和开发它。

先从列名单入手，列出任何可以帮助你找到工作的人。他们可以是室友、同学、老师、朋友、亲戚和亲戚的朋友。前雇主和现任雇主也要包括在内。

除此之外，造访学校的校友会，看是否能在那里得到毕业校友的信息，尤其是在你目标领域内工作的人们。这些宝贵的资源常常被学生忽略。

现在就制作联系表，在3×5的卡片或罗拉代克斯卡上写下每个人的姓名、电话号码和邮件地址。也可以借助电脑、文字处理器、数据库、联系人管理软件或智能手机上的相关应用程序来制作联系表。

3. 联系关系网中的人们

下一步，给联系表中正在从事你心仪工作的人发一封简短的邮件，邀请他一起喝咖啡或共进午餐。如果不可行的话，就约他在电话里聊一聊。说明你想与对方进行一次20分钟左右的谈话，了解更多与该工作相关的事情。换言之，你想从他那儿获得更多的信息，而不是进行正式的工作面试。如果有可能，通过你们俩的共同好友互相介绍之后保持联系。

在私下见面或是电话交流前，你需要创建一个问题列表。计划一下，询问他们是如何选择他们的职业以及如何找到工作的。询问他们喜欢什么、他们觉得什么具有挑战性以及职业的发展趋势。找到他们1年以后、5年后甚至10年后想要做的工作类型。尤其应询问他们如何找到所在领域的工作，以及是否有其他相关领域的人可以推荐给你进行联系，获取更多的信息。

在实际的交谈过程中，仔细聆听别人的话。记笔记、在你将要采取的行动上进行高亮标注。将交谈的焦点放在对方身上而不是自己身上。不要在此时问找工作的事。

牢记每个人都很忙。遵循规定的谈话时间，不要超时，除非你们俩表明都想继续。谈话结束后，要表达感谢。如果你在喝咖啡或吃饭时和人见面，那么你可以负责买单。

在谈话后，寄给对方致谢函。其中提到谈话中具体的某个话题或是观点。如果对方在谈话中提出建议，你实践之后，记得要在致谢函中跟他提一下。

4. 拓展关系网

在找工作和获取信息的谈话中，你将了

解许多相关职业领域的人。许多人可能不在你当前的关系网中。无论如何，你都可以联系到他们。

发挥网络的力量。找到你想约见的人的名字，把相关网页放在收藏夹里。你可能会通过 pipl（pipl.com）、PeekYou（peekyou.com）等网站找到联系信息。除此之外，领英（linkedin.com）也提供了许多方式供你了解和联系职场中的人。浏览搜索结果，查看此人是否有自己的网站和博客。查找此人在脸谱网、推特和领英上的信息。有了这些信息，你可以通过许多方法和这个人取得联系，如：

- 评论他的博客。
- 用自己的推特账号定期更新此人的信息，或者转发他的推特。
- 创建你自己的网站、博客，写些有关此人的事情。
- 发封简短的电子邮件或手写信件，感谢他所做的工作，表达你的欣赏和敬佩。

不过，在这一阶段，不要要求对方为你做什么。你的目的只是出现在对方的“雷达”范围内。随着时间的推移，他们或许会主动联系你。如果是这样，那就别犹豫快回应吧，这表明你可以和对方交流获取信息了。

5. 具体化你想要的工作类型，以及你为何能做这份工作

在信息采访之后，你将了解到相应职场中的人所使用的语言。认真听一些常见的职位名称。在你发现一个你想做的工作类型时，要习惯说这个职位名称。

别担心，现在聚焦某个具体职位或是职业选择不会限制你的选择。因为如果你现有的选择行不通，你之后还可以选择别的。

在求职面试中，与面试官交谈时，要准备好回答这样一个常见的问题：为什么我应该要聘用你呢？“因为我能为公司做贡献”或者“因为我很符合条件”等回答太过笼统。别担心自己不是最符合条件的人。面对这一问题，你只要给出具体的理由即可。

根据你想要的工作类型，回答也各有不同。答案也许是你上一份工作中取得的一系列显著成就，也许是你刚刚创造的某个实实在在的东西，如你定期更新的博客网站。

6. 提供想法并实现它们

直接联系有权力决定是否聘用你的人，甚至该公司没有公开招聘时，你也可以这么做。

这意味着做调查。找到某个公司想要解决的问题，发现它们想要提供哪种服务和产品，之后提供想法为该公司创造价值。

你可以发一封这样的电子邮件：“我觉得贵公司的主页设计可以有所改进，我有一些具体的想法，能够吸引更多的顾客，并且提高其在谷歌等搜索引擎上的排名。在接下来的两个星期里，我将开发新主页的一些原型，如果您对我的想法感兴趣，希望我们当面交谈。”

7. 免费做一定的工作

如果你真的想获得潜在雇主的注意，那么就免费做一些工作吧。这不是开玩笑。谨慎工作吧，免费工作为你和雇主了解彼此提供了一个低风险的办法。只是你要确定自己免费工作的量，然后写下来。

免费工作有许多好处。你可能被雇主聘用或是成为固定的承包人；你可能与该公司建立友好的伙伴关系，并且未来的合作可期。无论怎样，你都在开发你的人际网络。

10.7 提升面试技能

雇主利用面试筛选应聘人。反之亦然：面试也给你选择雇主的机会。精心准备和及时跟进可以帮助你得到心仪的工作。

任何时候开始培养面试技巧都不会为时过早。即使你现在没有在找工作，也开始按照下面的攻略进行准备吧。

1. 面试前

为了从面试中获取最大效益，你也要尽己所能了解你所感兴趣的目标机构的方方面面。从网络搜索开始，然后到学校或公共图书馆查阅。告诉图书馆管理员，你正在为某家机构的面试做准备，询问他哪里能够找到对你有用的信息。

接下来，准备回答一些常见的问题。许多面试官脑中都会有下面五个问题，即使没有直接问出口：

- *你怎么知道我们在招聘？*
- *我们能放心与你一起工作吗？*
- *你能做出什么贡献？*
- *你能很快适应这份工作吗？*
- *同其他应聘人相比，你有什么优势？*

简要写出上述问题的答案。

接下来，总结要点，单独写在一张纸上。练习口述，直到你可以脱稿，并说清要点。在面试时，你的回答既不能听上去像在背诵，还要给面试官留下“有备而来”的印象。

2. 面试中

做好计划，提前来到面试现场。等待的时候，观察一下工作的地方。看看大家都在说什么和做什么，看看你是否可以通过观察看出企业文化的蛛丝马迹。

见到面试官的时候，马上做三件事：微笑，进行眼神交流，好好握个手。非语言的沟通能带来持久的印象。

寒暄之后，面试官会开始问问题。想想你准备好的答案。但同时，也要按照面试官实际提的问题来回答：自然地对答，不要让面试官觉得你是在发表演说或者逃避问题。

时刻注意自己说了多少话。回答不要太简短，也不要太长。每个问题回答 1 ～ 2 分钟。如果你还有要说的，那么加上一句：“这些都是基本点，要是可以的话，我还可以再补充。”

关于福利、薪水和假期的问题可以留到第二轮面试再谈。如果你进入第二轮，说明雇主对你感兴趣，你就有谈判的资本了。

确保你清楚下一轮招聘环节以及开始时间。同时找雇主要名片，问问他们偏好什么样的联系方式。有的人可能无所谓，电话、传真、电子邮件或其他网上联络形式都可以。有的则喜欢老式的信件。

如果你真的对这份工作很感兴趣并且觉得与面试官很契合，就多问点问题，如“您雇用我有什么顾虑吗？”认真听取对方的回答，然后礼貌地回应每一项顾虑。

练习 35

计划探索你的职业

许多学生说他们在学校学习是为了毕业后找到一份好的工作，之后创建令人满意的事业。如果你也是如此，那么你需要更具体一些。直接陈述你每个学期要做些什么，探索你的选择，离你的梦想职业更近一步。

利用下方的表格来促进你思考。这个表格列出了一些活动的例子，可以帮助你探索你的职业。在空白处填上你自己的活动。为了达到这个练习的目的，只填写和你职业选择直接相关的那些活动。

注意表格中包括“反思”一栏。反思这一栏中你除了写关键发现以及目标之外，还可以写下这个活动对你来说如何有用。

写之前，复印这一页，这样你以后也可以再做这样的练习。每学期更新一次这个表格，或者在你计划的活动改变时更新一下。

每学期完成的表格都要保存。在你写简历、找工作、找实习单位或是申请研究生时都有用。

活动	日期	反思
实习 在校园电脑中心的咨询台为学生服务	从 2019 年 6 月 1 日到 2019 年 8 月 30 日（已完成）	我发现这份工作需要耐心以及倾听的能力！我想要在提供解决策略前，形成准确定义问题的习惯。如果我有这个习惯，问题解决起来会更高效，解释起来也更简单
工作 在当地校外公司的咨询台做兼职，为电脑用户提供咨询服务	从 2020 年 6 月 1 日到 2020 年 8 月 30 日（下学期计划）	

活动	日期	反思
实习		
工作		
上课		
校园活动		
研讨会和培训		
职业中心服务		
读书		
其他		
其他		
其他		
其他		
其他		
其他		

3. 面试后

接下来就是跟进了。这一步有可能让你成功获得职位。

拿出面试官的名片，给他们写一封致谢函，按照每个人偏好的方式，以信件或者网上联络的方式寄出。在面试后的两个工作日之内完成这件事。

如果面试官是同一个公司的好几个人，那么给每个人都写一封。除了感谢每个人给你面试机会，也提及一些你们讨论过的问题。

同时也要通知你的推荐人，面试官可能会联系他们。

5 个工作日内，找个理由再联系一下面试官。例如，通过电子邮件发一篇有趣的文章链接给他，说说你为什么觉得这篇文章会有用。如果你有网页或博客，让他们看看你最近发上去的信息。强调你能给团队带去的价值。

如果面试之后被拒绝了，不要太难过。每个面试都是一次反馈，告诉你与雇主接触时应该做什么和不应该做什么。利用这个反馈，下次面试表现得更好些。

同时也要记住，跟你谈过话的每个人现在都属于你的人脉了。就算你没得到的这个工作，也算认识他们了。继续跟进，请面试官在未来有职位空缺的时候想着你。这样一来，每一次面试不管结果如何，你都会有所收获。

10.8 加入多元的职场

各个公司都在扩大海外市场份额，它们肯定会招聘能在全球化环境下从容应对的人。为了获得优秀员工的这种能力，试一试以下策略。

1. 期待差异

人各有别，这很显然，但也很容易被人遗忘。我们大多数人评价他人时无意识中使用一套单一的标准：我们自己。这会导致沟通失败。想一下一些可能存在的例子。

（1）有一个男人在哥斯达黎加一家跨国企业工作。他拒绝了升职，因为升职意味着他将举家搬到加利福尼亚。他的决定让公司的主管大为惊奇。原来，这个男人的祖父母身体不好，丢下他们不管在他的文化里是一种禁忌。

（2）有一个美国本地女人，她避免和上司的眼神交流。她的同事都觉得她冷漠。可是，她的文化里人们很少与上级进行眼神交流。

（3）有一个来自俄亥俄州的白人女性，她要去墨西哥出差。她在上午9点的会议上准时出现，然而却发现会议30分钟以后才开始，而且比预定结束的时间推迟了1个小时。墨西哥文化里对于时间是一种灵活的态度。

为了防止出现误解，请记住文化会涉及人类行为的方方面面，小到与人打招呼的方式，大到解决冲突的方法。文化的差异可能影响到你与同事的每次见面。坦率地期待差异会帮助你保持开放的心态。

2. 注意细节

注意在某个特定文化中人们给你留下最初印象时的一些细节。莉迪娅·拉姆齐（Lydia Ramsey）在 *Manners That Sell: Adding the Polish That Builds Profits* 一书中建议道：

（1）恰当地与人握手。尽管握手几乎是通用的打招呼方式，但从全世界来看，人们握手的方式却有所差别。你可能已经接受过相关的培训，握手要用力、要有眼神接触、晃动两次之后放手。然而在一些国家，人们可能更喜欢不太用力握手，眼神接触时间也较长。如果你去中东旅游，会发现别人是通过亲吻或拥抱来跟你打招呼。仔细观察发现规律。

（2）不确定时，最好穿戴正式。相对来说，美国人工作场所的着装一般不太正式。在许多文化里，工作场所是不能“随便”的。正式的工作打扮是日常要求。如果没有明确说明，请穿戴正式。

（3）认真对待名片。在许多文化中，交换名片的方式会传递出你尊重别人的信息。当别人给你一张名片，花1秒钟看一看。之后表达感谢，同时将名片放在名片夹里或是与其他工作文件一起放在公文包里。不要马上就把它放在口袋里或是钱包中。

（4）尊重职位和姓名。尽管美国人喜欢工作时以名相称，但这在其他文化中只有家人才能如此称呼。在工作场合和人打招呼时，称呼别人的姓以及工作职位来避免误解吧。

3. 将信息放在文化背景下理解

与其他文化的人交谈时，你可能发现话语只能传达一部分意思。在许多国家中，有共同假设的强大网络形成了沟通的背景。

譬如，来自一些亚洲和阿拉伯国家的人可能在书面合同里不会写上每个细节。这些人更看重口头的承诺。写出每一个细节可能让人感觉是一种侮辱。知道这些事实，我们就能避免以及解决工作场合的冲突。

4. 乐于弥合差距

乐于改变你的行为，这和了解其他群体的习俗或学习他们的语言一样重要。来自其他文化的人可能感受到你的态度，进而与你互动。

首先，展示一个具有批判性思维的人所具有的关键特征。开放、乐于保留评价。注意，在你做出假设时，要基于他人的语音、种族、宗教、性取向以及性别。乐于发现你自己存在的偏见，全身心倾听别人截然不同的观点。进入一个新的领域，也许有时候你甚至会感觉不大舒服。

但这都是值得的。加入一个多元化的职场会给你提供学习、交友以及扩大职业选择的机会。

10.9 健康工作

几乎没有学生想要上有关药物成瘾、无保护的性行为、睡眠不足、高脂肪饮食的课程。

你们已经知道了要健康工作。但学生们可能忘记的是，身体差可能会让你错失找工作、继续工作以及挣更多钱的机会。

优秀大学生以及优秀员工的一个品质便是有强大的职业道德，即精力充沛地上班、保持警惕以及处理任务。雇主会招聘那些拥有这些特征的人，并且会为他们提供更多的机会、更高的薪水作为奖励。利用下面的策略来获得这些益处吧。

管理你的整体健康水平。失眠、缺乏锻炼、营养不良都会让你工作力不从心。多休息、多锻炼、补充营养能够让你在完成一些较难的项目时也保持心情愉快，并且能够使你在长时间工作中保持耐心。

管理你工作时的能量水平。一旦你找到了一份工作，便全力发挥。无论何时，将劳神费力的任务留到体力精力充沛的时候去做。

利用休息时间和吃饭时间。不要一心去休息室喝咖啡或是狂吃甜点，你也可以去外面散散步，呼吸一下新鲜空气。

如果你在电脑前坐了很长时间，要预防眼疲劳。不看电脑，让眼睛时不时休息一下。往窗外看或是看向远处的物体也有帮助。

除此之外，注意你的坐姿。调整你的椅子，让自己坐得舒服一点，后背放松，脊柱挺直。放一个枕头或小抱枕在腰的下半部。同时要记得坐着的时候如果跷二郎腿会减少血液流动，致使肌肉酸疼。

管理你的项目。戴维·艾伦是一名顾问，也是《搞定：无压力工作的艺术》这本书的作者。他认为大多数专业人士在给定的时间内会完成 30 ～ 100 个项目。这种压力真的很大。为了完成最多的工作量，艾伦建议你做两个清单。

第一个清单上写下你所有的现有项目。这一步可能听起来简单，但在工作量很大时人们很容易忘记。手上有了项目清单，你就能准确知道你要完成什么。你可能也发现了需要完成的项目超出你的能力范围。如果这样的话，看看你是否能将项目派发给其他人做，同时拒绝给你的新项目。

第二个清单上写下能做完的项目活动。这只包括让清单变短的项目，从而让你有精力关注最重要的那些任务。

在做完两个清单之后，你可能会惊讶地发现原来有那么多你努力要记的细节。将各个项目以及下一步行动清除出你的脑海，写在清单上，你的思路便会清晰，压力也会减少。

管理找工作时的压力。找工作会提高人的焦虑水平。如果你面对找工作的挑战，发现一些带来压力的想法，批判性地去思考它们。譬如，无论人们说什么，“没有空缺岗位”这种想法肯定是错误的。随着人们退休、去新岗位工作或换行业，肯定会有空缺岗位。甚至在 2009 年 1 月，美国经济衰退的高峰时期，仍有 430 万人找到新工作。此外，还有 300 万份工作空缺。

同样，乐于改变你的行为。在经济紧缩时，就业竞争压力也在增加。持之以恒、手段灵活的人会有优势一些。如果一种找工作的方法失败了，那就尝试另一种。阅读招聘广告、寄简历只是其中的一些方法。还可以在找全职的同时建立人际关系网，去州就业局或联邦就业局，做临时工、志愿者、兼职，或者创业、直接联系你感兴趣的公司。

充分利用健康福利。你的员工健康福利包括身体检查、预约请假、健康俱乐部会员折扣。约见某个在职的人，让他向你介绍福利内容。

10.10 将优秀进行到底

你正站在一个全新的世界的边缘，它是那么神奇，那么不可思议，即使在你创造力最丰富的时候也无法想象出它的全貌。前方的道路已经打开，它将带你去很多地方，超越你最狂野的梦想。

这听上去像是某种新生产的消遣性药物的广告词，没准就是这样。“药物”的名字就叫激情。当你学习、计划、冒险、实现目标、发现自己体内和体外的新世界时，你的身体便会自动“分泌”激情。这就是通往优秀的道路，是你可以用一生来行进的道路。

你能创造出自己梦想中的人生。对本书中任何思想、练习和日志的回应都能让你产生新的想法，讲出新的话语，做出你不敢相信自己会做的事情。如果你愿意掌握新的学习方式，你的前途将充满无限可能。

关键是要不断重复本书每章中发现、目标和行动的循环。换言之，坚持优秀大学生的成长过程！

如果你充分运用了这本书——积极阅读内容、撰写日志、做锻炼批判性思维的练习、在工作中实践应用相关建议等，那你一定经历了好一番旅程！

一起回忆下旅程的高潮吧！书中的前半部分讲述教育的基本要素，也就是如何习得知识。习得知识是为教育的另一个目标服务的——产生新的知识。为了实现教育的第二个目标，本书的后半部分介绍如何具备相关的技能：能够独立思考，加强沟通技能，在世界中创造属于自己的独一无二的位置。全书为你铺设了一条成为优秀大学生的道路。

现在呢？接下来该做什么？把下面的答案当作启发，思考出你自己的答案。

坚持写日志。心理治疗师伊拉•普罗果夫认为，定期写日志可以帮助人们洞察能够改变生活的真理，所以他开发出强化日志系统。首先，买一本笔记本，用来记录你今后的反思和梦想，当然也可以用来写你的发现和目标。或者，在电脑上创建电子版日志。每天都要坚持写日志，记录从自己身上和外部世界学到了什么。

写出你的希望、愿望和目标，记录人生中重要的事件。考虑使用本书中介绍的“发现陈述”和“目标陈述”的格式来完成日志。

参加研讨会和培训。毕业不等于停止接受教育，教育更不仅仅局限于学校教育。大多数城市都有不同机构资助的各种研讨会和培训，内容包罗万象，上自天文知识，下至生活常识。

参加研讨会和培训，学习新技能，了解世界，发现自己。你可以参加心肺复苏（CPR）培训，可以参加有关发展中国家的讲座，或者参加自信心训练课程。

上一门与专业不相关的课程。你可以报名学习与你的专业毫无关联的课程。如果你学的是经济学，那不妨选门物理课。如果你要成为医生，那不妨选门会计课程。还可以选择那些能提高你的计算机技能和教你如何在线学习的课程。

走出旧有的模式，接受新的思想和知识，你会对自己和未来有更多的发现。除了学校提供的正式课程，你还可以查看当地社区提供哪些教育课程。它们相对更加便宜，也不会影响你在大学的绩点。

旅行。多见世面，多去探索。走访附近的城镇，或者到其他国家旅行。走进那些你从未曾进过的大楼，参观那些你从未提起过兴趣的博物馆，造访那些偏远的城市，探索那些离你家乡很远的森林与山峰。认真计划，好好存钱，去一些更远的地方吧。

心理咨询。解决情感问题并不是看咨询师、心理治疗师或心理医生的唯一理由。这些专业人士是帮助一个人成长的重要导师。面对他们，你可以用无法对其他人做出的表达方式谈论自己，可以讨论无法和别人谈论的事情。在正常的社会环境下，你没办法让别人只关注自己，而心理咨询就提供了这样一个难得的机会。

成立支援小组。正如一个组织有序的学习小组可以促进你在学校的成功，一个组织良好的支援小组可以帮助你在人生中的其他方面实现自己的目标。

今天，同在一个支援小组的人们帮助彼此减肥、戒酒、对抗慢性疾病、从情感创伤中恢复或克服药物成瘾。

无论你的目标是什么，小组还可以进行头脑风暴，为求职、职业规划、育儿、处理关系问题、促进个人成长等生活的方方面面献计献策。

寻找良师益友或成为良师益友。一个良师益友的关系可以跨越任何年龄、种族和文化的界限。找到备受你尊崇的、人生历练丰富的人作为向导，作为榜样。如果他们愿意，请他们参谋你的计划想法。许多人都会开心地接受别人的请教，并且免费为你指导。他们也在与人工作中获得需要的回报。

你自己也可以成为别人的良师益友。如果你打算完善自己在优秀学生方面的各种技能，不妨把它们教给别人。教别人记笔记、预测试卷考题或是写论文。帮助他人获得在学校或是职场取得成功的技巧。如果他们不同意免费接受指导，那么你可以让他们来帮你照顾孩子、请你吃午餐或是做其他你觉得有价值的东西。

养成习惯，提出强有力的问题。你也可以成为自己的良师益友，关键是你要提出能够延伸自己思考的问题。好问题的答案也不止一个。我们的假设是：无论是多么富有挑战性的事件，你都可以针对不同的情况选择自己的回应。并且，好的问题鼓励人们采取行动。

在你提出问题时，不妨以本章开篇的关键词作为启发。例如，为什么我要上学？我想取得什么新的成果？我怎么才能得到它？在实现目标的过程中，假使我的行动富有成效，我的心态也很放松，会怎么样呢？

考虑接受进一步的教育和培训。你的职业规划可能需要你不断进修，取得相关资质，或是获得更高的学位。记住，本书的各种攻略可以帮助你在人生中的任何节点学到新的知识，掌握新的技能。

再来一遍。如果你还没有从本书中得到想得到的一切，那还不算太晚。你可以在任何时间，重新阅读书中的任何一部分。

如果你认为书中某一部分格外有价值，也可以再读一遍。重新做一遍测试，检验自己的能力，回忆相关的信息。再做一遍那些对你特别有用的练习，或许会有不一样的收获。隔了几个月，再做相同的练习，你可能得出不同的结果。你在改变，你的回答也在发生变化。

你还可以再写一遍任何一篇日志。把它们作为跳板，撰写你将会一生保存的日志。

重读全书或其中的某些部分时，重新思考那些被你跳过的技巧。它们或许适用于今天的你。修正原来的建议，或者增添新的建议。重做本书，你可以调整自己的学习习惯，或者养成新的习惯。

再上一次学生如何成功的课也是重做本书的一个办法。这么做过的人常说，第二次与第一次的收获非常不同。他们掌握了在第一次课程中忽略的观点和技巧，并对已知的知识有了更加深刻的理解。

练习

36

通过做学术计划来坚持

在学校里你可以借助一个强大工具坚持到毕业，那就是学术计划。（在一些学校，它叫作学位计划。）这个计划基本上是你计划参加的所有课程以及这些课程的时间组成的一个清单。利用这个学术计划可以绘制每学期的学位完成进度表。

学术计划不仅仅是一份清单。你可以使用它来创建一段对话，对话内容包括你想从学校中学到什么以及你打算如何去做，这段对话可以改变你的人生道路。

根据下面的指导语来做这个练习。

（1）开始时，记下上课的学期（如2016年春季学期）。一定要核对学院目录上的先修课或并修课。

（2）在表格第一栏，列出你计划那个学期上的课程。

（3）在表格第二栏，写下每门课程的学分数。

（4）在表格第三栏，列出你每门课程的得分。

（5）在表格最后一栏，简要备注每门课程的信息。指定它是公共必修课、专业必修课、选修课还是非学位课程。

表格的下方你可以记下你每个单独学期（“本学期”）的绩点以及目前所有学期（“累积”）的绩点。查看学校政策，计算绩点分数。学校的网站可能包括在线绩点计算器。

最后，核对你的学术计划，确保做到：

（1）累积学分达到毕业要求。

（2）达到学校公共必修课的要求。

（3）达到专业必修课、辅修课的要求。

做完这个练习以后，联系你的老师、导师以及辅导员帮助你创建一份更加正式的学术计划。每学期至少更新一次该计划，反思你申报的专业和课程计划是否出现改动。

学期：____________

课程	学分	成绩	备注

绩点（本学期）：____________

绩点（累积）：____________

学期： ____________

课程	学分	成绩	备注

绩点（本学期）：____________

绩点（累积）：____________

学期： ____________

课程	学分	成绩	备注

绩点（本学期）：____________

绩点（累积）：____________

学期： ____________

课程	学分	成绩	备注

绩点（本学期）：____________

绩点（累积）：____________

10.11 终身学习的工具

返校学习是获取新工作所需知识、技能以及证书的一种方法。而另一种方法便是自学。为了有财政保障、职业机会，养成终身学习的习惯，从利用下面的工具开始吧。

1. 抽出时间学习

是的，学习可以发生在任何时间、任何地点，可以在课堂内，也可以在课堂外，或者在你毕业很久以后。除了在学校上课获得学分，你还可以考虑下面的方式。

2. 从网上资源入手

首先，在互联网上搜索你感兴趣的话题。Alltop（alltop.com）这个网站提供了许多知名人士的文章和博客。同时查找和你课程有关的网站，包括你导师的博客和各个教科书作者的博客。

一些网站专门用于终身学习。例如：

- 思维工具（www.mindtools.com）
- 有声书网站（www.learnoutloud.com）
- About.com（www.about.com）
- YouTube 上的指导视频（www.youtube.com）
- 开放文化（www.openculture.com），它收藏了许多免费电子书籍、有声书、电影、视频、在线课程的链接。
- Lynda（www.lynda.com）以及 Treehouse（https：//teamtreehouse.com）——关于软件开发和应用程序设计的视频课程。
- Codecademy（www.codecademy.com）、Coursera（www.coursera.org）以及 Khan Academy（www.khannacademy.org）——围绕许多话题的在线课程，而且这些话题在不断增多。

获取更多在线学习资源，可以在搜索引擎中键入关键词，如在线学习、虚拟学习、教学网站、远程教育等。如果你使用 iTunes，你可以看看 iTunes U 提供了什么。让互联网成为你的教室！

3. 在工作中学习

找你的主管要一些可以让你学会新技能的项目。如果你的公司在工作时间提供培训机会，那就去申请吧！同样问问你的同事们，了解他们做了什么以及如何学会的。抓住机会加入新的团队、解决新的任务，让简历更丰富！

4. 发起副项目

许多公司从兼职项目做起，最后发展壮大为全职企业。头脑风暴，想一下你在工作以外的时间里可以做些什么事情。通过互联网查找信息，了解如何建立、推销这些项目。询问图书管理员，让他帮你找到相关的书籍。

在你做出最小的可行产品或服务后，开始进行销售。询问你的顾客或客户如何改进才能更好。如果你的第一个想法失败了，将其作为一次反馈。你正在了解人们真正想要什么、愿意买什么。

5. 与人结交

交谈依旧是最丰富、最自然的学习方式。从现在开始，在课堂外结交你的同学和老师，他们或许会成为你终身的朋友。

非正式的课堂、研讨会和培训同样可以让你结识到志同道合的人。去当地图书馆，查看近期学校内和社区内有哪些新的活动。

练习 37

本书大喊道："快将我付诸实践！"

《卓越大学生成长手册》这本书设计要经过很多年。这里提供的成功攻略不可能一夕之间成为习惯。给出的建议能够及时付诸行动的较少。其中一些讨论过的建议可能现在不太适合你，但也许几个月以后你就能使用。

计划保存这本书，并且再次使用它。想象一下你的书有一张嘴。（想象这张嘴的画面。）同样想象一下这本书有胳膊有腿。（想象胳膊和腿的画面。）

现在设想一下你的书站在书架上，你每天都能看得到。想象某次你在学校遇到了麻烦，挣扎着想成为一名优秀的学生。这时，你的书跳上跳下，大喊道："快将我付诸实践！读一读我！我也许有办法解决你的问题，我知道我能帮你解决它！"

这个记忆技巧是为了提醒你使用本书的资源。有时候你遇到困难，你所需要的不过是有人推你一把，或是清单上的几个行动。在那时，想象你的书在向你呼唤："快将我付诸实践！"

练习："发现轮盘"——回到原处

这本书本身没什么用，也没什么价值。你只有靠自己，只有运用这本书使自己与众不同，才能成为一个令人印象深刻的学生。

读这本书的目的是给予你改变自己行为的机会。事实上那些看上去不错的想法并不一定意味着你能将它付诸实践。该练习给你一个机会观察在你通往成为优秀学生的道路上，你已经改变了哪些行为。在你的目标和行动之间是否有差距呢？现在你有机会诚实面对，并且选择要做什么。

请快速如实作答。之后将你的答案填写图 10.1 中的"发现轮盘"中。在"发现轮盘"上所得的分数表明在成为优秀大学生的路途上你现有的优点和弱点。

如果此前你已经做过"发现轮盘"的练习，现在你可以将它与这一章"发现轮盘"的分数做比较。记住恪守改变的承诺将引导你成为一名优秀的大学生。这次所得的分数有可能比你在本书开始做过的"发现轮盘"练习分数要低。没有关系。分数低可能是因为有了更好的自我认识、更加诚实和增加了其他宝贵的优点。后面的"技能掠影"让你有机会根据发现更新你的目标。

注意：如果你曾经在线做过"发现轮盘"，那就再做一次。这会帮助你更准确地比较你的两组答案。

打分规则

5 分	这句话完全或几乎完全符合我的情况。
4 分	这句话基本符合我的情况。
3 分	这句话有一半符合我的情况。
2 分	这句话基本不符合我的情况。
1 分	这句话完全不或几乎完全不符合我的情况。

1 态度。

我喜欢学习。（ ）

我理解并会利用“多元智能”的概念。（ ）

我能将课业与上学的目的联系起来。（ ）

我有评估自己的优势和弥补不足的习惯。（ ）

我对自己目标实现的进展状况感到满意。（ ）

我利用良好的学习方法来取得优异的成绩。（ ）

我愿意考虑任何能帮助自己取得优异成绩的想法。（ ）

我时常提醒自己接受教育的好处。（ ）

总分：态度（ ）

2 时间。

我会制订长远目标，并定期回顾目标。（ ）

我会制订近期目标来支持长远目标。（ ）

我会制订每日计划和每周计划。（ ）

我会把每天要做的事分出轻重缓急。（ ）

我会制订复习计划，因此考试前不用临时抱佛脚。（ ）

我会定期进行娱乐活动。（ ）

我会根据每一门课的具体要求调整学习时间。（ ）

我每天都有充足的时间完成计划的任务。（ ）

总分：时间（ ）

3 记忆。

我对自己的记忆力有信心。（ ）

我善于记住人名。（ ）

一节课结束后，我能概括出主要内容。（ ）

我运用一些技巧提高记忆力。（ ）

我在面对压力时也能够回想信息。（ ）

我能轻松又清楚地记住重要信息。（ ）

出现记忆堵塞时，我能慢慢理顺思路。（ ）

我能把新旧知识结合起来。（ ）

总分：记忆（ ）

4 阅读。

我会预习并复习阅读材料。（ ）

我会边阅读边给自己提问。（ ）

阅读时，我会把重要段落标记出来。（ ）

我阅读教材时，清醒又灵敏。（ ）

我会把读书和生活联系起来。（ ）

我会针对不同的阅读材料选择适当的阅读策略。（ ）

我阅读时会认真做笔记。（ ）

阅读中有不理解的地方时，我会把问题记下来，然后寻找答案。（ ）

总分：阅读（ ）

5 笔记。

上课时，我能集中注意力。（ ）

我上课会做笔记。（ ）

我知道多个记笔记的方式，我会选择最适合自己的。（ ）

我会判断老师上课所讲内容的重要性，并标出关键语句。（ ）

我会抄下老师的板书或是幻灯片讲义稿的内容。（ ）

我能用自己的话来诠释重要的概念。（ ）

我的笔记对复习很有帮助。（ ）

我课后 24 小时之内会复习笔记。（ ）

总分：笔记（ ）

6 考试。

我会运用技巧缓解与考试有关的压力。（ ）

我善于把握考试时间，能够在规定时间内完成试题。（ ）

我能预测考试题目。（ ）

我针对不同的考试采取不同的应试技巧。（ ）

我能很好地理解问答题，并做出完整而又准确的回答。（ ）

我从学期初就开始为考试做准备。（ ）

我为考试所做的准备会持续一个学期。（ ）

我的自我价值不是建立在考试分数的基础之上的。（ ）

总分：考试（ ）

7 思考。

我常常在不经意间冒出灵感，找到解决问题的方法。（ ）

我会利用头脑风暴来找到诸多问题的解决办法。（ ）

当我被一个创造性项目难倒时，会采用具体的方法来排除困难。（ ）

我把问题和艰难的抉择当作学习和个人成长的机会。（ ）

我乐于考虑不同的观点和多种解决问题的方法。（ ）

我能发现常见的逻辑错误。（ ）

我通过整合多种渠道的信息和思想来形成自己的观点。（ ）

和别人分享我的想法时，我乐于接受他们的反馈。（ ）

总分：思考（ ）

8 沟通。

我会坦率地告诉他人真实的自己、真实的感觉和真正想要的东西。（ ）

别人说我是一个很好的倾听者。（ ）

我会在不责备他人的前提下让别人知道我的不满和愤怒。（ ）

我善于在新环境中交到朋友，建立有用的人际关系。（ ）

我能接纳自己不喜欢的人，因为他们身上也有我能学到的东西。（ ）

面对艰巨的写作任务，我能很快地展开调查研究，计划写作。（ ）

我通常是先迅速完成初稿，再进行修改，使文章表达更流畅、条理更清晰。（ ）

我知道如何准备和出色地完成演讲。（ ）

总分：沟通（ ）

9 理财。

我的经济状况由自己来管控。（ ）

我有多种经济渠道来支持自己的教育。（ ）

我的大学教育不存在钱的问题。（ ）

我会谨慎借款，并按时还款。（ ）

我有长远的财政目标以及实现这些目标的计划。我定期存款到储蓄账户。（ ）

我会定期往账户上存钱。（ ）

我每月都按时还清信用卡欠款。（ ）

不花钱，我也能找到娱乐的方法。（ ）

总分：理财（ ）

10 目的。

我认为学习是一辈子的事。（ ）

我能把学校教育和自己今后想做的事结合起来。（ ）

我将难题和抉择视为学习与个人成长的好机会。（ ）

我会提升将来在职场上有用的技能。（ ）

我会对自己的教育质量和生活质量负责。（ ）

我有一套贯以行动的价值观。（ ）

我愿意接受挑战，即使不确定能否胜任。（ ）

总分：目的（ ）

完成你的“发现轮盘”

用你每一栏的总分给图 10.1 中“发现轮盘”的每个部分涂上阴影。你可以用不同的颜色。例如，你可以在自己希望能改进的区域涂上绿色。你完成这一工作后，接着完成后面的“技能掠影”练习。

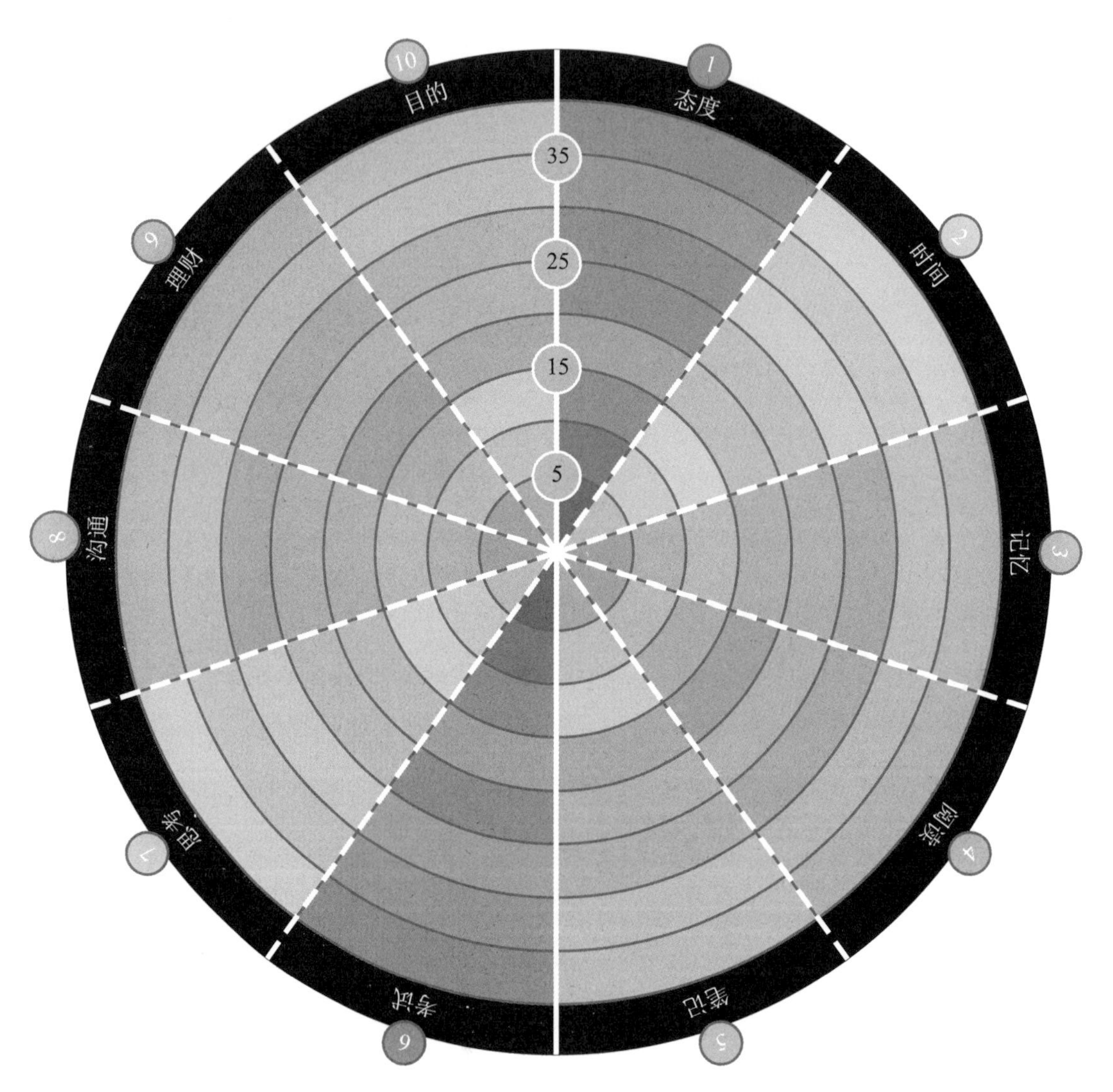

图 10.1　你的“发现轮盘”

技能掠影

再次讨论“发现轮盘”

本练习的目的是：①回顾你在本书中已完成的“发现轮盘”；②总结练习时产生的思考；③宣告你将如何使用这些思考促进你在学校的持续成功。

在第二个“发现轮盘”练习中得分低并不意味着你的个人效用低。相反地，这可能是因为你更诚实，对自己也有了更深的认识。

写下你在两个章节中“发现轮盘”这一部分的各项得分。

	前面的章节	这一章节
态度	________	________
时间	________	________
记忆	________	________
阅读	________	________
笔记	________	________
考试	________	________
思考	________	________
沟通	________	________
理财	________	________
目的	________	________

比较这一章“发现轮盘”的得分与前面章节的“发现轮盘”得分，我发现我……

在接下来的 6 个月里，我想要复习这本书我能用到的一些附加建议。

日志 23

发现 / 目标陈述：庆祝你的进步，阐明你的目标

请你从日常生活中暂时抽身，思考自己从“学生如何走向成功”的课程中学到了什么。如果你充分利用了这本书，那你一定会有很多发现，并且制订出可以给你的人生质量带来很大改变的目标。不要让你的汗水白流。回顾一路走来学习到的精华，不要让它们从记忆中渐渐消逝。

除了上面的原因，撰写日志至少还有两个重要的原因。

第一，庆祝你的收获。不管你相不相信，成功往往是最容易被人忽略的。我们的缺点和失败总在牵扯着我们的注意力。许多学生更倾向于关注生活中的失意，而不是生活中的得意。帮自己一把，转移你的注意力，选择新的对话方式。关注你的进步，无论它有多么微小，都会给你带来巨大的动力。

第二，错误可以成为你最棒的老师。每个错误都是人生的一堂课，只要我们肯花时间去找出它的意义。

用 1 小时的时间完成下面的句子，它可能成为你本学期最有效率的 1 小时。

动笔前，迅速翻阅书中的内容，浏览自己之前写过的日志和做过的练习。准备好后，马上动笔吧。

发现

回顾这本书带给我的经历，我发现自己最大的收获是……

我学到的最有用的东西是……

我做过的最聪明的决定是……

我最大的冒险是……

我最大的惊喜是……

我得过的最高褒奖是……

我对别人的最大赞美是……

如果让我重复书中的旅程，我会改变的最重要的事情是……

目标

回顾我的“发现陈述”后，今年我最希望实现的目标是……

另一个让我激动的目标是……

我最爱的人是……

行动

为了达到取得学位的目标，我将养成的最重要的习惯是……

我要养成的另一个重要的习惯是……

练习

38

你实现目标了吗

我们在设定长期目标后很容易忘记它们，因为它们看起来太遥远了。本练习的目的便是让你把这些目标拿出来、清清灰，然后决定自己是否真的打算实现它们。让这一步成为你人生的一个习惯，密切关注那些对你来说很重要的事情是否取得了进展。

首先，记住那些大目标，如改行或创业，都是由成百上千个日常小任务串成的。在实现目标的过程中，你可能也经历一些里程碑或是达成短期目标。譬如，你的长期目标是在四年内完成学业，你的短期目标可能包括从此时到毕业前每年完成一定的学分。

利用下面的步骤来了解你的梦想，让它们再次熠熠生光。首先，你只需回顾一个长期目标即可。之后可以用同样的步骤来探索其他的长期目标。

步骤一

回顾你在本书中的日志、锻炼批判性思维、技能掠影中的表现。找寻长期目标：至少需要 5 年才能达成的目标。收集所有的目标，形成一个清单。

步骤二

现在选出清单中一个最重要的长期目标。在空白处写下来：

步骤三

想一想你是否仍然决定实现这个目标。这个目标是否还能让你感到兴奋？这个目标是否让你身心舒畅？如果没有，那么在这里重写一下吧。或者直接放弃这个目标，用一个你真正想实现的目标来替代它。

步骤四

接下来，思考一下，设定一些短期目标，这些短期目标将帮助你达成某些长期目标。将那些短期目标及其完成期限列在这里。

步骤五

现在去本书“时间”这一章，看看你已经完成的“时间管理表 / 时间规划表”。确认你已经完成的每一件事都让你更接近长期目标或是上面已列出的相关短期目标。之后在下面表格里填入这些活动以及你所花的时间。

活动	所花时间

步骤六

最后一步即是反思你刚刚收集到的这些数据。在“发现 / 目标陈述”中写下。

鉴于我的目标，在我观察我的日常活动时，我发现……

为了让日常活动和目标一致，我想要……

卓越达人记

本·巴里
（Ben Barry）

本·巴里现在是一名自由职业者，他住在旧金山，曾是Facebook的一名通信设计师。

2008年的一天，本·巴里登录Facebook，点开了一个职位招聘的链接。他发现这个社交网络公司开始招聘设计师了，他的简历中就有应聘设计师这个职位，于是他顺理成章地申请了。

不久之后，他便去硅谷的Facebook团队参加面试。他面试成功，顺利就职。

在接下来的6年里，巴里都在做一系列清晰可见的项目，包括Facebook在门洛帕克、加利福尼亚的新园区设计，以及该公司品牌的视觉设计。

这份工作让他能够畅游在两个世界。作为一名“数字原住民”，巴里喜欢建网站以及为软件编程。另外，他很享受不在线的时候，那时他会沉迷于画画、装订书、丝网印刷海报等。这只是一个副项目，但他花了好几个晚上和周末的时间在Facebook园区的仓库建立一个老式的印刷店。随着时间的流逝，这个印刷店成为Facebook模拟研究实验室（Facebook Analog Research Laboratory），这个实验室是Facebook的一个艺术项目，深受员工的欢迎。

巴里在benbarry.com网站上写道：“随着Facebook不断壮大，我们面临许多挑战。过去几年，Facebook群组（Facebook Groups）里，人们可通过邮件或现场交流讨论公司重要信息，已加群的人会看到信息，但新进来的员工却很难找到信息，即使你知道你要找些什么。”

巴里的解决办法是“小红书”——已印刷并装订好的图片文件合集，这些图片文件记录了Facebook的历史、使命以及文化。它包括以下标语：

（1）Facebook的创建初衷不是为了成立一家公司，而是为了实现一个社会使命—让世界更开放、联系更紧密。

（2）改变人们的交流方式一定会改变世界。

（3）卓越和舒适几乎不能并存。

（4）我们不是为了挣钱而提供服务，我们挣钱是为了提供更好的服务。

巴里羡慕那些知道如何创造艺术以及如何挣钱的人——这些人有创造性思维，能够按时完成任务。关于如何在21世纪的职场中获得成功，在最近的采访中他给出了自己的见解。

阻断碎片化时间，心无旁骛地工作。现代化办公室的环境让我们难以集中注意力，更不用说把事情做好。有电脑的人，只要一点鼠标就能看邮件、加入社交网络的讨论、上网冲浪。然而事实上你有会议，这个会议几乎用掉大半的工作时间。

在Facebook工作时，巴里认为可以通过坚守日历的方式面对这些挑战。他说：“我有一个日程安排，周一到周五我都有时间参加会议，周五上午我的办公室时间是开放的，周二和周四我在办公室，但是我可以不用想我的日历，随心所欲地做我想做的事情，周三我在家办公，这时我会在无干扰的环境下工作。”

学会推销你的点子。巴里在北得克萨斯州立大学学习设计的时候，他的老师强调了把工作做好的必要性。他说，虽然这显而易见，但光把工作做好还不够。制定预算与让顾客满意同样重要。

巴里说：“在你走出校园之后，你不得不向别人推销你的观点，说服他们，让他们为你提供基金。而做好这件事最主要的是了解你自己的弱点，之后找到能帮你完成目标的人，与他们合作。”

完成！巴里谈到他的朋友们，他们是很有才华的设计师，但都往往半途而废，没有成功完成任务。他们提出一些伟大的点子和一些雄心勃勃的计划。之后厌烦、分心，完美主义让他们计划脱轨。

巴里引用了一句老话作为回应：“完成比完美更重要。”这并不是说可以敷衍交差。相反，要在截止时间前交上最好的产品或服务。

巴里说，在新经济环境下，这种品质能成为你的竞争优势。他说：“我认为如果你能坚持完成项目，只需要多一点点努力，多一点点信心，你就能获得你想要的工作。”

本·巴里的案例展示了从头脑风暴想出点子到完成一个产品，参与每一个项目，在项目中持之以恒的强大力量。

姓名________________

日期________________

测验

1. 根据文章内容，雇主在审核简历时有一个主要目标，即选出面试要联系的人。这种说法：
   a. 正确
   b. 错误

2. “另一个选择：不做职业规划”的主要观点是：
   a. 完成忘记你的职业规划
   b. 只有在十分必要的时候才进行职业规划
   c. 选择一个方向，朝那个方向前进一步，反思你从中学到了什么，再选择下一步的前进方向
   d. 永远别写附函或是简历

3. ____就业职场是一些尚未公开招聘的岗位。

4. 根据书中内容，面试者经常在心里已有一些问题——即使他们不直接问出来。这些问题包括：
   a. 你怎样知道我们在招聘？
   b. 我们能放心与你一起工作吗？
   c. 你能很快适应这份工作吗？
   d. 同其他应聘人相比，你有什么优势？
   e. 以上答案都对

5. 根据书中内容，职业规划的最好策略便是遵循你的爱好。这种说法：
   a. 正确
   b. 错误

6. 通用技能包括：
   a. 记账
   b. 倾听
   c. 演讲
   d. 倾听和演讲
   e. 记账和演讲

7. 企业家是：
   a. 拥有自己生意的人
   b. 目标是挣钱的人
   c. 冒险创造产品或服务的人
   d. 努力确保人们购买产品或服务的人
   e. 以上答案都对

8. 书中建议你像企业家一样“思考”，即使你目前只是一名小小的员工。这种说法：
   a. 正确
   b. 错误

9. 根据书中内容，向雇主提供一定的免费工作来获得岗位的策略不值得推荐。这种说法：
   a. 正确
   b. 错误

10. 书中认为雇主和申请者都在招聘环节感到吃力，这是因为：
    a. 这一流程涉及太多法规
    b. 雇主通常匆忙招人，没有时间仔细决定
    c. 雇主招人的过程通常和申请者应聘的过程相反
    d. 以上答案都不对

技能掠影

如果你积极地、投入地阅读和实践了本章，那么你一定对如何坚持优秀有很多新的想法。而成为优秀的学生正是你开始阅读本书、开启这段旅程的出发点。现在，花上几分钟时间，阐明你的目标，决定如何在优秀的道路上继续前行。

发现

我在第一个和第二个“发现轮盘”的“目的”这个部分得分分别是……

我现在最想从教育中得到的是……

我现在最想从事业中得到的是……

目标

我打算培养的最重要的职业技能是……

我打算培养的最重要的通用技能是……

我打算通过……运用这些技能，在工作中取得成功。

行动

为了培养上面列出的职业技能，我马上要做的事是……

为了培养上面列出的通用技能，我马上要做的事是……

为卓越学生而定制的卓越指南

本书的精华策略三言两语难以总结，所以在这里，我只想总结一些具体的步骤，它们是策略的前身，也是策略的具体实施方法。

这些步骤甚至可以启发你创造出独属于你自己的新的策略，来应用到你生活的其他方面，而不只是在学习中。

发现。列出你现在的真实处境，以及你在当下处境中的所思、所想、所言、所行。特别之处，一定提笔记下来，诚实地面对自己，允许自我批判。这是一切的**第一步**。

计划。基于上述梳理出来的内容，想出一些你需要做的改变，必须具体对应上述的批判内容，可以就一对一在上面写出的内容旁边对应地写。为了让计划切实可行，直接标注在你的每日必做清单中，或是日历中，来提醒自己。

行动。将上述计划转化为实际行动。成功的人总是有持之以恒的执行力，成功的秘密是不止想到，而且做到。

上述步骤，不是做完一遍就没事了，它应该是循环进行的。一遍做完，又一遍。每个写出的**发现**都是当下的，然后相应地**计划**和**行动**，然后在新的层面上又有新的发现，循环上述三个步骤，行动要紧跟计划。执行力是关键。

卓越的学生会在各种情景下反反复复地循环这三个步骤来提升自我，直到这种循环已经成了下意识的本能。你要是也能做到，你就也成功了。要知道，什么是“卓越”，它不是雕虫小技，不是夸夸其谈，它是大道无形，是习惯成自然。

关于成功

成功是什么，成功是指你运用自身的价值去获取成果。

价值代表你内心中最真实的渴望。比如，你希望自己获得快乐、健康、关爱或成功。价值会帮助你塑造自己的目标和方向。

目标代表你内心中渴望的结果。成果会将你所拥有的资源（比如金钱、学历）转化成行动的动力（比如学习新的技能）。

策略代表你为了获得成果而采取的一系列行动，策略包括习惯、工具、窍门、技术、方法、过程、步骤、技巧或建议。

本书为你列出了一系列带你走向成功的策略。你可以用这些策略取得任何方面的成功。在校的成功只是其中一个方面。

一步步地应用这些策略，从小的、容易的改变开始，即使一时找不到动力，也要开始，循环练习，实时提升自我。

那些强有力的步骤

同学们会发现书中的有些策略特别有效，这些“超级有效策略”就是所谓的**强有力步骤**，它们包括：

发现所需。时时锁定你的价值和目标。这能使你持续地得到你渴望的。

想法是工具。不要总质疑自己的想法，与其质疑不如去发现你想法的价值，哪怕只是潜在的价值。

活在当下。不但要想，还要切实行动，专注当下。

爱上困难。要解决问题，那么首先做到别一味否定，别一味抗拒。接受并行动。

制定蓝图并坚持不懈。想要抛开挫折并采取积极的行动，首先要抛弃头脑中僵化的思维观念，如某事物“本应该”是什么。

审视自我。当你遇到问题时，可以先审视一下这个问题是否来源于自身的行为或习惯。

平常心。在没有取得成绩的时候也能保持内心平静。

勇于创新。有勇气去思考以前从未思考过的事情，发表以前从未发表过的言论，以及做以前从未做过的事情。

勇于发声。说出你的期望、喜好、热情、计划和诺言，彰显你的个性。

勇于试错。失败是成功之母，成功到来之前将不可避免地经历创新、失败、改进、再失败……的过程。

持之以恒。成功通常来源于脚踏实地执着工作，日复一日。

发现你自己

问自己以下的问题，会让你形成一个思维的闭环，用于学习中。问自己：

为什么？帮助你厘清学习的原因。

是什么？帮助你收集相关信息。

做什么？让你学以致用，在实践中检验你的学习成果。

怎么做？检验你如何在日常生活中应用你新学到的知识和技能。

时间

使用“发现 - 计划 - 行动”闭环来：

审视你的行为。用你收集到的信息制订一个可以是非正式的时间管理计划。

使用日历或年历对你的“大块”时间进行比较长远的规划。

为你的需求制订工作目标，要清晰地计划到具体时间点，以及相应的工作量。

罗列出你为了达成工作目标所需要完成的各项工作，把这些工作填写在你的时间表中。

不要拖延，要及时化解不良情绪，处理好负面状态，有效完成工作。

记忆

使用“发现 - 计划 - 行动”闭环来：

组织新的材料以增强记忆。

将被动学习转化为主动学习，要积极地调动感官来提高学习效率。

管理你的情绪，安排精力最饱满的时间段来学习新东西。

有规律地复习学习到的重点内容，在任何时刻、随时随地地回忆这些内容。

尝试多种记忆策略，包括用顺口溜来记忆。

阅读

使用“发现 - 计划 - 行动”闭环来：

进行肌肉阅读，包括预习课文、阅读、做题、对答案、复习。

复习课文，厘清之前的疑难问题。

调整阅读速度，养成你最自然的阅读速率。

扩充词汇量。

提高信息读写能力。这包括信息的收集能力、分析能力以及应用能力。

在生活忙起来的时候也要保持好的阅读状态。

笔记

使用“发现 - 计划 - 行动”闭环来：

做课堂笔记。在课堂上仔细听讲并记下最有价值的内容以便日后复习。

尝试不同的笔记格式，比如康奈尔笔记法、脑图、缩略图、逻辑地图等。

从阅读材料中记下有价值的内容。

即使未能完全理解消化，也要设法记下有价值的内容。

上网课也要记笔记。

考试

使用“发现 - 计划 - 行动”闭环来：

预测考试的内容。

考试前复习课程要点。

成立学习小组提高学习成绩。

针对试卷中不同类型的题目（判断题、单选题、多选题、论文题）有效地管理好答题时间。

考完试后，复盘试卷。

提高心理素质，管理好有关考试的心理压力。

思考

使用“发现 - 计划 - 行动”闭环来：

灵活运用各级别的布伦分类法（记忆、理解、应用、分析、评估和创作）来思考。

寻找逻辑错误。

验证假设。

寻找创造力和批判思维的平衡点，并以此做出决定。

找到问题，并为此做出可行性的解决方案，执行解决方案并评估最后的结果。

通过提问来进行更有深度的思考。

从辅助课程中习得的经验将有助于改变你的一生。

交流

使用“发现 - 计划 - 行动”闭环来：

通过耐心的聆听和点评另一个人的发言来加深你们之间的友谊。

坦率地说出内心的想法和感受，不要轻易评论或责怪别人。

提高情商，使你成为团队中有用的一员。

找到管理冲突的办法使得团队中所有人的观点都得到尊重。

通过写作来阐述自己的观点，快速地画一个草图，并能够随时更改它。

为你的听众准备一场令人印象深刻的演讲。

金钱

使用“发现 - 计划 - 行动”闭环来：

管理自己每月的金钱收入和支出。

想办法提高自己的经济收入。

想办法节省自己的经济支出。

谨慎使用信用卡透支消费。

可以尝试小额贷款，但要谨慎计算利息。

为你的大学课程计划融资。

下一步

使用“发现 - 计划 - 行动”闭环来：

掌握与工作有关的技能并将其转化为你的求职优势。

与能够帮助你完成学业的人和资源保持联系。

将长远的学习计划分解为每日需完成的学习任务，如果按时完成了日常的学习任务，可以奖励自己一下。

为未来的工作生活设定一个职业计划，并努力去完成它。

通过实习或其他的工作经验来检验自己是否选对了专业。

维护好隐形的职场资源，从网友、亲戚、同事、同学中拓展更多的职场机会。

做一份简洁的简历，简明扼要地叙述你的学业成就和工作经验。

为你的工作面试做准备，对一些面试中常见的问题准备好答案。

通过不间断的学习、锻炼、训练和小组学习提升和完善自我。